झारखंड इन्साइक्लोपीडिया

(खंड-1)

हुलगुलानों की प्रतिध्वनियाँ

झारखंड इन्साइक्लोपीडिया

(खंड-1)

हुलगुलानों की प्रतिध्वनियाँ

संपादक

रणेन्द्र, सुधीर पाल

वाणी प्रकाशन

वाणी प्रकाशन

4695, 21-ए, दरियागंज, नयी दिल्ली-110 002

फ़ोन : +91 11 23273167 फ़ैक्स : +91 11 23275710

शाखाएँ

अशोक राजपथ, पटना-800 004, बिहार

कॉफ़ी हाउस कैम्पस, महात्मा गांधी मार्ग, इलाहाबाद-211 001, उत्तर प्रदेश

महात्मा गांधी अन्तरराष्ट्रीय हिन्दी विश्वविद्यालय, वर्धा-442 001, महाराष्ट्र

36/ए, शेक्सपियर सरणी, रानी बिरला गर्ल्स कॉलेज के पास, कोलकाता-700 017, प्र. बंगाल

www.vaniprakashan.com
marketing@vaniprakashan.in
sales@vaniprakashan.in

Jharkhand Encyclopedia
Hulgulanon Ki Pratidhwaniyan-1
Edited by Ranedra, Sudhir Pal

ISBN : 978-81-8143-690-0
Encyclopedia

प्रथम संस्करण 2019

मूल्य : ₹ 6000 (चारों खंड)

आर. टेक ऑफ़सेट प्रिंटर्स, दिल्ली-110 032 में मुद्रित

वाणी प्रकाशन का लोगो मक़बूल फ़िदा हुसेन की कूची से

समर्पण

झारखण्डी आवाम को जिसने अपने सीने में आदिकाल की विरासत को संजो कर रखा है। उन अनाम लोक साहित्यकारों को जिन्होंने झारखण्ड की तेरह भाषाओं एवं अनगिनत बोलियों में साहित्य का समुद्र सा रचा है जिसके मंथन से न जाने कितनी बार अमृत–कलश प्रकट होने की संभावना है। उन तमाम महापुरूषों को जिन्होंने हाशिये की समुदाय की पीड़ा को समझने और उबारने में अपना जीवन होम किया।

रणेन्द्र, सुधीर पाल

हुलगुलानों की प्रतिध्वनियाँ

अनुक्रम

भूमिका

(झारखंडी इतिहास के बारे में)

रणेन्द्र

भारतीय इतिहास की पुस्तकों में 'झारखंड का इतिहास' और इसके जननायक प्राय: अनुपस्थित हैं। अगर सरलीकृत रूप में कहें तो भारत का इतिहास का सामान्य अर्थ इन्द्रप्रस्थ से लेकर पाटलिपुत्र तक का इतिहास मात्र ही है। तुर्क-मुगलकाल के दरबारी लेखक, अंग्रेज इतिहासकार और आजादी के बाद के राष्ट्रवादी या प्रगतिवादी इतिहासकार सबके लिए सप्तसिन्धु का क्षेत्र एवं गंगा-यमुना-दोआब ही पवित्र आर्यभूमि थी महान आर्यावर्त की। यहीं की गतिविधियाँ मुख्यधारा का इतिहास बनीं। यहाँ तक कि दक्षिण भारत का इतिहास जानने के लिए भी आपको नीलकंठ शास्त्री जैसे इतिहासकारों की शरण में जाना पड़ता है। जब पूरे दक्षिण भारत के साथ सौतेलापन है तो झारखंड-कलिंग जैसे वन-प्रांतर और सीमान्त क्षेत्रों को कौन पूछे ? आर्यावर्त के महान इतिहासकारों ने इस वन-प्रांतर सीमान्त प्रांत को गौड़ वंश प्रदेश के विद्रोहों के क्रम में कभी-कभी याद किया है। वह भी अर्द्धसभ्य, जंगली, पौंड्रिक, मुंडेय, शबर, कोल-किरात, चुहाड़-धांगरों के देश के रूप में। वे भी क्या करें जब स्वयं देवग्रन्थ ऋग्वेद ही इन्हें अनास: शिश्नदेवा:, असुर आदि के रूप में उल्लेखित कर रहा हो।

आजादी के बाद भी झारखंड अपने खनिज संसाधनों एवं सस्ते श्रम के कारण आन्तरिक उपनिवेशवाद का शिकार रहा। औपनिवेशिकता विदेशी हो या देशी उसका चरित्र कमोबेश एक जैसा ही होता है। केन्या के प्रसिद्ध साहित्यकार न्गुगीवा थ्योंगो ने बड़े विस्तार से औपनिवेशिक संस्कृति का विश्लेषण किया है। उनके अनुसार शासित समूह की संस्कृति, भाषा, कला, इतिहास को नष्ट कर देना या जानबूझ कर उपेक्षा करना औपनिवेशिक शक्तियों का सांस्कृतिक हथियार है। यह सांस्कृतिक आक्रमण उपनिवेशों की जनता की संस्कृति के खिलाफ लम्बे समय तक जारी रहता है। नवऔपनिवेशिक स्थितियों में यह सांस्कृतिक हथियार और भी तेजी से काम करता है ताकि औपनिवेशिक शासकों के हितों की रक्षा करने वाली मानसिकता का निर्माण कर सके।

न्गुगी की अवधारणाओं के परिप्रेक्ष्य में हम झारखंड के इतिहास-संस्कृति की उपेक्षा की नीति को आसानी से विश्लेषित कर सकते हैं। इतिहासकार श्री बालमुकुन्द वीरोत्तम क्षेत्रनागपुर के इतिहास लेखन की कठिनाइयों का जिक्र करते हुए कहते हैं कि छोटानागपुर का इतिहास अद्यतन उपेक्षित रहा है। पाश्चात्य एवं भारतीय विद्वानों द्वारा गत दो सौ वर्षों से यदा-कदा इससे संबद्ध सामग्री प्रस्तुत की जाती रही है, किन्तु क्रमबद्ध एवं गवेषणात्मक निरूपण का प्राय: अभाव

रहा है। क्षेत्रीय इतिहास के इस महत्त्वपूर्ण अंश पर हिन्दी सहित किसी भी भारतीय भाषा में कोई भी प्रामाणिक पुस्तक नहीं लिखी गई। हिन्दी में सहायक सामग्री का अभाव, क्षेत्रीय इतिहास पर मौलिक लेखन की आधारभूत कठिनाइयाँ तथा कार्य का अत्यधिक श्रमसाध्य होना ही संभवतः प्रमुख बाधाएँ थीं। ब्रिटिश काल में छोटानागपुर विषयक अध्ययनों में रुचि लेने वाले तीन प्रकार के लोग थे—नृत्तत्त्वशास्त्रीय ब्रिटिश अधिकारी, ईसाई धर्म प्रचारक और शुद्ध नृत्तत्त्वशास्त्री ब्रिटिश पदाधिकारी कानून एवं व्यवस्था के प्रति बार-बार होने वाले स्थानीय उपद्रवों से उत्पन्न खतरों के कारण विशेषतः जनजातियों में रुचि लेते थे। ऐसे लोगों में ई.जी. मैन तथा डब्लू.डब्लू. हंटर प्रमुख थे। नृत्तत्त्वशास्त्रीय दृष्टिकोण से प्रभावित लेखकों में ई.टी. डाल्टन तथा एच.एच. रिसले अग्रणी थे। ईसाई धर्म प्रचारकों ने अपने सीमित दृष्टिकोण एवं भावात्मकता के अनुरूप इस क्षेत्र का अध्ययन किया। ऐसे लोगों में जान हॉफसन तथा एल.ओ. स्क्रेफर्सड का उल्लेख किया जा सकता है। छोटानागपुर सम्बन्धी विशुद्ध नृत्तत्त्वशास्त्रीय लेखन में अग्रणी नाम एस.सी. राय का है जिन्होंने कई पुस्तकों के लेखन के अतिरिक्त 'मैन इन इंडिया' के माध्यम से छोटानागपुर के इतिहास एवं संस्कृति के अनेकानेक पक्षों को उजागर किया। इन सभी विद्वानों की कृतियों के पारायण से दो बातें स्पष्ट होती हैं। प्रथम, ब्रिटिश भारत में जनजातीय प्रश्न अर्थात् जनजातीय विद्रोहों की ओर लेखकों का ध्यान गया और इस तरह जनजातीय अध्ययनों का आरम्भ हुआ। विजित लोगों का वर्गीकरण, इनके प्रति सामाजिक नीतियों का निर्धारण तथा इनका औपनिवेशिक व्यवस्था के अंतर्गत संलयन इन अध्ययनों के उद्देश्य थे। द्वितीय, जनजातियों की जानकारी प्राप्त करना उनके इतिहास एवं संस्कृति से आत्मिक लगाव की देन न होकर सामाजिक प्रभुसत्ता को अक्षुण्ण बनाए रखने के उद्देश्य से था। 1771 ई. में राजा सिताबराय द्वारा फारसी में लिखा गया छोटानागपुर सम्बन्धी वृत्तान्त भी सरकारी उपयोग के लिए ही था न कि ऐतिहासिक अभिरुचि के कारण। 19वीं शती के उत्तरार्द्ध में विशुद्ध ऐतिहासिक दृष्टिकोण से लिखा गया छोटानागपुर विषयक आलेख एच.एच. ब्लाखमन का था। वह भी मध्यकालीन फारसी इतिहास ग्रन्थों से छोटानागपुर विषयक उद्धरणों का अनुवाद मात्र था। इस तरह 20वीं सदी के प्रथम दशक तक छोटानागपुर 'ब्रिटिश साम्राज्य का एक अल्पज्ञात प्रदेश' बना रहा।

छोटानागपुर के इतिहास एवं संस्कृति का वास्तविक अवगाहन स्वतंत्र भारत में ही शुरू हुआ। महामहिम आर.आर. दिवाकर, डॉ. के.के. दक्ष तथा प्रो. एल.एच. अस्करी ने बिहार के सन्दर्भ में थोड़ा-बहुत छोटानागपुर के विषय में भी लिखा। छोटानागपुर में कोल विद्रोह पर पूर्णरूपेण ऐतिहासिक दृष्टिकोण से लिखी प्रारम्भिक रचना डॉ.जे.सी. झा की 1964 में निकली। उसी वर्ष डॉ. एस.पी. सिन्हा ने बिरसा मुंडा पर प्रशंसनीय पुस्तक प्रकाशित की। दो वर्ष बाद इसी विषय पर डॉ. कुमार सुरेश सिंह की पुस्तक प्रकाशित हुई।

किन्तु जब बिरसा जैसे नायक कुमार सुरेश सिंह के दस्तावेजी लेखन के कारण प्रकाश में आए तो उसका बड़ा ही दूरगामी प्रभाव पड़ा। स्वयं डॉ. सिंह ने बिरसा मुंडा और उनका आन्दोलन पुस्तक के हिन्दी संस्करण की भूमिका में लिखा कि 'करीब चालीस साल पहले मुझे इस बात का कतई आभास नहीं था कि आदिवासी राजनीति और उससे सम्बन्धित अध्ययन पर इसका इतना दूरगामी प्रभाव पड़ेगा। इस पुस्तक का देश की विभिन्न भाषाओं में व्यापक तौर पर

अनुवाद हुआ और समकालीन लोक साहित्य एवं क्षेत्रीय साहित्य की विभिन्न विधाओं को इसने प्रभावित किया।... दूसरा महत्त्वपूर्ण रुझान है बिरसा के व्यक्तित्व एवं कृतित्व का सभी राजनीतिक पार्टियों एवं सामाजिक-सांस्कृतिक संस्थाओं द्वारा विशेषतः 1982 में राउरकेला में स्थापित बिरसा मुंडा स्टेच्यू कमेटी का तीव्र एवं आक्रामक रूप से प्रचार-प्रसार। इसमें 15 नवम्बर 1989 को बिरसा मुंडा पर एक डाक टिकट जारी करना, 16 अक्टूबर 1989 को उनके पोर्ट्रेट का पार्लियामेंट के केन्द्रीय हाल में अनावरण। केन्द्रीय कारागार और राँची हवाई अड्डे का बिरसा मुंडा के नाम पर नामकरण आदि शामिल है। भारत के राष्ट्रपति ने 28 अगस्त 1998 को पार्लियामेंट हाउस के अहाते में बिरसा मुंडा की मूर्ति का अनावरण किया और बिरसा राष्ट्रीय नेताओं की श्रेणी में आने वाले पहले आदिवासी नेता बन गए।'

इस सकारात्मक प्रभाव ने अन्य इतिहासकारों को भी प्रेरित किया और सम्पूर्ण झारखंड क्षेत्र में औपनिवेशिक काल में हुए विद्रोहों को रेखांकित करने का सिलसिला चल पड़ा। इस क्षेत्र के आदिवासी किसानों को जिस कदर अमानवीय एवं बर्बर तरीके से सजाया गया, जबरन भूमि छीनी गई उसका सहज ही परिणाम वे विद्रोह थे। स्कूल ऑफ ओरिएंटल एंड अफ्रीकन स्टडीज, लन्दन यूनिवर्सिटी के क्रिस्टोफर फौन फ्यूटेर हैंमन डोर्फ ने इन विद्रोहों पर टिप्पणी की है कि 'ऐसे विद्रोह उतने आकस्मिक और आश्चर्यजनक नहीं रहे हैं, जितनी हैरत में डालने वाली बात यह है कि उन जनजातियों द्वारा, जिनकी जमीन और स्वतंत्रता आर्थिक और राजनीतिक रूप से शक्ति सम्पन्न बाहरी लोगों ने (गैर-आदिवासी जमींदारों, साहूकारों और छोटे अफसरों) छीन ली थी, विद्रोह की ऐसी विरल घटनाओं के स्थान पर बार-बार हिंसक विद्रोह क्यों नहीं किए गए।

अधिकांश मामलों में जनजातियों की स्थिति में गिरावट का प्रत्यक्ष एवं प्रमुख कारण वैसी विधि-व्यवस्था का शासन स्थापित होना था, जिसने बाहरी लोगों के जनजातीय क्षेत्रों में प्रवेश करके स्थानीय जनता का शोषण करने दिया और इन नए आगन्तुकों को एक शक्तिशाली प्रशासन का संरक्षण दिया। ब्रिटिश शासन के पूर्व, अधिकांश आदिवासी क्षेत्र किसी भी केन्द्रीकृत सत्ता के प्रभावकारी नियंत्रण से बाहर थे और यह बात कि जनजातियों के बीच बसने वाली बाहरी जातियाँ, एक संगठित शासन की सहायता पर निर्भर न कर सकती थीं, उन शक्तियों द्वारा स्थानीय जनता का शोषण और दमन सीमित कर देती थीं। क्योंकि न्यायालयों और पुलिस बल के अभाव में साहूकार और भूमि-हड़प-कर्ता स्थानीय जनजातियों के विरुद्ध अपने दावे, कानूनन मनवा सकते थे और चूंकि उन्हें जनजातियों के बीच रहना था, अतः हार मान कर उन्हें उन लोगों की सद्भावना पर ही निर्भर करना पड़ता था। यह खेदजनक बात है कि एक संगठित प्रशासन की स्थापना ने जनजातियों को अपनी प्रभावकारी सुरक्षा से वंचित कर दिया। अब वे बाहरी लोगों और भावी शोषकों द्वारा अपने हितों पर आक्रमण से अपनी रक्षा न कर सकते थे, क्योंकि अब उन बाहरी तत्त्वों को अपनी हथियाई गई सम्पत्तियों को रखने के लिए एक कानूनी व्यवस्था हासिल थी। (बिरसा मुंडा और उनका आन्दोलन : दो शब्द, पृष्ठ xiv- xv)।

आज झारखंड के अलग राज्य के रूप में गठन के बाद न केवल विद्रोहों का बल्कि प्रागैतिहासिक काल से आधुनिक काल तक की पूर्ण तार्किक पद्धति पर आधारित उपलब्ध

प्रमाणों की वैज्ञानिक विश्लेषण से युक्त, पूरे प्रदेश के एक सम्पूर्ण इतिहास की आवश्यकता ज्यादा बेकली से महसूस की जा रही है ताकि अतीत की कसौटी पर कस कर वर्तमान की समस्याओं का भविष्य में समाधान हो सके। इतिहासकार लाल बहादुर वर्मा का सोच है कि इतिहास नियतिवाद पर भयानक प्रहार करता है। इतिहास में ही हमें पता लगता है कि इन्सान की जीत हाथ पर हाथ धरने से नहीं, महापुरुषों के इन्तजार से नहीं, स्वयं समवेत रूप से महाबली बनने से संभव हुई है। इतिहास व्यक्तियों के प्रयासों और उपलब्धियों को बताता ही है, वह समाज के समवेत प्रयास को रेखांकित करता है।... मानव समाज के विकास क्रम में अतीत वर्तमान के लिए प्रासंगिक और अनिवार्य होता गया है। विकसित मानव ही अतीत का विश्लेषण और संकलन कर सकता है और इतिहास के माध्यम से महसूस कर सकता है कि वह कालधारा में बह नहीं रहा है, तैर रहा है। इसलिए इतिहास मनुष्य के विकास का उद्घाटक ही नहीं प्रमाण भी है, मानव समाज को समझने का ही नहीं उसे बदलने का भी अनिवार्य उपकरण है। (इतिहास के बारे में : किसलिए इतिहास : पृ. 16-17)

सिंहभूम, मानभूम, राँची, हजारीबाग जिलों में प्रस्तर युग चालकोलिथिक युग के असुरों की कुल्हाड़ियाँ, बरछे, बरतन, आभूषण, नगर जन्योजन, पक्के ईंटों के मकान आदि प्रमाण यह चाह रहे हैं कि सिन्धुघाटी सभ्यता के समानान्तर दामोदर घाटी में विकसित हुई सभ्यता का व्यवस्थित अध्ययन हो। श्री बुल इमाम जैसे इतिहासप्रेमी उपर्युक्त पुरातात्विक प्रमाणों एवं हजारीबाग के इस्को एवं बड़का गाँव प्रखंडों के पहाड़ियों की गुफाओं में पाए जाने वाले भित्तिचित्रों के आधार पर झारखंड में विकसित हुई दामोदरघाटी सभ्यता पर लगातार आलेख लिख रहे हैं। उसी प्रकार महाभारतकालीन वृहद्रथवंशी असुर राज जरासंध एवं उनके वंशजों के बारे में इतिहास मौन है इसी राजपरिवार के लोग श्रीहीन होकर गुमला लातेहार जिलों के पाट-क्षेत्र में आदिम जनजाति के रूप में जीवन व्यतीत कर रहे हैं। अतः यह भी आवश्यक है कि मुंडा-नागवंशियों के पूर्व झारखंड के इतिहास में असुरों पर विस्तृत काम हो।

झारखंड के इतिहास-समाज-संस्कृति की विशेष चिन्ता एवं रेखांकन स्वाभाविक है। आज के दिन जब अमेरिकी नवसाम्राज्यवाद समस्त राष्ट्रीयताओं और अस्मिताओं को रोड-रोलर की तरह नेस्तनाबूद करता बढ़ रहा हो तब स्थानीय अस्मिता की चिंता इस कथित भूमंडलीकरण की प्रक्रिया के विरुद्ध खड़ी होती दिखती है। किन्तु इसी काल में अस्मितावादी चिन्तन-लेखन-आन्दोलन के उग्रतम स्वरूप उस विश्व पूँजीवाद के साथ सहयोगी के रूप में खड़े मिलते हैं यह आज का सबसे बड़ा द्वैध है, विरोधाभास है, उलझाव है। लोक-संस्कृति और इतिहास-दृष्टि नामक अपने आलेख में अजय तिवारी ने अस्मितावाद और विश्वपूँजीवाद के जटिल सम्बन्धों को यूँ व्याख्यायित किया है, 'आर.के. लक्ष्मण का आज एक कार्टून निकला है, जिसमें कुछ देहाती बात कर रहे हैं कि उसका अभियान सफल रहा। इसका मतलब है विदेशी पूँजीनिवेश, रोजगार, विकास, व्यापार नियति...। यह हमारी विरासत, परंपरा, अस्मिता को ध्वस्त करने वाला है...।'

एक के लिए सफलता का जो मतलब है, वह दूसरे के लिए नहीं है। कोई भी मूल्य स्थिर और निरपेक्ष नहीं रह गया है। हर मूल्य भीतर से टूट रहा है। हरेक के लिए उसका अर्थ अपने हित

और संदर्भ से पैदा होता है। विरोधाभासों से घिरी हुई दुनिया की यही सचाई है। इन विरोधाभासों का सम्बन्ध समकालीन इतिहास की प्रक्रिया से है। इसी प्रक्रिया के कारण 'सफलता' का आशय उपलब्धि भी हो जाता है और विनाश भी। एक ओर केन्द्रित—विश्वपूँजी का नियंत्रण, दूसरी और बिखरी हुई क्षेत्रीय अस्मिताएँ और स्थलीय राष्ट्रीयताएँ—आधुनिक संसार ने 15वीं सदी से लेकर 19वीं, बल्कि 20वीं सदी तक राष्ट्रवाद की जो धारणाएँ विकसित की थीं, वे इस खिंचाव में टूट-बिखर रही हैं। आधुनिक राष्ट्रवाद या तो विश्वपूँजी के भूमंडल ग्राम में समाहित होने वाला है, या फिर क्षेत्रीय और स्थानीय 'संस्कृतियों' में बिखरने वाला है। ऊपर से दोनों क्रियाएँ विरोधी जान पड़ती हैं। मगर भीतर से एक हैं। विश्वपूँजी जितना ही क्षेत्रीय अस्मिताओं को कुचल रही है—एकरूप संस्कृति का प्रसार करके , उतना ही जोर से 'एथनिसिटी' को लेकर चिन्तित और बेचैन भी है। प्रो. श्यामाचरण दुबे ने गुट, त्कारलेट और बोल्डिंग जैसे मानव-वैज्ञानिकों का हवाला दिया है जो पाँच से दस हजार तक ऐसे 'जातीय समूहों' की खोज कर चुके हैं, 'जो आनुवंशिकता, संस्थाओं, विश्वासों, भाषा, स्थानीयता के आधार पर राष्ट्रीयता का दावा कर सकते हैं।' (हंस, जनवरी 1994, पृ. 86)

राष्ट्रीयता का स्वरूप, उसका विकास और स्थानान्तरण सीधे-सीधे इतिहास की समस्या है। मानव-विज्ञान (ऐंथ्रोपॉलॉजी) को साधन बना कर हजारों छोटे-छोटे राष्ट्रों को जन्म देने की योजना राजनीति की है। यह राजनीति सांस्कृतिक विविधता को परस्पर-सम्बन्ध में नहीं, विरोध में पेश करती है। ऐसा करके वह अंतर्राष्ट्रीय स्तर पर जातीय बिखराव लाना चाहती है ताकि केन्द्रीकृत पूँजी के दबदबे को मिलकर चुनौती देने वाले न रह जाएँ। तीसरी दुनिया में देखें, भारत और उसके पड़ोसियों के सम्बन्ध में जो तनाव है, उसका विश्वपूँजी के मुखिया अमेरिका से कोई सम्बन्ध है या नहीं। दूसरी दुनिया में देखें, जिन देशों में समाजवाद का नाश हुआ, वहाँ राष्ट्र भी टुकड़े-टुकड़े हुआ या नहीं, और जहाँ नहीं हुआ वहाँ जातीय तनाव और खून-खराबे के पीछे अमेरिका की योजना है या नहीं। इस तरह विश्वपूँजी की निरंकुश छत्रछाया में राजनीति, धर्म, विज्ञान, संस्कृति, समाजशास्त्र, इतिहास आदि एक-दूसरे से गले मिलकर 'ज्ञान' का आलोक फैला रहे हैं।

जितना सच अमरीकी पूँजी का एकछत्र राज है, उतना ही सच स्थानीय संस्कृतियों पर मँडराता सकंट है। पूँजी का आधार नई विश्व व्यवस्था में सबको बाँध रहा है, सूचना और संचार के माध्यम पूरे भूमंडल को सांस्कृतिक एकरूपता में ढाल रहे हैं। इस स्थिति में अपनी स्थानीय संस्कृति की विशेषता का भाव और उसकी रक्षा की चिन्ता पैदा हो यह स्वाभाविक है। पहले से मौजूद असंतुलन की पृष्ठभूमि में हुई चिन्ता को सांस्कृतिक अस्थिरता का उग्र और बहिष्कारी मोड़ दे दिया जाए, यह भी स्वाभाविक है। दोनों बातें एक नहीं हैं। अस्मिता की चिन्ता भूमंडलीकरण के विरुद्ध है। उसे उग्र रूप देने का प्रयत्न भूमंडलीकरण के अनुकूल है। हम विरोधाभासों के जिस संसार में जी रहे हैं, उसमें ये दोनों प्रक्रियाएँ स्पष्ट रूप से अलग नहीं हुई हैं। उनके इस उलझाव के कारण 'स्थानीय संस्कृति' को क्षेत्रीय राष्ट्रवाद में बदल देना बहुत मुश्किल नहीं है। इसलिए यह उलझाव स्थानीय संस्कृतियों के अपने हित में नहीं है। वे अपनी 'अस्मिता' को इतना विशेष रूप दे देती हैं कि बाकी सब पराये हो जाते हैं और बेगानों के बीच

अपनी सांस्कृतिक अस्मिता बनाए रखने के लिए उन्हें निरन्तर संघर्ष की भूमिका अपनानी पड़ती है। सांस्कृतिक अस्मिता और क्षेत्रीय राष्ट्रवाद का यह उलझाव जातियों के बीच असमान सम्बन्धों से उत्पन्न होता है और समाधान की सही दिशा न पाकर विकृत रूप ग्रहण कर लेता है। (हिन्दी कलम, जनवरी-जून 1995, पृ. 176-177)

दूसरी ओर राष्ट्रीय फलक पर एक दूसरा ही तमाशा चल रहा है। एक खास तरह की शक्तियाँ भारतीय इतिहास को येन-केन-प्रकारेण अनुकूलित करने में जुटी हैं। इतिहास के खास-खास अंशों को धोया-पोंछा जा रहा है। जो अंश अनुकूल नहीं लग रहे उन्हें पाठ्यक्रम से ही हटाया जा रहा है। इस असहिष्णु अनुकूलन की प्रक्रिया को भी इतिहास का पुनर्लेखन ही कहा जा रहा है। अतएव जब झारखंड के इतिहास की पुन:संरचना की बात होगी यह हमेशा ख्याल रखना होगा कि यह परिघटना किसी खास प्रकार की शक्तियों की सीमित रुचियों-स्वार्थों से निर्देशित तो नहीं हो रही है। क्योंकि राष्ट्रीय स्तर पर जो कुछ अघटित घट रहा है उससे सतर्क होना आवश्यक है। उसी खतरे की ओर इंगित करते सुप्रसिद्ध कवि राजेश जोशी अपने आलेख 'इतिहास का डर' में चेतावनी देते हैं, 'नव फासीवादी शक्तियाँ इतिहास को मनोनुकूलित करने के नए-नए ढंग अन्वेषित कर रही हैं। चेस्वाव मिवोश ने अपनी कविता 'इतिहास का वेगवान होना' में शायद इसी स्थिति को लक्ष्य करके कहा होगा कि वह बिल्ली के पंजों पर आ रहा है। बिल्ली के पंजों पर आता यह इतिहास या कहें कि इतिहास का एक चालाक और विकृत पाठ स्कूली शिक्षा और विश्वविद्यालयी शिक्षा में प्रवेश कर रहा है।... इतिहास को मनोनुकूलित करने, उसके अध्ययन को सीमित करने और उनके अंशों को अध्ययन से बाहर करने, उनके स्थान पर कुछ गैर-जरूरी या कम महत्त्वपूर्ण ऐतिहासिक सन्दर्भों को शामिल करने जैसे विभिन्न स्तरों पर किए जा रहे कामों के पीछे छिपे कारणों और भविष्य में होने वाले उसके परिणामों की विवेचना की जानी चाहिए। इतिहास के अध्ययन को सीमित किया जाना एक पूरी नई पीढ़ी के इतिहासबोध को भी सीमित कर देगा।... अपने इतिहास के प्रति इतना मोह, उसकी कमियों और खामियों को स्पष्ट रूप से अभिव्यक्त करने के प्रति इतनी असहिष्णुता और इतना गैर-आलोचकीय दृष्टिकोण इतिहास को कितना इतिहास रहने देगा— यह विचारणीय है। निजी और दिलचस्प बनाने का सारा उपक्रम इतिहास को मात्र गल्प में अवमूल्यित कर देने का ही उपक्रम है।' (आलोचना, जुलाई-दिसम्बर 2002, पृ. 8-9)

निष्कर्षत: यह कहना समुचित होगा कि इस आलेख में अजय तिवारी के 'लोक-संस्कृति और इतिहास-दृष्टि' एवं राजेश जोशी के 'इतिहास का डर' का उल्लेख एक अवान्तर चर्चा के रूप में नहीं किया गया बल्कि झारखंड के विशिष्ट क्षेत्रीय इतिहास के चर्चा क्रम में हम अस्मितावाद को क्षेत्रीय राष्ट्रवाद में परिवर्तित होने के खतरे को समझें। साथ ही दिल्ली में चल रहे इतिहास के पुनर्लेखन के क्रम में उसे एकरंगा बनाने की नौटंकी के चरित्र को भी भाँप सकें और सबक ले सकें, यह उद्देश्य है।

भारतीय संस्कृति को विविधरंगी बनाने में बौद्ध-जैन धर्मों की श्रमण संस्कृति एवं आदिवासी संस्कृति की महती भूमिका रही है जिसे पूरे बल के साथ स्थापित करने की आवश्यकता शेष है। साथ ही बौद्ध धर्म संस्कृति के प्रसार में कलिंग के साथ-साथ सिंहभूम, राँची, गुमला, मानभूम,

हजारीबाग की ऐतिहासिक भूमिका एवं जैनधर्म संस्कृति के प्रचार–प्रसार में चम्पानेर (भागलपुर) से गिरिडीह, मानभूम सिंहभूम की ऐतिहासिक भूमिका की अनकही विस्तृत व्याख्या एक अथक शोधकर्ता की युगों से प्रतीक्षा कर रही है।

दामोदर घाटी की सभ्यता, जरासंध से जुड़े असुरों का अतीत, सिंहभूम की सराक जाति, 1857 की क्रांति का झारखंड में वर्गीय चरित्र, डॉ. कु. सुरेश सिंह के बिरसा मुंडा और उनका आन्दोलन की तरह तिलका मांझी, सिद्धु–कान्हु–चांद–भैरव, बुधु भगत, जतरा टाना भगत, गंगनारायण सिंह भूमिज, नीलाम्बर पीताम्बर भोग्ता, भोज–भरत आदि विषय विस्तृत, शोधपरक दस्तावेजी लेखन की माँग करते हैं। इन विविध चुनौतियों से टकराए बिना झारखंडी इतिहास पूर्ण स्वरूप ग्रहण नहीं कर पाएगा। साथ ही इतिहास लेखन के समस्त अनुशासन, मानक मानदंडों का अगर अनुपालन नहीं हुआ, लेखन पूर्वाग्रह मुक्त और स्वायत्त नहीं हुआ तो वह मात्र निजी और दिलचस्प गल्प में अवमूल्यित होकर रह जाएगा।

छोटानागपुर का प्राचीन काल

डॉ. विसेश्वर प्रसाद केसरी

क्षेत्र की नाम-यात्रा

प्राचीन काल से अब तक यह क्षेत्र कई नामों में अंतर्भुक्त रहा है जिनमें कीकट प्रदेश, मगध, ब्रात्य प्रदेश, पुण्ड्र, पौण्ड्र या पौण्ड्रिक, अर्कखंड या कर्कखंड, नागपुर, झारखंड, कोकराह या खुखरा, चुटियानागपुर, छोटानागपुर आदि मुख्य हैं। मुगल काल में हीरा के कारण इसकी प्रसिद्धि थी, अतः इसे हीरा नागपुर भी कहा जाता था। बहुत बार इसे बंगाल के साथ भी जुड़ कर रहना पड़ा। इस नाम-यात्रा का एक रोचक वृत्त है।

ऋग्वेद काल में मगध का क्षेत्र कीकट कहलाता था[1] जो आज के मगध की अपेक्षा काफी विस्तृत था।[2] छोटानागपुर उसी में अंतर्भुक्त था। अथर्ववेद काल तक मगध, अंग आदि के स्पष्ट उल्लेख मिलने लगते हैं।[3] इन्हें ब्रात्य प्रदेश भी कहा जाता था। ऐतरेय ब्राह्मण में चेरों का वर्णन बंग और मागधों के साथ[4] और पुण्ड्रों का वर्णन आन्ध्र, शबर और पुलिंदों के साथ[5] किया गया है। कीथ और मैक्डोनल का मत है कि आधुनिक बिहार-बंगाल ही पुण्ड्रों का प्रदेश था।[6]

महाभारत काल में उड्र के साथ पुण्ड्र, पौण्ड्र, पौण्ड्रक या पौण्ड्रिक नाम भी मिलते हैं।[7] छोटानागपुर के नागवंशी राजा अपने पूर्वजों की कथा पुण्डरिक नाग से प्रारंभ करते हैं जो जनमेजय के नागयज्ञ से भाग निकले थे। सम्भव है, इसी पुण्डरिक के नाम पर आधुनिक छोटानागपुर उस जमाने के वृहद पौण्ड्र या पौण्ड्रिक प्रदेश के अंतर्गत सम्भुक्त रहा हो।[8] महाभारत में इस क्षेत्र को अर्क खंड या कर्क खंड के नाम से भी संकेतित किया गया है। कर्ण के दिग्विजय में बंग, मगध और मिथिला के साथ इसका उल्लेख मिलता है।[9] आगे चलकर नागवंशियों के नाम पर इस क्षेत्र का नाम नागपुर हुआ। चुटिया इनकी दूसरी राजधानी थी। अतः यह क्षेत्र चुटिया नागपुर के नाम से विख्यात हुआ।

हिन्दू काल के भारतीय इतिहास में यह क्षेत्र मगध के अंतर्गत ही भुक्त माना गया है। मुसलमानों के शासन काल में यह क्षेत्र झारखंड के नाम से प्रख्यात हुआ। संभवतः जंगल-झाड़ की अधिकता के कारण। "बुकानन के मत में काशी से लेकर बीरभूम तक सारे पहाड़ी प्रदेश को झारखंड कहते थे। दक्षिण में वैतरणी नदी इसकी सीमा थी।"[10] अकबरनामा के अनुसार छोटानागपुर खास तथा उड़ीसा के ट्रिब्युटरी स्टेट झारखंड कहलाते थे।[11]

1585 ई. में शाहबाज खान तुरबती ने छोटानागपुर के नागवंशी राजाओं पर आक्रमण

किया। इस समय नागवंशी राजाओं का गढ़—राजधानी—लोहरदगा के निकट खुखरा नामक स्थान पर था। अत: अकबरनामा के आधार पर मुगलकालीन इतिहासों में यह क्षेत्र कोकरा, कोकराह या खोखरा के नाम से प्रसिद्ध हुआ।

मराठा शक्ति ने अपने प्रभाव एवं साम्राज्य-विस्तार के क्रम में छोटानागपुर पर कई बार आघात किए थे। वे भारतीय संस्कृति के प्रबल पक्षधर, रक्षक एवं उद्धारक थे। कदाचित् इसी भावना से उन लोगों ने इस प्रदेश के प्राचीन नाम, नागपुर को प्रतिष्ठा देने की चेष्टा की। किन्तु, मध्यप्रदेश के नागपुर से इसकी भिन्नता के बोध के लिए संभवत: उन्हें इसे छोटानागपुर कहना पड़ा। चुटियानागपुर नाम से भी छोटानागपुर नाम के संक्रमण में सुविधा हुई होगी। अंतत: अंग्रेजों के जमाने में यह क्षेत्र पहले चुटियानागपुर और बाद में नई सीमाओं के साथ छोटानागपुर के नाम से प्रतिष्ठित हुआ।[12] पालवंश, सेनवंश, मुस्लिम काल एवं अंग्रेजों के समय में यह प्रदेश कई-कई बार बंगाल के अंतर्गत शामिल हुआ।

प्रागैतिहासिक पुरातत्त्व

छोटानागपुर के विभिन्न स्थलों में निम्नलिखित प्रागैतिहासिक उपकरण उपलब्ध हुए हैं-

क्रम	*उपकरण*	*स्थान*	*युग*
1.	पत्थर के कुल्हाड़े तथा भाले—क्वार्टजाइट एक्सेज एण्ड स्पीयरहेड्स।	झरिया के कोयला खानों में	प्राचीन प्रस्तर युग
2.	चाकूनुमा धारदार पत्थर आदि चर्टफ्लेक्स एण्ड नाइफ्स।	चाइबासा-चक्रधरपुर के निकट संजय नदी घाटी में तथा कई अन्य स्थलों में	नव प्रस्तर युग
3.	सुन्दर कुल्हाड़ा-ब्युटीफुल सेल्ट।	बूढ़ा डीह, तमाड़	नव प्रस्तर युग
4.	ताम्बे के अनेक कुल्हाड़े कौपर सेल्ट्स।	बसिया	ताम्र युग
5.	खंडित घड़े तथा आभूषण आदि के टुकड़े।	कई स्थलों में	ताम्र युग[13]

ये उपकरण विधिवत् अनुसंधानों की लब्धि न होकर संयोगवश एवं अनायास उपलब्ध हुए हैं। अत: इनसे कोई विशेष निष्कर्ष नहीं निकाले जा सकते। किन्तु, इनसे इतना अवश्य सूचित होता है कि प्रागैतिहासिक मानव को ये स्थल अज्ञात नहीं थे। दूसरे शब्दों में छोटानागपुर अति प्राचीन काल से सर्वथा निर्जन न होकर आदिमानव का भी निवासस्थल रहा है।[14]

प्राचीन काल लगभग 4000 ई. पू. से लगभग 100 ई.

असंदिग्ध सत्य है कि ऋग्वेद काल में छोटानागपुर सघन वनों का आगार रहा होगा। उस समय यहाँ कुछ प्राग्द्राबिड़ीय जातियाँ यत्र-तत्र रहती होंगी। यह क्षेत्र कीकट प्रदेश के अंतर्गत था।

कीकट यानी अनार्य देश विशेष। कीकट देशवासी क्रियाहीन थे। खेती नहीं करते थे। केवल गाय पाला करते थे। याग, यज्ञ, होम आदि नहीं करते थे।[15] ये कीकटवासी छोटानागपुर के दुर्घट वनों में पशुचारण के निमित्त बहुधा प्रवेश करते होंगे, ऐसा अनुमान असंगत नहीं होगा। छोटानागपुर में बस्तियों के प्रारंभ का ऐसा क्रम अब तक देखा जाता है।[16]

अथर्ववेद काल तक कीकट प्रदेश मगध, अंग, पुण्ड्र, कलिंग आदि कई राज्य खंडों में विभक्त हो जाता है। इनमें अंग संथालपरगना एवं पुण्ड्र छोटानागपुर का नाम पर्याय-सा है। पूरा क्षेत्र उस समय ब्रात्य प्रदेश कहलाता था। ब्रात्य अर्थात् बनजारा, घुमंतु यहाँ के निवासियों का स्वभावानुकूल विशेषण था।[17] संभवत: ये ही घुमंतु जातियाँ आज के बिरहोर, असुर, मुंडा, पहाड़िया, भुइयां, हो, संताल आदि के पूर्व-पुरुष रही हों। इनमें से अधिकांश जातियाँ आज भी घुमंतु जीवन ही व्यतीत करती हैं।

अथर्ववेद का ब्रात्य कांड एवं ब्रात्य स्तोम इस बात का प्रतीक-साक्षी है कि उस समय तक आर्यों का इन क्षेत्रों में पर्याप्त प्रभाव एवं अधिकार हो चुका था। वे यहाँ के ब्रात्यों को दीक्षित करने के लिए ब्रात्य देव—यति—बन कर आते थे।[18] इसी क्रम में ब्रात्य-कांड के सूक्तों की रचना हुई।[19]

महाभारत के समय मगध वृहद्रथवंशी सम्राट जरासंध के आधिपत्य में था। अंग, बंग, कलिंग, पुण्ड्र और चेदी—छत्तीसगढ़—उसके अधिकार में थे। महाभारत में इसके पराक्रम का विस्तृत वर्णन है। वह शिव का उपासक था। असुर उसकी जाति थी। उसके वंशजों ने 1001 वर्षों तक मगध में शासन किया।[20]

छोटानागपुर के नेतरहाट क्षेत्र में अब भी असुर जाति की कुछ संख्या अवशिष्ट है। इनका विशेष अध्ययन प्रस्तुत करते हुए के.के. ल्युबा का निष्कर्ष है कि ये प्राचीन असुरों के ही वंशधर हैं।[21] छोटानागपुर में असुर काल की ईंटें भी पाई गई हैं जिनकी लम्बाई 17 इंच, चौड़ाई 10 इंच और मोटाई 3 इंच है।[22] ये प्रागैतिहासिक असुर संभवत: उसी सभ्यता के थे जो मोहनजोदड़ो और हड़प्पा तक फैली हुई थी। दोनों सभ्यताएँ एक ही कोटि की हैं।[23] राँची गजेटियर—1917 ई.— में भी असुर कालीन बहुत से अवशेषों के आधार पर यह निष्कर्ष प्रस्तुत किया गया है कि मुंडा आदि जातियों के आगमन के पूर्व इस क्षेत्र में एक भिन्न सभ्यता विकसित थी।[24] निश्चय ही वह सभ्यता असुरों की रही होगी।

महाभारत के अनुसार जरासंध का अंत महाभारत युद्ध के 14 वर्ष पहले अर्थात् 1220 कलि संवत् में हुआ था। इसके पश्चात् 1001 वर्ष तक इसके वंशजों ने मगध में शासन किया। तत्पश्चात् शिशुनाग वंश की स्थापना हुई जो 362 वर्षों तक चली। बिम्बसार, अजातशत्रु आदि इसी वंश के इतिहास प्रसिद्ध नृपति थे। ''मगध के इस विशाल राज्य का विस्तार बंगाल की खाड़ी से अरब राज्य तक हो गया।'' किन्तु पश्चिम मध्य देश के जनपद अब भी स्वतंत्र थे।[25] मौर्य काल में सम्राट अशोक के समय तक मगध का यह एकछत्र साम्राज्य फलता-फूलता रहा। सुरगुजा राज्य के सीता-बांगीरा नामक स्थान में अशोककालीन अभिलेख इस बात के प्रमाण हैं कि इन क्षेत्रों में भी उसका आधिपत्य था।[26]

यह निश्चित है कि इन राज्यवंशों के समय छोटानागपुर में अन्य जातियों का विशेष

आव्रजन—इमिग्रेशन—हुआ होगा। मानभूम-सिंहभूम जिले की प्राचीन सराक—श्रावक—जाति बौद्ध-जैन कालीन आव्रजन के अच्छे उदाहरण हैं। प्राचीन किंवदन्तियों में उनके उल्लेख हैं और बहुत-सी जैनी निष्ठाएँ भी उनमें अब तक अवशिष्ट हैं। कहा जाता है कि मानभूम के पारा, चर्रा, बराम आदि स्थलों के प्राचीन अवशेष इन्हीं के पूर्वजों की निर्मितियाँ हैं।[27] जैनियों के 23वें तीर्थंकर पार्श्वनाथ का निर्वाण हजारीबाग के पार्श्वनाथ पहाड़ी पर 8वीं शताब्दी ई.पू. हुआ था।[28] यह भी एक महत्त्वपूर्ण तथ्य है।

मुंडाओं का छोटानागपुर-प्रवेश

महाभारत युद्ध में मुंडाओं के भाग लेने का उल्लेख मिलता है। भीष्म पर्व में संजय भीष्म की सेना का वर्णन करते हुए कहता है कि इसके वाम अंग में करुषों के साथ मुंड, विकुंज, और कुंडिवर्ष हैं। सात्यिकी मुंडाओं की तुलना दानवों से करता है और इन्द्र की तरह उनके संहार का संकल्प घोषित करता है।[29] पाण्डवों ने मुंडों के मित्र जरासंध का वध किया था। अत: पाण्डवों के शत्रु कौरवों का साथ देना मुंडों के लिए स्वाभाविक था। प्राचीन मुंडारी संगीत में भी इस युद्ध का संकेत है।[30]

असुरों के प्रभाव-सूर्य के दक्षिणायन होने पर छोटानागपुर में मुंडाओं का तेजोदय हुआ। मुंडाओं एवं असुरों की प्राचीन गाथाओं से इस महत्त्वपूर्ण घटना का आभास मिलता है। शरत्चन्द्र राय ने मुंडा जाति का गहन अध्ययन प्रस्तुत करते हुए इस तथ्य का संकेत किया है।[31] अनेक प्रमाणों के आधार पर उनका अनुमान है कि मुंडा जाति छोटानागपुर में पश्चिम दिशा से 600 ई. पूर्व प्रविष्ट हुई।[32]

नागवंशियों का छोटानागपुर-प्रवेश

नाग जाति भारत की एक प्राचीन एवं प्रभुत्वसंपन्न प्रतिष्ठित जाति रही है। वेंकटेश्वर का मत है कि नाग-सभ्यता न केवल भारत के अर्द्ध-वृत्त में अपितु भारत के बाहर भी फैली हुई थी।[33] मोहनजोदड़ो में भी नाग-चिह्न पाए गए हैं। अर्जुन ने एक नाग-कन्या से विवाह किया था तथा रामभद्र के पुत्र कुश का भी विवाह कुमुदती नामक एक नाग-कन्या से हुआ था।[34] नागपुर, नागेरकोली, नागपट्टन आदि स्थानों के नाम आज भी नाग जाति की याद दिलाते हैं। ''महावंश एवं प्राचीन दक्षिण भारत के अभिलेखों में भी नागों का उल्लेख है।''[35] विधुर पंडित जातक के अनुसार एक बार मगधराज ने नागराज की सहायता से अंगराज का वध करके अपना राज्य वापस पाया था और अंग को मगध में मिलाया था।[36]

जनमेजय का नागयज्ञ,[37] मध्यदेश[38] एवं बिहार एक ऐतिहासिक दिग्दर्शन[39] नामक ग्रंथों में प्राचीन नाग जाति के कृतित्वों का विस्तृत इतिवृत्त है।[40] वेणीराम महथा कृत नागवंशावली,[41] घासीराम कृत नागवंशावली झूमर[42] एवं छोटानागपुर महाराजा दृपनाथ शाहदेव द्वारा बैसाख बदी 1, संवत् 1844 को भारत के तत्कालीन गवर्नर जनरल को दिए गए वंश-विवरण एवं तालिका-1[43] के साथ उक्त ग्रंथों के संबंधित भागों के अध्ययन से छोटानागपुर के नागवंशी राजाओं के संबंध में बहुत-सी महत्त्वपूर्ण बातें सर्वथा स्पष्ट हो जाती हैं, जिनमें प्रस्तुत संदर्भ में, निम्नलिखित विशेष ध्यातव्य हैं—

1. छोटानागपुर के नागवंशी वास्तव में प्राचीन भारत की उसी नाग जाति की संतान हैं जिसने ब्राह्मणों की मैत्री से बलिष्ठ होकर परीक्षित से लोहा लिया था और जिसे जनमेजय ने समूल नष्ट कर देने का संकल्प किया था।

2. ईस्वी सन् के प्रारंभिक दिनों में इस नाग जाति ने अपनी खोई हुई शक्ति वापस पा ली थी। पूरा मध्यदेश इनके प्रभुत्व में था। विदिशा, वाकाट एवं कांतिपुरी—मिर्जापुर—में इनकी राजधानियाँ थीं। इन लोगों ने कुषाणों के मुलुन-मुरुण्ड, मुंडा-शासकों पर अधिकार प्राप्त किया था और कई-कई बार अश्वमेध यज्ञ किए थे। निश्चय ही इसी क्रम में इनकी एक शाखा छोटानागपुर में स्थापित हुई होगी।[44] छोटानागपुर में नागवंशी राज्य स्थापन का श्रेय फणिमुकुट राय को प्राप्त हुआ था।

3. उस समय छोटानागपुर में अधिकांशतः आदिवासियों की आबादी थी। किन्तु ब्राह्मण, क्षत्रिय आदि आर्य जातियाँ भी यहाँ रहती थीं और उनका आवागमन होता रहता था। पूर्व में पंचेत राज्य और दक्षिण में क्योंझर राज्य था। फणिमुकुट राय का विवाह पंचेत राज्य के गोवंशी क्षत्रियों के यहाँ हुआ था और आक्रमणकारी क्योंझर राज्य को उन्होंने पंचेत राज्य की सहायता से पराजित कर राज्य-विस्तार किया था। कोराम्बे, बरवे आदि स्थानों तक सुरगुजा के रक्सेल राजाओं का अधिकार था। उन्हें भी फणिमुकुट राय का आधिपत्य स्वीकार करना पड़ा था। इस प्रकार, यहाँ के प्रथम नागवंशी शासक, फणिमुकुट राय ने पूरे नागपुरी प्रदेश—छोटानागपुर एवं पार्श्वप्रदेश—को एक सूत्र में बाँध कर एकछत्र राज्य की स्थापना की थी। आदिवासियों से उनका पारिवारिक संबंध था।

4. नागवंशियों का छोटानागपुर प्रदेश संभवतः सैन्य-विजय न होकर सांस्कृतिक विजय का परिणाम था। प्रारंभिक विजय-अभियान में युद्ध का अभाव इसका विशेष प्रमाण है। क्योंझर राज्य के आक्रमण को छोड़ कर यहाँ बहुत दिनों तक किसी युद्ध का कोई संकेत नहीं मिलता।

5. शरत्चन्द्र राय का सुदृढ़ मत है कि समुद्रगुप्त के दक्षिण अभियान— चौथी शताब्दी— के पश्चात् ही ई. की 5वीं शताब्दी में नागवंशियों का यहाँ राज्य-स्थापन हुआ होगा।[45] राँची गजेटियर, 1917 ई. के अनुसार हो जाति के सिंहभूम-प्रस्थान के बाद छठी शताब्दी ई. में किसी समय फणिमुकुट राय का राज्यारोहण हुआ होगा।[46] किन्तु ये मत संगत नहीं लगते।

वस्तुतः छोटानागपुर में नागवंशियों के प्रवेश का जो समय नागवंशावली आदि में निर्दिष्ट है, वही पूरे संदर्भ में सत्य प्रतीत होता है। वास्तविकता है कि गुप्त साम्राज्य के उद्भव एवं प्रताप से नागवंशियों का तेज क्षीण हुआ था। तब गुप्त साम्राज्य के बाद नागवंशी राजाओं के शासन का समारंभ, जिसका शरत् चन्द्र राय अनुमान करते हैं, संगत नहीं कहा जा सकता।

नागवंशावली आदि के अनुसार कलि संवत् 3165, तदनुसार 121 विक्रमाब्द यानी 64 ई. में यहाँ नागवंशियों का प्रवेश हुआ है।[47] सवंत् 1844 में दृपनाथ शाहदेव द्वारा दिए गए उल्लिखित कुर्सीनामा के अनुसार उस समय उनकी 57वीं पीढ़ी चल रही थी और शासन-अवधि के 1704 वर्ष बीत रहे थे। अतः नागवंशी राजाओं का राज्यारंभ 1844-1704=140 संवत् यानी 83 ई. में हुआ था।[48] इस प्रकार यह भी स्पष्ट है कि फणिमुकुट राय 19 वर्ष की अवस्था में राज्यासीन हुए थे। यह सर्वथा स्वाभाविक एवं विश्वसनीय है।

निष्कर्ष यह कि छोटानागपुर में नागवंशियों का प्रवेश 64 ई. से ही मानना युक्तिसंगत है।

पूर्व मध्यकाल 100 ई. से 1200 ई.

शक काल

मौर्य, शुंग एवं कण्व शासकों के बाद मगध पर शक-क्षत्रपों के अधिकार के प्रमाण मिलते हैं। चीनी एवं तिब्बती किंवदन्तियों में कनिष्क के साकेत एवं पाटलिपुत्र-विजय के उल्लेख हैं।[49] इसके अतिरिक्त बक्सर, वैशाली, कुम्हदार, बोधगया[50] तथा पुरुषोत्तमपुर—गंजाम जिला—पुरी, नखा पहाड़ी—सिंहभूम, भंजिका—मयूरभंज, विराटगढ़, सीताबिंझो, पूर्वी बंगाल आदि[51] में कुषाण मुद्राएँ मिली हैं। इससे ज्ञात होता है कि पूरे बिहार, उड़ीसा एवं बंगाल तक कुषाण क्षत्रपों एवं मुरुण्डों का शासन एवं प्रभाव था। इतिहासप्रसिद्ध है कि तीसरी शताब्दी तक कुषाण साम्राज्य छिन्न-भिन्न होने लगा और इसे नष्ट करने में पश्चिमोत्तर के हूण एवं मध्यदेश के नागों का प्रबल हाथ था।

छोटानागपुर के संदर्भ में यह काल विचारणीय है। नागवंशियों के आगमन के पूर्व छोटानागपुर मुंडाओं के आधिपत्य में था। गाँवों में पंचायती व्यवस्था थी। मुंडा उसका प्रधान होता था। कई गाँवों को मिलाकर परहा पंचायत बनता था जिसका प्रधान मानकी मुंडा कहलाता था। अब भी इसके अवशेष वर्तमान हैं। प्रथम नागवंशी राजा फणिमुकुट राय को सुतिआम्बे परगना के एक ऐसे ही मानकी राजा, मदरा मुंडा से परहा पंचों की सहमति से, राज्योपलब्धि हुई थी। उधर इतिहास कहता है कि मध्यदेश के नाग शासकों ने कुषाण क्षत्रपों एवं मुरुण्डों से राज्य प्राप्त किया। फणिमुकुट राय के पिता पुण्डरिक नाग भी मध्यदेश, बनारस से आए थे। तब ऐसा कहना चाहिए कि छोटानागपुर के मानकी मुंडा—मुरुण्डमुलुन—शकों के अधीन थे। मुंडाओं के लिए ही शकों ने क्षत्रप से भिन्न मुरुण्ड या मुलुन उपाधि का प्रयोग किया होगा। मुंड शब्द महाभारत में मुंडाओं के लिए आया है। इससे इस नाम की प्राचीनता और रूढ़ि उन्हें स्वीकारनी पड़ी होगी। नागवंशावली के अनुसार प्रथम नागवंशी राजा, फणिमुकुट राय ने 83 ई. में राज्यारोहण किया जब उनकी अवस्था 19 वर्षों की थी। राँची से दस-ग्यारह मील दूर पिठोरिया के पास सुतिआम्बे नामक स्थान में इनकी राजधानी थी। पंचेत—झालदा—के गोवंशी राजा के यहाँ इनका विवाह हुआ था। 94 वर्षों तक अर्थात् 177 ई. तक इनका शासन चला। अपने राज्यकाल में इन्होंने कोराम्बे के रक्सेल राजाओं[52] एवं क्योंझर के आक्रमणकारी राजा को पंचेत राज की सहायता से पराजित किया था।[53] 'बनता हजाम, खरसावां से बादिन, रामगढ़, चनगुरिया, गोला, पलानी, टोरी से मनकेरी और घरवे' पर इनका अधिकार और शासन था।[54] सुतिआम्बे में अपने गढ़ के पास हो इन्होंने सूर्य-मंदिर की स्थापना की थी जिसका जीर्णावशेष आज भी है।[55] इसके अतिरिक्त जगन्नाथपुर—पुरी—से आगत एक पंडे के द्वारा ठाकुरबाड़ी में एक मूर्ति की स्थापना भी कराई और उस पंडे को सोरंदा एवं महुगाँव नामक ग्राम देकर बसाया।[56] इस समय बहुत सारे लोग बाहर से आए। फणिमुकुट राय ने उन्हें आदर से बसाया।[57] बेलकपी ग्रामवासी श्रीवास्तव कायस्थ, पांडे भाव राय इनके दीवान थे।[58]

गुप्त साम्राज्य के उदय यानी चौथी शताब्दी के प्रथम चरण तक फणिमुकुट राय के वंशरत्न—मुकुट राय—177-232 ई., घट राय—232-273 ई. एवं मदन राय—273-326

ई.—ने शांतिपूर्वक शासन किया।[59] यह स्वाभाविक भी है क्योंकि शुंगों के बाद एवं गुप्तों के पहले पूर्वी भारत का शासन अस्त-व्यस्त रहा। ऐसी स्थिति में छोटे-छोटे शासकों का बन आना अस्वाभाविक नहीं। बोधगया रेलिंग के कतिपय अभिलेखों में कई छोटे-छोटे राजाओं, जैसे इन्द्राग्निमित्र, ब्रह्ममित्र आदि के उल्लेख मिलते हैं।[60] अत: अनुमान है कि छोटानागपुर के इन राजाओं को इस बीच अपने राज्य के विस्तार, सुदृढ़ीकरण तथा सुव्यवस्था का अच्छा अवसर मिला होगा।

गुप्त काल

गुप्त काल भारतीय इतिहास का स्वर्ण युग कहा जाता है। समुद्रगुप्त—लगभग 320-380 ई.—इस वंश के महाप्रतापी सम्राट हुए। इन्होंने अपने विराट् दिग्विजय के क्रम में छोटानागपुर एवं मध्यप्रदेश के बनवासी राजाओं को भी अपना सामंत बनाया।[61] कहा जाता है कि चुटियानागपुर के ही मार्ग से उन्होंने महानदी की घाटी पर बसे दक्षिण कोशल राज्य पर पहली बार आक्रमण किया था।[62] इससे स्पष्ट है कि छोटानागपुर एवं मध्यप्रदेश के नागवंशियों की स्वतंत्रता गुप्तों के हाथ चली गई। किन्तु उनका प्रभुत्व अपहृत नहीं हुआ। नागवंशियों से अच्छे संबंध की स्थापना गुप्तों के लिए आवश्यक थी। कदाचित् इसी कारण चन्द्रगुप्त द्वितीय ने मध्यप्रदेश के वाकाटकों—जो वस्तुत: नागवंशी ही थे—से वैवाहिक संबंध स्थापित किए। उन्होंने अपनी पुत्री प्रभावती गुप्त का विवाह रुद्रसेन द्वितीय से किया जो वाकाटक नरेश पृथ्वीसेन प्रथम का पुत्र था।[63] जब मिहिरकुल के नेतृत्व में बौद्ध-विरोधी हूणों का मगध पर आक्रमण हुआ तब नरसिंह गुप्त बालादित्य ने वन्य-प्रदेश का आश्रय लेकर एक बड़ी सेना की सहायता से मिहिरकुल को बंदी बनाया—520 ई.—और बौद्ध धर्म की रक्षा की। निश्चय ही वन्य प्रदेश में उन्हें नागवंशियों एवं वाकाटकों से सहयोग प्राप्त हुआ होगा।

समुद्रगुप्त के दिग्विजय के समय छोटानागपुर में पाँचवें नागवंशी राजा प्रताप राय—326-353 ई.—का शासन था। इन्होंने अपनी राजधानी सुतिआम्बे से हटा कर चुटिया में सुवर्णरेखा नदी के तट पर स्थापित की और काशी आदि अनेक देशों से लोगों को लाकर नगर बसाया।[64] जाहिर है कि यहाँ अशांति नहीं थी। छोटानागपुर नरेश दिन-प्रतिदिन समृद्ध और सुदृढ़ होते जा रहे थे। यह प्रकारांतर से गुप्तों की मैत्री का सुपरिणाम माना जा सकता है।

शक्तिशाली गुप्तों का शासन छठी शताब्दी के मध्य तक सुचारु रूप से चलता रहा। उसके पश्चात् हूणों के पुनर्बार आक्रमण से वे दुर्बल होने लगे। अत: संभव है कि पाँचवें नागवंशी राजा प्रताप राय से बारहवें राजा गेंदुराय तक—548-563 ई.—तक ही छोटानागपुर में गुप्तों का प्रबल प्रभाव रहा हो। धर्म, कला, अर्थ एवं समाज व्यवस्था के क्षेत्र में ऐसे अनेक ठोस प्रमाण हैं जिनसे इस प्रभाव की पुष्टि होती है। यथाक्रम इनका उल्लेख होगा।

शशांक

600 ई. में अंगराज जयनाग—जिसके अंतर्गत संथालपरगना भी था—के सेनापति शशांक ने मगधराज ग्रहवर्मन को हराकर न केवल मगध अपितु सोन-तट के रोहतासगढ़ तक की भूमि अधिकृत कर ली।[65] 602 ई. में शशांक ने जयनाग से स्वतंत्र होकर बिहार-बंगाल का अधिकांश

क्षेत्र जीत लिया। वह बड़ा महत्त्वाकांक्षी व्यक्ति था। उड़ीसा, सुरगुजा एवं बनारस तक उसने अपना राज्य-विस्तार किया।[66] वह बौद्ध-विरोधी एवं शिव का उपासक था। क्योंझर से 6-7 मील दूर सिंहभूम एवं मयूरभंज जिले के छोर पर स्थित किचांग या कोचांग नामक स्थान का प्राचीन बेनीसागर या वेणुसागर के शिव-मंदिर, परंपराओं के अनुसार, मूलतः शशांक द्वारा ही निर्मित कहे जाते हैं।[67] मानभूम के पारा लक्ष्मी मंदिर, बीजक पहाड़ के शिलालेख[68] आदि में भी शशांक की छाप अवशिष्ट है। उसकी राजधानी संभवतः बराभूम परगना के बराबजार अथवा पाटकुम परगना के डालमी नामक स्थान में था।[69] सुवर्णरेखा नदी के तट पर बसे हुए इस डालमी नगर के बहुत-से अवशेष अब भी वर्तमान हैं। शशांक ने करीब 25 वर्षों तक मिदनापुर से सुरगुजा के भूभाग पर शासन किया। ह्वेनसांग—645 ई.—ने अपने यात्रा वर्णन में राजमहल क्षेत्र का उल्लेख किया है।[70] यह क्षेत्र शशांक के अधिकार में था। इत्सींग ने भी 637 ई. में तामलुक—उड़ीसा—से छोटानागपुर होते हुए नालंदा और बोधगया की यात्रा की थी।[71] इससे इस क्षेत्र की परिचित एवं ख्याति प्रकट होती है। शशांक का देहांत 625 में हुआ था। इस समय छोटानागपुर में हरि राय—563-601 ई.—एवं गजराय राय—601-627 ई.—नामक नागवंशी राजाओं का शासन था। इन दोनों को निस्संदेह गौड़राज शशांक का आधिपत्य स्वीकार करना पड़ा होगा।

उत्तर गुप्तकाल

शशांक के देहांत के बाद बंगाल—गौड़—में मत्स्य न्याय का युग आरंभ हुआ। मगध मौखरीवंशी पूर्णवर्मन के बाद—637 ई.—थानेश्वर के हर्षवर्द्धन के अधिकार में आया। उसने अपने मित्र महासेन गुप्त के पुत्र माधव गुप्त को वहाँ का शासक नियुक्त किया। इस तरह मगध पुनः गुप्तों के अधिकार में आ गया। माधव गुप्त के वंशजों ने लगभग 725 ई. तक यहाँ एकछत्र शासन किया। इसी समय कन्नौज राज यशोवर्मन ने अपने दिग्विजय के क्रम में मगधराज जीवगुप्त द्वितीय को पराजित किया। जीवगुप्त मिर्जापुर की ओर विंध्य-वनों में आश्रित हुए। गुप्त साम्राज्य सदा के लिए अस्त हो गया। किन्तु मगध पर कन्नौज का आधिपत्य भी अधिक दिनों तक नहीं टिक सका। कश्मीर राज्य ललितादित्य मुक्तपीड़—लगभग 724-760 ई.—के आक्रमण से यशोवर्मन का राज्य छिन्न-भिन्न हो गया और मगध मुक्तपीड़ के आधिपत्य में आया।

इस अवधि में छोटानागपुर में पाँच नागवंशी राजा हुए—सुन्दर राय—627-635 ई., मुकुन्द राय—635-653 ई., उदय राय—653-710 ई., कंदन राय— 710-756 ई. और जगन राय—756-772 ई.। बहुत संभव है कि इनमें से सुन्दर राय को पूर्णवर्मन का, मुकुन्द राय एवं उदय राय को उत्तर गुप्तों का तथा कंदन राय को यशोवर्मन एवं ललितादित्य मुक्तपीड़ का प्रभुत्व स्वीकार करना पड़ा हो। उक्त स्थिति में जगन राय ही संभवतः स्वतंत्र रहकर शासन कर सके होंगे।

पुनर्बार आक्रमण एवं विप्लव के कारण यह कालावधि निश्चय ही अशांत रही होगी। ऐसी स्थिति में प्राकृतिक दृष्टि से अत्यंत सुरक्षित छोटानागपुर के वन्य भागों में मगध से आव्रजकों की संख्या बढ़ी होगी। छोटानागपुर में कानकुब्ज—कनौजिया—एवं कश्मीरियों की आबादी इसी काल में शुरू होने की संभावना लगती है।

इस काल के कुछ ऐतिहासिक अवशेष भी छोटानागपुर के विभिन्न भागों में वर्तमान में हैं। हजारीबाग जिला के महुदी पहाड़ के मंदिर, सतगाँवां के मंदिर और शिलालेख उत्तर गुप्तों के प्रत्यक्ष प्रभाव के प्रमाण हैं और मानभूम जिले के पकबीरा नामक स्थान के जैन मंदिर सातवीं सदी के जैन प्रभाव को द्योतित करते हैं।[72]

पालवंश काल

उत्तर भारत की तत्कालीन अस्त-व्यस्तता के बीच 750 ई. के लगभग गोपाल नामक व्यक्ति ने पालवंशी शासन का सूत्रपात किया। उसके वंशज धर्मपाल— लगभग 770-810 ई.—एवं देवपाल—लगभग 810-850 ई.—विशेष शक्तिशाली राजा हुए। अरब यात्री सुलेमान ने देवपाल की विपुल सैन्य शक्ति का विस्तृत वर्णन किया है।[73] बंगाल और बिहार में इनका प्रत्यक्ष शासन था।[74] कन्नौज में चक्रायुध नामक सामंत इनका प्रतिनिधि था। पंजाब, पूर्वी राजपुताना, मालवा, बरार, प्राग्जोतिष—आसाम, उत्कल, गुर्जर, द्रविड़ आदि इनका आधिपत्य स्वीकार करते थे।[75] गुर्जर, प्रतिहार एवं राष्ट्रकूट इनके प्रतिद्वन्द्वी थे, किन्तु उनमें पारस्परिक होड़ थी। अतः उन्हें अपने राज्य-विस्तार में मदद मिली।

किन्तु देवपाल के बाद पालों की शक्ति क्षीण होने लगी। गुर्जर प्रतिहार राजा भोज के नेतृत्व में शक्ति अर्जित करने लगे। बुन्देलखंड एवं उत्तर प्रदेश के बहुत-से अंश जीतकर ये मगध की सीमा तक आ पहुँचे थे। कुछ दिनों के बाद भोजपुत्र महेन्द्रपाल प्रथम ने पालवंशी नारायणपाल—लगभग 854-908 ई.—को पराजित कर पूरे मगध एवं उत्तरी बंगाल पर अधिकार कर लिया। पर, महेन्द्रपाल प्रथम के उत्तराधिकारी उतने सबल नहीं रहे। राष्ट्रकूटों ने कन्नौज एवं इलाहाबाद तक उनसे जीत लिया। ऐसी स्थिति में पालों ने पुनः अपनी प्रभुता प्राप्त करनी चाही। बिहार एवं उत्तरी बंगाल नारायणपाल के अधिकार में आ गया। लेकिन इन्हें राष्ट्रकूटों की प्रभुता स्वीकार करनी पड़ी। नारायणपाल के पुत्र राज्यपाल—लगभग 908-940 ई.—ने राष्ट्रकूटों से वैवाहिक संबंध स्थापित कर अपने को सुदृढ़ किया। राज्यपाल के पुत्र गोपाल द्वितीय—लगभग 940-960 ई.—तक बंगाल और बिहार पर इनका आधिपत्य कायम रहा।

इन पालवंशियों के समय छोटानागपुर में भगन राय—772-811 ई.—, मोहन राय—811-869 ई.—, गजघंट राय—869-905 ई.—, चन्द्र राय—905-932 ई.—, एवं अंदूनंद राय—932-969 ई.—, नामक बीसवें से चौबीसवें नागवंशी राजाओं ने राज्य किया। उपर्युक्त स्थितियों से ऐसा प्रतीत होता है कि इन्हें पालवंशियों के साथ गुर्जर, प्रतिहार एवं राष्ट्रकूट राजाओं का भी यथासमय प्रभुत्व स्वीकारना पड़ा होगा। इस प्रसंग में राँची के घाघरा थाना स्थित हापामुनि गाँव का महामाया मंदिर एक रहस्यमय आख्यान का उद्घाटन करता है। इस मंदिर को राजा मोहन राय के सुत गजघंट राय ने 965 संवत् में महाराष्ट्री गुरु हरिनाथ के द्वारा संस्थापित कराया था।[76] गुमला—चैनपुर—के निकट टांगीनाथ के प्रसिद्ध विशाल लौह त्रिशूल की कथा भी इससे जुड़ी हुई है। अस्तु, विशेष बात है महामाया—काली—मूर्ति की नागवंशी राजा द्वारा महाराष्ट्री गुरु से 965 संवत् में स्थापना। क्या इसे बंगाल—पाल— और महाराष्ट्र—राष्ट्रकूट के तत्कालीन छोटानागपुर की भूमि पर राजनीतिक-सांस्कृतिक संधि का द्योतक नहीं कहा जा

सकता ?

इसी तरह हजारीबाग के इटखोरी नामक स्थल पर महेन्द्रपाल के शिलालेख[77] क्या गुर्जर प्रतिहारों के आधिपत्य की सूचना नहीं देते ?

इन तथ्यों से स्पष्ट है कि छोटानागपुर भारतीय इतिहास की गतिविधियों से सुरक्षित रहते हुए भी अप्रभावित नहीं रहता था। ऐसे और भी अनेक तथ्य उपलब्ध हैं।

उत्तर पाल काल

उत्तर पालवंशी राजाओं को बुंदेलखंड के चंदेलों, चेदी—छत्तीसगढ़—के कालचुरियों, दक्षिण के चोलों एवं महाराष्ट्र-गुजरात के चालुक्यों की नई शक्ति से बहुत संघर्ष करना पड़ा। गोपाल द्वितीय एवं विग्रहपाल द्वितीय—लगभग 968-988 ई.—के समय चंदेल एवं कालचुरी राजाओं ने बिहार-बंगाल पर आक्रमण किए। महिपाल प्रथम—लगभग 988-1038 ई.—के राज्यकाल में राजेन्द्र चोल ने उड़ीसा और बंगाल के विभिन्न भागों को लूटा। कालचुरी नरेश गांगेय के पुत्र लक्ष्मीकर्ण—लगभग 1041-1070 ई.—, नयपाल—लगभग 1038-1055 ई.—, और विग्रहपाल तृतीय—लगभग 1055-1070 ई.—से दीर्घकाल तक संघर्ष करता रहा। उधर 1068 ई. के आसपास महाराष्ट्र के चालुक्य राजा सोमेश्वर प्रथम के आक्रमण से बंगाल त्रस्त रहा। इतना ही नहीं, उड़ीसा के सोमवंशी महाशिव गुप्त ययाति एवं काशी नरेश गोविन्द चन्द्र ने भी बंगाल पर आघात किए। स्वयं बंगाल में कैवलों का आन्तरिक विद्रोह पालों को दुर्बल कर रहा था। फलत: रामपाल के प्रयत्नों के बावजूद पालवंश अस्तमित हुआ।

इस अवधि में छोटानागपुर में श्रीपतिराय—969-997 ई., जोगंद राय—997-1004 ई.—, नृपेन्द्र राय—1004-1047 ई.—, गंधर्व राय—1047-1098 ई.—एवं भीम कर्ण—1098-1132 ई.—नामक पचीसवें से उन्तीसवें नागवंशी राजाओं ने राज्य किया। कोई सशक्त केन्द्रीय शासन नहीं रहने के कारण इस समय अन्य राजाओं के साथ छोटानागपुर के नागवंशी भी स्वतंत्र ही रहे।[78]

हजारीबाग एवं मानभूम में इस समय किन्हीं मान राजाओं का शासन था। धनबाद के निकट गोविन्दपुर में कवि गंगाधर—शकाब्द 1059=1373-78 ई.— द्वारा रचित प्रस्तर शिलालेख एवं हजारीबाग के दूधपानी नामक स्थान में आठवीं सदी के शिलालेख में इनका उल्लेख है।[79] प्रसिद्धि यह भी है कि मानभूम की सराक जाति अपनी नारियों पर मान राजाओं के अत्याचार के कारण ही पंचेत आ बसी थी। दसवीं शताब्दी के भूमिज स्वराज्य आन्दोलन का प्रमुख कारण सम्भवत: मान राजाओं का अत्याचार ही था।[80]

कालचुरी नरेश लक्ष्मीकर्ण—लगभग 1041-1070 ई.— ने नयपाल, विग्रहपाल तृतीय एवं अन्य राजाओं को पराजित कर पश्चिम में बनस एवं माही नदी से पूर्व में हुगली नदी तक और उत्तर में गंगा-यमुना घाटी से महानदी, वेनगंगा, वर्धा और ताप्ती तक अपना प्रभुत्व स्थापित किया था। नागवंशी राजाओं में यह गंधर्व राय का शासन काल था। इनके बाद भीमकर्ण—1098-1132 ई.— गद्दी पर बैठे। नागवंशी राजाओं का यह उपाधि-परिवर्तन—राय से कर्ण—संभवत: लक्ष्मीकर्ण के वंशजों पर नागवंशियों की विजय या मैत्री का द्योतक है। नागवंशावली

से इसकी पुष्टि होती है।

नागवंशावली के अनुसार भीमकर्ण को सुरगुजा के हैहयवंशी रक्सेलों से भीषण युद्ध करना पड़ा था।[81] मध्यप्रदेश के कालचुरी भी अपने को हैहयवंशी क्षत्रिय कहते हैं।[82] नागवंशी राजा ने उनसे जमकर लोहा लिया और बरवे तक खदेड़ भगाया।[83] बरवे परगना एवं पलामू तक नागवंशियों का अधिकार हो गया। रक्सेलों से वसुदेव राय की मूर्ति भी छीन ली गई।[84] भीमकर्ण ने ही पहली बार चुटिया राजधानी छोड़ कर खुखरा में गढ़ बनवाया।[85] इन घटनाओं से कालचुरी नरेशों एवं नागवंशियों का संबंध-स्वरूप स्पष्ट है।

कालचुरी राजाओं में लक्ष्मीकर्ण के बाद यशकर्ण—लगभग 1073-1125 ई.—, गय कर्ण—लगभग 1151 ई.—आदि के नाम आते हैं।[86] नागवंशी राजाओं में भी भीमकर्ण के बाद जोश—जसकर्ण 1132-1180 ई.—जल— ? —कर्ण—1180-1218 ई.—एवं गो कर्ण—1218-1236 ई.—के नाम आते हैं।[87] कालगत अंतर महत्त्वपूर्ण नहीं है। ऐसी स्थिति में नाम-साम्य का क्या तात्पर्य हो सकता है— यह एक विचारणीय प्रश्न है।

काशीराज गोविन्द चन्द्र—लगभग 1114-1155 ई.—गहड़वाल राजाओं में सबसे प्रतापी हुए। बनारस इनकी राजधानी थी। कन्नौज तक इनका आधिपत्य था। इन्होंने रामपाल के समय बंगाल पर आक्रमण किया था। इनके पश्चात् विजय चन्द्र ने बहुत से अंश जीते थे। पलामू जिले के जपला नामक स्थान में खदिरपाल—खयरवास=खरवाल ? वंशी प्रताप धवल नामक महानायक इनके द्वारा नियुक्त था। इसके कई शिलालेख रोहतास के निकट तिलोथु—1158 ई.—, फुलवारी—1169 ई., ताराचंडी—1169 ई.— आदि स्थानों में उपलब्ध हैं जिनसे पलामू के उत्तरी भाग तक गहड़वालों के अधिकार एवं प्रताप का आभास मिलता है।[88] कालचुरी राजाओं के समय नागवंशियों ने पलामू जीत लिया था। लेकिन गहड़वालों के समय उसका उत्तरी भाग प्रताप धवल, इन्द्र धवल आदि के अधिकार में आया। इससे स्पष्ट है कि नागवंशियों पर गहड़वालों का प्रभाव पड़े बिना नहीं रहा।

सेनवंश काल

पालों के बाद सेन बंगाल के अधिपति हुए। वल्लाल सेन—लगभग 1159-1185 ई.—एवं लक्ष्मण सेन—लगभग 1185-1206 ई.—इस वंश के प्रतापी शासक थे। लक्ष्मण सेन ने गौड़, कामरूप, कलिंग और काशी पर अधिकार प्राप्त किया था। बख्तियार खिलजी ने इसी के समय छोटानागपुर—झारखंड—के मार्ग से छिप कर नादिया—बंगाल—पर आक्रमण किया था जहाँ संभवतः उसकी राजधानी थी।[89] सेनवंशी राजा कट्टर वैष्णव थे। प्रसिद्ध वैष्णव कवि जयदेव ने इन्हीं के राज्यकाल में गीत गोविन्द की रचना की थी।

छोटानागपुर में सेन राजाओं के समकालीन दो नागवंशी राजा हुए जोस—जस—कर्ण—1132-1180 ई.—और जल— ? कर्ण—1180-1218 ई.। लगभग इसी समय कोलाम्बे—घाघराथाना, राँची—में रक्सेलों से छीनी गई वसुदेव राय की मूर्ति स्थापित की गई थी। इससे छोटानागपुर में सेनों का वैष्णव-प्रभाव भी प्रकट होता है।

संदर्भ

1. किंते कृण्वन्ति कीकटेषु गावोनाशिर दुहेण तपन्ति धर्मम्।
आनो भरु प्रमगन्दस्य वेदो नेचाशाखं मधवन रन्धमान॥ —ऋग्वेद 3, 53,14
2. चरणाद्रि समारभ्य गृद्धकुटान्तकं शिवे
तावत्कीकट: देश: स्यात् तदन्तर्गत मगधो भवेत। —शक्ति संगम तत्र
3. अथर्ववेद, 5, 22, 14
4. ऐतरेय, 2,1,1,
5. वही, 7, 18
6. वैदिक इन्डेक्स, भाग-1, पृ. 536
7. महाभारत, 3, 51, 6, 6; विष्णु पुराण, 4, 24,18; वृहत्संहिता, 5, 74
8. आधुनिक छोटानागपुर ही प्राचीन काल में पुण्ड्र नाम से ख्यात था। जब इसके आदिवासी अन्य भागों में जाकर बसे तब इस भू-भाग को पुण्ड्रवर्द्धन या पौण्ड्र कहने लगे। छोटानागपुर के ही लोगों ने पौण्ड्रवर्द्धन को बसाया। डॉ. त्रिवेद, प्राङ् मौर्य बिहार, पृ. 27
9. महाभारत, 3, 255, 7
10. डॉ. त्रिवेद, प्राङ् मौर्य बिहार, पृ. 27
11. 'छोटानागपुर इन्क्लूडिंग दि ट्रिब्यूटरी स्टेट्स ऑफ छोटानागपुर एण्ड ओरिसा इज कोल्ड झारखंड इन दि अकबरनामा।'— इम्पीरियल गजेटियर ऑफ इंडिया, प्रोविंशियल सीरीज, वॉल्यूम-1, पृ. 25
12. विशेष देखिए — राँची गजेटियर, 1917 ई.
13. यह सूची राँची गजेटियर, 1917 ई. और सिंहभूम जिला गजेटियर, 1958 के आधार पर बनाई गई है।
14. तुलना कीजिए— डॉ. एनायत अहमद, बिहार, अध्याय 4, पृ. 206
15. किकटानाम् देशोऽनार्य विशेष: कीकटा: किंकृता:। किं क्रियाभिरिति प्रेप्सा वा....—यास्क, निरुक्त
16. सिफटन महोदय ने हजारीबाग सेट्लमेण्ट रिपोर्ट में हजारीबाग जिले की नई बस्तियों के उपक्रम का जो विवरण दिया है, वह पलामू एवं छोटानागपुर के अन्य क्षेत्रों के लिए भी उपयुक्त है। टोरी परगना में हाल-हाल तक नई बस्तियों की शुरुआत का यही ढंग रहा है। पहले चरवाहा बथान लेकर आता है। फिर जंगल काटे जाते हैं, झोंपड़े बनते हैं। तब राजा सलामी लेकर बसने वाली रैयत के नाम पर माल बाँध देता है। प्राचीन काल में छोटानागपुर की भूमि संभवत: इसी तरह आबाद हुई होगी। — वि.दे., ब्रीज सेट्लमेंट रिपोर्ट, पलामू, 1618-20 ई., पैरा 227-228।
17. ब्रतति अटति इति ब्रात्य:।
18. डॉ. त्रिवेद, प्रा.मौ. बिहार, पृ. 20
19. वही, पृ. 21
20. वही, पृ. 82 तथा पृ. 91 वार्हद्रथवंश तालिका 1
21. दे. के.के. ल्युबा, दि असुर, 1963 ई.।
22. जर्नल ऑफ दि बिहार एण्ड ओरिसा रिसर्च सोसाइटी 1926 ई., पृ. 147-52
23. डॉ. त्रिवेद, प्रा.मौ. बिहार, पृ. 29

24. ''ऑल दीज रीमेन्स गो टु कोरोबोरेट दि मुंडा लीजेण्ड ऑफ ऐन अर्लीयर रेस एण्ड टु प्रूव दैट ए सिविलाइज्ड रेस ड्वेल्ट इन दि कंट्री लॉन्ग बिफोर दि इमिग्रेशन ऑफ कोलारियन ट्राइब्स।''
—राँची गजेटियर, 1917 ई., पृ. 20-21
25. डॉ. धीरेन्द्र वर्मा, मध्यदेश, पृ. 69
26. ''अशोक—273 बी.सी.—232 बी.सी. रेन्ड, इट मे बी कन्क्लुडेड, छोटानागपुर बिकौयज इट इज स्टेटेड दैट दि अटवी और फोरेस्ट स्टेट्स एकनोलेज्ड मगध सुप्रिमेसी।'' —पी.सी. राय चौधरी, 1857 इन बिहार, हजारीबाग अर्ली हिस्ट्री।
27. ''कम्बाइनिंग दि थियरीज ऑफ कर्नल डालटन ऐण्ड मि. बेगलर, हू आर दि टू मोस्ट इम्पोर्टेण्ट औथोरिटीज ऑन दि सब्जेक्ट, इट उड एपीयर दैट दि अर्लीएस्ट सिविलिजेशन इन दि डिस्ट्रिक्ट वाज दैट ऑफ दि जैन्स। दि डिसिडेण्ट ऑफ दि जैन्स, दि सराक्स, स्टिल एक्जिस्ट इन कंसिडरेबल नम्बर्स इन दि ईस्टर्न पार्ट ऑफ दि सदर सबडिविजन। देयर एन्सेस्टर्स आर क्रेडिटेड विथ हैभिंग बील्ट दि टेम्पल्स ऐट पारा, चर्रा, बराम एण्ड अदर प्लेसेज।''
—फाइनल रिपोर्ट ऑफ दि सर्वे एण्ड सेटलमेण्ट ऑपरेशन इन दि डिस्ट्रिक्ट ऑफ मानभूम, 1918-25 ई., धनबाद गजेटियर, 1964 ई. में उद्धृत, पृ. 40
28. 'पार्श्वनाथ दि 23 तीर्थंकर, अटेण्ड निर्वाण एट दि सम्मिट ऑफ दि पार्श्वनाथ हिल प्रोबेबली इन दि 8 सेन्चुरी बी.सी.।' —पी.सी.राय चौधरी, 1857 इन बिहार, हजारीबाग अर्ली हिस्ट्री।
29. डॉ. त्रिवेद, प्रा.मौ. बिहार, पृ. 31
30. वही, पृ. 31
31. शरत्चन्द्र राय, मुण्डा एण्ड देयर कण्ट्री, 1912 ई.।
32. वही।
33. वेंकटेश्वर, इंडियन कल्चर थ्रू एजेज, महिसुर विद्यालय, लौंगमैन एण्ड कंपनी, 1928 ई.।
34. रघुवंश, 17, 6
35. डॉ. त्रिवेद, प्रा.मौ. बिहार, पृ. 28
36. वही, पृ. 32
37. जयशंकर प्रसाद, भारती भण्डार, प्रयाग, आठवाँ संस्करण, 1960 ई.।
38. डॉ. धीरेन्द्र वर्मा, बिहार राष्ट्रभाषा परिषद्, पटना, 1955 ई.।
39. जयचन्द्र विद्यालंकार के निर्देशन में पृथ्वीराज मेहता द्वारा लिखित, पुस्तक भण्डार, लहेरियासराय-पटना, 1940 ई.।
40. देखिए परिशिष्ट : कुछ महत्त्वपूर्ण उद्धरण।
41. 'कलिकत्ता बालमीकि यंत्रे, श्री कालीकिंकर चक्रवर्तिना मुद्रिता प्रकाशित च।' 1933 संवत्।
42. निजी संकलन ।
43. देखिए परिशिष्ट।
44. 'इन सगोर्ट ऑफ दि एण्टीक्विटी ऑफ दि नागवंशीज ऑफ चुटियानागपुर, देयर इज कोलेटरल एवीडेन्स इन दि एनल्स ऑफ दि खरोन्दा डिपेन्डेन्सीज ऑफ दि सेन्ट्रल प्रोविन्सेज। जगन्नाथ देव, दि लास्ट मेंबर ऑफ दि गंगवंशी फेमिलीज हू रेन्ड देयर, फाइंडिंग हिमसेल्फ बिदाउट हेयर्स, सेंट टु चुटियानागपुर फोर ए नागवंशी, हू फाउण्डेड दि प्रेजेण्ट डिनास्टी ऑफ खरोन्दा 860 ईयर्स एगो। दि बोय सेलेक्टेड वाज ए ब्रदर ऑफ दि सत्तरजीगढ़ चीफ। दिस वाज ए कोलेटरल ब्रांच होल्डिग ए मेन्टेनेन्स ग्रांट; एण्ड इट कैन बी शोन दैट मेनी जेनरेशन्स ऑफ

नागवंशी राजाज़ हैड पास्ट अवे बिफोर दिस ब्रांच ऑफ दि फैमिली टुक रूट।'

—विलियम हंटर, स्टेटिस्टिकल एकाउण्ट ऑफ बंगाल, भोलूम-16, 1877 ई., पृ. 446; डालटन कृत एथनोलॉजी ऑफ बंगाल से उद्धृत।

45. देखिए, मुण्डा एण्ड देयर कण्ट्री, 1912 ई., विशेषत: एपेन्डिक्स-4।

46. देखिए, राँची गजेटियर, 1917 ई., अध्याय 2, इतिहास।

47. क. कलियुग तीन हजार अरू एकशत पैंसठ वर्ष।
बीति गयो तहि समय में वरणि जाय नहि हर्ष ॥10॥
भूप विक्रमादित्य के गत शाकाब्द प्रमाण।
एकविंश एकशत भयो तहि औसर मतिमान।।11॥

—वेणीराम महथा, नागवंशावली, अध्याय 4, पृ. 63

ख. तीन हजार गेल, एक सै पैंसठ भेल,
बरीस बोतल कलिकाल गे सजनी,
चंगे रंगे सुखद के साल।
एक बीसे एक सत, संबत सगुन गत,
बिक्रमादित्य महिपाल गे सजनी,
चंगे रंगे सुखद के साल। —घासीराम, नागवंशावली झूमर, गीत संख्या 4

48. देखिए, परिशिष्ट : नागवंशी कुर्सीनामा

49. बिहार थ्रू एजेज, पृ. 204

50. वही, पृ. 205

51. सिंहभूम गजेटियर, 1958 ई., पृ. 66

52. तसु संतान कोराम्बे माही, हहि रक्सेल कहावत आही।
अरू सुरगुजा माह रक्सेला, नागवंश भूपति किहु पेला॥

—नागवंशावली, अध्याय 4, पृ. 82

53. देखिए, परिशिष्ट : कुर्सीनामा

54. वही।

55. घासीराम, नागवंशावली झूमर, गीत संख्या 32

56. जगन्नाथ ते एक पंडा नागपुर आवन कियो
गय नृप के सभा आशीर्वाद भूपति को दियो।
× × ×
सोरंदा अरू महुगांव गांव दिहु
द्विजहि भयो सुख भारी।

—नागवंशावली, अध्याय 4, पृ. 82

57. नागवंशावली झूमर, गीत संख्या 33

58. वही, गीत संख्या 32

59. देखिए परिशिष्ट : कुर्सीनामा

60. बिहार थ्रू एजेज, पृ. 204

61. दि चीफ्स ऑफ दि फोरेस्ट ट्रैक्ट्स ऑफ छोटानागपुर एण्ड मध्यदेश वैद रिंड्युस्ड टु वेसेलेज
—बिहार थ्रू एजेज, पृ. 255

62. इट इज सेड, समुद्रगुप्त मार्निंग थ्रू चुटियानागपुर, डाइरेक्टेड दि फर्स्ट अटैक एगेंस्ट दि किंगडम ऑफ साउथ कोशल इन दि वैली ऑफ दि महानदी

—पी.सी. राय चौधरी, 1857 इन बिहार, हजारीबाग, अर्ली हिस्ट्री

63. बिहार थ्रू, एजेज, पृ. 255

64. चौठे नृपति प्रताप राय सुतिआम्बे गढ़ त्यजि
चुटिया में गढ़ विरचि बसे सम्प्रदा सकल सजि
काशी आदि अनेक देश ते मनुज महाजन
तितहि मँगाय बसाय शहर निवसे प्रमोद मन —नागवंशावली, अध्याय 5

65. बिहार थ्रू एजेज, पृ. 265

66. वही, पृ. 266

67. सिंहभूम गजेटियर, 1958 ई., पृ. 67

68. दीज इंस्क्रीप्सन्स आर एस्क्राइब्ड टु दि रेन ऑफ शशांक, एण्ड दि फार्म ऑफ दि कैरेक्टर इन सर्ब्टनली एज ओल्ड एज दि सिक्स्थ सेन्चुरी ए.डी.—लिस्ट ऑफ मोन्यूमेण्ट्स इन दि छोटानागपुर डिविजन, बंगाल सेक्रेटेरियट प्रेस, कलकत्ता, 1896 ई., द्वितीय संस्करण, पृ. 26

69. धनबाद गजेटियर, 1964 ई., पृ. 40

70. पी.सी. राय चौधरी, 1857 इन बिहार, संथालपरगना।

71. इत्सींग, दि चाइनीज ट्रेवेलर, हू रीच्ड तामलुक इन 637 ए.डी. ट्राभर्स्ड दि अपलैंड्त ऑफ चुटियानागपुर टु रीच नालंदा एण्ड बोधगया।

—पी.सी. राय चौधरी, 1857 इन बिहार, हजारीबाग, अर्ली हिस्ट्री

72. वि.दे. लिस्ट ऑफ मोनूमेण्ट्स इन दि छोटानागपुर डिविजन, बंगाल सेक्रेटेरियट प्रेस, कलकत्ता, 1896 ई.।

73. हिस्ट्री ऑफ इंडिया, सिन्हा और बनर्जी, आठवाँ संस्करण, 1967, पृ. 158

74. वही, पृ. 155

75. वही।

76. महामाया के आसन पर उत्कीर्ण श्लोक-
पृषत्कर सांकोशन दिन राम राधा सिते
खवं नागाख्यो देशे महामायास्य दृषदालये
हापामुनो ग्रामौ स्थापितम् मंयाकृतम्
अहं गजघटं राय महिपति मोहन राय सुत
महाराष्ट्री गुरु हरिनाथ का नाम वहाँ के दानपत्र में उल्लिखित है। वह दानपत्र वहाँ के पुजारी के पास सुरक्षित है।

77. बिहार थ्रू एजेज, पृ. 316

78. ह्वेन दि सेण्ट्रल ओथोरिटी ऑफ दि पाल्स बिकेम वीक और दि किंग एम्परर हैपेण्ड टु बी इन्केपेबल, दि फ्युडेटरीज नोट ओनली बिकेम डि-फैक्टो रूलर्स ऑफ देयर टेरीटरीज़ बट ईम्न डिफायड इम्पेरियल ओथोरिटीज, इन दि रेन ऑफ रामपाल, डिफरेंट पार्ट ऑफ साउथ बिहार वेर अंडर डि-फैक्टो सोवरेन्स, सच ऐज महादेव ऑफ अंग, देवरक्षित और भीमाशय ऑफ मगध एण्ड अदर रूलर्स ऑफ दि फोरेस्ट ट्रैक्ट्स ऑफ दि संथालपरगना एण्ड छोटानागपुर।

— बिहार थ्रू एजेज, पृ. 328

79. बिहार थ्रू एजेज, पृ. 322

80. धनबाद गजेटियर, 1964, पृ. 42

81. सुरगुजा के नृप रक्सेला, सैन संग ले कीन्हेसि पेला
लुटन लगे मुलुक करि रेला, मानहु अपनो जीउ पर खेला ।29।
बारह सहस्र अस्व असवारा, दल अनेक तसु गने को पारा
रक्सेला राक्षस सम आए, राक्षस वंश अहै बुध गाए।30।
उहै भीम अबलादि यह भीम कर्ण नृप भीम
देव अदेव मनो जुरे दोउ महाबल सीम ।31। —नागवंशावली, अध्याय 5, पृ. 92

82. हिस्ट्री ऑफ इंडिया, सिन्हा और बनर्जी, आठवाँ संस्करण, 1967, पृ. 188

83. बरवे तकि रगदेउ आइ ।33।
बरवे में रक्सेल नृप युझे सैन समेत
शीष खण्डि तसु लै चले भूपति आपु निकेत।34।
—नागवंशावली, अध्याय 5, पृ. 92

84. बरवे प्रगत अगल कीन्ह भूपति दिन ताही
असबाब तासु लुटेउ अमित वासुदेव कह आनेउ
अमल पलामू तकि किय भूप मिले भय माजेउ ।36।
—नागवंशावली, अध्याय 5, पृ. 93

85. चुटिया त्यजि कुसरा तिन्ह आय
भीम कर्ण गढ़ तहा बनाय।2।
—नागवंशावली, अध्याय 5, पृ. 91

86. हिस्ट्री ऑफ इंडिया, सिन्हा और बनर्जी, आठवाँ संस्करण, 1967 ई., पृ. 188

87. देखिए, परिशिष्ट : कुर्सीनामा

88. देखिए, क. बिहार थ्रू एजेज, पृ. 324
ख. पलामू गजेटियर, 1926, पृ. 19-20
ग. बिहार : एक ऐतिहासिक दिग्दर्शन, पृ. 197

89. हिस्ट्री ऑफ इंडिया, सिन्हा और बनर्जी, आठवाँ संस्करण, 1967, पृ. 185

झारखंड : मध्यकाल (1200–1765)

रणेन्द्र

बख्तियार खिलजी

बख्तियार खिलजी अवध के सूबेदार का सेनापति था। मिर्जापुर में उसे जागीर मिली थी। आसपास की वन्यजातियों को संगठित कर उसने अच्छी सेना बना ली थी।[1] 1206 ई. में मुहम्मद गौरी के निधन के पश्चात् उसने मगध को रौंद डाला। विहार उजाड़े गए। नालन्दा विश्वविद्यालय जलाया गया। तत्पश्चात् नादिया नवदीप, बंगाल पर आक्रमण करने वह झारखंड से ही होकर गुजरा। छोटानागपुर के नागवंशी राजाओं से किसी संघर्ष या सम्बन्ध का उल्लेख नहीं मिलता लेकिन कई तथ्य इंगित करते हैं कि बख्तियार खिलजी के बंगाल–आक्रमण के झारखंड पर कई परोक्ष प्रभाव पड़े। ये प्रभाव निम्नांकित हैं—

(i) हजारीबाग एवं मानभूम क्षेत्र की उजड़ी हुई बहुत सारी बौद्ध, जैन एवं शैव मंदिरों एवं मूर्तियों के अवशेष जो दामोदर घाटी एवं पुरुलिया के पास कंसाई नदी की घाटी में उपलब्ध हैं।[2]

(ii) छोटानागपुर के पश्चिमी भागों में हटे हुए मुंडाओं के अवशेष—गाँव के नाम, जैसे—सासंगदोरी आदि—जिनमें अब उराँवों की बस्तियाँ हैं।

(iii) मुंडा एवं उराँवों में प्रचलित एतद् सम्बन्धी किंवदन्तियाँ एवं गीत तथा गाथाएँ।

लोकगीत–कथा एवं लोकजीवन में यह तथ्य चर्चित है कि उराँव पहले रोहतासगढ़–रूइदास में थे। वे तुर्कों से पराजित होकर सोन नदी के मार्ग से छोटानागपुर आए और उनकी एक शाखा, माल पहाड़िया, राजमहल की ओर गई। बख्तियार खिलजी के अभियान के भी ये ही दो मार्ग थे। रोहतास से उराँव भी इन्हीं दो मार्गों पर चले। अनुमान लगाया जाता रहा है कि झारखंड में उराँवों का प्रवेश बख्तियार खिलजी की सेना के रूप में ही हुआ होगा। उसकी सेना में जनजातियों का उल्लेख मिलता है।[3]

संभवतः इन्हीं कारणों से मुंडाओं को छोटानागपुर के पूर्वी क्षेत्रों में खिसकना पड़ा।

दासवंश काल

दासवंश के शासकों का प्रभुत्व पूर्वी भारत में अवध तक ही स्वीकृत एवं सुरक्षित था। बंगाल उनके लिए सरदर्द ही बना रहा जिसके कारण बंगाल पर उनके कई आक्रमण हुए। बख्तियार खिलजी, इल्तुतमिश, बलवन आदि के आक्रमणों के कारण बिहार एवं बंगाल के सीमावर्ती कई समुदायों ने झारखंड के वन्य प्रदेश में शरण ली।

बिहार : एक ऐतिहासिक दिग्दर्शन[4] के अनुसार, "तुर्क-आक्रमण के फलस्वरूप गंगा एवं अन्य उपजाऊ मैदानों के राज्य खोने के बाद वहाँ के बहुत से राजपूत-सरदार अब विन्ध्य मेखला के अंतरंग भागों में प्रविष्ट हो रहे थे। उनके दबाव से उक्त प्रदेशों की मुंडा, संताल, कुरूख, खरवार आदि जातियों में उथल-पुथल मची। एक के बाद एक वे विन्ध्याचल के और दुर्गम प्रदेशों—झारखंड-छोटानागपुर में जाकर बसने लगे। 1244 ई. में संतालों ने वीरभूम राज्य को लूटा। ऐसे आव्रजनों के साथ सैन्य-दृष्टि से महत्त्वपूर्ण स्थलों में तुर्क सैनिकों की छावनियाँ भी कायम हुईं। दि अर्ली दिल्ली सुल्तान्स जनरली अटेम्पटेड टु कंक्वेयर दि एक्सेसिवल पार्ट्स एण्ड स्टेशण्ड देयर सुबेदार्स एण्ड गैरीसन्स इन सिटीज एण्ड स्ट्रेटेजिक सेण्टर्स।"[5] इस प्रकार झारखंड में नए सामाजिक-सांस्कृतिक तत्त्वों का प्रवेश हुआ।

तुगलक काल

अनुश्रुतियों के आधार पर डाल्टन का कथन है कि "संतालों के पूर्वज अहिरी-पिपरी आदि कई जगहों से होते हुए चाइ और चम्पा—हजारीबाग सदर—में आ बसे थे। जनरा नामक संताल सरदार-राजा चाड़ किले में रहता था। मुहम्मद बिन तुगलक का एक सेनापति मलिक बया के नेतृत्व में सेना के आगमन की सूचना से वह किला छोड़ कर भाग खड़ा हुआ। मलिक बया ने वह किला हजरत फती खाँ दौला को सुपुर्द कर दिया।"[6]

इस काल की दूसरी महत्त्वपूर्ण घटना हजारीबाग के सतगाँवा नामक स्थल के अवशेषों में है। यह स्थल हजारीबाग के पूर्वी छोर पर कौवाकोल पहाड़ी (वर्तमान नवादा जिले में) के पास है। फिरोज तुगलक के जमाने में बंगाल के शम्सउद्दीन इलियास शाह ने एक बड़ी भूमि जीत कर यहाँ—सतगाँवा में—अपनी राजधानी बनाई।[7] यहाँ उस गुप्त काल के भी बहुत से अवशेष हैं और अन्य अवशेषों का भी अनुमान किया जाता है।[8] इन तथ्यों से झारखंड के कुछ हिस्सों पर बंगाल का प्रत्यक्ष अधिकार और तुगलकों के आक्रमण का प्रभाव प्रकट होता है। इसी काल में नागवंशी राजा शिवदास कर्ण (1367-1389 ई.) की एक ऐतिहासिक कृति हापामुनि मंदिर—घाघरा थाना—गुमला में सुरक्षित है जहाँ उन्होंने 1458 संवत् में विष्णु मूर्ति की स्थापना की थी। मूर्ति के आसन में उत्कीर्ण शिलालेख में तत्कालीन राजगुरु महाराष्ट्रीयन द्विज सियानाथ देव का भी उल्लेख है। यह घटना सांस्कृतिक दृष्टि से महत्त्वपूर्ण है।[9]

लोदी काल

1451 ई. में बहलोल लोदी ने दिल्ली की गद्दी पर कब्जा किया। इसी समय उड़ीसा में अन्तिम गंग राजा के मंत्री कपिलेन्द्र ने एक नए राजवंश की नींव डाली जो सूर्यवंश के नाम से प्रसिद्ध हुआ।

कपिलेन्द्र के नेतृत्व में—1435-70 ई.—उड़ीसा राज्य दक्खिन पूर्वी भारत की एक महाशक्ति बन गया। दक्षिण में उसका राज्य त्रिचनापल्ली तक पहुँचा और बीदर के बहमनी सुल्तान उससे कई बार हारे। उत्तर में कपिलेन्द्र ने दामोदर नदी और गंगा के बीच के प्रदेश को लेकर भागलपुर के पास की अपनी सीमा जौनपुर तक मिला दी। इस प्रकार संतालपरगना, हजारीबाग और राँची के बड़े अंश पर उड़ीसा का अधिकार हो गया।[10]

उसी काल में नागवंशी राजा प्रताप कर्ण (1451-69 ई.) के कार्यकाल में उसके घटवार राजाओं ने विद्रोह कर दिया जिसमें तमाड़ के घटवार राजा ने तो नागवंशियों के खुखरागढ़ को भी घेर लिया। प्रताप कर्ण ने खैरागढ़ के खरवार सरदार वामदेव को आमंत्रित किया जिसने तयाइ राजा को पराजित किया। प्रताप कर्ण ने करनपुरा परगने का राजा वागदेव को बनाया जिससे रामगढ़ राजवंश की नींव पड़ी।

चैतन्य महाप्रभु ने भी इसी काल में जगन्नाथपुर-मथुरा की यात्रा के क्रम में झारखंड का परिभ्रमण किया। चैतन्य चरितामृत के अनुसार यात्रा का काल 1485 ई. निश्चित होता है जो नागवंशी राजा चक्षा कर्ण (1469-96 ई.) का कार्यकाल था।

मुगल काल

शेरशाह (1472-1545 ई.)

बंगाल के जहांगीर बेग को शेरशाह ने परास्त किया। बंगाल के साथ-साथ झारखंड पर भी उसका आधिपत्य हो गया। किंवदन्ती है कि झारखंड के तत्कालीन नागवंशी राजा मधुकर शाह ने अपना प्रसिद्ध हाथी 'श्यामचन्द्र' देकर उसकी अधीनता स्वीकार की थी।

तारीखी शेरशाही, मखजनी अफगानी एवं वाहियाती मुस्तकी आदि ग्रन्थों से ज्ञात होता है कि शेरशाह के समय शाहाबाद के दक्षिण में चेरों लोगों की अच्छी शक्ति विकसित हुई थी। शेरशाह ने महरता नामक चेरो का शमन किया था जो गौड़-बंगाल का मार्ग अवरुद्ध करता था।[11]

अकबर (1556-1605 ई.)

1585 ई. में झारखंड में छिपे विद्रोही अफगानी सरदार एवं यहाँ के हीरों की ख्याति सुनकर अकबर ने शहबाज खान तुरबती को खुखरा-कोकराह यानी झारखंड के नागवंशी राजा पर आक्रमण का आदेश दिया। शाहबाज खान रोहतास में था उसने पलामू का रास्ता आक्रमण के लिए चुना। कोकराह में नागवंशी राजा मधुसिंह का राज था। मुगल सेना की लूट से विवश होकर मधुसिंह बादशाह का मालगुजार बन गया। 1591 ई. में मधुसिंह और लखमी राय ने युसुफ चक कश्मीरी तथा मानसिंह के उड़ीसा अभियान में भी साथ दिया।[12]

1589-90 ई. में राजा मानसिंह बिहार के सूबेदार बनाए गए। वे राजमहल और रोहतास में रहते थे। महाराजा शिताब राय ने 1574 ई. में पलामू जीतकर वहाँ अपनी सेना स्थापित की।[13] 1605 ई. में जब अकबर का देहान्त हुआ तब पलामू से मुगल सेना खदेड़ दी गई। उस समय, चेरो राज के पहले, यहाँ सरगुजा के रक्सेलों का आधिपत्य था। खरवार, गोंड, उराँव आदि यहाँ के निवासी थे।[14]

पोराहाट राज (सिंहभूम) सिंहवंश के बारे में कहा जाता है कि उसके संस्थापक मानसिंह के ही अंगरक्षक थे। लेकिन वे अपना अस्तित्व प्राचीन काल से सिद्ध करते हैं।[15]

जहाँगीर (1605-1627 ई.)

1615 ई. में जहाँगीर ने नूरजहाँ के भाई इब्राहिम खाँ को बिहार का सूबेदार बनाया। तुजुकी जहाँगीरी में इब्राहिम खाँ के खुखरा विजय का विस्तृत विवरण है। उसके अनुसार 1616 ई. में

यह आक्रमण हुआ। शंख नदी को अधिकार में ले लिया गया जहाँ हीरा मिलता था। नागवंशी राजा दुर्जन साल गिरफ्तार हुए और बारह वर्ष ग्वालियर के किले में कैदी की तरह गुजारे। अंत में हीरा पहचानने की निपुणता के कारण बादशाह ने अन्य बन्दी राजाओं के साथ उसे मुक्त किया।[16]

1628 ई. में नागवंशियों ने मुगलों को 6000 रु. सालाना मालगुजारी देना स्वीकार कर अधीनता स्वीकार ली थी।[17]

पलामू में चेरो राज

दक्षिण शाहाबाद स्थित चैनपुर (वर्तमान में कैमूर जिला) स्थित चेरो राजा शहाबुल का किला मुगलों ने छीन लिया था। अत: वहाँ से चेरो पलामू की ओर हटे। राजा शाहबुल के पुत्र भगवन्त राय ने 1580 ई. में अकबर के राज्यकाल में पलामू पर आक्रमण किया। उस समय पलामू में सरगुजा के रक्सेलों का शासन था। रक्सेल राजा मानसिंह का गढ़ लेस्लीगंज के निकट तलहसी-तरहसी में स्थित था। भगवन्त राय के आक्रमण के समय मान सिंह सरगुजा में थे। अतएव चेरो लोगों का सहज ही पलामू पर कब्जा हो गया।[18]

जहाँगीर का समकालीन चेरो राजा मेदिनीराय का पलामू में शासन था। लोकगीतों में जिसके शासनकाल की समृद्धि-शान्ति का उल्लेख मिलता है। मेदिनीराय ने दक्षिणी गया, हजारीबाग, सरगुजा का बड़ा भाग जीत लिया था। उसने नागवंशियों की तत्कालीन राजधानी डोइसा पर भी आक्रमण किया था। इसी काल में पलामू किले का निर्माण हुआ। किले का निर्माण काल माघ बदी 5, संवत् 1691, तदनुसार 8 जनवरी 1634 ई. उल्लिखित है।[19]

शाहजहाँ (1628-58)

शाइस्ता खाँ एवं इतिकाद खाँ जो क्रमश: बिहार के सूबेदार हुए। दोनों ने क्रमानुसार 1641 ई. एवं 1643 ई. में पलामू पर आक्रमण किया और मुगलों का आधिपत्य स्थापित किया। शाहजहाँ के पादिशाहीनामा में इनके पलामू अभियान का तिथिक्रम से विस्तृत वर्णन है। इन आक्रमणों के परिणामस्वरूप चेरो राजा प्रतापराय को उनसे सन्धि करनी पड़ी। बादशाह ने प्रतापराय को एकहजारी मनसब प्रदान किया। पलामू को 'जम्मा' एक करोड़ दाम—दो लाख पचास हजार रुपए—नियत हुआ।[20]

शाहजहाँ ने 1632 ई. में छोटानागपुर का राज पटना के सूबेदार को 1 लाख 36 हजार रुपया वार्षिक दर पर दे दिया। 1636 ई. में यह कर बढ़ाकर 1 लाख 61 हजार रुपए कर दिया गया।[21]

छोटानागपुर के राजाओं पर जो भारी कर लगे उनका बड़ा ही विध्वंसक प्रभाव यहाँ के आदिवासी पर पड़ा। अब उन पर क्रूर सामन्ती जुल्मों की शुरुआत हुई।

औरंगजेब (1659-1707)

शाहजहाँ के अन्तिम दिनों में जब उसके पुत्रों के बीच गद्दी के लिए संघर्ष छिड़ा, अन्य अधीनस्थ राजाओं की तरह पलामू के चेरो राजाओं ने भी कर देना बन्द कर दिया। आलमगीरनामा में बिहार के मुगल सरदार दाऊद खाँ का पलामू-आक्रमण का विस्तृत विवरण है। 17 दिसम्बर 1660 ई.

को औरंगा नदी के तट पर चेरो राजा साहेब राय का दाऊद खाँ के साथ युद्ध हुआ। मुगलों की सैन्य शक्ति के समक्ष साहेब राय पराजित हुआ और जंगलों की राह ली। दाऊद खाँ ने दोनों किलों पर अपना कब्जा जमाया। पलामू किले में उसका बनवाया हुआ 1661 ई. का मस्जिद और अभिलेख अभी भी कायम है।[22]

इसी काल में छोटानागपुर में नागवंशी राजा अधिपति शमशाह थे। उन्होंने ही चुटिया में राम मंदिर का निर्माण 1685 ई. में करवाया था।

उधर साहेब राय के वंशज रणजीत राय को मुगल सूबेदार इब्राहिम खान द्वारा 1 लाख 40 हजार वार्षिक कर के आधार पर पलामू की गद्दी पर बैठाया गया। किन्तु उसके चचेरे भाई जयकिशन ने उन्हें सत्ताच्युत कर दिया। जयकिशन ने रायगढ़ के राजा दलेल सिंह के साथ मिलकर नागवंशियों से टोरी क्षेत्र जीत लिया।[23]

रामगढ़ के राजा दलेल सिंह ने रणजीत राय के परिवार को अपने यहाँ आश्रय दिया। इसी कारण जयकिशन ने रामगढ़ पर चढ़ाई की। युद्ध में दलेल सिंह मारे गए। दलेल सिंह के वंशजों ने बाद के युद्ध में पलामू पर कब्जा जमा लिया। रामगढ़ के राजा ने 1670 ई. में मुगलों के आक्रमण से बचने के लिए राजधानी खास रामगढ़ में बनाई।[24]

उधर पंचेट राज ने भी मुगलों की करवृद्धि एवं तबाही के कारण, 1700 ई. के लगभग पंचेत छोड़ दिया और अधिक दुर्गम एवं सुरक्षित स्थान झालदा में अपनी राजधानी बनाई।[25]

झारखंड में अंग्रेजी उपनिवेश (1765–1947)

आक्रमण की अवधि (1765–1834)

1765

मुगल बादशाह शाह आलम द्वितीय ने ईस्ट इंडिया कम्पनी को बंगाल (बंगाल, बिहार, झारखंड, उड़ीसा) की दीवानी सौंप दी। इस तरह झारखंड अंग्रेज राज के अंतर्गत कर चुकाने वाला क्षेत्र बन गया। झारखंड में अंग्रेजी शासन की यह अवधि विद्रोहों और क्रांतियों की अवधि थी।

1767–1805

जंगल महाल के क्षेत्र में चुआड़ (खेरा और माँझी आदिवासी) विद्रोह

बांग्ला शब्दकोश के अनुसार चुआड़ शब्द का अर्थ है—'दुर्वृत्त और नीच जाति'। यह शब्द गाली के रूप में आदिवासी किसानों और योद्धाओं के लिए प्रयुक्त होता रहा है। मेदिनीपुर, धालभूम, घाटशीला, रामगढ़, लालगढ़, जामबनी, झालदा आदि का क्षेत्र जंगल काटकर खेती योग्य बनाए जाने के कारण 'जंगल महाल' कहलाता था। इस अंचल में आदिवासी किसानों में खेरा और मांझियों का बाहुल्य था। ये वीर आदिवासी स्थानीय जमींदारों के यहाँ सिपाही के रूप में भी काम करते थे और पाइक कहलाते थे। उन्हें राजस्व मुक्त भूमि 'पाइकान जमीं' भी खेती के लिए मिलती थी। किन्तु अंग्रेजों की नई राजस्व नीति ने न केवल जंगल महाल के आदिवासी किसानों को अपनी खेती से वंचित किया बल्कि पुराने जमींदारों की जमींदारी भी राजस्व न चुकाने के

कारण छीन ली गई। पाइकों को हटा कर बाहरी पुलिस की बहाली हुई। बेरोजगार पाइकों से 'पाइकान जमीं' छीन ली गई। नतीजतन 1767 ई. में जंगल महाल अंचल के करीब सौ मील के क्षेत्रफल में आदिवासी किसानों, पाइकों और भूतपूर्व जमींदारों ने विद्रोह कर दिया।

रामगढ़, लालगढ़, जामबनी, झालदा के जमींदार परास्त हुए किन्तु घाटशीला के विद्रोही धालभूमगढ़ के राजा के समर्थन से अंग्रेजों के साथ 1767 से 1772 तक लगातार बहादुरी से लड़ते रहे। अंत में उन्हें सम्प्रभुता मानने पर बाध्य होना पड़ा। किन्तु यह विद्रोह पुनः 1798-99 में बांकुड़ा एवं मेदिनीपुर के कुछ क्षेत्रों में उभरा और पूरे इलाके में फैल गया।

इस बार भी रायपुर परगने के जमींदार दुर्जन सिंह, कर्णगढ़ की रानी शिरोमणि जैसे सामन्तों और गोवर्धन दिक्‌पति जैसे आदिवासी सेनानियों का नेतृत्व विद्रोह को प्राप्त हुआ। जून 1798 में उड़ीसा के पाइक भी विद्रोहियों से आ मिले। विद्रोह के मूल कारणों को मेदिनीपुर के तत्कालीन कलेक्टर ने रेवन्यू बोर्ड के पास 25 मई 1798 को लिखा, '...बिना अपराध और बिना कारण जमीन भोगने का अधिकार जान-सुन कर छीन लिया अथवा उस जमीन पर इतना ज्यादा राजस्व लगाया गया जिसे देने की क्षमता उनमें नहीं। उन्होंने यह भी देखा कि आवेदन-निवेदन से कोई फायदा नहीं हुआ। ऐसी हालत में पहला मौका मिलते ही उन्होंने अस्त्र धारण कर अपने से छीनी गई जगह-जमीन वापस पाने की चेष्टा की।'[26]

इस विद्रोह की व्यापकता पर टिप्पणी करते हुए जे.सी. प्राइस ने लिखा, ''संक्षेप में कहा जा सकता है कि साल के अंत में सारे जिले का कोई अंचल नहीं बचा जहाँ विद्रोहियों का हमला नहीं हुआ हो। इससे अधिकारियों की मानसिक हालत कैसी हो गई थी, यह इसी से समझा जा सकता है कि रात में मेदिनीपुर शहर के रास्तों में पहरा देने के लिए सारे साल सेना नियुक्त रही।''[27]

जंगल महाल से राजस्व की वसूली बन्द हो गई। विद्रोहियों ने ऐलान कर दिया कि जो भी राजस्व वसूलने आएगा, वह जिन्दा वापस न जाएगा। 1799 में विद्रोह की उग्रता और बढ़ी। सरकारी अफसर, कर्मचारी, जमींदार और तहसीलदार सब के सब भागकर मेदिनीपुर में जमा हो गए। सेना बुला ली गई। कलेक्टर ने रेवेन्यू बोर्ड के पास 7 मार्च 1799 को भेजे पत्र में लिखा— 'सारे जिले के अधिवासी भागकर मेदिनीपुर में जमा हो रहे हैं। वे अपनी प्राण रक्षा के लिए अधीर हो गए हैं।... हजारों लोग शहर में बन्द पड़े हैं। सारे मुफस्सल अंचल के साथ शहर का सम्बन्ध विच्छिन्न हो गया है।'[28]

प्रायः इसी समय गोवर्द्धन दिक्‌पति नामक विद्रोही सरदार के नेतृत्व में दो हजार विद्रोहियों ने मेदिनीपुर जिले के सबसे बड़े कस्बे आनन्दपुर पर कब्जा कर लिया।

शासकों ने क्रमशः समझा कि केवल फौज के बल से यह विद्रोह न दबाया जा सकेगा। अंत में उन्होंने फैसला किया कि पाइकों को उनकी जमीनें वापस कर दी जाएँगी और जंगल महाल में शान्ति बनाए रखने की जिम्मेवारी यहाँ के जमींदारों की होगी। राजस्व बाकी रह जाने पर भी जमींदारी नीलाम नहीं की जाएगी। इस तरह जमींदारों, पाइकों, आदिवासी सरदारों को कुछ सुविधा देकर यह विद्रोह शान्त किया जा सका।

1766–1780

राजमहल में पहाड़िया विद्रोह

पहाड़िया आदिवासी संतालपरगना के प्राचीनतम अधिवासी हैं। अपने अस्तित्व की रक्षा के लिए इन्हें हमेशा बाहरी ताकतों से संघर्ष करना पड़ा है। अकबर काल में पहाड़िया लोगों की अनेक जागीरों पर खेतौरी सरदारों का अधिकार हो गया। अपनी सरदारी और जमींदारी के पतन के बावजूद इन्होंने अंग्रेजों से भी जमकर लोहा लिया। 18वीं शताब्दी के उत्तरार्द्ध में अंग्रेजों के विरुद्ध लड़ने वाले सरदार रमना आहड़ी, करिया पुजहर, चेंगरू संवरिया, नायब सूरजा पहाड़िया आदि सेनानियों की वीरता की कहानियाँ अजानी ही रह गईं।

पहाड़िया सरदारों ने 1765 ई. में मुगल बादशाह शाह आलम द्वितीय द्वारा अंग्रेजों को दीवानी दिए जाने का विरोध किया था। रमना आहड़ी के नेतृत्व में जून 1766 में मलंचा पहाड़ की तराई में अंग्रेज और मुगल सेनाओं की संयुक्त टुकड़ियों से युद्ध हुआ। वीरता से लड़ते हुए रमना आहड़ी घायल होकर गिरफ्तार हुए जिनकी हत्या कर दी गई। इस हत्या की प्रतिक्रिया ने कई पहाड़िया सरदारों को एकजुट कर दिया। करिया पुजहर, चेंगरू संवरिया और पाचगे डोम्बो पहाड़िया की टुकड़ियों ने मिलकर उधवा नाला के पास मुगल और अंग्रेज सेनाओं के शिविर स्थल पर धावा बोल दिया। विपक्षी सेना को बहुत ही क्षति हुई।

विपरीत परिस्थितियों के बावजूद पहाड़ियों ने अंग्रेजों के खिलाफ अपना विद्रोह जारी रखा। साहिबगंज जिले के अंतर्गत बोरिया अंचल में करमटोली रेलवे स्टेशन के पश्चिम स्थित तेलियागढ़ा में पहाड़ियों द्वारा अंग्रेज सैनिकों पर आक्रमण सामान्य घटना हो गई थी। अंग्रेजों के खिलाफ पहाड़िया लोगों ने कई विद्रोह किए। सन् 1772, 1778 और 1789 की क्रांतियाँ सबसे असरदार रहीं। 1781–82 में महेशपुर की रानी सर्वेक्षी ने कम्पनी शासन के खिलाफ बगावत की। इस बगावत में पहाड़िया सरदारों ने अंग्रेजों के खिलाफ रानी की मदद की। पहाड़िया लोगों को अपने वश में रखने के लिए अंग्रेजों ने उनकी भूमि को सन् 1883 में 'दामिन–इ–कोह' नाम देकर अलग राज्य उद्घोषित किया तथा अपने प्रत्यक्ष नियंत्रण में रखा।[29]

1771–1819

पलामू पर आक्रमण और चेरो विद्रोह

पलामू राज पर शासन के लिए चेरो राजवंश के दो प्रतिद्वंद्वियों यथा—गोपाल राय और चित्रजीत राय के बीच तनाव बढ़ता गया। अंग्रेजों ने पलामू विजय का अच्छा अवसर माना और गोपाल राय के समर्थन में कैप्टन कैमाक के नेतृत्व में सेना भेजी। 26 जनवरी 1771 को कैप्टन कैमाक की सेना पलामू पहुँची। पलामू किला अजेय बना रहा किन्तु स्थानीय द्रोहियों ने पद–पैसों के लालच में किले के कमजोर स्थलों की जानकारी दी। 20 फरवरी 1771 को किले पर ब्रिटिश झंडा फहराया। अधिक कर वसूली और उपाश्रित पट्टों के पुन: अधिग्रहण के कारण चेरो किसानों एवं सरदारों में विक्षोभ की लहर दौड़ गई। 1800 ई. में भूखन सिंह चेरो के नेतृत्व में भयंकर विद्रोह फूट पड़ा। अँग्रेजों ने अपने सैन्य बल से इस विद्रोह का दमन किया।

सन् 1814 तक पलामू करद राज्य की तरह ईस्ट इंडिया कम्पनी के अधीन रहा। तब तक पलामू परगना को छोड़ कर अन्य परगनाओं पर गैर चेरो जागीरदार काबिज हो गए थे। 1814 ई. में गोपाल राय के पुत्र चुड़ामण राय पर मालगुजारी न चुकाने का आरोप लगाकर पलामू परगना भी उनके हाथों से लेकर औरंगाबाद देव के राजा घनश्याम सिंह को सौंप दिया गया। यह अपमान न केवल चेरो लोगों को बल्कि पलामू के अन्य आदिवासी समुदायों यथा खरवार, भोग्ता, कोलों को भी बर्दाश्त नहीं हुआ और 1817 ई. में पुनः विद्रोह की आग भड़की। देव के घनश्याम सिंह को पलामू छोड़ना पड़ा। इस परगने को 'खास महल' की संज्ञा दी गई और अंग्रेजों ने इसे अपने प्रत्यक्ष शासन के अंतर्गत रखा। यही व्यवस्था 1857 तक चलती रही।

1780

रामगढ़ हिल ट्रैक्ट की स्थापना

ईस्ट इंडिया कम्पनी ने छोटानागपुर एवं अन्य क्षेत्रों में सुचारु प्रशासन की दृष्टि से इस व्यवस्था को खड़ा किया। इसका मुख्यालय बारी-बारी से शेरघाटी और चतरा हुआ करता था। छोटानागपुर इस प्रशासन का एक क्षेत्र था। इस क्षेत्र की देख-रेख के लिए एक अधिकारी की नियुक्ति हुई जिसे न्यायिक और प्रशासनिक अधिकार प्रदान किए गए थे।

1784

तिलका माँझी के नेतृत्व में संताल विद्रोह

11 फरवरी 1750 को सुल्तानगंज थाना के अंतर्गत तिलकपुर गाँव के एक संताल परिवार में तिलका मांझी का जन्म हुआ। इन्होंने युवा होते ही अपने क्षेत्र की औपनिवेशिक स्थिति को समझा और अंग्रेजों के विरुद्ध संगठन बनाना प्रारम्भ किया। कई किंवदन्तियाँ प्रचलित हैं। युवावस्था में सात्विक जीवन व्यतीत करते, जिसे जो कह देते वह सत्य हो जाता। उनके दल ने मारगो दर्रे, तेलियागढ़ी दर्रे और कहलगाँव गंगा के किनारे अंग्रेजी खजाने को लूटकर अपने आदिवासी भाइयों के बीच वितरित किया—वह भी उनकी लोकप्रियता का कारण बना।

एक छोटे से गाँव बनैयारीजोर से 1781 ई. में तिलका माँझी के नेतृत्व में संताल विद्रोह की शुरुआत हुई। गंगा और ब्राह्मी नदी के बीच के जंगल तराई कहे जाने वाले क्षेत्र मुंगेर, भागलपुर और संतालपरगना में कई लड़ाइयाँ हुईं। एक तरफ ब्रिटिश सेना भागलपुर के कलेक्टर क्लीवलैंड, सेनापति सर आयर कूट एवं पहाड़िया सेनापति जाउराह के नेतृत्व में, तो दूसरी ओर तिलका माँझी के नेतृत्व में संताल की तीर-धनुष की टुकड़ियाँ। प्रारम्भ के कई मोर्चों में तिलका माँझी के विद्रोहियों को सफलताएँ मिलीं। 1784 ई. में तिलका माँझी ने भागलपुर पर आक्रमण कर दिया। 13 जनवरी 1784 में तिलका माँझी एक ताड़ के पेड़ पर चढ़कर छुप गए और घोड़े पर सवार होकर जा रहे कलेक्टर क्लीवलैंड की छाती में तीर मार दिया। इस घटना ने अंग्रेजी सेना के मनोबल को तोड़ दिया। किन्तु विजय का जश्न मनाती संताल सेना पर सर आयर कूट एवं सेनापति जाउराह के नेतृत्व में रात में ही आक्रमण हुआ। कई संताल सरदार मारे गए, गिरफ्तार

हुए किन्तु तिलका माँझी ने बच निकलकर सुल्तानगंज की पहाड़ियों में शरण ली।

अंग्रेजों ने तिलका के गुरिल्ला युद्ध से परेशान होकर पहाड़ियों की नाकेबन्दी कर दी। राशन के अभाव में तिलका माँझी की टुकड़ी को आमने-सामने आकर युद्ध करना पड़ा। तिलका माँझी धोखे से गिरफ्तार हुए। उन्हें भागलपुर की सड़कों पर घोड़े से बाँधकर घसीटा गया। तत्पश्चात् फाँसी दी गई। इस योद्धा से संबद्ध ऐतिहासिक तथ्यों का सर्वथा अभाव है। संतालपरगना गजेटियर भी मौन है। अत: ये शोधकर्ताओं के लिए भी बड़ी चुनौती है।

1793

स्थायी बन्दोबस्ती का प्रचलन

लार्ड कार्नवालिस ने मालगुजारी वसूली की एक नई व्यवस्था बंगाल, बिहार, झारखंड और उड़ीसा के लिए शुरू की। इस भू-राजस्व व्यवस्था के तहत रैयत को पहली बार जिन्स के बदले, नगर एवं गाँव के सामूहिक कर अदायगी के बदले व्यक्तिगत तौर पर मालगुजारी देनी थी। अब तक रैयत उपज का एक हिस्सा कर रूप में अदा करती थी। उपज जैसी भी हो उसे मुश्किल नहीं होती थी। किन्तु अब नीलामी पर जमींदारी पाए मालगुजारी वसूली के ठेकेदारों ने हर रैयत के लिए व्यक्तिगत तौर पर सालाना नकदी मालगुजारी तय कर दी। न चुकाने की स्थिति में उसे अपनी भूमि से बेदखल होना पड़ता था क्योंकि जमींदार भी अगर नियत तिथि को सरकारी खजाने में मालगुजारी जमा नहीं कराता तो उसकी जमींदारी नीलाम करवा दी जाती थी।

इस कर व्यवस्था का झारखंड समेत अन्य राज्यों पर भी बड़ा ही विध्वंसात्मक प्रभाव पड़ा। झारखंड में हुए अधिकांश आदिवासी किसान विद्रोहों का मूल कारण यही मालगुजारी की व्यवस्था बनी।

1782-98

तमाड़ विद्रोह

नागवंशियों ने जहाँगीर के काल (1628 ई.) में 6000 रु. वार्षिक कर, जो कि शाहजहाँ के कार्यकाल (1636 ई.) में बढ़कर 1 लाख 61 हजार वार्षिक हो गया था, की वसूली के लिए क्षेत्र में पट्टेदार बसाना शुरू किया था। वसूली के बदले इन्हें चन्द गाँवों की जमींदारी भी दे दी थी। इन छोटे जमींदारों में अधिकांश बहिरागत राजपूत, पठान लोग थे। स्थायी बन्दोबस्ती लागू होने के बाद आदिवासियों के खुद कट्टीदारी क्षेत्रों में भी नई-नई जमींदारियों की नीलामी पाए जमींदारों की बाढ़ आ गई जिनकी जबरन वसूली और बेदखली से आजिज आकर तमाड़ क्षेत्र के आदिवासी किसानों ने क्रांति का बिगुल फूँका। तमाड़ क्षेत्र में मुंडा, मानकी घटवारों का यह विद्रोह 1782 ई. से शुरू होकर 1832 तक रुक-रुक कर चलता रहा। 1798 ई. में लेफ्टिनेंट कपूर ने इसे दबाने में सफलता पाई थी। वेरियर ऐल्विन ने अपनी पुस्तक 'ए फिलॉस्फी फॉर नेफा' में बड़े ओजस्वी शब्दों में इन विद्रोहों का स्मरण किया है।

1800

रामगढ़ की कलेक्टरी समाप्त कर दी गई और उसे बिहार में मिला दिया गया।

1806

जमींदारी पुलिस की शुरुआत

प्रशासन की सुदृढ़ीकरण की दृष्टि से अंग्रेजों ने राजाओं और जमींदारों से आग्रह किया कि वे अपने इलाकों में पुलिस स्टेशनों की स्थापना करें। 1809 से यह प्रणाली प्रारम्भ हुई किन्तु इसे विशेष सफलता नहीं मिली। जमींदारों-राजाओं ने इसका विरोध किया क्योंकि इससे उनका अधिकार कम हुआ, साथ ही खर्च भी बढ़ गया। दूसरी ओर पुलिस के सारे बड़े-छोटे अधिकारी बहिरागत थे और वे बहिरागत जागीरदारों-जमींदारों के साथ मिलकर आदिवासी किसानों पर अत्याचार करने लगे। अत: इस परिवर्तन से कोई राहत तो नहीं ही मिली उलटे परिस्थितियाँ और बिगड़ीं। 1793 की स्थायी बन्दोबस्ती के लागू करने के बाद से ही आदिवासियों की खेती सामूहिक स्वामित्व से व्यक्तिगत स्वामित्व में बदल गई थी जिसे अब जिन्स की तरह खरीदा-बेचा-रेहन रखा जा सकता था। झारखंड क्षेत्र के लिए इस अभूतपूर्व घटना का लाभ बहिरागत तेजी से भूमि पर कब्जा करके उठा रहे थे।

1820

रूगुदेव और कोन्ता मुंडा की अगुवाई (प्रथम कोल विद्रोह)

झारखंड के छोटानागपुर अंचल में नागवंशियों द्वारा बसाए बहिरागत जागीरदार-जमींदारों की संख्या स्थायी बन्दोबस्ती के बाद कुछ ज्यादा ही बढ़ गई। अंचल के मुंडा, उरांव, हो किसानों को इन बहिरागतों से स्वाभाविक रूप से चिढ़ थी। भूमि से बेदखली, भू-राजस्व का अत्यधिक बढ़ जाना, बेठ बेगारी (बिना पारिश्रमिक की मजदूरी) का जबरन लादा जाना आदि कारकों ने चिढ़ को घृणा में बदल दिया। तमाड़ क्षेत्र में ही 1820 ई. में दो मुण्डा सरदारों—रूगुदेव और कोन्ता, के नेतृत्व में विद्रोह भड़क उठा। मेजर रफसेज के नेतृत्व में की गई सैनिक कार्रवाई के बल पर इस विद्रोह पर काबू पाया जा सका।

1820-21

सिंहभूम का 'हो' विद्रोह

बंगाल डिस्ट्रिक्ट गजेटियर, सिंहभूम, सरायकेला एण्ड खरसवां, पृ. 31 पर मेदिनीपुर के अंग्रेज रेजीडेण्ट जार्ज वन्सीटार्ट के दिसम्बर 1776 के लिखे पत्र का उल्लेख है। जिसमें यह बतलाया गया है कि 'सिंहभूम में पहले लगभग 14,000 गाँव थे, लेकिन इस वक्त लगभग 500 गाँव राजा के अधिकार में रह गए हैं। दूसरों में से कुछ तो नष्ट हो गए हैं बाकी कोलों के, जो लूटपाट करने वाले डकैतों की उपजाति है, हाथ में हैं।... मुगलों के राज में सिंहभूम कभी भी पराधीन नहीं

हुआ, बल्कि 52 पीढ़ियों से स्वतंत्र एवं वर्तमान परिवार के अधिकार में रहा है।'

सिंहभूम को अपने नियंत्रण में लाने का कदम अंग्रेजों ने 1820 में उठाया। 1 फरवरी 1820 को पोराहाट के सिंहवंशी राजा घनश्याम ने 101 रु. सालाना कर पर अंग्रेजों की अधीनता स्वीकार कर ली। अंग्रेज उसके संरक्षक बने। इसके पीछे राजा के निम्न तीन उद्देश्य थे-

* खरसवां और सरायकेला के राजाओं के ऊपर अपना प्रभुत्व कायम करना।
* सरायकेला राजा के कब्जे में रखी राजपरिवार की कुलदेवी 'पउड़ी देवी' की मूर्ति की वापसी।
* कम्पनी सेना की मदद से 'हो' लोगों का दमन और अपनी अधीनता स्वीकार करवाना।

अंग्रेजों ने पहला दावा मानने से इनकार किया, किन्तु पिछले दो दावे स्वीकार किए। 'हो' लोगों के दमन के लिए जब मेजर रफसेज ने तैयारी प्रारम्भ की तो राजा और उसके सामन्त सरदारों ने उसे ऐसा करने से मना किया। रफसेज ने लिखा, 'इन जंगली लोगों की ताकत और खूंखारी के बारे में इनकी धारणा इतनी भयग्रस्त थी कि वे मेरे मातहत काफी सेना के बावजूद स्पष्टत: बहुत डर गए थे और उन्होंने चढ़ाई के खतरे के खिलाफ विधिवत् प्रतिवाद किया था।'[30]

मेजर रफसेज ने प्रारम्भ में ऐसा दिखावा किया कि वह 'हो' लोगों की मित्रता चाह रहा हो। 'हो' लोगों ने भी उसकी सेना को अपने अंचल में बहुत अन्दर तक घुसने दिया। तत्पश्चात् उन पर आक्रमण किया। किन्तु हो वीरों के तीर-फरसे कम्पनी सैनिकों के बन्दूकों के सामने नहीं टिक पाए। बड़ी संख्या में वे हताहत हुए। उनके कई गाँवों को रफसेज ने जलवा दिया। अंतत: उत्तरी अंचल के हो क्रांतिकारियों ने घुटने टेक दिए किन्तु दक्षिण अंचल के हो वीरों ने मोर्चा सँभाले रखा। मेजर रफसेज एक-एक इंच पर युद्ध लड़ता किसी तरह संभलपुर पहुँचा। रफसेज के हटते ही देशी सूबेदार के तहत रह गई अंग्रेज सैन्य टुकड़ी काट दी गई। पोराहाट राजा के क्षेत्र का अधिकांश हिस्सा हो वीरों के हाथ में आ गया। सरायकेला तक इन्होंने चढ़ाई की। 1821 ई. में हो वीरों ने पुखरिया एवं चैनपुर के युद्ध में भी अंग्रेज सेना को पराजित किया। इस पराजय के बाद कर्नल रिचर्ड्स के नेतृत्व में एक बड़ी अंग्रेज सेना मैदान में उतरी। हो वीरों ने अपने आदिम अस्त्रों से इस सेना का मुकाबला एक माह तक किया किन्तु हताहतों की बढ़ती संख्या देख तत्कालीन परिस्थिति में समझौता करना ही उचित समझा।[31]

इस गुलामी के समझौते को 'हो' लोगों ने डेढ़-दो साल में ही फाड़ फेंका। उन्होंने पहले से भी बड़े पैमाने पर आक्रमण किए। धालभूम और बामनघाटी को उजाड़ कर छोटानागपुर के अन्दर बहुत दूर तक वे घुस गए। 1831 में जब मुंडा लोगों ने विद्रोह किया तो 'हो' भी उनके साथ मिल गए। उनकी सम्मिलित शक्ति के आक्रमण के सामने कम्पनी सरकार थर्रा उठी।[32]

1831-32

मुंडा-हो क्रांति (कोल विद्रोह)

जनजातीय इतिहास और संस्कृति से अपरिचित अंग्रेज शासकों-इतिहासकारों ने इनके लिए लुटेरा-डकैत, कोल, चुहाड़, जंगली जैसे अपशब्दों का प्रयोग किया है। रांची, सिंहभूम, हजारीबाग,

मानभूम के पश्चिमी हिस्से एवं पलामू के टोरी परगने तक मुंडा, हो, उराँव लोगों की क्रांति जंगल की आग की तरह फैलकर जमींदारों, कम्पनी सरकार को थर्रा गई। उसे अंग्रेजों ने कोल (सूअर)-विद्रोह का नाम दिया है। इस क्रांति का मूल कारण अपनी खुदकट्टी भूमि से आदिवासी किसानों का स्वामित्व खत्म होते जाना था। नई राजस्व एवं प्रशासनिक व्यवस्था के तहत सत्ता मानकी-मुंडा के हाथों से निकलकर नए जमींदारों के हाथों में चली गई थी। मालगुज़ारी वसूली के लिए नित्य नए बहिरागत उनके क्षेत्र में बसाए जा रहे थे। एल.एस.एस.ओ. मैली ने बंगाल डिस्ट्रिक्ट गजेटियर्स, सिंहभूम, सरायकेला, खरसवां के पृ. 35 पर विद्रोह के कारणों पर प्रकाश डाला है।

छोटानागपुर के नागवंशी राजा के भाई हरनाथ साही ने अपनी जमींदारी के कुछ गाँवों की खेती की जमीन पुश्त-दर-पुश्त खेती करने वाले आदिवासियों से छीनकर अपने प्रिय पात्र कुछ मुसलमानों, सिखों आदि को सौंप दी। सिंहभूम की सीमा के पास ईचागुटु परगना के मानकी सिंगराय के बारह गाँव छीनकर सिखों को दे दिए गए। इन सिखों ने न केवल भूमि छीनी बल्कि सिंगराय मानकी की दो बहनों को भी ले गए। उसी प्रकार बड़गाँव के सुर्गा मुंडा की जमीन की बंदोबस्ती जफर अली को कर दी गई जिसने सुर्गा मुंडा की पत्नी को भी उठा लिया। ऐसी घटनाएँ क्रांति के लिए तात्कालिक कारण बनीं।

मानकी सिंगराय एवं सुर्गा मुंडा ने सोनाहातु, तमाड़ और बंदगाँव अंचल के सभी मानकी-मुंडाओं की सभा 11 दिसम्बर 1831 के दिन तमाड़ के लंका नामक स्थान पर बुलाई। इस सभा में सभी दिकुओं (बहिरागतों) और उनके संरक्षकों को नेस्तनाबूद कर देने का फैसला लिया गया। 20 दिसम्बर 1831 को सोनाहातु के मुंडाओं ने लंका में लिए प्रस्तावों को कार्यान्वित करने का निश्चय किया। जनवरी 1832 तक युद्ध के तीर प्रदेश के सभी भूभाग में घुमाए गए।

लंका प्रस्ताव के कुछ सप्ताह बाद ही 700 मुंडा योद्धाओं ने सुर्गा और सिंगराय के नेतृत्व में उन गाँवों पर हमला किया जो सिंगराय से छीन लिए गए थे। उन गाँवों पर कब्जा किया गया। दूसरे महीने जफर अली के गाँव पर कब्जा किया गया। जफर अली अपने दस आदमियों के साथ मारा गया।

शीघ्र राँची और सिहंभूम के सभी मुंडा-मानकी इस विद्रोह में सम्मिलित हो गए। सिंहभूम के 'हो' भी इस क्रांति में सहभागी बने। क्रांति हजारीबाग, मानभूम, टोरी तक फैल गई।[33]

800 से 1000 तक दिकु, गुमाश्ता आदि मारे गए। इस क्रांति को दबाने और अपने विश्वस्त जमींदारों की रक्षा के लिए कम्पनी सेना सक्रिय हुई। रामगढ़ बटालियन के साथ-साथ बनारस, बैरकपुर और दानापुर से फौजें मँगाई गईं। कैप्टन विल्किन्सन ने फौज की कमान सँभाली। शोर, नोट्स, खंड 2, पृ. 97-98 के अनुसार विद्रोह के इलाके में गाँव के गाँव घेरे गए, जलाए गए, आदिवासी किसानों को कत्ल किया गया। लगभग 5000 वर्गमील भूमि वीरान कर दी गई।

विल्सन, मिल्स हिस्ट्री ऑफ इंडिया, खण्ड 3, पृ. 337 पर वीर बुधु भगत की शहादत का उल्लेख है। राँची के सिलागाँव को 50वीं देशी पलटन के एक दस्ते और तीसरे रिसाले की एक टुकड़ी ने आ घेरा। बुधु भगत के साथ गाँव के उराँव योद्धा अंग्रेज सैनिकों से भिड़ गए। इस युद्ध में भगत, उनके बेटे-भतीजे और 150 अनुयायी मारे गए।

विद्रोहियों के नेता सुर्गा और सिंगराय के भाई अंत तक लड़ते रहे। उन्होंने मार्च 1832 में आत्मसमर्पण किया। सिंहभूम के 'हो' अपना मोर्चा लगाए रहे। नवम्बर 1836 में अंग्रेजों ने 'हो' लोगों के विरुद्ध फौजी कार्रवाई शुरू की और फरवरी 1837 तक कर्नल रिचर्ड ने उन्हें घुटने टेकने को बाध्य किया। इस बार कम्पनी ने उन्हें पोराहाट के राजा के हाथ न देकर सीधे अपने हाथ में रखा। पोराहाट, सरायकेला, खरसवां राजाओं से 23 'पीर' लेकर और उनमें मयूरभंज से लिए गए 4 'पीर' जोड़कर अलग 'कोल्हान अंचल' की स्थापना की गई जिसे एक अंग्रेज अफसर के सुपुर्द किया गया जिसका सदर दफ्तर चाईबासा बना।

1832-33

मानभूम और सिंहभूम का भूमिज विद्रोह

'बंगाल डिस्ट्रिक्ट गजेटियर्स' (मानभूम) पृ. 64-65 में इस विद्रोह के कारणों का विवरण निम्नवत् है—

'लगता है कि इस समय वीरभूम में ऋणी और ऋणदाता के कानून के प्रयोग के खिलाफ असंतोष पूरे उभार पर था। ऋण के लिए पुश्तैनी जमीन के विक्रय पर खासकर ऐतराज किया जाता था और उसे आदिवासी भूमिप्रथा के बिलकुल विरुद्ध माना जाता था। कर्ज और उसके परिणाम सिर्फ किसानों तक सीमित नहीं थे बल्कि प्राय: सभी जमींदार, गुजारा या अन्य अनुदान पाने वाले उनके परिवार के सदस्य, घटवाल सरदार, बड़े-बड़े जमीन के मालिक आम तौर पर परेशानी की हालत में थे। जमीनें कमोबेश स्थायी रूप से बाहर के साहूकारों के हाथों में पहुँच गई थीं।... अत: इन सब लोगों को गंगा नारायण का विद्रोह अपनी कुछ सम्पत्ति वापस पाने का सुअवसर मालूम हुआ।... और आमतौर पर यह धारणा थी कि अगर विद्रोह सफल हुआ तो कमरतोड़ कर्ज लगभग खत्म कर दिए जाएँगे।'

गंगा नारायण सिंह मानभूम के बड़ा बाजार के जागीरदार थे। उनकी जागीरदारी ऋण के एवज में बड़ाभूम के दीवान माधव सिंह ने उनकी जागीर छीन ली। 2अप्रैल 1832 को गंगा नारायण सिंह ने भूमिज घटवालों की सेना के साथ विद्रोह कर दिया। यह व्रिदोह अंग्रेजी शासन व्यवस्था और माधव सिंह जैसे लोभी जमींदारों के खिलाफ था। 16 नवम्बर 1832 को डेण्ट के नेतृत्व में आई कम्पनी सेना से हार कर गंगा नारायण सिंह सिंहभूम की ओर चले गए जहाँ बिन्दराय मानकी के नेतृत्व में 'हो' लोग खरसवां के राजा के खिलाफ युद्धरत थे। गंगा नारायण भी 'हो' लोगों के साथ सम्मिलित हो गए। वे फरवरी 1833 में खरसवां राजा की सेना से युद्ध करते मारे गए। गंगा नारायण की मृत्यु के बाद भूमिज विद्रोह ठंडा पड़ गया।

दक्षिण-पश्चिम सीमान्त एजेन्सी (1834-1854)

1834

दक्षिण-पश्चिम सीमान्त एजेन्सी की स्थापना

1831-32 के मुंडा-हो क्रांति (कोल विद्रोह) के कारण 1833 के रेगुलेशन 13 के तहत शासन

प्रणाली में व्यापक परिवर्तन लाए गए। ईस्ट इंडिया कम्पनी के अप्रत्यक्ष शासन का अंत हो गया। ब्रिटिश शासकों की अलगाव नीति (द्बह्यश्चद्यड्डह्लद्बश्ठ्ठ श्चश्चद्यद्बष्4) का आरम्भ हुआ। छोटानागपुर, दक्षिण-पश्चिम सीमान्त एजेन्सी का एक भाग बन गया। इसका मुख्यालय किसुनपुर (राँची) में बना। यह सब इसीलिए किया गया कि सरकार ने आखिर इस आवश्यकता को महसूस किया कि इस क्षेत्र का शासन ब्रिटिश अफसरों द्वारा निकट से हो ताकि वे इस क्षेत्र पर प्रभावकारी नियंत्रण कर सकें। कैप्टन विल्किन्सन गवर्नर जनरल के एजेण्ट नियुक्त किए गए।

कानूनी न्याय की प्रथा लाई गई, सरकारी खर्च पर पुलिस स्टेशनों की स्थापना हुई और देखरेख का काम शुरू किया गया। जमींदारों को भी पुलिस स्टेशन स्थापित करने और पुलिस अफसरों को नियुक्त करने की सलाह दी गई। इसके अलावा साधारण रेगुलेशनों को समाप्त कर दिया गया।

छोटानागपुर और इसके आसपास के क्षेत्रों को रामगढ़ हिल एक्ट से अलग किया गया और नॉन रेगुलेशन प्रोविन्स बनाया गया। 1833 ई. के रेगुलेशन 13 के तहत इन क्षेत्रों को साधारण रेगुलेशनों से मुक्त कर दिया गया और इनको दीवानी और फौजदारी न्याय के संचालन और पुलिस निरीक्षण और भूमि कर के लिए नए और विशेष नियमों के तहत रख दिया गया। इस परिवर्तन का उद्देश्य था कि पिछड़े क्षेत्रों के लिए शासन को सहज एवं लचीला रूप देना। लोहरदगा, मानभूम और हजारीबाग—ये नए जिले बनाए गए।

इन सुधारों की कमियाँ

(i) कैप्टन विल्किन्सन ने कुछ क्षेत्रों के मुंडाओं और मानकियों को सरकारी कागजात सौंप दिए जिनके आधार पर भूमि पर उनका अधिकार स्थापित हो गया। साथ ही इस भूमि पर मालगुजारी नियत कर दी गई। इस तरह विल्किन्सन ने कुछ मुंडा-मानकियों को जमींदार बना दिया। ऐसा करना ठीक नहीं था। इससे भ्रम फैला और आदिवासी समाज की एकता भंग हुई।

(ii) जमींदारी पुलिस प्रथा कायम करना दूसरी गलती थी।

(iii) न्यायिक अदालतें आदिवासी रैयतों को सहायता पहुँचाने में असफल रही हैं। अंग्रेज जज अंग्रेजी के सिवा कुछ समझते नहीं थे। मुंडा आदिवासी मुंडारी के अतिरिक्त कुछ बोल-समझ नहीं सकते थे। अतएव दोनों एक-दूसरे को समझ नहीं पाए। दुभाषिए वकीलों का स्वार्थ जमीन हड़पने वालों के साथ जुड़ा था। उसने जज और रैयत की बातों की मनमानी व्याख्या की। निर्णय रैयतों के प्रतिकूल होता रहा।

(iv) समय के साथ शोषण भी गहराता गया। रेकार्ड ऑफ राइट्स के अभाव में यह पता लगाना कठिन था कि कौन-सी भूमि आदिवासी रैयत की है, कौन-सी जमींदार की या ठेकेदार की। बहिरागतों द्वारा भूमि हड़पने की योजना जारी रही।

इस प्रकार 1834 ई. म शासन के जो तरीके और केन्द्र प्रचलित किए गए थे उतने कारगर साबित नहीं हुए। इसके विपरीत जमींदारों की स्थिति इतनी मजबूत हो गई कि डाल्टन को लिखना पड़ा, 'साउथ वेस्टर्न एजेन्सी के शासनकाल में किसानों के जमीन के स्वामित्व संबंधी सबसे बड़े उपद्रव हुए।'

कुछ अंग्रेज अधिकारियों की रिपोर्टों में भी इस क्षेत्र में व्याप्त शोषण अन्याय का जिक्र आया है। इन प्रतिवेदनों में से निम्न प्रमुख हैं—

(i) डेविडसन की रिपोर्ट —1839

(ii) मेजर हानिंगटन की रिपोर्ट —1853

(iii) मिस्टर रिकेट की रिपोर्ट —1854

रिकेट ने प्रस्तावित किया था कि रेकार्ड ऑफ राइट्स तैयार किए जाएँ और जमींदारी पुलिस प्रथा समाप्त की जाए।

1837

कोल्हान पर आक्रमण और कोल्हान गवर्नमेंट इस्टेट का गठन

सिंहभूम के 'हो' वीरों को पूर्ण नियंत्रण में लाने के उद्देश्य से कैप्टन विल्किन्सन के नेतृत्व में फरवरी 1837 में कम्पनी की सेना ने धावा बोला। कई गाँव उजाड़े गए। इपिलसिंगी और पंगा जैसे गाँव जलाकर राख कर दिए गए। 'हो' आबादी कत्ल की गई। तंग आकर 'हो' योद्धाओं ने समर्पण कर दिया। विजयी होने के बाद विल्किन्सन ने 'हो' लोगों के लिए एक अलग प्रशासनिक इकाई का गठन किया। इसे कोल्हान गवर्नमेंट इस्टेट का नाम दिया गया। इस तरह कोल्हान क्षेत्र सीधे ब्रिटिश नियंत्रण में आ गया। कोल्हान के पहले उपायुक्त टिकेल बनाए गए। कोल्हान में अच्छी प्रशासनिक व्यवस्था के लिए विल्किन्सन ने टिकेल को 31 नियमों की सूची दी। इन्हीं नियमों को विल्किन्सन रूल कहा जाता है। ये नियम अब तक जारी हैं।

1837

सिरिंगसिया घाटी की लड़ाई

कैप्टन विल्किन्सन के आक्रमण एवं अत्याचार से घबराकर कोल्हान के उत्तरी पीर के 'हो' लोगों ने ही आधिपत्य स्वीकारा था। दक्षिणी कोल्हान के 'हो' लोगों ने नहीं। राजाबासा (बोर पीर के तहत) के पोटो सरदार के नेतृत्व में बलन्दिया के नारा हो, बोरा हो, पंडुआ हो और देवी हो जैसे सरदारों के साथ-साथ 'हो' वीर उठ खड़े हुए। उनकी योजना थी अंग्रेज साहबों से और दिकुओं से कोल्हान को मुक्त कराना। विद्रोहियों को कुचलने के लिए विल्किन्सन ने बड़ी सेना भेजी। इस कार्रवाई में उत्तरी तथा पश्चिमी पीड़ों के कुछ 'हो' लोगों ने भी ब्रिटिश सेना का साथ दिया।

18 नवम्बर 1837 को 'हो' योद्धाओं और ब्रिटिश सैनिकों के बीच सिरिंगसिया घाटी में घमासान युद्ध हुआ जिसमें कुछ हो वीरों ने वीरगति प्राप्त की। ब्रिटिश सेना के भी एक सूबेदार, एक हवलदार और 13 सिपाही गम्भीर रूप से घायल हुए। इसके बाद ब्रिटिश सेना ने 'हो' गाँवों को जलाना और लूटना प्रारम्भ किया। अंततः 8 दिसम्बर 1837 तक कई 'हो' सरदार यथा पोटो हो, देवी हो, बोरा हो, बुड़ाई हो, नारा हो, पंडुआ हो और भुंगनी हो जैसे प्रमुख नेता पकड़ लिए गए। कैप्टन विल्किन्सन 18 दिसम्बर 1837 को जगन्नाथपुर (सिंहभूम) पहुँचा। सुनवाई की पाखंडी औपचारिकता पूर्ण की गई। अंततः पाँच वीर हो सरदारों को फाँसी की सजा सुना दी गई। पोटो हो, बुड़ाई हो और नारा हो को 1 जनवरी 1838 को जगन्नाथपुर में फाँसी दे दी गई। 2

जनवरी 1838 को बोरा हो और पंडुआ हो को भी सिरिंगसिया घाटी में फाँसी दे दी गई। इनके अलावा 79 हो वीरों को विभिन्न आरोपों में जेल की सजा मिली। इस प्रकार बल से कुचल कर सिंहभूम के बहादुर हो वीरों को अधीनस्थ बनाया गया।

1845

छोटानागपुर में सर्वप्रथम इसी वर्ष लूथान ईसाई मिशनरियों का आगमन हुआ। आदिवासी किसानों के बीच शिक्षा की रोशनी पहुँचनी प्रारम्भ हुई।

कमिश्नरशिप काल (1854-1920)

1854

छोटानागपुर कमिश्नरी का गठन

मिस्टर रिकेट की रिपोर्ट के फलस्वरूप 1854 के अधिनियम 20 के द्वारा प्रशासन का स्वरूप बदल दिया गया। साउथ वेस्ट फ्रण्टियर एजेन्सी को समाप्त कर सम्पूर्ण छोटानागपुर को बंगाल के लेफ्टिनेंट गवर्नर के अधीन कर दिया गया। नॉन रेगुलेशन प्रांत के रूप में प्रशासनिक ढाँचा खड़ा हुआ। दीवानी और फौजदारी अदालतें कायम हुईं। एक कमिश्नर के अधीन लोहरदगा, हजारीबाग, मानभूम, सिंहभूम जिले; सरगुजा, जसपुर, कोरिया, चांग-बकर, उदयपुर, गंगापुर और बोनाई करद (ट्रिबुटरी) राज्य थे। इस कमिश्नरी का नाम चुटियानागपुर रखा गया।

1854

संतालपरगना में मोरगो माँझी और वीरसिंह माँझी का आन्दोलन

संताल आदिवासी किसान वर्तमान छोटानागपुर डिवीजन, बांकुड़ा, पुरुलिया, मेदिनीपुर जिले की ओर से आकर 18वीं सदी के उत्तरार्द्ध तथा 19वीं सदी के प्रारंभिक चतुर्थांश में दामिन-ई-कोह में बसते गए। पीछे-पीछे उनके शोषक बंगाली महाजन भी आ बसे। साहूकारों, जमींदारों, ठेकेदारों के शोषण कुचक्रों से संताल रैयत ऊब गए। पारसनाथ पहाड़ी के समीप गाँव के मोरगो राजा नामक संताल माँझी ने संतालों के स्वतंत्र राज्य के लिए विद्रोह किया किन्तु उसे सफलता नहीं मिली।

1854 ई. के आरम्भ में वीरसिंह माँझी नामक संताल सरदार ने यह घोषणा की कि उसे एक दिव्य दर्शन में चान्दो बोंगा के हाथों चमत्कारिक शक्ति मिली है, जिससे संतालों के शोषकों को दंड दिया जाएगा। बहुत-से संताल उसके शिष्य बने। वीरसिंह माँझी के नेतृत्व में महाजन साहूकारों के खिलाफ एक सशक्त आन्दोलन की शुरुआत हुई।

1855-57

महान संताल हुल

1857 में भारत की स्वतंत्रता की प्रथम लड़ाई के दो वर्ष पूर्व ही दामिन-ई-कोह में संताल प्रधानों

ने अंग्रेजी सत्ता को सशस्त्र चुनौती दी। कुछ समय के लिए अपने इलाके को आजाद करा लिया। संतालपरगना गजेटियर के पृ. 48 के अनुसार, 'संताल विद्रोह के पीछे थी जमीन पर एकछत्र अधिकार की स्थापना की लालसा।' जिसके कारण उन्होंने नारा बुलन्द किया था—'स्वयं अपने प्रधान के अधीन स्वाधीन संताल राज्य स्थापित करो।' अंग्रेज लेखक ई.जे. मान ने अपनी पुस्तक 'संथालिया और संताल' में इस क्रांति के कारणों को निम्नवत् उल्लेखित किया है—"इसके ये कारण थे—पहला, इस उपजाति के साथ व्यवसाय करने में महाजनों का लोभ और लूटने की प्रवृत्ति; दूसरा, ऋण के लिए व्यक्तिगत एवं वंशगत दासता की बर्बर प्रथा से उत्पन्न क्रमशः बढ़ती दुर्दशा और दुर्गति; तीसरा, पुलिस का असीम भ्रष्टाचार और अत्याचार एवं महाजनों के कुकर्म में सहायता; चौथा, न्यायालयों से संतालों का न्याय पाना असंभव...।"

1793 ई. की स्थायी बन्दोबस्ती के बाद संतालों की पुश्तैनी भूमि के मालिक नए जमींदार बन बैठे। संताल अपना गाँव छोड़कर जंगल काटकर नई जोत बनाता, वहाँ भी ये जोंक की तरह पीछा नहीं छोड़ते। सरकारी कागजात के बल पर लगान देने के लिए मजबूर करते। दामिन-ई-कोह में सूदखोर-साहूकार-महाजनों ने भी अपना डेरा जमा लिया था। वे बरसात के दिनों में थोड़ा कर्ज देकर 50 से 500 प्रतिशत ब्याज लेकर कर्जदार संताल और उसके परिवार को बंधुआ दास बना लेते। कर्ज की शर्त के रूप में दासता का पट्टा लिखना उत्पीड़न का अन्य रूप था।

कलकत्ता रिव्यू 1856 के पृ. 240 पर महाजनी उत्पीड़न का विस्तृत विवरण है। इसी बीच रेलवे लाइन बिछाने वाले अंग्रेज कर्मचारी संताल किसानों की मुर्गियों-बकरियों के साथ उनकी बेटियों को भी उठाकर ले जाने लगे। इन घटनाओं ने विक्षोभ की आग में घी का काम किया। सखुआ की टहनी गाँव-गाँव घुमा कर 30 जून 1855 को भगनाडीही गाँव में संतालों को एकत्रित होने के लिए आमंत्रित किया गया। चार सौ गाँवों के दस हजार संताल वीर अपने परंपरागत हथियारों के साथ जमा हुए और सिद्धू, कान्हु, चाँद, भैरव के नेतृत्व में हुल का बिगुल फूँक दिया।

7 जुलाई 1855 ई. को दिघू थाने का अत्याचारी दरोगा, महेशलाल दत्त और उसके नौ सिपाहियों को काटकर हुल की शुरुआत हुई। डब्लू.डब्लू. हंटर, हिस्ट्री ऑफ संताल रेबेलियन ऑफ 1855, पृ. 313-14 में दिए विवरण के अनुसार, सिद्धू, कान्हु, चाँद, भैरव के सैनिकों की संख्या अब तीस हजार थी। चुन-चुनकर जमींदारों-महाजनों को खत्म किया गया। निलहे जमींदार भी मारे गए। वीरभूम के सदर शहर सिउड़ी तक क्रांतिकारियों का कब्जा हो गया। स्थानीय डोम, चमार, जुलाहे, लोहार, बढ़ई, कुम्हार, तेली समुदाय ने आगे बढ़कर क्रांति में अपना होम दिया। गोड्डा में सरदार गोक्को के नेतृत्व में हुलगुलान के दल ने लिट्टीपाड़ा पर कब्जा कर लिया। पाकुड़ के राजमहल में 12 जुलाई 1855 को सिद्धू, कान्हु, चाँद, भैरव ने प्रवेश किया। पाकुड़ से संताल सेना मुर्शिदाबाद की ओर बढ़ी। 15 जुलाई 1855 को सिद्धू, कान्हु और भैरव के नेतृत्व में चार हजार संताल सेना का सामना अंग्रेजों की बन्दूक-तोपों से सुसज्जित सेना से हुआ। तीनों सेनानायक घायल हुए और लगभग 200 संताल सैनिक शहीद हुए। दूसरी ओर त्रिभुवन संताल और मानसिंह माँझी के नेतृत्व में संताल वीरों ने दुमका में अंग्रेज निलहों के गढ़ को ढहा दिया।

भागलपुर की ओर बढ़ रही संताल सेना को रोकने के लिए मेजर बरोज दानापुर छावनी के

कई हजार सैनिक, छोटानागपुर, सिंहभूम, हजारीबाग, मुंगेर के हथियारबन्द सैनिक एवं हाथियों के साथ आगे बढ़े। 16 जुलाई 1855 को पीरपैंती के मैदान में हुलगुलान के वीर सेनानियों का सामना मेजर बरोज की सुसज्जित और बड़ी सेना से हुआ। दोनों दलों के बीच प्राय: पाँच घंटे युद्ध हुआ। मेजर बरोज की सेना पराजित होकर भाग खड़ी हुई। एक अंग्रेज अफसर, कई देशी अफसर और अनेक अंग्रेज सैनिक मारे गए।

21 जुलाई 1855 को पुलिस, जमींदारों और महाजनों की सम्मिलित सेना को विद्रोहियों ने पराजित किया और वीरभूम जिले के आधे हिस्से पर कब्जा कर लिया। लेफ्टिनेंट टोल मेइन ने संताल सेना पर हमला किया। उसकी सेना पराजित हुई और लेफ्टिनेंट स्वयं मारा गया। कई युद्धों में हार एवं विद्रोहियों की छापामारी शैली से आतंकित होकर 10 नवम्बर 1855 को अंग्रेजों ने पूरे क्षेत्र को सेना के हवाले कर दिया। अब बर्बर आतंक का नंगा नाच शुरू हुआ। हजारों की संख्या में लोग शहीद हुए। बस्तियाँ उजाड़ दी गईं। फरवरी 1856 सिद्धू को अंग्रेजों ने गोली मार दी। चाँद, भैरव भागलपुर के पास भयंकर युद्ध में मारे गए। फरवरी के तीसरे सप्ताह में कान्हु वीरभूम के पास शहीद हुए। सारे क्रांतिकारी संताल सरदार एक-एक कर शहीद हुए। किसी ने भी आत्मसमर्पण नहीं किया। इस महान हुलगुलान की यह विशेषता रही।

विद्रोह के कुचल दिए जाने के बाद कारणों की जाँच ऐथले एडन ने की। परिणाम यह हुआ कि 1855 के 37वें अधिनियम के अनुसार संताल क्षेत्रों को एक अलग 'नॉन रेगुलेशन' जिला घोषित कर दिया गया जिसका नाम संतालपरगना पड़ा। जिला का शासन भार, भागलपुर के कमिश्नर की देखरेख में, जिसे संतालपरगना का कमिश्नर घोषित किया गया, एक डिप्टी कमिश्नर के हाथ में सौंपा गया। शासन की विशेष प्रणाली में संताल माँझी-परगनैत प्रथा का प्रयोग भी सम्मिलित किया गया।

1855-56

हजारीबाग में संताल विद्रोह

सन् 1855-56 में हजारीबाग के संतालों का एक भीषण विद्रोह हुआ। इस विद्रोह के नेता लुबिया माँझी और बैरू माँझी थे। अप्रैल 1856 ई. में संतालों का यह विद्रोह पूरे हजारीबाग जिले में फैल चुका था। हजारीबाग जेल में विद्रोही घुस गए और अत्याचार के उस प्रतीक में आग लगा दी। इस विद्रोह के पीछे वे ही सारे कारण थे जो संतालपरगना के हुल के पीछे थे। संतालों के इस विद्रोह के दमन के लिए भी अंग्रेजों को अपनी भारी ताकत लगानी पड़ी।

1857 के प्रथम स्वतंत्रता संग्राम का झारखंड पर प्रभाव

1857 के प्रथम स्वतंत्रता संग्राम का पूरे झारखंड पर व्यापक प्रभाव पड़ा। सबसे पहले हजारीबाग में ऐसी पैदल सेना के दस्तों ने जुलाई के अंत में क्रांति की शुरुआत की। असंतोष की सुलगती हुई ज्वाला अन्य स्थानों पर भी खुले विद्रोह के रूप में प्रकट हुई। डोरण्डा एवं राँची में भी सैनिकों ने विद्रोह की शुरुआत की। दोनों स्थानों पर विद्रोहियों का कब्जा हो गया। बड़कागढ़ के ठाकुर विश्वनाथ शाही तथा भैरों के पाण्डेय गणपत राय विद्रोहियों के प्रमुख नेता थे। सिंहभूम

एवं पलामू में यह संग्राम बहुत सशक्त रहा और दो साल तक चला। संतालपरगना में 1855 में हुए संताल हुल के तुरन्त बाद होने के कारण यह अधिक नहीं फैल सका। 2 अक्तूबर 1857 को अंग्रेज सेना और विद्रोहियों के साथ चतरा में एक भीषण लड़ाई हुई जिसमें विद्रोहियों की पराजय हुई।

1857-59

सिंहभूम में पोराहट के राजा अर्जुन सिंह के नेतृत्व में स्वतंत्रता संग्राम

डोरण्डा, राँची और हजारीबाग के संग्राम की खबर सुनकर 3 सितम्बर 1857 को चाईबासा स्थित रामगढ़ बटालियन के सिपाहियों ने भी क्रांति का आह्वान किया। उन्होंने सरकारी खजाने को लूटा, जेल से कैदियों को मुक्त करा राँची के क्रांतिकारियों से मिलने के लिए प्रस्थान किया। सिंहभूम का उपायुक्त कैप्टन सिसमोर सरायकेला के राजा की मदद से रानीगंज भाग निकला। संजय नदी की बाढ़ के कारण विद्रोही सेना आगे नहीं बढ़ सकी। पोराहाट के राजा अर्जुन सिंह ने उन्हें आश्रय दिया। प्रारम्भिक हिचकिचाहट के बाद राजा अर्जुन सिंह भी खुलेआम विप्लव में कूद पड़े। सिंहभूम के हजारों 'हो' वीर, गोनो हो, डबरू मानकी, खरी तांती आदि के नेतृत्व में पूरी तरह अंग्रेजों के विरुद्ध आ खड़ी हुई।

16 सितम्बर 1857 को लेफ्टिनेंट बर्च उपायुक्त नियुक्त होकर सरायकेला के राजा के साथ चाईबासा पहुँचा। राजा अर्जुन सिंह की गिरफ्तारी के लिए उसने सारी शक्ति लगा दी। उन पर 1000 रुपए का इनाम घोषित किया। अर्जुन सिंह ने राजपरिवार की महिलाओं को चक्रधरपुर से पोराहाट भिजवा दिया। चक्रधरपुर की सुरक्षा का भार जग्गू दीवान को सौंपा गया। जग्गू दीवान ने चक्रधरपुर के अंग्रेजी पुलिस चौकी के जवानों को मार भगाया किन्तु तीसरे ही दिन 20 अक्टूबर 1857 को बर्च ने चक्रधरपुर पर आक्रमण कर उस पर कब्जा जमा लिया और जग्गू दीवान को फाँसी दे दी गई।

दक्षिण कोल्हान में विप्लवकारियों ने जयंतगढ़ पुलिस थाने पर हमला किया। समस्त दक्षिण कोल्हान विप्लव की आग से धधक उठा। 14 जनवरी 1858 को अंग्रेज सेना दक्षिण कोल्हान के 'बड़पीड़' पर आक्रमण करने निकली। आक्रमण के बाद लौट रही अंग्रेज सेना पर मोगरा नदी पार करते हो योद्धाओं ने छापामार दस्ते की तरह झाड़ियों में छिपकर तीरों की बारिश कर दी। एक भी अफसर साबुत नहीं बचा। कैप्टन हेल को चार घाव लगे। उपायुक्त बर्च की पसलियों में तीर धँस गया। अंग्रेज सेना किसी तरह जान बचाकर चाईबासा लौटी। इसके बाद अंग्रेजों ने एक बड़ी सेना के साथ पोड़ाहाट पर आक्रमण किया। राजा का गढ़ ध्वस्त कर दिया गया। सैकड़ों हो योद्धाओं ने वीरगति प्राप्त की। फिर भी युद्ध जारी रहा। अंततः 15 फरवरी 1858 को चाईबासा के सिरस्तेदार मेवालाल की गद्दारी से राजा अर्जुन सिंह कराईकेला में अपने श्वसुर के यहाँ धोखे से गिरफ्तार हुए। उन्हें राजबन्दी के रूप में 400 रुपए मासिक पेंशन देकर बनारस भेज दिया गया। वहीं उनका देहान्त हुआ। पोड़ाहाट राज कोल्हान में मिला लिया गया।

संदर्भ

1. बिहार थ्रू एजेज, पृ. 381-82
2. लिस्ट ऑफ मौनुमेण्ट्स इन दि छोटानागपुर डिवीजन, बंगाल सेक्रेटेरियट प्रेस, कलकत्ता, 1896, मानभूम, पृ. 14 व 22
3. पलामू गजेटियर, 1926 ई. तथा बिहार थ्रू एजेज, पृ. 381-82
4. वही, पृ. 202-3
5. सिंहभूम गजेटियर, 1958 ई., पृ. 71
6. स्टेटिस्टिकल एकाउण्ट ऑफ बंगाल, भाग 16, पृ. 67-68 में डाल्टन का उद्धरण ।
7. हिस्ट्री ऑफ इंडिया, सिन्हा और बनर्जी, पृ. 294
8. लिस्ट ऑफ मौनुमेण्ट्स इन दि छोटानागपुर डिवीजन, हजारीबाग।
9. डॉ. वी.पी. केसरी : छोटानागपुर का इतिहास, पृ. 27
10. बिहार : एक ऐतिहासिक दिग्दर्शन, पृ. 213
11. ब्रीज सेटलमेण्ट रिपोर्ट, पलामू, 1918-20 ई., अध्याय 3, इतिहास।
12. परिशिष्ट, अकबरनामा।
13. ब्रीज, सर्वे-सेटलमेण्ट रिपोर्ट, पलामू, 1918-20 ई., पैरा 38
14. पलामू गजेटियर, 1916 ई., इतिहास।
15. सिंहभूम गजेटियर, 1958 ई. ।
16. बिहार थ्रू एजेज, पृ. 492, तुजुकी जहाँगीरी, पृ. 155, नागवंशावली, अध्याय 5, पद 76 आदि।
17. सिंहभूम गजेटियर, 1958 ई., पृ. 72
18. पादिशाहीनामा, भौलूम 2, पृ. 248-50, पलामू गजेटियर, 1926 ई., इतिहास अंश, ब्रीज, सर्वे-सेटलमेण्ट रिपोर्ट, अध्याय 3, इतिहास।
19. ब्रीज, सर्वे-सेटलमेण्ट रिपोर्ट, पलामू 1918-20 ई., अध्याय 3, इतिहास।
20. पादिशाहीनामा।
21. सिंहभूम गजेटियर, 1958 ई., पृ. 72
22. आलमगीरनामा, पृ. 648-60, 673, 972 एवं बिहार थ्रू एजेज, पृ. 497
23. ब्रीज, सर्वे-सेटलमेण्ट रिपोर्ट, 1918-20 ई., इतिहास।
24. उपरोक्त एवं पी.सी. राय चौधरी, 1857 इन बिहार, रामगढ़ राज।
25. मानभूम गजेटियर, पृ. 42-43
26. मेदिनीपुर के प्रधान सेटेलमेंट अफसर जे. सी. प्राइस की पुस्तक 'चुआर रिबेलियन' से उद्धृत।
27. चुआर रिबेलियन, पृ. 2
28. चुआर रिबेलियन, पृ. 6
29. डी.एन. वर्मा, 1997, पृ. 15-17
30. जे.सी. प्राइस, नोट्स आन द हिस्ट्री ऑफ मिदनापुर (1876), पृ. 53, 54, 56; बंगाल डिस्ट्रिक्ट गजेटियर, सिंहभूम, सरायकेला एण्ड खरसवां, पृ. 33
31. बंगाल डिस्ट्रिक्ट गजेटियर, सिंहभूम, सरायकेला, खरसवां, पृ. 35
32. अयोध्या सिंह, भारत का मुक्ति संग्राम, पृ. 167
33. विल्सन, मिल्स, हिस्ट्री ऑफ इंडिया, खण्ड 3, पृ. 335, बंगाल डिस्ट्रिक्ट गजेटियर, सिंहभूम, सरायकेला एण्ड खरसवां, पृ. 36

झारखंड : ब्रिटिशकाल (1920–1945)

मैथ्यू अरिपरम्पिल

झारखंड की स्वायत्तता के लिए आन्दोलन मुख्यत: आदिवासियों द्वारा शुरू किया गया और प्रारंभ में उसका चरित्र काफी जातीय था। सन् 1920 के बाद झारखंड में हम आदिवासी आन्दोलनों के व्यवहार में बड़ा अंतर पाते हैं। छिटपुट और अलग-अलग विद्रोहों के बदले अब यह आन्दोलन एक संगठित और स्थायी आन्दोलन बनने लगा।

झाड़-जंगल से घिरे झारखंड के जनमानस की भाषा, संस्कृति और रहन-सहन दूसरे इलाकों से भिन्न है। उनकी एक अलग पहचान है।

श्री ए.के. राय. के अनुसार, "झारखंड की कल्पना का मूल उत्प्रेरक एक है। भारत में झारखंड दलितों का वास स्थान है। यह शोषित जनता की जन्मभूमि तथा कर्मभूमि है जहाँ लोग सामाजिक, आर्थिक तथा क्षेत्रीय शोषण के शिकार हैं एवं जो हिन्दुस्तान के अंदर सबसे बड़ा आंतरिक उपनिवेश है। नेता जो भी कहें, संगठन जो भी हो, झारखंड आन्दोलन मृत्युहीन है क्योंकि वह भारत के दलितों के मुक्ति आन्दोलन तथा भविष्य से जुड़ा हुआ है।"[1] देश भर में असमान विकास के शोषण का मुकाबला करने के लिए छोटे राज्यों की जो माँग उठ रही है उसमें झारखंड एक अलग राज्य ही नहीं बल्कि एक विशेष राज्य होगा। झारखंड आन्दोलन गरीब, दलित, शोषितों का आन्दोलन है। यह आन्दोलन सिर्फ भारत के 24 राज्यों के अंदर एक और राज्य की संख्या बढ़ाने का आन्दोलन नहीं है, बल्कि झारखंडी चरित्र की रक्षा करने तथा उसे विकसित करने का आन्दोलन भी है जो भारत में एक मिसाल बनकर शांति तथा मुक्ति का पथ निश्चित करेगा।[2]

1920

छोटानागपुर उन्नति समाज का गठन

बहुत सारे शिक्षित और राजनीति से प्रेरित आदिवासी युवक समितियों में संगठित होने लगे ताकि अपने भाइयों का उत्थान कर सकें। उनको यह बात समझ में आ गई कि जीवित रहने के लिए किसी संगठन में मिलकर एक हो जाना है। जुलाई 1920 में आदिवासी समुदायों के विभिन्न नेता श्रद्धेय जोएल लकड़ा के नेतृत्व में राँची में मिले और उन्होंने छोटानागपुर उन्नति समाज का गठन किया। इस तरह छोटानागपुर के आदिवासियों की शोषण के खिलाफ लोकतांत्रिक ढंग से पहली संवैधानिक लड़ाई शुरू हुई। इस समाज के उद्देश्य थे—

(क) छोटानागपुर को वर्तमान पिछड़ी हालत से ऊपर उठाना।

(ख) आदिवासियों की सामाजिक, राजनीतिक, धार्मिक दशा में सुधार लाना।

उन्होंने 'आदिवासी' नामक पत्रिका का प्रकाशन भी शुरू किया। समाज शिक्षित आदिवासियों के लिए नौकरी की खोज करता था। सेवाओं और विधि निर्माण संस्थाओं में आरक्षण की व्यवस्था करता और बंगाल या बिहार से जुड़े एक अलग राज्य के गठन के लिए प्रयास करता था। झारखंड क्षेत्र के लिए एक अलग राज्य की माँग यहाँ के आदिवासियों द्वारा उन्नति समाज के मंच पर से औपचारिक तौर पर प्रथम बार उस समय की गई जब 1928 में साइमन कमीशन ने इस क्षेत्र का दौरा किया था। उन्नति समाज ने बिशप भॉन ह्यूक और जोएल लकड़ा की अगुवाई में साइमन कमीशन को इस आशय का मांगपत्र दिया गया कि 'यहाँ के आदिवासियों को विशेष सुविधाएँ दी जाएँ तथा इनके लिए एक अलग प्रशासी-इकाई का सृजन किया जाए।'

1931

किसान सभा का गठन

कुछ सदस्य आपसी मतभेद के कारण उन्नति समाज को छोड़कर एक समानान्तर संगठन 'किसान सभा' में चले गए। इस सभा का मुख्य उद्देश्य था किसानों की समस्याओं पर ध्यान आकर्षित करना। किसान सभा की शुरुआत छोटानागपुर में स्वामी सहजानन्द सरस्वती ने की। इसके पहले अध्यक्ष श्री ठेबले उरांव थे और सचिव पौल दयाल।

1931

छोटानागपुर कैथलिक सभा का गठन

अब तक कैथलिक लोग इन संगठनों से दूर थे। राजनीतिक क्षेत्र में ऐंगलिकन और लुथरन लोग कैथलिकों से अधिक सक्रिय थे। कैथलिकों ने उदासीनता की रोकथाम के लिए और अपने हित की रक्षा के लिए बिशप संभरिन की प्रेरणा से छोटानागपुर कैथलिक सभा का गठन किया। 1935 के आम चुनाव के लिए उन्होंने अपने उम्मीदवार खड़े किए। इनमें से दो ने किसान सभा और उन्नति समाज के उम्मीदवारों को हराया। संसद में श्री इग्नेस बेक उनके प्रतिनिधि बने।

1930-31

सिंहभूम का हरिबाबा आन्दोलन

सन् 1930-31 में सिंहभूम जिले का उत्तरी भाग और संपूर्ण राँची जिला एक भयंकर तूफान की चपेट में आ गया। दुका हो, जो हरिबाबा के नाम से पुकारा जाता था, ने सभी भूत-प्रेतों के विरुद्ध आक्रमण शुरू कर दिया। भूत-प्रेतों से संबंधित सभी चीजों का बहिष्कार किया गया। उनके अनुयायियों ने सरना पूजा-स्थल, जहाँ देसाउली बोंगा रहते हैं, के पेड़ों को काट गिराया। हरिबाबा के शिष्य हनुमान की पूजा करते थे और जनेऊ धारण करते थे। सफाई का विशेष ध्यान रखा जाता था। मांस नहीं खाते थे और नशा-सेवन भी नहीं करते थे। उनका विश्वास था कि एक

मसीहा उनको शोषण से मुक्ति दिलाने आएगा। यह आन्दोलन बिरसा आन्दोलन से प्रभावित था। ऊपरी तौर से यह भूत-प्रेतों के विरुद्ध था पर धीरे-धीरे राजनीति के रंग में रँगने लगा। हरिबाबा पर दोषारोपण किया गया कि वे आदिवासियों को इकट्ठा कर रहे थे ताकि उनका जमीन और जंगल के ऊपर अधिकार फिर से कायम हो जाए। हरिबाबा को गाँधी जी का शिष्य भी माना जाता था। हरिबाबा की गिरफ्तारी के बाद यह आन्दोलन शान्त हो गया।

1935

मानभूम के भूमिज लोगों के बीच भूमिज-क्षत्रिय सुधार आन्दोलन

भूमिजों के बीच गंगा नारायण विद्रोह के बाद उनकी संस्कृति में धीरे-धीरे और शान्तिपूर्ण ढंग से हिन्दू धर्म का प्रभाव आने लगा और उराँव लोगों के बीच टाना भगत आन्दोलन की तरह ही यह रूप लेने लगा। हिन्दू धर्म के तत्त्वों को धीरे-धीरे अपनाने का सबसे मुख्य कारण यही था कि भूमिज अपनी जाति को हिन्दू जाति-प्रथा के दूसरे वर्ग में प्रवेश दिलाना चाहते थे। वे क्षत्रिय यानी राजपूत बनना चाहते थे। उनमें सबसे धनी भूमिजों ने मुर्गा और नशा-सेवन बंद कर विधवा-विवाह और भूमिज दफन क्रियाओं को त्यागकर अपने आपको क्षत्रिय के रूप में मान्यता दे दी। पर सबसे बड़ी बात तो यह थी कि इन धनी भूमिज जमींदारों ने ब्राह्मणों को कर-मुक्त जमीन का लालच देकर उन्हें गृह-पुरोहित बना लिया। पर अधिकांश लोग इन सभी चीजों को त्यागना नहीं चाहते थे।

कांग्रेस पार्टी के सुधार कार्यक्रम से प्रेरित होकर एक प्रमुख भूमिज, दीनबन्धु सिंह, ने भूमिजों के रीति-रिवाज में सुधार लाने और अपनी जाति को राजपूत जाति में सम्मिलित करने की बात सोची। 1935 में उन्होंने मानभूम भूमिज-क्षत्रिय समिति का गठन किया।

1935

गवर्नमेंट ऑफ इंडिया एक्ट 1935 का पारित होना

साइमन कमीशन के सुझाव पर आदिवासी बहुल क्षेत्रों को 'वर्जित क्षेत्र' (श्व3ष्यह्लस्त्रद्गस्त्र ह्द्गड्डह्य) और 'आंशिक रूप से वर्जित क्षेत्र' (क्कड्डह्मह्लद्बड्डद्यद्य4 श्व3ष्यह्लस्त्रद्गस्त्र ह्द्गड्डह्य) के नाम से पुकारा गया। ये क्षेत्र सरकार के सीधे नियंत्रण में रखे गए। इस व्यवस्था का उद्देश्य यह था कि इस प्रावधान के तहत छोटानागपुर में बाहरी लोगों की घुसपैठ को नियंत्रित किया जाए ताकि यहाँ के आदिवासियों के आम हित की सुरक्षा हो। इस एक्ट द्वारा आदिवासियों के लिए सुरक्षित सीटों की भी व्यवस्था की गई। उस समय के संघीय या प्रांतीय विधानमंडल का कोई एक्ट इन क्षेत्रों पर लागू नहीं होगा।

1937

कृपासिंधु और हो लोगों के बीच उनका आन्दोलन

सिंहभूम जिले के सोनुवा प्रखंड के देवाबीर गाँव में कृपासिंधु नामक एक शिक्षक ने एक नया धार्मिक आन्दोलन शुरू किया। यह नया आन्दोलन हो समाज में व्याप्त सामाजिक बुराइयों को दूर

करना चाहता था। इसीलिए इस धर्म ने पूजा और पर्व के पुराने तौर-तरीकों को हटा दिया। जब कोई बीमार पड़ जाता तो वे दवा का सेवन नहीं करते। उनका विश्वास है कि प्रार्थना से बीमार आदमी ठीक हो जाएगा। कृपासिंधु के अनुयायियों की हो भाषा में अपनी लिपि है।

1938

छोटानागपुर आदिवासी महासभा का गठन

श्री इग्नेस बेक, छोटानागपुर कैथलिक महासभा के महासचिव, जिनका इस क्षेत्र में अच्छा प्रभाव था, ने यह महसूस किया कि जब तक आदिवासी एकजुट नहीं होतें, अपने-अपने संप्रदायों के मतभेदों को भूल नहीं जाते, तब तक उनकी आर्थिक, राजनीतिक, सामाजिक मुक्ति नहीं होगी और शोषण जारी रहेगा। उनके सफल नेतृत्व में उन्नति समाज, किसान सभा और कैथलिक सभा एक हो गए और नए संगठन का नाम 'आदिवासी महासभा' रखा गया। 1938 के नगरपालिका चुनाव में इस सभा के सभी उम्मीदवारों ने चुनाव जीता। महासभा की आमसभा 1938 के मई महीने में खूंटी में हुई। इस सभा में यह घोषणा की गई कि आदिवासियों के हितों की रक्षा हेतु महासभा एकमात्र संस्था होगी। आदिवासी विशिष्टता पर बल देते हुए यह निर्णय लिया गया कि इसके नेता दिकू शोषकों के विरुद्ध लड़ेंगे। आदिवासियों की सामाजिक, आर्थिक और राजनीतिक प्रतिष्ठा के लिए काम करेंगे और आदिवासियों के लिए अलग राज्य की स्थापना हेतु जी-तोड़ कोशिश करेंगे। महासभा की दूसरी आमसभा श्री जयपाल सिंह के सभापतित्व में सम्पन्न हुई। श्री जयपाल सिंह के आने के साथ ही झारखंड क्षेत्र की जनता में एक अभूतपूर्व जोश और एकता की लहर दौड़ने लगी। महासभा का आन्दोलन धीरे-धीरे हिंसक रूप लेने लगा और बहुत बार टकराव की स्थिति आने लगी।

1941

पंडित रघुनाथ मुरमू द्वारा संताल लिपि ओल चिकी का आविष्कार

आदिवासी भाषाओं की एक लिपि तैयार करने और अपने साहित्य का सृजन करने के लिए किए जा रहे प्रयासों को आदिवासी अस्मिता को परिभाषित करने और दावा करने के लिए किए जा रहे समग्र आन्दोलन के एक अंग के रूप में देखा जाना चाहिए। यह प्रक्रिया 1920-30 के दशक में शुरू हुई थी जब उभरते हुए आदिवासी मध्यवर्ग ने राजनीतिक स्वायत्तता हासिल करने का आन्दोलन प्रारंभ किया। उसने कला और साहित्य को पुनर्जीवित करने के लिए प्रेरित किया और अतीत के कई सांस्कृतिक प्रतीकों को बचाए रखने और नया जीवन देने की कोशिश की। शायद ऐसे अस्मिता के आन्दोलनों में सर्वाधिक गतिशील एक आन्दोलन संताली लिपि ओल चिकी पर आधारित है। बीस के दशक में पंडित रघुनाथ मुरमू ने इस लिपि का निर्माण किया था। वे उस समय मयूरभंज में बादमतालिया मॉडल स्कूल के प्रधानाध्यापक थे।

पंडित मुरमू ने सोचा कि जब तक संताल अपनी भाषा, साहित्य, परंपराओं एवं संस्कृति से भलीभाँति परिचित नहीं होंगे, उसके प्रति जागरूक नहीं होंगे तब तक लोग उन्हें तुच्छ समझते रहेंगे और उनकी उपेक्षा करेंगे। इस कौम को अपनी तरक्की एवं विकास के लिए तथा दूसरों की

नजर में आदर पाने के लिए अपने अंदर एक तीव्र अस्मिता का बोध पैदा करना होगा। इन्हीं कारणों से उन्होंने निश्चय किया कि एक अपनी लिपि, अपनी वर्णमाला, जो मुंडारी के अक्षरों को अपने में समेट सके, की आवश्यकता है। इससे बंगाल, बिहार, उड़ीसा और असम के संताली भाषी एकजुट हो सकते हैं। अन्यथा वे टुकड़ों में बँटे रहेंगे, क्योंकि एक समान लिपि के अभाव में उनके बीच में संवाद की स्थिति नहीं रहेगी। इसलिए उन्होंने ओल चिकी लिपि का आविष्कार किया। उन्होंने शिक्षकों एवं छात्रों को शिक्षित करने के लिए प्राथमिक स्तर तक की कई पुस्तकें ओल चिकी में लिखी हैं। इन पुस्तकों में उन्होंने आदिवासी धर्म एवं संस्कृति की नई विवेचना द्वारा एक पहचान और एकता लाने का प्रयास किया।

लिपि बनाने में पंडित मुरमू ने पत्थर, मवेशी आदि पर प्रतीकों द्वारा संदेशों को संप्रेषित करने की परंपरागत संताल पद्धति से प्रेरणा ली। ओल चिकी कमोबेश एक सक्षम लिपि है और यह संताली भाषा की ध्वन्यात्मक अपेक्षाओं की पूर्ति करती है। पंडित मुरमू ने इस लिपि में पाठ्यपुस्तकों की रचना करके लिपि के सृजन का अनुवर्ती कार्य किया। नई लिपि को लोकप्रिय बनाने के लिए शिक्षकों को प्रशिक्षित किया गया और स्कूल (इतुन आश्रम) स्थापित किए गए। 1981 में पश्चिम बंगाल सरकार ने संताली भाषा के लिए ओल चिकी लिपि को मान्यता प्रदान की और इसमें प्राथमिक शिक्षा देने की व्यवस्था की।

ओल चिकी संतालों की पहचान का प्रतीक बन गया है। 1854-55 के हुल की विफलता के समय से संताल एक पहचान के संकट की वेदना से गुजर रहे हैं। यह संकट विशेष करके औद्योगिक इलाकों में अधिक गंभीर है जहाँ संतालों को उद्योगों और खदानों में मजदूरों के रूप में नियुक्त किया गया है। नई लिपि अतीत की महान परंपराओं में वापसी का एक प्रतीक है और उसने एक पुनरुज्जीवन आन्दोलन को प्रारंभ किया है। रघुनाथ मुरमू का विश्वास है कि संताल जनजाति के शानदार अतीत का संबंध जाति की शुद्धता, उसकी अनन्यता और विशेष नैतिक सिद्धांतों में उसकी आस्था के साथ है। उनके विचार से इस रहस्यमयी अतीत की निम्नलिखित विशेषताएँ हैं—मजबूत शरीर और पर्याप्त शारीरिक व्यायाम, सिर्फ आनुष्ठानिक धार्मिक अवसरों को छोड़कर अन्य समय शराब न पीना, और सबसे बढ़कर समुदाय के प्रति त्याग और समर्पण की भावना। व्यक्ति का अस्तित्व लगभग समुदाय के लिए ही होता है और जीवन में सबसे बड़ी उपलब्धि समुदाय के लिए कुछ करना होता है।

ऐसे शानदार अतीत के पतन और गायब होने का कारण आंशिक रूप से पड़ोस के गैर-आदिवासी समाजों का बुरा प्रभाव है। अपने विकृति पैदा करने वाले प्रभावों द्वारा उन गैर-आदिवासी समाजों ने आंतरिक पतन की प्रक्रिया को गतिमान कर दिया है। समुदाय के प्रति प्रतिबद्धता के सिद्धांत और अपनी अनन्यता और संहति की भावना को संताल भूल गए हैं। वे गैर-संतालों के चकाचौंध करने वाले पहलुओं को प्रशंसा और ईर्ष्या की नजरों से देखने लगे हैं। कभी-कभी ये पहलू चमकदार कपड़े, अच्छा खाना और पीठ पर थपथपाना से अधिक कुछ नहीं होता है; कभी-कभी वह शहरों और सरकारी दफ्तरों में नौकरियों का आकर्षण था। संताल लड़के-लड़कियाँ गैर-संतालों के साथ नाचने लगीं और वह भी अक्सर अच्छा खाना और थोड़े से शराब जैसे छोटे-छोटे उपकारों के लिए। पंडित मुरमू के विचार से इसके चलते कलाओं और

संतालों की जीवनशैली में विकृति आई है। पंडित मुरमू ने अतीत की ओर लौटने, संताल संस्कृति की परंपराओं को बनाए रखने आदि के अपने संदेश को प्रसारित करने के लिए कई किताबें लिखी हैं। ये किताबें अर्द्ध-कथा रूप में हैं। कुछ मुख्य किताबें हैं—बिदुचंदन, खेरवाल बीर, बाखेन, दरेगा धान, हिताल।

पंडित मुरमू द्वारा ओल लिपि का सृजन कोई अलग-थलग घटना नहीं है। यह सामाजिक नैतिकता, संताल जनजाति के शानदार अतीत और उनकी प्राचीन संस्कृति को पुनरुज्जीवित करने के लिए करणीय कार्यों से संबंधित उनके विचारों का अभिन्न अंग है। पंडित रघुनाथ मुरमू एक महान नेता था और उन्हें संतालों का सबसे महत्त्वपूर्ण धार्मिक और सांस्कृतिक जननायक कहा जा सकता है।

1942

अगस्त क्रांति में झारखंड का योगदान

सन् 1942 में 'अंग्रेजो भारत छोड़ो' और 'करो या मरो' आन्दोलन में भी झारखंड की भूमिका महत्त्वपूर्ण रही। पूरे क्षेत्र में हड़ताल हुई, जुलूस निकले, रेल लाइनें तथा सड़कों को काटा गया, टेलीफोन लाइनें तोड़ी गईं तथा दमन का अमानवीय दौर चला। हजारीबाग केन्द्रीय कारा क्रांतिकारियों से भर गया। रांची में टाना भगतों के नेतृत्व में आन्दोलन जारी था। खरवारों के संगठन ने भी इस आन्दोलन को बहुत प्रभावित किया था। चाईबासा, जमशेदपुर, डाल्टनगंज, पुरुलिया, धनबाद, गिरिडीह तथा हजारीबाग में भी 1942 का आन्दोलन काफी सफल रहा। पूरे क्षेत्र में अंग्रेज सरकार के विरुद्ध व्यापक प्रतिक्रिया हुई और अहिंसात्मक एवं हिंसात्मक पद्धतियों के माध्यम से इस क्षेत्र की आदिवासी और गैर-आदिवासी जनता ने भारत की स्वाधीनता आन्दोलन में मूल्यवान योगदान दिया।

स्वाधीन भारत में झारखंड (1947-1999)

1948

खरसवां तथा सराईकेला में आदिवासी विद्रोह और खरसवां गोलीकांड

खरसवां तथा सराईकेला, छोटानागपुर के दो देशी राज्य (ट्रिब्यूटरी स्टेट्स) थे और ये दोनों राज्य छोटानागपुर के कमिश्नर के अधीन थे। भारत के स्वतंत्र होने के पश्चात् ये दोनों देशी राज्य भारत संघ में सम्मिलित हो गए। अब समस्या उत्पन्न हुई कि ये पड़ोस के राज्य उड़ीसा में मिलें या बिहार में। यहाँ के अधिकतम लोगों की इच्छा के विरुद्ध सरकार द्वारा यह ऐलान किया गया कि ये दोनों देशी राज्य उड़ीसा में मिलाए जाएँगे। इस विलय से जनता में असंतोष के चिन्ह स्पष्ट दिखाई देने लगे। आदिवासी महासभा के नेतृत्व में कई स्थानों पर आम सभाएँ बुलाई गईं और प्रस्ताव पास कर सरकार को सूचित किया गया कि खरसवां की जनता उड़ीसा में नहीं बल्कि बिहार में ही रहना चाहती है। 40-50 हजार की तादाद में लोग जमा होते थे। 'अखंड झारखंड' के नारे से सभास्थल गूँज उठा करते थे।

1 जनवरी 1948 को खरसवां देशी राज्य को उड़ीसा राज्य में मिलाने के विरोध में आदिवासी महासभा द्वारा खरसवां बाजार में एक मीटिंग बुलाई गई थी। करीब 35,000 से भी अधिक लोग आए थे। उड़ीसा पुलिस ने इस मीटिंग के लिए आए निर्दोष लोगों पर अंधाधुंध गोलियाँ चलाईं जिसके चलते सैकड़ों स्त्री-पुरुष और मासूम बच्चे मौत के घाट उतारे गए और करीब इतने ही लोग घायल हुए। स्थानीय सूत्रों के अनुसार 1000 के करीब लोग घटनास्थल पर ही मार डाले गए थे, जबकि सरकारी सूत्र केवल 14 बताते हैं। आजादी के सिर्फ चार महीने बाद ही आदिवासियों की यह हत्या बेमिसाल है। (पुर्ती, पी.एन.जे. 1969 : 42-55)।

18 मई 1948 को ये दोनों राज्य बिहार में मिला दिए गए।

1950

झारखंड पार्टी का गठन

श्री जयपाल सिंह के कुशल नेतृत्व में आदिवासी महासभा का प्रभाव संपूर्ण झारखंड में फैल गया। आदिवासी महासभा के नेताओं ने यह महसूस किया कि महासभा में गैर-आदिवासियों को मिलाकर इसे व्यापक रूप देना चाहिए। इस दृष्टिकोण पर बल देने के मतलब से श्री जस्टिन रिचर्ड ने युनाइटेड झारखंड ब्लॉक का गठन अप्रैल 1948 में चक्रधरपुर में किया। जस्टिन जयपाल सिंह का सहकर्मी था। खरसवां गोलीकांड के बाद जस्टिन ने जयपाल सिंह में अपना विश्वास खो दिया और फिर दोनों ने अलग-अलग रास्ता पकड़ लिया। जयपाल सिंह ने जब देखा कि युनाइटेड झारखंड ब्लॉक के गठन से उसकी धाक कम होती जा रही है तो उन्होंने 1950 में जमशेदपुर में महासभा के राजनीतिक पक्ष के रूप में झारखंड पार्टी का गठन किया। जमशेदपुर की महासभा की बैठक में यह निर्णय लिया गया कि हालाँकि महासभा एक आदिवासी संगठन रहेगा, उसकी सदस्यता गैर-आदिवासी झारखण्डियों के लिए भी होगी। इस तरह महासभा आदिवासी संगठन न रहकर एक क्षेत्रीय राजनीतिक पार्टी बन गई।

1950

हो लोगों के बीच लाखो बोदरा का पुनर्जागरण आन्दोलन

लाखो बोदरा का जन्म सिंहभूम जिले के पासेया गाँव में हुआ था। उन्होंने हो लोगों के सामाजिक जीवन को सुधारने के लिए कई महत्त्वपूर्ण कदम उठाए। लाखो की कोशिश मूलत: सांस्कृतिक मामलों में थी। पर उन्होंने धार्मिक और राजनीतिक सवालों का उत्तर भी ढूँढ़ने की कोशिश की। उन्होंने हो संस्कृति में एक नई जान और उमंग लाने के लिए कई कदम उठाए। इसमें कुछ सामाजिक बुराइयों को दूर करना था, जैसे दुल्हन-मूल्य, जादू-टोना में विश्वास, जानवरों की बलि, ऐश-आराम में आसक्ति का त्याग। हिन्दुओं की तरह हो लोगों को वे एक सांस्कृतिक परंपरा में बाँधना चाहते थे। लाखो ने हो भाषा, धर्म और रीति-रिवाज से संबंधित कई पुस्तकें लिखी हैं। इन कृतियों में उन्होंने एक लिपि का प्रयोग किया है जिसका विकास उन्होंने स्वयं किया है। बोदरा ने एक संगठन, आदिसमाज, का गठन किया जिसके सदस्यों को इस समाज के नियम-कानूनों के अनुसार जीवनयापन करना है।

1951

1951 में भारत में वयस्क मतदान पर आधारित एक लोकतांत्रिक सरकार का गठन हुआ। इसके साथ ही झारखंड पार्टी एक पूर्ण विकसित राजनीतिक पार्टी के रूप में उभर आई। 1952 के पहले आम चुनाव में पार्टी ने अपने चुनावचिह्न के लिए 'मुर्गा' चुना जो 'सुबह' या 'आदिवासी जागरण' का परिचायक था। बिहार विधानसभा में उसने 32 सीटें जीत लीं और राज्य में मुख्य विरोधी दल के रूप में उभर आई। 1957 के द्वितीय आम चुनाव के दौरान उड़ीसा तक झारखंड पार्टी का विस्तार हुआ, जहाँ इस पार्टी ने पाँच सीटें जीतीं तथा राज्य स्तर की राजनीति में भी अपनी शक्ति को संतुलित किया।

1952

आदिवासी सोशियो-एजुकेशनल एंड कल्चरल एसोसिएशन का गठन

पंडित रघुनाथ मुरमू द्वारा ओल चिकी लिपि के विकास के साथ संतालों में अपने समाज को पुनरुज्जीवित करने के लिए एक सांस्कृतिक आन्दोलन छिड़ गया। उनकी प्रेरणा से 1953 में साहित्य का निर्माण करने और ओल चिकी लिपि में सगेन सकम नाम की पत्रिका प्रकाशित करने के उद्देश्य से आदिवासी कल्याण एसोसिएशन का गठन हुआ। 1962 में एसोसिएशन का पुनर्नामकरण आदिवासी सोशियो-एजुकेशनल एंड कल्चरल एसोसिएशन के नाम से किया गया। उड़ीसा, बिहार और पश्चिम बंगाल के विभिन्न स्थानों में एसोसिएशन की शाखाएँ खोली गईं। सेमलेट प्रेस के नाम से एसोसिएशन का अपना एक प्रेस है और तब से ओल चिकी में कई किताबें प्रकाशित हुईं। अपने एक के बाद एक सम्मेलन में एसोसिएशन ने संताल समाज में सुधार करने तथा अपने पुराने मूलतत्त्वों के पुनरुज्जीवित करने के उद्देश्य से एक समग्र बहुमुखी आन्दोलन खड़ा करने की कोशिश की है। अतः संतालों को अपनी सरना परंपराओं में वापस लौटना चाहिए, परंपरागत माझी-परगना व्यवस्था को मान्य करना चाहिए जो छोटे-मोटे झगड़ों का निपटारा करेंगे, संताल विवाह की वर्तमान पद्धति में सुधार लाना चाहिए आदि। संतालों के लिए कई अधिकारों और विशेषाधिकारों की भी माँग की जा रही है।

1955

राज्य पुनर्गठन कमीशन के सम्मुख झारखंड अलग प्रांत की माँग

1955 के जनवरी महीने में झारखंड पार्टी की कार्यकारिणी समिति ने राज्य पुनर्गठन कमीशन के पास एक वृहद् झारखंड राज्य के निर्माण की माँग में एक स्मार-पत्र प्रस्तुत किया। इसमें अलग झारखंड राज्य के गठन के लिए आर्थिक, राजनीतिक और सांस्कृतिक अनिवार्यता पर बल दिया गया। इस स्मार-पत्र में यह बयान जारी किया था कि आदिवासी लोग गैर-आदिवासियों से जातीयता, सांस्कृतिक और भाषायी दृष्टि से भिन्न हैं। इसके अलावा भौगोलिक समीपता और प्रशासनिक भिन्नता के कारण भी अलग राज्य का गठन होना आवश्यक था। प्रस्तावित झारखंड राज्य में बिहार के 6 जिलों और बंगाल, उड़ीसा और मध्यप्रदेश के 9 जिलों का होना था। उनकी यह माँग राज्य पुनर्गठन कमीशन के द्वारा ठुकरा दी गई। कमीशन का कहना था कि आदिवासियों

की कोई सामान्य भाषा नहीं है।

1950–58

फेटल सिंह के नेतृत्व में खरवार वन आन्दोलन

1930 ई. में झारखंड क्षेत्र में भारतीय राष्ट्रीय कांग्रेस के नेतृत्व में कई वन सत्याग्रह चलाए गए जिनका मुख्य उद्देश्य आदिवासियों के प्रथागत अधिकार की वापसी करना था ताकि आदिवासी लोग अपने उपयोग के लिए जंगलों से इमारती लकड़ी तथा अन्य वन उत्पादन संकलित कर सकें। झारखंड के आदिवासियों के लिए जमीन के बाद जंगल सबसे महत्त्वपूर्ण साधन थे जिनका व्यापार के लिए दोहन किया जा रहा था और जिन पर आदिवासियों के अधिकार सीमित कर दिए गए थे।

स्वतंत्रता आन्दोलन ने पलामू जिले के खरवार आदिवासियों के बीच एक नई आशा का संचार किया क्योंकि उन दिनों उनका काफी दमन किया जा रहा था। वे लोग स्वराज के युग की व्याख्या अपने भूमि तथा जंगलों से संबंधित अधिकार की वापसी के अर्थ में किया करते थे। 1930–40 के दौरान उनकी प्रत्याशाओं का कुछ अंश कांग्रेस के लोगों द्वारा आदिवासियों में किए जाने वाले प्रचार के कारण उत्पन्न हुआ। स्वतंत्रता के बाद खरवारों ने देखा कि वनों पर राज्य के एकाधिकार की उत्तरोत्तर वृद्धि हो रही है और आदिवासियों के परंपरागत अधिकार का उत्तरोत्तर ह्रास। जंगल, जिन्हें वे लोग अपना समझते थे, जिनको वे अपने लाभ के लिए उपयोग में लाते थे, अब उनके अपने नहीं रहे। भूमि पर भी जो उनकी आजीविका का मुख्य साधन थी, भूमिकर लगा दिए गए। स्वतंत्रता संग्राम के समय कांग्रेसी नेताओं द्वारा कर हटाने का जो वादा किया गया था, स्वतंत्रता के बाद वैसा कुछ भी नहीं किया गया। उलटे, परती भूमि पर खेती करने पर पाबन्दी लगा दी गई जो आदिवासियों के परंपरागत अधिकार की परिधि में आता था। परिणामस्वरूप खरवारों ने अपने को ठगा-सा अनुभव किया।

1950 के मध्य में कांग्रेस सरकार के विरुद्ध उनकी जबरदस्त प्रतिक्रिया हुई। फेटल सिंह के नेतृत्व में खरवारों ने वन उत्पादों का पाबन्दी रहित उपयोग और बिना कर दिए लकड़ियों की जंगलों से कटाई के लिए सत्याग्रह प्रारम्भ किया। फेटल सिंह ने लोगों से कर देने की मनाही की और उन वन कानूनों की, जो आदिवासियों के परंपरागत अधिकार की अवहेलना करते थे, अवज्ञा करने का आह्वान किया। उनके समर्थकों ने दावा किया कि जंगलों और गैर-मजरुआ जमीन पर आदिवासियों का पूरा अधिकार है।

मध्यप्रदेश में खरवार नेता चुन्नी के नेतृत्व में 1957 में खाबी ग्राम में वन आन्दोलन प्रारंभ किया गया। उन्होंने लोगों को भूमिकर तथा वन बकाया का भुगतान करने से मना किया। चुन्नी भी फेटल सिंह से प्रभावित थे। उनके समर्थकों द्वारा सरकारी अधिकारियों पर हमला किया जाने लगा और 18 दिसम्बर को पुलिस मुठभेड़ में उनके दो समर्थक मारे गए।

इस घटना के कुछ सप्ताह बाद फेटल सिंह ने भी हड़ताल करने का निश्चय किया। लकड़ी काटने वाले ठेकेदारों के मजदूरों पर छापा मारने के लिए उन्होंने एक संगठन तैयार किया। अधिकारियों ने फेटल सिंह को गिरफ्तार करने का निश्चय किया ताकि आन्दोलन हिंसक

न हो उठे। एक खूनी संघर्ष के बाद 1 फरवरी 1958 को फेटल सिंह गिरफ्तार किया गया। उनकी गिरफ्तारी के बाद यह आन्दोलन शान्त हो गया।

1957

झारखंड पार्टी के पतन का आरंभ

जब अलग राज्य की माँग पूरी नहीं हुई तो आदिवासियों का विश्वास झारखंड पार्टी से उठने लगा। 1957 के आम चुनाव में झारखंड पार्टी को 1952 के आम चुनाव की तुलना में कम मत मिले। 1962 का आम चुनाव तो झारखंडी नेताओं के लिए एक बड़ा धक्का साबित हुआ। 1962 में मिले मतों की संख्या 4.67 लाख थी जबकि 1957 में 7.51 लाख और 1952 में 7.66 लाख मत मिले थे। इसका एक कारण यह भी था कि झारखंडी नेता लोगों से बहुत दूर होते गए और आम जनता की शिकायतों पर ध्यान नहीं देते थे। यही कारण था कि लोगों का असंतोष बढ़ता ही गया।

1963

कांग्रेस पार्टी में झारखंड पार्टी का विलय

झारखंड पार्टी के नेताओं का यह विचार था कि अलग झारखंड राज्य प्राप्ति केवल सत्ताधारी कांग्रेस पार्टी में मिल जाने से ही संभव है। वे विरोधी दल के रूप में बैठते-बैठते ऊब गए। इसलिए 1963 सितम्बर में झारखंड पार्टी का कांग्रेस पार्टी में विलय हो गया। पर पार्टी के अधिकांश साधारण सदस्य नेताओं के इस कार्य से कभी खुश नहीं रहे। सच्चाई तो यही है कि यह निश्चय पार्टी के काउन्सिल में कभी समर्थन नहीं पा सका।

1965

अकाडेमी ऑफ इंडियन कल्चर का गठन

हिन्दुओं ने उन आदिवासियों के पुनः धर्म-परिवर्तन की कई कोशिशें कीं जो पहले ईसाई या मुस्लिम बन गए थे। आर्यसमाजियों ने आदिवासी ईसाइयों का शुद्धिकरण समारोह के द्वारा पुनः धर्म-परिवर्तन करने की कोशिश की। 1965 में एक अलग किस्म का शुद्धिकरण समारोह अकाडेमी ऑफ इंडियन कल्चर के तत्वावधान में शुरू किया गया। इस अकाडेमी का तथाकथित लक्ष्य तो यही था कि ईसाई और मुस्लिम धर्म को अपनाए हुए आदिवासियों का फिर से सांस्कृतिक परिवर्तन किया जाए।

1966

अखिल भारतीय आदिवासी विकास परिषद् का गठन

आरंभ में झारखंड के लोगों में राजनीतिक चेतना लाने का काम मुख्यतः ईसाई आदिवासी नेताओं ने ही किया। वे दूसरों की अपेक्षा अधिक पढ़े-लिखे और संगठित थे। गैर-ईसाई आदिवासियों की दुर्दशा की ओर ध्यान आकृष्ट करने के लिए श्री कार्तिक उराँव ने आदिवासी विकास परिषद्

की स्थापना की। 1968 में उन्होंने चंदा कमेटी के सम्मुख गैर–ईसाई आदिवासियों की दुर्दशा की समस्याएँ पेश कीं।

1966

संतालपरगना में सिद्धू-कानू बैसी का गठन

आदिवासी यह अनुभव करने लगे कि स्वराज के लक्ष्य की प्राप्ति के लिए सामाजिक–सांस्कृतिक स्तर पर कार्रवाई अत्यंत ही आवश्यक है। उनका राजनीतिक संघर्ष अधिक समय तक टिक नहीं सकता जब तक कि लोग शिक्षित न हों और उनके अन्दर एकता व उद्देश्य न भरा गया हो। इसी उद्देश्य से संतालपरगना के संतालों ने सिद्धू–कानू बैसी नामक एक संगठन की शुरुआत की। एस.सी. हेम्ब्रम व फादर अंतोनी मुर्मू (फा. मुर्मू एकप्रभावशाली संताल नेता थे। 19 अप्रैल 1985 को महाजनों के भड़काने पर बाँझी गाँव में फा. मुर्मू व 14 अन्य संताल पुलिस द्वारा गोली से उड़ा दिए गए।) के नेतृत्व में राजमहल डिवीजन के सभी परगनैतों की एक बैठक का आयोजन 26 नवम्बर 1966 को बोरियो में किया गया। इसी बैठक में संताल हुल के दो नायकों के नामों पर सिद्धू–कानू बैसी का गठन निम्नलिखित उद्देश्यों के साथ हुआ—

1. संताल, पहाड़िया व अन्य आदिवासियों के बीच शिक्षा की गति को तीव्र करना।
2. सांस्कृतिक पुनर्जागरण।
3. आदिवासी अर्थव्यवस्था को सुधारना तथा आदिवासियों के शोषण को समाप्त करना।

बैसी ने लोगों को सुझाया कि वे कारोबार एवं व्यापार अपनाएँ तथा अपने विवादों को पारंपरिक ग्रामीण पंचायतों द्वारा निपटाएँ। बैसी के दो अन्य महत्त्वपूर्ण कार्यकलाप थे—(1) भगनाडीह (सिद्धू और कानू का जन्मस्थल) में प्रत्येक वर्ष सिद्धू–कानू मेला का आयोजन करना। (2) सिद्धू–कानू नाटकों का आयोजन करना।

1969 के धानकटिया आन्दोलन के समय, जब संतालों ने दिकू महाजनों द्वारा गैर–कानूनी ढंग से कब्जे में ली गई जमीनों से बलपूर्वक धान काटना शुरू किया, तो इस आन्दोलन को बहुत प्रोत्साहन मिला। बैसी ने अन्न–भंडारों (ग्रेन गोला) और सहकारी बैंकों का आयोजन किया तथा लोगों को धमकी दी कि यदि वे महाजनों के पास गए तो घातक परिणाम होंगे। अपने स्वार्थपूर्ण आर्थिक लाभों के लिए दिकू व्यापारियों द्वारा आयोजित दुर्गा पूजा एवं दशहरा मेलों में भाग लेने से लोगों को इन नेताओं ने रोकने का प्रयास किया और विकल्प के रूप में जहेर–एरा– मेलों का आयोजन भी किया। दलीय संघर्षों के कारण अंततः बैसी दो गुटों में बँट गया। मूल संस्था के विरुद्ध 1970 में एक 'अखिल भारतीय सिद्धू–कानू बैसी' का गठन हुआ। अपने सामाजिक–सांस्कृतिक कार्यक्रमों द्वारा संतालों के बीच भाईचारा एवं पूर्ण विकास को बढ़ावा देने के लिए सिद्धू–कानू बैसी ने बहुत प्रयास किए।

1967

चौथा आम चुनाव—झारखंड पार्टी का विभाजन

1963 के विलय के बाद झारखंड पार्टी कई दलों में बँट गई और उसमें फूट पैदा हो गई। 1967

के चुनाव के समय अनेक दलों ने यह दावा किया कि वे ही झारखंड पार्टी के मुख्य प्रतिनिधि हैं। इनमें से कुछ दलों के नेता आदिवासी थे और कुछ गैर-आदिवासी। लाल हरिहरनाथ शहदेव, राँची के एक स्थानीय हिन्दू वकील, ने यह दावा किया कि उनका दल ही झारखंड पार्टी का प्रतिनिधित्व करता है। एक अन्य दल, जिसके नेता पौल दयाल थे, ने भी यह दावा किया कि पुरानी झारखंड पार्टी का वही असली प्रतिनिधि है। टिस्को में काम करने वाले श्री पी.के. लकड़ा और श्री जस्टिन रिचर्ड दो अन्य दावेदार थे। ऐसे दावों के कारण 1966 में चुनाव आयुक्त के सामने यह समस्या खड़ी हुई कि पुरानी झारखंड पार्टी का लोकप्रिय चिह्न 'मुर्गा' किसे दिया जाए। आखिर में यह चिह्न किसी को नहीं मिला और वे स्वतंत्र रूप से और अलग-अलग चिह्नों को लेकर चुनाव-मैदान में उतरे। चौथे आम चुनाव के बाद झारखंड पार्टी का विभाजन हो जाने पर पार्टी के दलों को एक में लाने के बहुत प्रयास हुए, पर सभी विफल रहे।

1967

अखिल भारतीय झारखंड पार्टी का गठन

दिसम्बर 28, 1967 को अखिल भारतीय झारखंड पार्टी का गठन हुआ। नई पार्टी ने यह घोषणा की कि 1963 में कांग्रेस के साथ झारखंड पार्टी का विलय असंवैधानिक और अमान्य था। इस विलय को आम सभा की स्वीकृति प्राप्त नहीं थी। 1969-70 में पार्टी फिर से विभाजित होने लगी। एक गुट जिसके नेता एक हो, श्री बागुन सुम्बरुई थे, ने पार्टी का नाम अखिल भारतीय झारखंड पार्टी रखा और उसे अपने अधीन कर लिया। दूसरा गुट जिसके नेता एक मुंडा, श्री एन.ई. होरो थे, ने अपनी पार्टी के लिए मूल नाम झारखण्ड पार्टी रखा।

1967

बिरसा सेवा दल के नेतृत्व में क्रांतिकारी आन्दोलन

सन् 1967 में बिरसा सेवा दल की स्थापना झारखंड आन्दोलन के इतिहास में एक मील का पत्थर माना जा सकता है। यह संगठन श्री हिरण्मय राय की प्रेरणा में कुछ युवा नेताओं—श्री ललित कुजूर, प्रेम कुजूर, मोसेज गुड़िया, पियुस लकड़ा आदि द्वारा बनाया गया था। बिरसा सेवा दल एक जुझारू क्रांतिकारी संगठन था। इस दल के नेतृत्व में झारखंड के मजदूर-किसानों ने अपने हकों के लिए क्रांतिकारी लड़ाइयाँ लड़ीं। यह शिक्षित-आदिवासियों का एक शहरी दल था जो उद्योग क्षेत्रों में विशेष सक्रिय था। उनकी एक माँग इन औद्योगिक संस्थानों में नौकरी की थी। आरंभ में उन्होंने आदिवासी अधिकारों को हासिल करने के लिए हिंसात्मक और क्रांतिकारी रास्ता अपनाया। बिरसा सेवा दल की माँग थी कि झारखंड को एक अलग राज्य बनाया जाए, गैर-आदिवासियों को यहाँ से निकाल बाहर किया जाए, भूमि-संबंधी सुधार हो और साहूकारों के विरुद्ध कार्रवाई की जाए। बिरसा सेवा दल ने दिकू लोगों द्वारा हड़पी गई जमीन को फिर से आदिवासियों को दिलाने के लिए आन्दोलन चलाया। दल के ऊपर कई बार दमन भी हुआ। 2 जून 1968 को चीरी में और 27 अक्तूबर 1968 को चैनपुर में पुलिस की गोली से कई लोग मारे गए। बिरसा सेवा दल अब निष्क्रिय हो गया है।

1968

हुल झारखंड पार्टी का गठन

1967 के मध्यावधि चुनाव के पहले श्री जस्टिन रिचर्ड, जो झारखंड पार्टी के एक गुट के नेता थे, ने अपनी पार्टी का नया नाम हुल झारखंड पार्टी रखा। इस पार्टी को चुनाव आयुक्त की स्वीकृति भी मिली। जस्टिन रिचर्ड ने शिबू मुरमू (एक वामपंथी संताल नेता जो भूमिगत हो गया था) के साहूकारों के विरुद्ध कार्रवाई का फायदा उठाया। इस पार्टी ने संतालपरगना को ही अपना कार्यक्षेत्र बनाया। वह 1969 के चुनाव में 7 सीटों पर कब्जा करने में सफल हो गया। यह पार्टी भी 1970 में दो गुटों में बँट गई। एक विभाजित गुट, जिसके नेता शिबू मुरमू थे, ने बिहार प्रोग्रेसिव हुल झारखंड पार्टी का गठन किया।

आदिवासी राजनीति में दलबन्दी

विलय के बाद झारखण्ड आन्दोलन का विकास दलबन्दी के आधार पर होता गया। बागुन सुम्बरुई की अखिल भारतीय झारखंड पार्टी को मुख्य समर्थन सिंहभूम के हो लोगों का था। एन.ई. होरो की झारखंड पार्टी के मुख्य समर्थक मुंडा लोग थे। शिबू मुरमू की हुल झारखंड पार्टी संतालों की पार्टी थी।

1969

बिहार अनुसूचित क्षेत्र अधिनियम, 1969

इस अधिनियम ने भूमि हस्तांतरण संबंधी समस्याओं को हल करने की कोशिश की। 1960 में ढेबर कमीशन ने सी.एन.टी. एक्ट 1908 में बहुत सारे बचाव के रास्ते (ग्रश्नश्चद्धश्चद्दद्ध) खोज निकाले। इन्हीं की आड़ में कपटपूर्ण मुकदमे फूल-फल रहे थे और आदिवासियों के हाथ से गैर-आदिवासियों के हाथ भूमि का हस्तांतरण हो रहा था। 1969 के अधिनियम ने इस समस्या को दूर करने का प्रयास किया। इस कानून ने अदालतों को यह अधिकार दिया कि वे बलपूर्वक या दबाव में लाए गए मुकदमों को न लें। साथ ही स्वतंत्रतापूर्वक अधिक प्रमाण जमा करने का भी उन्हें अधिकार दिया गया। इस कानून ने उपायुक्तों को अधिकार दिया जिसके तहत वे 30 साल के अन्दर किए गए अवैध हस्तांतरण की जाँच कर सकें। साथ ही भूमि को मूल रैयतों को वापस लौटाने का अधिकार भी उन्हें दिया गया।

1969–75

संतालों के बीच धानकटिया आन्दोलन

बिहार अनुसूचित क्षेत्र अधिनियम (1969) के पारित होने के बाद गैर-कानूनी ढंग से उनसे ले ली गई जमीनों को वापस प्राप्त करने के लिए आदिवासियों के (विशेषकर संतालों) बीच एक मजबूत आन्दोलन व्याप्त था। नए कानून के बावजूद राज्य जमीन की वापसी के लिए कार्य करने के प्रति उदासीन था। इस बात ने आदिवासियों को गैर-कानूनी ढंग से साहूकारों, जमींदारों व

अन्य लोगों द्वारा दखल की गई अपनी जमीन पर खड़ी फसलों को काटने पर बाध्य किया। अपने पारंपरिक हथियारों से लैस होकर आदिवासी भारी संख्या में जमा हुए एवं खेतों की ओर प्रस्थान कर उन्होंने धान काट लिया। यह आन्दोलन धनबाद, गिरिडीह, संतालपरगना और हजारीबाग जिलों के संतालों के बीच बहुत मजबूत था। 1972-75 में झारखंड मुक्ति मोर्चा के नेतृत्व में यह आन्दोलन तीव्र हो गया। हिंसात्मक एवं सशस्त्र भिड़ंत हुए व कई जानें गईं। साहूकारों आदि द्वारा गैर-कानूनी ढंग से दखल की गई जमीन पर खड़ी फसलों को बलपूर्वक काटने, अत्याचारियों पर आक्रमण, आगजनी व हत्या की 120 हिंसात्मक घटनाएँ हुईं। 1974 में इस तरह की सबसे अधिक (69) घटनाएँ घटीं।

1969

झारखंड में नक्सल आन्दोलन

झारखंड के अति घने वनों के अन्दर नक्सल आन्दोलन 1969 में आरंभ हुआ। खूनी और हिंसात्मक मुठभेड़ों के बहुत सारे केस सामने आए। 1971 के मध्य तक आन्दोलन को दबा दिया गया और उसके नेताओं को गिरफ्तार कर लिया गया।

1969

कुर्मियों द्वारा शिवाजी समाज का गठन

धनबाद जिले में कुर्मी किसानों को, जिन्हें जनजातीय संगठन से बाहर किया गया था, श्री बिनोद बिहारी महतो ने संगठित किया और एक नए संगठन—शिवाजी समाज—की स्थापना की। इस संगठन का उद्देश्य था किसान समाज के पिछड़ेपन को उजागर करना। उन्होंने न केवल कुर्मियों के आर्थिक विकास के लिए योजना बनाई थी बल्कि सामाजिक सुधार के लिए भी।

1971

सोनोत संताल समाज का गठन

1971 को शिबू सोरेन की प्रेरणा एवं मार्गदर्शन में कुछ शिक्षित संतालों द्वारा सोनोत संताल समाज का गठन हुआ। इस समाज के कुछ मुख्य उद्देश्य एवं कार्यकलाप निम्नलिखित हैं—

1. पारंपरिक रीति-रिवाजों एवं प्रथाओं का पुनः प्रचलन व रख-रखाव,
2. नशापान, दहेज आदि सामाजिक बुराइयों का उन्मूलन,
3. पुस्तकों, पत्रिकाओं के संताली में प्रकाशन द्वारा संताली भाषा का विकास,
4. रात्रि पाठशालाओं, जो अकिल अखाड़ा के नाम से प्रसिद्ध हैं, के द्वारा युवा एवं वृद्धों के बीच शिक्षा प्रसार, और
5. महाजनों एवं अन्य लोगों द्वारा गैर-कानूनी ढंग से ली गई संतालों की भूमि की वापसी।

समाज ने अपने कार्यकलापों द्वारा संताल समाज को सुधारने तथा उसे पुनः सशक्त करने का प्रयास किया।

1973

झारखंड मुक्ति मोर्चा का गठन

1972 से झारखंड आन्दोलन एक नया मोड़ लेने लगा। औद्योगिक मजदूर और किसान अपने ऊपर हो रहे अत्याचारों के विरुद्ध लड़ने के लिए एकजुट हुए। यह एक वर्ग–संघर्ष का रूप लेने लगा।

1973 की 4 फरवरी को धनबाद में सोनोत संताल समाज के श्री शिबू सोरेन और शिवाजी समाज के श्री बिनोद बिहारी महतो के नेतृत्व में झारखंड मुक्ति मोर्चा का गठन हुआ। मार्क्सिस्ट कोऑर्डिनेशन कमेटी के श्री ए.के. राय ने वैचारिक समर्थन दिया। मोर्चा अपने कार्यक्रमों में भूमि संबंधी सुधारवाद और सांस्कृतिक जागरण का समावेश करता है। मोर्चे ने साहूकारों और बड़े किसानों के हाथ में चली गई भूमि को फिर से किसानों को दिलाने का आन्दोलन चलाया। अपने गठन के बाद उसने उस जमीन पर खड़ी फसल को काटने के लिए लोगों को संगठित किया जिस जमीन को आदिवासी, कुर्मी, हरिजन और गरीब मुस्लिमों से साहूकारों ने अवैध तरीके से छीन लिया था। मोर्चा समाज में व्याप्त बुराइयों जैसे नशापान को भी आदिवासी समाज से दूर करना चाहता है। आदिवासियों की उन्नति के लिए मोर्चे ने सामूहिक कृषि और साक्षरता आन्दोलन भी चलाया है।

झारखंड मुक्ति मोर्चा के नेतृत्व में आदिवासी किसानों, भूमिहीन मजदूरों और औद्योगिक कर्मियों ने एक लोकप्रिय आन्दोलन शुरू किया था। शुरू में निम्नलिखित बातों पर ज्यादा जोर दिया गया था—

1. साहूकारों और महाजनों द्वारा अवैध तरीके से छीन ली गई आदिवासी जमीन को वापस दिलाना।
2. इस क्षेत्र में स्थापित सार्वजनिक औद्योगिक संस्थानों में स्थानीय आदिवासियों को नौकरी दिलाना। बड़ी परियोजनाओं जैसे कोयलकारो और सुवर्णरेखा बहुउद्देशीय परियोजना के निर्माण के लिए ली गई जमीन के बदले उचित मुआवजा दिलाना।
3. अलग झारखंड राज्य की स्थापना।

ए.के. राय विशेषकर कोलियरी के मजदूरों के बीच काम कर रहे थे, बिनोद बिहारी महतो कुर्मी किसानों के बीच और शिबू सोरेन आदिवासियों के बीच। लेकिन वे अपने विभिन्न कार्यों को करते हुए एक सक्रिय संयुक्त मोर्चे का गठन नहीं कर पाए।

शिबू क्रमशः राय और महतो से दूर हटते चले गए और कांग्रेस के नजदीक होते गए। 1980 में कथित रूप से कांग्रेस के साथ समझौता करके झारखंड मुक्ति मोर्चा ने विधानसभा में 14 स्थान जीते। 1984 में बिनोद बिहारी महतो को झामुमो से निकाल दिया गया और निर्मल महतो को अध्यक्ष बनाया गया। तब पाँच विधायकों ने बिनोद बिहारी महतो के नेतृत्व में एक अलग ग्रुप झामुमो (बी) का गठन किया। 1985 के चुनाव में मोर्चे ने अकेले चुनाव लड़कर 15 विधानसभा सीट जीते।

1973

टुण्डी आन्दोलन : झारखंडियों के समक्ष एक चुनौती

अपनी ग्रामीण अर्थव्यवस्था को गति और ऊर्जा प्रदान करने तथा अपने समाज को सुधारने व

पुनः सशक्त करने के लिए 1973 में धनबाद जिले में टुण्डी प्रखंड के संताल किसानों ने शिबू सोरेन और झारखंड मुक्ति मोर्चा के नेतृत्व में एक आन्दोलन की शुरुआत की। उस समय उस क्षेत्र के आदिवासियों ने अपनी उन जमीनों पर उगाई फसलों को बलपूर्वक काटने का भारी आन्दोलन चलाया हुआ था जिन पर से उनके अधिकार को गैरकानूनी ढंग से जमींदारों तथा साहूकारों ने हथिया लिया था। मोर्चे ने इस स्वत:प्रसूत आन्दोलन को एक संगठित एवं सतत आन्दोलन का रूप देना चाहा।

अपने मौलिक अधिकारों की प्राप्ति के लिए गठित इस जनशक्ति को मोर्चा समानता, न्याय एवं सच्चाई पर आधारित एक नए समाज की स्थापना के लिए उपयोग करना चाहता था। सिर्फ नए पुरुष और स्त्री एक नया समाज बना सकते हैं। नेता शिबू का विश्वास था कि संताल लोग ही इस नए समाज के अग्रदूत होंगे। लेकिन उन्होंने देखा कि यद्यपि संताल धान कटाई आन्दोलन में जुटे थे फिर भी व्यक्तिगत और सामुदायिक दोनों तौर पर वे भ्रष्ट हो गए थे। वे अत्याचारियों के हाथों निष्क्रिय रूप से दु:ख-तकलीफ सहते थे। उन्होंने अपनी फसलों एवं पशुधन की जब्ती का विरोध नहीं किया। उस समय भी उनका खून नहीं खौला जब अत्याचारियों द्वारा उनकी पत्नियों एवं बेटियों का बलात्कार हो रहा था। घिनौनी असलियत से बचने के लिए उन्होंने अपने दु:खों को शराब की हौदी में डुबाने के अलावा कुछ नहीं किया। वे एक दबी हुई या डूबी हुई परिस्थिति में थे जहाँ वे मौन, नपुंसक और पालतू पशु बना दिए जाते थे और खामोशी की ऐसी खोली में ढकेल दिए जाते थे जहाँ वे पड़े रहते, कुचले जाते और मानवता की असली संभावनाओं से वंचित किए जाते थे। वे एक खामोशी की संस्कृति की गिरफ्त में थे। इसी जकड़न को तोड़ने के लिए उनमें जागृति लाना है, जिसके लिए एक जीवित शिक्षा की आवश्यकता है जो इन्सान को मानवीय बनाती है।

शिबू के नेतृत्व में मोर्चे ने संतालों के बीच एक ऐसे शैक्षिक प्रयोग की शुरुआत की ताकि वे जागरूक होकर स्वयं अपनी स्थिति को बदलने के लिए प्रेरित हों। उनको मालूम था कि लोगों के विचार या आत्मभावना में बदलाव होने से ही उनके व्यवहार में परिवर्तन होता है। इसके लिए एक नई सभ्यता के निर्माण की आवश्यकता है जहाँ लोग स्वावलंबी एवं स्वतंत्र हों और उनमें स्वाभिमान हो। इसलिए मोर्चे ने सबसे पहले संतालों के बीच सामाजिक-सांस्कृतिक नवीकरण लाने के लिए कोशिश की ताकि उनमें एक नई आत्म-छवि का निर्माण हो।

मोर्चे ने लोगों को सामाजिक बुराइयों—जैसे नशापान, अशिक्षा, अंधविश्वास आदि से लड़ने तथा ग्रामीण अर्थव्यवस्था एवं समाज के नवीकरण के लिए संगठित किया। उसने किसानों के बीच सामूहिक खेती को प्रारंभ किया। किसानों ने अपने सारे मानवीय और भौतिक स्रोतों को एक साथ जुटाकर कृषि कार्यों को पूरा किया। मोर्चे ने आदिवासी किसानों को बेकार पड़ी जमीनों को कृषि-योग्य बनाने तथा उपलब्ध जल-स्रोतों के विकास के लिए सामूहिक रूप से कार्य करने के लिए संगठित किया। अन्न-बैंक स्थापित किए गए जहाँ से जरूरतमंद किसान जरूरत के समय उधार ले सकते थे। वयस्कों व बच्चों के बीच से अशिक्षा को दूर भगाने के लिए रात्रि पाठशालाएँ खोली गईं (अकिल अखाड़े)। इसके लिए जरूरी निधि ग्रामीणों ने स्वयं जुटाई। गाँवों में कड़ाई के साथ मद्य-निषेध लागू किया गया। इसका आदिवासी घरेलू अर्थव्यवस्था एवं

महिलाओं की स्थिति पर हितकारी प्रभाव पड़ा। सामाजिक-धार्मिक अवसरों, जैसे विवाह संस्कार आदि पर बेकार के खर्चों पर बहुत-सी कटौतियाँ की गईं।

मोर्चे ने इन सब कार्यों के लिए नई संस्थाएँ नहीं खोलीं, बल्कि गाँव (कुल्हि दुडुप), अंतर-ग्रामीण (परगना) और सामुदायिक स्तरों (लोर बिर सेन्दरा) पर कार्यरत परंपरागत सामाजिक संस्थाओं को समय की माँग के अनुसार अपनाया। आदिवासी संवेदनशीलता को आहत किए बगैर इन संस्थाओं में प्रबल संशोधन भी किया गया। पारंपरिक नेताओं की स्वीकृति से इनकी नामावली बदली गई। ग्रामीण स्तर की समिति को आतू बैसी नाम दिया गया। गाँव के पारंपरिक प्रमुख मांझी हड़म को अध्यक्ष, परमाणिक को सचिव, और जोग माँझी व गोड़ैत को उनकी मदद करने वाले दो मुख्य अधिकारी बनाया गया। इसके साथ ही गाँव के चार से दस युवक उनकी सहायता के लिए भरती किए गए। अंतर-ग्रामीण समिति को विचार बैसी नाम दिया गया। उसका अधिकार क्षेत्र 10 से 29 गाँवों में था। लोर बिर सेन्दरा का नामांकन हुआ चेतन बैसी, जिसका काम था मोर्चे की गतिविधियों को समन्वित एवं संघटित करना। पलामू स्थित सर्वोच्च समिति इस विशेष पिरामिड का शीर्ष था। मोर्चे द्वारा सृजित यही एक नई संस्था थी जो नीतियों को सूत्रबद्ध करती तथा गतिविधियों को सभी स्तरों पर समन्वित करती थी।

उस दौर में, झारखंड मुक्ति मोर्चा की उपलब्धि किसी भी मानदण्ड पर विशिष्ट है। ग्रामीण अर्थव्यवस्था को गतिशील व सक्रिय बनाने तथा सामाजिक एवं सांस्कृतिक पुनरुद्धार को आगे बढ़ाने में यह सफल हुआ। इन सफलताओं के बावजूद नेतृत्व की असफलता एवं सरकार की धारणा, जो आन्दोलन को जड़ से उखाड़ने पर तुली थी, के कारण आन्दोलन धीरे-धीरे कमजोर हो गया। शीर्ष के नेताओं ने निर्णय कार्य पूर्ण रूप से अपने अधिकार में कर लिया। इसके कारण विभिन्न सामाजिक संस्थाएँ निष्क्रिय हो गईं। जनसमूह के साथ संवाद करने का उनका जो संबंध था उसमें भी कमी आई और लोग धीरे-धीरे आन्दोलन से अलग होने लगे। आज झारखण्डियों के समक्ष यह चुनौती है कि वे ऐसी पथभ्रष्टताओं से बचने के लिए एक प्रभावशाली शासन व्यवस्था का विकास करें तथा इस महत्त्वपूर्ण आन्दोलन के उद्देश्यों की प्राप्ति हेतु साहस के साथ आगे बढ़ें।

विस्थापन के विरुद्ध जनांदोलन

इन दिनों झारखंड अंचल के आदिवासियों के बीच विकट अशांति और रोष फैला हुआ है। विकास के पूँजीवादी रूप के जरिए स्थानीय मूलवासियों को बड़े पैमाने पर बेदखल किया जाना और सर्वहारा बनाया जाना ही इसका मूल कारण है। झारखंड के मूल निवासी एक सुनियोजित और क्रमिक योजना के तहत अपनी जीविका के साधनों के स्वामित्व से, अपने श्रम के उत्पादों से और अपने मानवीय अस्तित्व के अवसरों से ही बेदखल किए जा रहे हैं। उनकी राजनीतिक स्वायत्तता छीनी जा रही है और उनकी सामुदायिकता को विकास और राष्ट्रहित के नाम पर खंड-खंड, छिन्न-भिन्न किया जा रहा है। सुनियोजित नीतियों के तहत एकात्मता, आत्मसातकरण, राष्ट्रीय मुख्यधारा में शामिल करने के नाम पर उन्हें अपनी संस्कृतियों, अपने मूल्यों और अपनी पहचानों से ही वंचित किया जा रहा है।

झारखंड क्षेत्र विस्थापन-मूलक परियोजनाओं का केन्द्र बन गया है। विस्थापन का नादिरशाही कदम 1775 में पहले-पहल रानीगंज कोयला खदान की शुरुआत के साथ झारखंड में पड़ा। तब से लेकर ब्रिटिश उपनिवेशवाद के तहत न केवल लाखों आदिवासी विस्थापित होते गए अपितु झारखंड की बेशुमार खनिज सम्पत्ति की भयंकर लूट-खसोट का सिलसिला चल पड़ा। फिर 1907 में टाटा इस्पात उद्योग की स्थापना के साथ झारखंड में आधुनिकीकरण का दौर शुरू हुआ। ज्यों-ज्यों औद्योगीकरण की प्रक्रिया तेज होती गई, त्यों-त्यों आदिवासियों की संख्या विस्थापन के कारण उत्तरोत्तर घटती चली गई। ह्रास की गति इतनी तेज है कि झारखंड के मूल निवासी अपनी ही जमीन पर अति अल्पसंख्यक बनते जा रहे हैं। पुनर्वास-रहित विकास परियोजनाओं से विस्थापित आदिवासियों का अस्तित्व ही समाप्त होता जा रहा है।

अब झारखंडी जनता एकजुट होकर ऐसी विस्थापन-मूलक परियोजनाओं के खिलाफ आवाज उठा रही है। यहाँ के लोग विकास की पूरी अवधारणा से असहमत हैं। वे एक ऐसी विकास नीति के पक्ष में हैं जो विस्थापन-मूलक नहीं हो। विकास के सांस्कृतिक सरोकारों को लेकर झारखंड में गंभीर चिंता है। जनांदोलनों ने इस आधार पर जनतंत्र के कई नए आयाम उद्घाटित किए हैं। झारखंड क्षेत्र की जनता दमन और उत्पीड़न के खिलाफ एक स्वस्थ सांस्कृतिक परिवेशमूलक देशज विकास के पक्ष में जनमत जाहिर कर चुकी है। कोयलकारो, नेतरहाट, चाण्डिल, इचा-खरकई, टुडरमा, कुटकू, जादूगोड़ा, समरसोत, सुरंगी, पिपरवार आदि क्षेत्रों में हो रहे जनांदोलन इसके स्पष्ट उदाहरण हैं।

1973

कोयलकारो जलविद्युत परियोजना के विरुद्ध आदिवासियों का संघर्ष

कोयलकारो जलविद्युत परियोजना दक्षिणी कोयल नदी और उसकी उपनदी उत्तर कारो की जलविद्युत संभावनाओं के अधिकतम उपयोग के लिए 1973 में तैयार की गई थी। इस वृहत् परियोजना के निर्माण के लिए कुल मिलाकर 50 हजार एकड़ भूमि का अधिग्रहण किया जाना है, जिसमें 25-30 हजार एकड़ भूमि कृषकों की है तथा शेष भूमि पर मुख्यत: ऐसे वन हैं जिन पर स्थानीय आदिवासियों के पारंपरिक व वैधानिक अधिकार हैं। इस प्रकार परियोजना द्वारा संभावित विस्थापन का खतरा राँची व गुमला जनपद के 122 गाँवों के 10,739 परिवारों के लिए चिन्ता का विषय बना हुआ है। इसमें 85-90 प्रतिशत तक संख्या आदिवासियों की है। गैर-सरकारी सर्वेक्षण के अनुसार विस्थापित होने वाले गाँवों की संख्या 256 है, जबकि प्रभावित जनसंख्या सवा से डेढ़ लाख के बीच है।

कोयलकारो जनसंगठन व उसके प्रयास

सन् 1973 में परियोजना की रूपरेखा तैयार होने पर भी जनसाधारण को इसकी कोई जानकारी नहीं दी गई। साधारण आदिवासियों को पूरी तरह अँधेरे में रखा गया। किन्तु भूमि-अधिग्रहण की प्रक्रिया आरंभ होते ही आदिवासी जनसाधारण में आतंक की लहर दौड़ गई। इस नई बला को समझने और उससे निपटने के लिए कारो क्षेत्र में 'जन संयोजन समिति' तथा कोयल क्षेत्र में

‘जनसंघर्ष समिति’ का गठन किया गया। सन् 1975–76 में दोनों संगठनों का एकीकरण कर ‘कोयलकारो जन संगठन’ का गठन किया गया। इस समय सरकार को एक स्मार–पत्र दिया गया जिसमें स्पष्ट किया गया कि स्थानीय जनसाधारण इस परियोजना को स्थगित करने व इसे एक अनुपम भेंट मानने के लिए तैयार हैं, किन्तु इसे एक ‘जन–परियोजना’ का स्वरूप दिया जाना चाहिए तथा सरकार को अपनी नीति व व्यवस्था स्पष्ट करनी चाहिए। इस स्मार–पत्र, विशेषकर नीति व व्यवस्था को स्पष्ट करने की माँग पर प्रशासन पूर्णत: मौन रहा।

सन् 1977–78 में मजबूर होकर ‘काम रोको अभियान’ चलाया गया। स्थानीय लोगों ने अटूट एकता व उत्साह का परिचय दिया। इसके बाद जन संगठन ने एक माँग–पत्र सरकार को दिया जिसमें पुनर्वास से संबंधित आर्थिक, सामाजिक व सांस्कृतिक पहलुओं और उनके अंत:संबंधों की व्याख्या कर सम्पूर्ण पुनर्वास की वकालत की। वित्तीय मुआवजे के अतिरिक्त सामाजिक व सांस्कृतिक पुनर्वास के सवालों पर सरकारी पक्ष में न कोई स्पष्टता ही थी और न इच्छा ही।

जुलाई 1984 में सरकार ने बल प्रयोग कर परियोजना के कार्य को आगे बढ़ाने की घोषणा की और सशस्त्र बल को क्षेत्र में भेजा गया। महिलाओं की सक्रिय भागीदारी से जनता ने सफलतापर्वूक इसका विरोध किया और सरकार को सशस्त्र बल वापस बुलाने के लिए विवश होना पड़ा।

21 मई 1995 को सरकार ने घोषणा की कि प्रधानमंत्री द्वारा 5 जुलाई को परियोजना का शिलान्यास किया जाएगा। इसके विरोध में जन संगठन ने परियोजना–क्षेत्र में ‘जनता कर्फ्यू’ लागू किया जिसके चलते शिलान्यास कार्यक्रम स्थगित करना पड़ा।

सरकार द्वारा आदिवासियों और समाज के कमजोर वर्गों के अस्तित्व और पहचान की घोर उपेक्षा को देखते हुए कोयलकारो जन संगठन अपनी पिछली मांगों को भुलाकर अब एक ही निर्णय पर अडिग है—न मुआवजा, न पुनर्वास और न परियोजना।

1977

सिंहभूम में कोल्हान रक्षा संघ का आन्दोलन

झारखंड के आदिवासी आन्दोलनों के इतिहास में पहली बार कोल्हान (सिंहभूम) के हो लोगों के लिए एक अलग राष्ट्र की स्थापना की कोशिश एक संगठन, कोल्हान रक्षा संघ, ने की। उनकी यह माँग थी कि कोल्हान एक अलग राष्ट्र हो। सिंहभूम जिले के कुछ भागों को लेकर निर्मित इस राष्ट्र का आधार इस क्षेत्र में प्रचलित एक अलग किस्म का प्रशासन था। ब्रिटिश काल में कोल्हान एक गवर्नमेंट इस्टेट था। इस क्षेत्र का प्रशासन विल्किन्सन नियमों के द्वारा होता था और क्षेत्र में चल रही मुंडा–मानकी व्यवस्था पर आधारित था। विल्किन्सन नियमों के आधार पर ही दीवानी मामलों का फैसला होता था। इसके लिए दीवानी अदालतों में जाना नहीं पड़ता था। मुंडा और मानकियों पर भूमि बन्दोबस्ती और गाँवों की भूमि–राजस्व व्यवस्था की जिम्मेदारी थी। शासन की यह व्यवस्था अब तक इस क्षेत्र में प्रचलित है।

30 अक्तूबर 1977 में कोल्हान रक्षा संघ और कोल्हान–पोड़ाहाट मुंडा मानकी संघ की संयुक्त बैठक चाईबासा में हुई जिसमें कोल्हान रक्षा संघ के उद्देश्यों के बारे में बहस हुई। श्री

नारायण जोंको, कोल्हान रक्षा संघ के संस्थापक और प्रमुख, ने कोल्हान जर्नल में संघ के इन उद्देश्यों का जिक्र किया है-

'कोल्हान रक्षा संघ मुख्यत: नीति-निर्धारण करने वाली संस्था होगी। संघ विल्किन्सन नियम और मुंडा-मानकियों और रैयतों के अधिकारों की समीक्षा के बाद केन्द्रीय सरकार और कॉमनवेल्थ राष्ट्रों के प्रमुख के लिए सुझाव पेश करेगा ताकि कोल्हान प्रशासन व्यवस्था में इन अनुभवों के आधार पर सुधार लाया जा सके। कोल्हान रक्षा संघ समय-समय पर कान्फ्रेंस और सेमिनार आयोजित करेगा और कोल्हान प्रशासन संबंधी शोधकार्य भी करेगा। यह ध्यान देने योग्य बात है कि भारतीय स्वतंत्रता एक्ट 1947 के द्वारा सार्वजनिक राज्य (Common Country) को स्वतंत्र राज्य नहीं बनाया गया है।'

30 मार्च 1981 को कोल्हान रक्षा संघ ने चाईबासा बाजार में एक बैठक बुलाई और भाषण-कर्ताओं ने यह घोषणा की कि कोल्हान दिल्ली के वायसराय द्वारा शासित ब्रिटिश भारत का अंग नहीं था। यह भी घोषणा की गई कि भारतीय संसद को कोल्हान के लिए कानून बनाने का कोई अधिकार नहीं है और यह कि कोल्हान एक प्रभुसत्ता सम्पन्न राष्ट्र है। नेताओं ने यह भी कहा कि इस मामले को संयुक्त राष्ट्र संघ में पेश किया जाएगा।

अगस्त 1981 में दो प्रतिनिधियों को ब्रिटिश कॉमनवेल्थ सेक्रेटेरियट और संयुक्त राष्ट्र संघ मुख्यालय भेजा गया ताकि वे स्वतंत्र कोल्हान राज्य की पेशकश करें। वहाँ से लौटने पर उनको गिरफ्तार कर लिया गया और जेल में डाल दिया गया। इस आन्दोलन के नेताओं को बिहार सरकार ने राष्ट्रद्रोही करार दिया तथा उन पर राष्ट्रद्रोह तथा युद्ध छेड़ने संबंधी कई मुकदमे चलाए गए। इसके बाद आन्दोलनकारियों का रुख बदल गया।

फरवरी 1983 के कोल्हान रक्षा संघ के महासचिव श्री के.सी. हेम्ब्रम ने भारत के राष्ट्रपति को पत्र लिखकर कहा कि "हम भारत की भौगोलिक सीमा के बाहर न कोई कोल्हानिस्तान बना रहे हैं और न उसकी माँग ही करते हैं। वस्तुत: हम ब्रिटिश राज्य से आज तक कोल्हान क्षेत्र के प्रशासन के लिए 'कोल्हान गवर्नमेंट इस्टेट' नाम से प्रचलित और अविकल रूप से जारी 'मानकी-मुंडा प्रथा' की संवैधानिक एवं कानूनी स्वीकृति के लिए जनसंघर्ष कर रहे हैं।"

21 मई 1988 को तत्कालीन प्रधानमंत्री राजीव गाँधी ने कोल्हान के हाट गम्हारिया में अपने भाषण के दौरान ऐलान किया कि विगत डेढ़ सौ साल से कोल्हान विल्किन्सन रूल के तहत है जिसे सरकार बदलना नहीं चाहती। उन्होंने कोल्हान में परंपरागत कानून को ही बरकरार रखने पर बल दिया।

कई नेता भूमिगत हो गए। अंतत: कोल्हान रक्षा संघ ने अपनी कोल्हान नीति को बदला। अभी वे यह स्वीकार करते हैं कि कोल्हान भारत का ही एक अंग है। वैसे, कोल्हान की अवधारणा को 21 जिलों के उस क्षेत्र में विस्तारित किया गया जिसे झारखंड में शामिल करना है। विल्किन्सन नियमों और मुंडा-मानकी प्रथा जैसे परंपरागत कानूनों और राजनीतिक संस्थाओं को कायम रखने पर उन्होंने जोर दिया। इस समय वे अपनी माँगों को हासिल करने के लिए कानूनी तरीकों और आवेदनों का इस्तेमाल कर रहे हैं, जैसे सरदारी लड़ाई के समय हुआ था।

1978

सिंहभूम में जंगल आन्दोलन

वर्ष 1978 में सिंहभूम जिले के कोल्हान-पोड़ाहाट क्षेत्र में, क्षेत्र के आदिवासियों द्वारा आरम्भ किए गए और जंगल कटाई आन्दोलन के नाम से ज्ञात, एक सुसंगठित और शक्तिशाली आन्दोलन भड़क उठा। यह क्षेत्र देश के कुछ सर्वोत्तम साल-वनों से आच्छादित है। इस आन्दोलन में आदिवासी अपनी आजीविका और पहचान के खतरे में पड़ने के खिलाफ एक प्रतीक प्रतिवाद के रूप में पेड़ों को काटने लगे। यह आन्दोलन पूरे क्षेत्र में दावानल की तरह फैल गया और आदिवासियों ने जंगल के विशाल इलाकों की कटाई कर दी। उनकी दलील यही थी कि ये जमीनें उनके पूर्वजों के दखल की हैं परंतु वन-विभाग ने सुनियोजित ढंग से उनके भू-स्वामित्व को समाप्त करके उन्हें बेदखल किया है।

राज्य सरकार ने कड़ी दमनात्मक कार्रवाई द्वारा अपनी प्रतिक्रिया प्रदर्शित की। 1978 से 1985 तक की छोटी-सी अवधि में 20 पुलिस-गोलीकांड हुए जिसमें अनेक निर्दोषों की जानें ली गईं। सबसे बीभत्स गोलीकांड खदान क्षेत्र के गुवा में 8 सितम्बर 1980 को हुआ, जिसमें 12 आदिवासी गोलियों के शिकार हुए। तीन एक सभा के दौरान मारे गए और नौ की हत्या उस समय हुई जब स्थानीय अस्पताल में लोग उपचार के इंतजार में थे। सैकड़ों की संख्या में आदिवासी मकान लूट लिए जो बाद में ध्वस्त किए गए। इनके अतिरिक्त हजारों आदिवासियों को मुकदमों में फँसाया गया जिनमें अधिकतर बेबुनियाद थे। चीफ जुडिशियल मजिस्ट्रेट सिंहभूम द्वारा 14 अप्रैल 1984 को उच्चतम न्यायालय में भेजी गई रिपोर्ट के अनुसार, 14000 आदिवासियों पर 5160 मुकदमे सिंहभूम की विभिन्न अदालतों में उस समय लंबित थे।[3] सिंहभूम में मानव अधिकारों के उल्लंघन के संबंध में यह याचिका दायर की गई थी।

इस अवधि में अलग प्रांत के आन्दोलन को भी फिर से खड़ा किया गया। राज्यों के पुनर्गठन और छोटे राज्यों के गठन के औचित्य के बारे में जयप्रकाश नारायण द्वारा दिए गए वक्तव्यों से प्रेरित होकर यह किया गया था। इसके तुरंत बाद सभी राजनीतिक दलों ने अलग राज्य के लिए आन्दोलन को तेज किया और इस लक्ष्य को हासिल करने के लिए संयुक्त मोर्चा का गठन किया। 1979 में श्री देवेन्द्र माझी झारखंड मुक्ति मोर्चा में शामिल हुए और उन्होंने सिंहभूम में आन्दोलन को नेतृत्व दिया। बाद में देवेन्द्र माझी झामुमो से निकल गए और उन्होंने अपना एक अलग दल झामुमो (डी) का गठन कर लिया।

1978

सुवर्णरेखा बहु-उद्देश्यीय परियोजना के विरोध में आन्दोलन

सुवर्णरेखा परियोजना का उद्देश्य सिंचाई, बाढ़-नियंत्रण, विद्युत उत्पादन तथा औद्योगिक एवं नागरिक जल-आपूर्ति रखा गया है। इस परियोजना के अंतर्गत चाण्डिल एवं ईचा में दो बड़े बाँध, दो बराज, तीन जलाशय और दो लम्बी नहरें बनानी हैं। लगभग 1100 करोड़ रु. खर्च होने के बाद प्रथम तीन लक्ष्य अब तक अप्राप्त हैं तथा स्वाभाविक रूप से उद्योगों और शहर के

निवासियों को पानी की आपूर्ति हो रही है। इस परियोजना के निर्माण पर कुल 4000 करोड़ रु. का खर्च आएगा। इसके चलते 240 गाँवों के करीब 30,000 परिवार बेघर हो जाएँगे।

इस परियोजना के विरोध में ईचा–खरकई विस्थापित संघ तथा विस्थापित मुक्तिवाहिनी के नेतृत्व में आन्दोलन चल रहा है। सुवर्णरेखा परियोजना का इतिहास दमन का रहा है। चाण्डिल बाँध के कार्य का आरंभ होने के पहले ही हजारों लोगों ने विरोध करना शुरू कर दिया था। 29 अप्रैल 1978 को धरने पर बैठे 88 सत्याग्रहियों को पुलिस ने गिरफ्तार कर लिया। दूसरे दिन धरने के लिए इकट्ठे हुए 10,000 लोगों पर पुलिस ने गोलियाँ चलाईं। चार लोग मारे गए तथा दर्जनों घायल हुए। वीरता के लिए राष्ट्रपति पुरस्कार प्राप्त पूर्व सैनिक गंगाराम कलुण्डिया के नेतृत्व में ईचा बाँध के विरोध में भी लोग संगठित हुए। प्रतिवाद के बढ़ते तेवर को देखकर पुलिस ने 3 अप्रैल 1982 को 'मुठभेड़' के नाम पर गंगाराम की हत्या कर दी। परियोजना के विस्थापितों को शत-प्रतिशत नौकरी देने तथा अन्य स्थानीय माँगों के समर्थन में तिरुलडीह प्रखंड कार्यालय का घेराव कर रहे छात्रों पर 21 अक्तूबर 1982 को पुलिस ने गोलियाँ चलाईं और दो छात्र शहीद हुए। 1992 में ईचा बाँध के प्रतिवाद में ईचा–खरकई विस्थापित संघ के नेतृत्व में सत्याग्रह कर रहे बच्चों एवं महिलाओं समेत सैकड़ों सत्याग्रहियों को पुलिस ने गिरफ्तार कर जेल में बन्द कर दिया।

इन्हीं संघर्षों का परिणाम रहा है—परियोजना के विस्थापितों के लिए 1990 में घोषित पुनर्वास नीति, विश्व बैंक द्वारा पुनर्वास की शर्त पर दूसरे चरण के लिए सहायता देने से इनकार तथा ईचा बाँध का काम बंद होना।

1980

डॉ. कुमार सुरेश सिंह तत्कालीन कुलपति द्वारा राँची विश्वविद्यालय में जनजातीय एवं क्षेत्रीय भाषा विभाग की स्थापना।

1981

बिहार सरकार द्वारा छोटानागपुर संतालपरगना स्वशासी विकास प्राधिकार का गठन। इसका कार्यालय राँची स्थित आल्ड्रे हाउस हुआ। इसके 80 सदस्य बनाए गए। लेकिन यह कोई ठोस परिणाम नहीं दे सका। सही मायने में यह सुझाव समिति की तरह काम करता था क्योंकि निर्णय पटना से होता था।

1985

आदिवासी हो समाज महासभा की स्थापना

सन् 1985 में हो समाज के कुछ बुद्धिजीवियों ने मिलकर हो लोगों के उत्थान और कल्याण के लिए आदिवासी हो समाज महासभा की स्थापना की। यह एक गैर-राजनीतिक संस्था है जो पूर्णतः सामाजिक विकास के लिए है। इस संस्था का मूल उद्देश्य—(1) हो जाति का सामाजिक, आर्थिक, सांस्कृतिक, धार्मिक, नैतिक, शैक्षणिक, आध्यात्मिक उत्थान एवं उससे संबंधित समस्याओं एवं त्रुटियों के निराकरण के लिए उपाय तथा साधन खोज निकालना। (2) राष्ट्रीय आदिवासियों तथा अन्य जातियों से पारस्परिक संबंध बढ़ाकर बन्धुत्व, प्रेम, सेवा तथा सहयोग की भावना जाग्रत करना।

महासभा ने इन उद्देश्यों की प्राप्ति के लिए कई कदम उठाए हैं, जैसे पर्व-त्योहारों में एकरूपता लाना और उनके लिए दिन तय करना, जन्म से मरण तक के स्वस्थ रीति-रिवाजों को कायम रखने के लिए हो लोगों को जाग्रत करना, हो भाषा साहित्य का निर्माण करना, इत्यादि।

1985

कुटकू बाँध से विस्थापितों का संघर्ष।

1985

केन्द्र शासित राज्य की माँग

25 सितम्बर 1985 को, जब गृहमंत्री पटना में छोटानागपुर-संतालपरगना के इलाके की समस्याओं का पता लगाने के लिए क्षेत्र के 50 से अधिक विधायकों से मुलाकात करके बात कर रहे थे तब गृहमंत्री के सामने छोटानागपुर और संतालपरगना को केन्द्र शासित राज्य के रूप में घोषित करने की माँग की गई। 22 मार्च 1986 को क्षेत्र के सभी राजनीतिक दलों के 50 विधायकों और सांसदों द्वारा हस्ताक्षरित एक पत्र इस माँग के लिए प्रधानमंत्री और गृहमंत्री के पास भेजा गया। इस पहल की अगुवाई सिंहभूम के एक कांग्रेसी विधायक देवेन्द्रनाथ चंपिया ने की थी।

1986

ऑल झारखंड स्टुडेण्ट्स यूनियन (आजसू) का गठन

तीन विभिन्न मौकों पर अलग राज्य के आन्दोलन में छात्रों ने सक्रिय भाग लिया—

— 1966-67 : जब छात्र बिरसा सेवा दल के आन्दोलन से जुड़े,

— 1977-78 : जे.पी. के आन्दोलन के समय,

— 1986 से : सूर्य सिंह बेसरा के नेतृत्व में आजसू के गठन के साथ।

22 जून 1986 को सूर्य सिंह बेसरा के नेतृत्व में झामुमो के सोनारी कार्यालय में ऑल झारखंड स्टुडेण्ट्स यूनियन (आजसू) का गठन हुआ। आजसू के गठन के लिए बेसरा को आसाम के आसू से प्रेरणा मिली। शुरू में झामुमो के छात्र संगठन के रूप में आजसू का गठन हुआ। 19-20 अक्तूबर 1986 को निर्मल महतो की मदद से बेसरा ने जमशेदपुर में बुद्धिजीवियों और छात्रों का एक बड़ा सम्मेलन आयोजित किया। उस सभा में सभी दलों से संबद्ध झारखंडी छात्रों का एक मिला-जुला मोर्चा गठित करने के उद्देश्य से बेसरा ने झामुमो से खुद को तथा आजसू को अलग कर लेने की घोषणा की। इसके अलावा आजसू ने दो महत्त्वपूर्ण प्रस्ताव रखे—

1. झारखंड प्रांत हासिल करने तक चुनावों का बहिष्कार करना,
2. झारखंड प्रांत हासिल करने के लिए एक कालबद्ध योजना तैयार करना।

27-29 दिसम्बर 1986 को झाड़ग्राम में आजसू की एक सभा हुई जिसमें एक केन्द्रीय कमेटी का गठन किया गया और एक संविधान तथा एक कार्य-योजना तैयार की गई। बेसरा को आजसू का जनरल सेक्रेटरी तथा प्रभाकर तिर्की को आजसू का अध्यक्ष बनाया गया। बंद के आह्वान, आर्थिक नाकेबंदी आदि अपने जुझारू कार्यक्रमों द्वारा आजसू झारखंड आन्दोलन में

एक महत्त्वपूर्ण तत्त्व बन गया। 8 अगस्त 1987 को झामुमो के अध्यक्ष निर्मल महतो की जमशेदपुर में हत्या कर दी गई। इससे एक जोरदार आन्दोलन खड़ा हुआ और यह हत्या सभी विभिन्न झारखंडी ग्रुपों को अलग झारखंड प्रांत हासिल करने के लिए एक मंच के रूप में समन्वित होने का एक कारण बनी।

1987

झारखंड समन्वय समिति का गठन

विभिन्न ग्रुपों व संगठनों के बीच समन्वय का न होना आन्दोलन को कमजोर बनाने वाला सबसे बड़ा कारण रहा है। सभी झारखंडी ताकतों का एक मिला-जुला मोर्चा बनाने के उद्देश्य से 11-13 सितम्बर 1987 को रामगढ़ में झारखंड आन्दोलन के सभी राजनीतिक, सामाजिक और सांस्कृतिक संगठनों के प्रतिनिधियों का एक सम्मेलन आयोजित किया गया जिसमें 40 संगठनों की ओर से 429 प्रतिनिधियों ने भाग लिया। उसके बाद 4 और संगठन उसमें शामिल हुए और इस तरह 53 संगठनों के एक मोर्चे के रूप में झारखंड समन्वय समिति (जेसीसी) का गठन हुआ। डॉ. बी.पी. केसरी जेसीसी के संयोजक चुने गए। जेसीसी के प्रयासों से बुद्धिजीवियों की सहभागिता की एक नई लहर आई और आन्दोलन को परिपक्वता का अहसास मिला। केसरी के नेतृत्व में आन्दोलन के विकसित होने का सबसे महत्त्वपूर्ण पहलू यह था कि आन्दोलन में झारखंड इलाके की सदान आबादी का जुड़ाव क्रमशः बढ़ने लगा। आन्दोलन के बृहत्तर हित में झामुमो भी जेसीसी के साथ जुड़ा।

लेकिन इस एकता की खुशी अधिक दिन नहीं रही। जेसीसी का सबसे बड़ा घटक होने के कारण सांगठनिक मामलों में अधिक अधिकार का दावा करके झामुमो ने एकता को असंभव बना दिया। केसरी के नेतृत्व में जेसीसी ने झामुमो को संगठन में विशेष महत्त्व देने से इनकार कर दिया और अंततः झामुमो जेसीसी से अलग हो गया। जेसीसी की कमेटी एकता बनाकर रख नहीं पाई। आजसू का नेतृत्व जेसीसी पर नियंत्रण क़ायम करने की कोशिश करता रहा जिसके चलते आजसू और जेसीसी के घटकों के बीच में नहीं बनी। आजसू, झामुमो और जेसीसी ने अलग राज्य की माँग पर अलग-अलग प्रदर्शन करने के निर्णय लिए। अब जेसीसी लगभग निष्क्रिय हो गया है।

1988

भाजपा द्वारा अलग वनांचल राज्य की माँग

आखिर भाजपा भी छोटानागपुर और संतालपरगना को लेकर अलग वनांचल राज्य की लोकप्रिय माँग के आन्दोलन में कूद पड़ी। इससे भाजपा को काफी चुनावी फायदा हुआ।

1989

झारखंड विषयक समिति का गठन

इन घटनाओं की पृष्ठभूमि में केन्द्र सरकार ने कार्रवाई करने का निर्णय लिया। अगस्त 1989 में

झारखंड संबंधी विषयों पर एक कमेटी का गठन किया गया। झारखंड विषयक समिति से कहा गया कि संविधान के ढाँचे के अंदर इस क्षेत्र के लोगों की न्यायोचित आकांक्षाओं की पूर्ति करने के लिए—क्या करने से अच्छा होगा—इसके संबंध में जाँच करके सिफारिश करें। कमेटी ने 18 मई 1990 को केन्द्रीय गृहमंत्री के समक्ष अपनी रिपोर्ट पेश की जिसमें उसने झारखंड समस्या के समाधान के लिए तीन सुझाव दिए—(1) राज्य (2) केन्द्र शासित राज्य (3) बिहार राज्य के अंदर झारखंड सामान्य परिषद्।

1991

झारखंड पीपुल्स पार्टी का गठन

1989 में आजसू ने एक नारा दिया था—'झारखंड नहीं तो चुनाव नहीं' और झारखंड हासिल करने तक सारे चुनावों का बहिष्कार करने का आह्वान किया। उसी वर्ष सम्पन्न लोकसभा चुनावों पर इसका बहुत कम असर पड़ा। चुनाव बहिष्कार में उनका विश्वास दृढ़ नहीं था। इसलिए आजसू ने तुरंत ही अपना मोर्चा बदल कर चुनावी राजनीति में शामिल होने का निर्णय लिया। इस प्रयोजन के लिए, 31 दिसम्बर 1991 को, आजसू के एक सहयोगी राजनीतिक दल के रूप में झारखंड पीपुल्स पार्टी (जेपीपी) का गठन किया गया। डॉ. रामदयाल मुंडा को पार्टी का प्रथम अध्यक्ष चुना गया और सूर्यसिंह बेसरा को मुख्य सचिव। पार्टी का प्रथम सम्मेलन जमशेदपुर में हुआ जहाँ यह निर्णय लिया गया कि आजसू जेपीपी के छात्र संगठन के रूप में काम करेगा। इस सम्मेलन के दौरान ही दोनों संगठनों ने निम्नलिखित संघर्ष कार्यक्रमों की घोषणा की—(1) 1 मार्च 1992 को झारखंड बंद (2) 2 से 6 मार्च तक आर्थिक नाकेबंदी।

अपने गठन के समय से ही पार्टी में अंतर्विरोध रहा। इसके फलस्वरूप दो नेता प्रभाकर तिर्की और हरिशंकर महतो झामुमो (सोरेन) में शामिल हो गए। बाद में चलकर पार्टी दो टुकड़ों में बँट गई—जेपीपी (बिनोद गुट) जिन्होंने झारखंड क्षेत्र स्वायत्त परिषद् का समर्थन किया और जेपीपी (मुंडा गुट) जिन्होंने उसका विरोध किया। जब डॉ. मुंडा और सूर्य सिंह बेसरा झामुमो (सो) में शामिल हो गए तब जेम्स होरो मुंडा गुट के नेता बने। अभी दोनों गुट निष्क्रिय हैं।

कुछ अन्य घटनाएँ

1991 तक झामुमो जनता दल का एक सहयोगी बन गया और मध्यावधि चुनावों में 19 विधानसभा की और 6 लोकसभा की सीटें जीत लीं। झामुमो तथा अन्य दलों के समर्थन से मुख्यमंत्री लालू प्रसाद यादव के नेतृत्व में गठित जनता दल सरकार ने झारखंड क्षेत्र विकास परिषद् के गठन का विधेयक बिहार विधानसभा में पारित किया। उसके शीघ्र ही बाद केन्द्रीय गृहमंत्री एस.बी. चव्हान ने घोषणा की कि अगर बिहार, उड़ीसा, मध्यप्रदेश और पश्चिम बंगाल के मुख्यमंत्री स्वीकार करें तो केन्द्र अलग झारखंड राज्य के गठन के खिलाफ नहीं होगा। केन्द्र सरकार ने चारों मुख्यमंत्रियों की एक बैठक 18 फरवरी 1992 को बुलाई, पर उसमें सिर्फ लालू यादव और ज्योति बसु ने भाग लिया।

अगले महीने विभिन्न झारखंडी दलों ने केन्द्र सरकार पर दबाव डालने के लिए आन्दोलनात्मक

कार्यक्रमों, बंदों और आर्थिक नाकेबंदियों के साथ आंदोलन को तेज करने का निर्णय लिया। केन्द्र सरकार इस पर सक्रियता दर्शाते हुए संसद में झारखंड विषयक समिति की रिपोर्ट के संक्षेप को पेश करने पर सहमत हुई। मार्च 1992 में संसद में रिपोर्ट पेश की गई।

इस बीच राज्यसभा के चुनावों के लिए श्री सुबोधकांत सहाय को झामुमो का उम्मीदवार बनाने के मुद्दे पर झामुमो में फूट हो गई और पार्टी दो टुकड़ों में बँट गई। कृष्णा मार्डी के नेतृत्व में एकजुट ने सुबोधकांत सहाय की उम्मीदवारी का विरोध किया और लालू सरकार का समर्थन किया। शिबू सोरेन के नेतृत्व में दूसरे गुट ने सहाय की उम्मीदवारी का समर्थन किया और लालू सरकार को समर्थन वापस लेने का निर्णय लिया। इस मौके पर केन्द्रीय गृहमंत्री ने अगस्त 1992 के अंत में घोषणा की कि पंद्रह दिनों के अंदर झारखंड पर कोई निर्णय लिया जाएगा। 8 सितम्बर को आश्चर्यजनक ढंग से गृहमंत्री ने वक्तव्य दिया कि विवाद को खत्म करने का एकमात्र रास्ता केन्द्र शासित राज्य या अलग झारखंड राज्य का गठन करना है।

1993 में चार झामुमो (सो) सांसदों ने कथित रूप से रिश्वत लेकर केन्द्र में राव सरकार के खिलाफ लाए गए अविश्वास प्रस्ताव के विरोध में मतदान किया।

1992

जादूगोड़ा में विस्थापन तथा रेडियोधर्मिता से प्रभावित लोगों का संघर्ष

पूर्वी सिंहभूम के जादूगोड़ा स्थित यूरेनियम कारपोरेशन ऑफ इंडिया (यूसिल) द्वारा यूरेनियम के खनन और तैयारी के कारण जादूगोड़ा और आसपास रहने वाले मूल निवासी और अन्य आबादी तत्काल रेडियोधर्मिता की भयंकर शिकार हुई है। विकिरण और पर्यावरण प्रदूषण के कारण धीमी और अति कष्टकर मृत्यु के शिकंजे में वे कसते जा रहे हैं। वही क्षेत्र जो प्राकृतिक स्वास्थ्य-लाभ का अंचल माना जाता था, अब विकिरण-विष और दूषित रासायनिक अवशेषों से भर गया है। हवा, पानी, जीव-जन्तु, मछली, पौधे—सभी जीवनदायी स्रोत बुरी तरह दुष्प्रभावित हो गए हैं।

जादूगोड़ा खदान की सबसे बदनाम इकाई, उसका अवशिष्ट विसर्जन तालाब (टेलिंग पोंड) पूरे इलाके की सेहत पर खतरा बना हुआ है। सिर्फ जादूगोड़ा खदान के अवशिष्ट ही इसमें फेंके जाते तो दुष्टता कुछ समझ में आ सकती थी परन्तु कलकत्ता और हैदराबाद से विघटन-अवशेष यहीं लाकर विसर्जित किए जाते हैं। जादूगोड़ा में यूसिल यूरेनियम का अधकच्चा पीला केक मात्र तैयार करता है। यही पीला केक 1500 किलोमीटर दूर हैदराबाद के कारखाने में भेजा जाता है। हैदराबाद में इसे ईंधन-श्लाकों का अन्तिम रूप दिया जाता है। हैदराबाद के लोगों की आपत्ति के कारण रेडियोधर्मी कूड़ा वहाँ नहीं फेंका जाता, वरन् रेलगाड़ियों द्वारा वापस जादूगोड़ा लाकर उसी तालाब में फेंक दिया जाता है। इस कुकर्म को गोपनीयता का अभेद्य जामा पहनाकर गुप्त रखा जाता है। आदिवासी-बहुल क्षेत्र में विनाशकारी अवशिष्टों के फेंकते जाने की इस जघन्य कार्रवाई के पीछे निश्चित तौर पर एक सुनियोजित षड्यंत्र है।

बिहार लेजिस्लेटिव काउंसिल की एक रिपोर्ट के मुताबिक यूसिल द्वारा फैल रही रेडियोधर्मिता की वजह से वहाँ के ग्रामीणों को तरह-तरह की बीमारियों ने घेर रखा है, जिनमें कैंसर,

नपुंसकता, लूकेमिया तथा विकलांगता प्रमुख हैं। काउंसिल के चेयरमैन जाबिर हुसैन ने कहा कि यूसिल के प्रबंधन को इसकी जानकारी है पर उन्होंने रेडियोधर्मिता को रोकने तथा वहाँ के निवासियों को रोगमुक्त रखने के लिए अभी तक कोई ठोस कदम नहीं उठाया है। झारखंडी ऑर्गेनाइजेशन एगेन्स्ट रेडिएशन के नेतृत्व में यूसिल द्वारा चाटीकोचा गाँव में तीसरा विसर्जन तालाब बनने से प्रभावित तथा रेडियोधर्मिता से प्रभावित इलाके के सब लोगों को संगठित कर यूसिल के विरुद्ध संघर्ष चलाया जा रहा है।

1993

पायलट प्रोजेक्ट नेतरहाट फील्ड फायरिंग रेंज के विरोध में जनान्दोलन

गुमला जिलान्तर्गत चैनपुर, डुमरी और रायडीह वैसे प्रखंड हैं जहाँ 1993 से एक नारा जोर पकड़ा हुआ है—'जान देंगे, जमीन नहीं देंगे।' प्रस्तावित पायलट प्रोजेक्ट नेतरहाट फील्ड फायरिंग रेंज के विरुद्ध सितम्बर 1993 से आदिवासी बहुल प्रभावित क्षेत्र बरवे, बाहर बरवे और छेछाड़ी के लगभग 2,35,000 निवासियों ने अपने पूर्वजों की जमीन को बचाने के लिए अहिंसात्मक जन आन्दोलन करके झारखंड ही नहीं, समस्त भारत का ध्यान अपनी तरफ खींच लिया। सुप्रसिद्ध पर्यटन स्थल नेतरहाट के वनाच्छादित पठार पर पिछले तीन दशकों से सुरक्षा के नाम पर विध्वंसकारी युद्धाभ्यास के फलस्वरूप वहाँ के मूक और बेबस आदिवासियों पर हो रहे अनवरत अत्याचार को अनदेखा करके जब सरकार द्वारा स्थायी फायरिंग रेंज और सैनिक अड्डे के लिए 1,471 वर्ग किलोमीटर से अधिक जमीन मुहैया कराने की गुपचुप साजिश का पर्दाफाश हुआ, तब से भड़का हुआ जनाक्रोश आज दावानल बन चुका है। पुश्तैनी जमीन और सांस्कृतिक विरासत को बचाने का यह आह्वान—'जान देंगे, जमीन नहीं देंगे'—झारखंड की अस्मिता से संबंधित नए-नए संदर्भों में अपनी प्रासंगिकता दिखाने लगा है।

विस्थापन के विरुद्ध यह पहला आन्दोलन है जो अपने संघर्ष को गाँव-गाँव तक पहुँचा पाने में कामयाब रहा है। इस आन्दोलन का नेतृत्व जनसंघर्ष समिति कर रही है। जनसंघर्ष समिति ग्राम-स्तर, क्षेत्रीय-स्तर, प्रखंड-स्तर, पायलट प्रोजेक्ट-स्तर पर संगठित है। जनसंघर्ष समिति का संचालन सभी स्तर की समितियों के तालमेल से होता है। समिति में महिलाओं को बराबरी का अधिकार प्राप्त है।

यह उलगुलान अपने आप में एक मिसाल है। विगत कई दशकों से फील्ड फायरिंग की प्रताड़ना सहती इस क्षेत्र की जनता जाग्रत हो चुकी है। व्यापक जन आन्दोलन के सामने सेना और सरकार को झुकना पड़ा है। जनसंघर्ष समिति ने प्रशासन को स्पष्ट कर दिया है जब तक पायलट प्रोजेक्ट की योजना और फील्ड फायरिंग अभ्यास रद्द नहीं किए जाते तब तक उनका आन्दोलन जारी रहेगा।

नेतरहाट प्रतिरोध की अभिव्यक्ति है तो सृजन का भी स्वर है। इसने आजादी के बाद यह जता दिया कि आदिवासी समाज अपनी परंपराओं के आधार पर ही आधुनिक चुनौतियों के बीच अपनी हिफाजत कर सकता है और दुनिया को नया संदेश भी दे सकता है। नेतरहाट आन्दोलन की राजनीतिक शिक्षा यह है कि जनता लोकतंत्र में सर्वोपरि है और किसी भी मामले में उसकी

उपेक्षा गंभीर राजनीतिक संकट पैदा करेगी। इस आन्दोलन ने संगठन बनाने और चलाने की प्रक्रिया को भी नया रूप दिया है। आदिवासी समाज में व्यक्ति अकेले फैसला नहीं लेता। नेतरहाट आन्दोलन ने संवाद की देशज प्रणाली को फिर से जीवित कर दिया है।

1994

झारखंड क्षेत्र स्वायत्त परिषद् विधेयक बिहार राज्य विधानसभा में पारित

9 अगस्त 1995 को झारखंड क्षेत्र स्वायत्त परिषद् (जैक) का गठन हुआ। अभी तक परिषद् के सदस्यों को चुनने के लिए कोई चुनाव नहीं हुआ है।

1995 में लोकसभा चुनावों में भाजपा ने झारखंड क्षेत्र की सर्वाधिक सीटें जीत लीं।

1994

शंख पनबिजली परियोजना के विरोध में आन्दोलन

सातवीं पंचवर्षीय योजना में गुमला जिले के बरवे क्षेत्र में शंख नदी पर शंख पनबिजली परियोजना बनाने की स्वीकृति मिली थी। इस परियोजना से 25 गाँव पूर्णत: जलमग्न हो जाएँगे तथा 73 गाँव प्रभावित होंगे। इस परियोजना से 8,215 परिवारों के विस्थापित होने की आशंका जताई जा रही है। प्रभावित क्षेत्र के लोगों के बीच जनाक्रोश उभरा है। भू-अधिग्रहण के लिए जमीन मापने और सर्वेक्षण करने गए सरकारी कर्मचारियों को ग्रामीणों ने संगठित होकर भगाया।

1996

समरसोत वन्य प्राणी अभयारण्य के खिलाफ आन्दोलन

सरगुजा जिले के समरसोत इलाके में बन रहे वन्य प्राणी अभयारण्य के चलते 51 गाँवों के करीब 35,000 लोग विस्थापित हो जाएँगे, जिनमें 95 प्रतिशत आदिवासी हैं। खासतौर पर विलुप्त होती आदिम जनजाति, कोरवा और कोरकू, के अस्तित्व को ही खतरा हो गया है। समरसोत अभयारण्य समिति के नेतृत्व में इस विनाशकारी परियोजना के विरुद्ध वहाँ के आदिवासी संघर्ष कर रहे हैं।

1996

ग्राम्य-स्वशासन व्यवस्था लागू करने के लिए आन्दोलन

भूरिया समिति की सिफारिशों पर आधारित पंचायत उपबन्ध (अनुसूचित क्षेत्रों पर विस्तार) अधिनियम, 1996 को राष्ट्रपति ने 24 दिसम्बर 1996 में मंजूरी दी। इसके साथ ही आदिवासी क्षेत्रों में सांस्कृतिक परंपराओं के अनुरूप 'स्वशासन' की प्रणाली को अधिकार-सम्पन्न बनाया गया। आदिवासी स्वशासन के इस नए कानून को लागू करने के लिए झारखंड इलाके में आन्दोलन चल रहा है। जगह-जगह गाँव गणराज्य की स्थापना 'गाँव गणराज्य की अमर ज्योति' जलाकर और हर गाँव में 'ग्राम सभा है सबसे ऊपर' का शिलालेख लगाकर कर रहे हैं। 'हमारे गाँव में हमारा राज्य' नारे के साथ गाँव-गाँव में ग्रामसभाओं का गठन हो रहा है। समूचे झारखंड

इलाके में अभूतपूर्व उभार है। कुछ प्रखंडों में शत-प्रतिशत ग्रामसभाएँ बन चुकी हैं, पत्थरगाड़ी भी हो गई है। भारत जन आन्दोलन के अध्यक्ष डॉ. ब्रह्मदेव शर्मा इस आन्दोलन का मार्गदर्शन कर रहे हैं।

1997

बिहार विधानसभा में अलग झारखंड राज्य के गठन के लिए संकल्प लिया गया।

1998

भाजपा सरकार की वनांचल राज्य का गठन करने की घोषणा

केन्द्र में नवगठित भाजपा सरकार ने अलग वनांचल राज्य के गठन के लिए कदम उठाए। केन्द्रीय मंत्रिमंडल ने बिहार राज्य पुनर्गठन विधेयक, 1998 पारित किया और राष्ट्रपति के पास भेजा। राष्ट्रपति ने विधेयक को राज्य विधानसभा में विचार करने के लिए बिहार सरकार को भेजा।

झारखंडी दलों ने फिर एक बार एकताबद्ध होने की कोशिश की। 8 अगस्त 1998 को उन्होंने जमशेदपुर में झारखंड एकता मंच का गठन किया।

15 अगस्त 1998 को लालू प्रसाद यादव ने कहा कि सिर्फ उनकी लाश पर ही बिहार का बँटवारा हो सकता है। इसके बाद झामुमो (सो) ने सरकार से अपना समर्थन वापस ले लिया। इसके प्रतिकारस्वरूप राबड़ी देवी सरकार ने जैक की कार्यकारिणी को विघटित कर दिया और शिबू सोरेन एवं सूरज मंडल को परिषद् के अध्यक्ष एवं उपाध्यक्ष पदों से हटा दिया।

20 सितंबर 1998 को बिहार राज्य पुनर्गठन विधेयक 1998 पर विचार करने के लिए बिहार विधानसभा का एक विशेष सत्र बुलाया गया जिसमें विधेयक को अस्वीकृत किया गया। साथ ही बिहार विधानसभा ने अलग झारखंड राज्य के गठन पर लिए गए पहले के संकल्प को वापस ले लिया। 23 दिसम्बर 1998 को विपक्ष के, खासकर राष्ट्रीय लोकतांत्रिक मोर्चा के, सांसदों द्वारा किए गए प्रतिवाद एवं हंगामे के बावजूद, गृहमंत्री ने संसद में विधेयक पेश किया।

2 फरवरी 1999 को पटना उच्च न्यायालय की राँची बेंच ने जैक के अध्यक्ष, उपाध्यक्ष और कार्यकारी पार्षदों को फिर से बहाल कर दिया।

न्यायालय ने बिहार सरकार द्वारा इनकी बर्खास्तगी को अवैध एवं द्वेष से प्रेरित बताते हुए इस आदेश को निरस्त कर दिया।

अलग झारखंड राज्य की माँग पर चलाया गया झारखंड आन्दोलन एक प्रकार से इस क्षेत्र की जनता की व्यथाओं और आकांक्षाओं का प्रतीक है। नए राज्य में कौन-से क्षेत्रों को शामिल करना चाहिए और उसका नाम क्या होना चाहिए, इस पर विभिन्न दलों में मतभेद है। झारखंड मुक्ति मोर्चा, झारखंड पार्टी, झारखंड समन्वय समिति, झारखंड क्रांतिदल, ऑल झारखंड स्टूडेण्ट्स यूनियन आदि राजनीतिक दल व संगठन चाहते हैं कि बिहार, मध्यप्रदेश, उड़ीसा और पश्चिम बंगाल के एक-दूसरे से सटे हुए 22 जिलों को लेकर अलग राज्य का गठन करना चाहिए। हाल ही में आन्दोलन में शामिल भाजपा छोटानागपुर और संतालपरगना को लेकर अलग वनांचल राज्य की माँग करती है। मूलतः झारखंड आन्दोलन शोषण और उत्पीड़न के खिलाफ इस क्षेत्र

की उत्पीड़ित जनता की लड़ाई है। यह अपनी अस्मिता की प्रतिष्ठा के लिए, अपनी संस्कृति का विकास करने के लिए तथा आर्थिक एवं अन्य तमाम क्षेत्रों में प्रगति करने के लिए इस क्षेत्र की जनता की आकांक्षाओं की अभिव्यक्ति है, ताकि वे अन्य राष्ट्रीयताओं के सामने समानता के आधार पर खड़े हो सकें। उनका आन्दोलन भारतीय समाज को बदलने के लिए चल रहे और भी बड़े आन्दोलन का एक महत्त्वपूर्ण अंग है।

संदर्भ

1. राय, ए.के., 14
2. वही : 55
3. जनहित याचिका 371-375 : 1983—मैथ्यू अरिपरम्पिल वगैरह बनाम बिहार सरकार

नक्शा : 4 झारखंड क्षेत्र स्वायत्त परिषद एवं बृहत्तर झारखंड

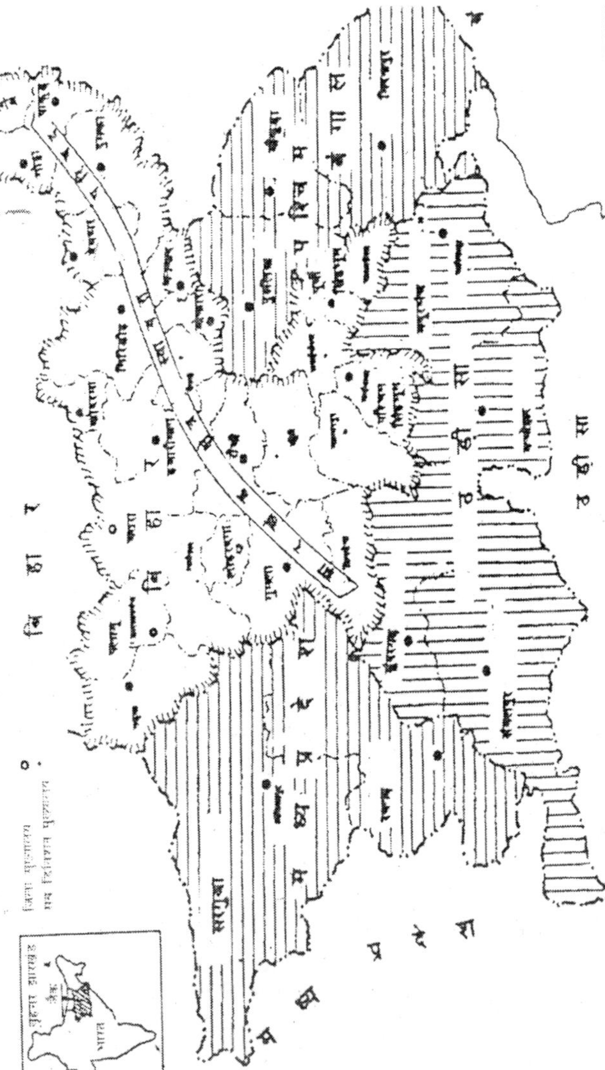

साभार : 'सोशल चेंज', जिल्द 24, अंक 1–2, 1994, पृष्ठ 34

संतालपरगना का इतिहास

प्रमोद शर्मा

पाषाण युग

संतालपरगना क्षेत्र में अनेक प्रस्तर-सामग्रियाँ पाई गई हैं। इनमें से अधिकांश कुल्हाड़ी, हथौड़ा, तीरों के सिरे तथा कृषि संबंधी उपकरण हैं। इनमें मलय प्रायद्वीप और छोटानागपुर में पाया गया विशेष प्रकार का सेल्ट (Shoulder-leaded celts) उल्लेखनीय है।

दिलचस्प बात यह है कि ये 'सेल्ट' सिर्फ उन्हीं देशों में पाए गए हैं जहाँ एक ही मूल के माने जाने वाले मोन और मुंडा जाति वर्तमान में बस गई हैं। इसलिए यह कहा जा सकता है कि इन 'सेल्टों' का निर्माण और उपयोग मूल रूप से ये जातियाँ ही करती थीं। संतालपरगना के मोहुल पहाड़ियों में इन 'सेल्टों' की खोज करने वाले पी.ओ. बांडिंग लिखते हैं कि ऐसे विशिष्ट बनावट वाले 'सेल्टों' को भारत के छोटानागपुर और संतालपरगना तथा निचले इरावती के डेल्टा और घाटियों के अलावा जैसा कि सर ए. पियरे ने एशियाटिक सोसायटी ऑफ बंगाल की कार्यवाही, संख्या 1, 1876 के मुद्रित पत्र में बताया है, और कहीं नहीं पाया गया है। इससे ऐसा लगता है कि पूर्व समय में उपरोक्त दोनों जगहों पर अथवा उनके मध्य या तो एक ही प्रकार के लोग रहा करते थे या उन दोनों जातियों के बीच किसी प्रकार का संबंध था। यदि ऐसे 'सेल्ट' बर्मा और अरकन घाटी में भी पाए जाते तो इन लोगों के आवागमन के मार्ग का संकेत मिलता। वर्तमान जानकारी के अनुसार इन 'सेल्टों' के मूल स्वामी अभी तक मोन-ख्मेर और मुंडा लोग ही हैं। मगर इनकी ही तरह दूसरे लोग भी हो सकते हैं।*

प्रारंभिक इतिहास

यहाँ के प्रारंभिक निवासी जिनका किसी अभिलेख में उल्लेख है, वे हैं मालेर (सौरिया पहाड़िया) जो आजकल राजमहल पहाड़ियों के उत्तरी भाग में पाए जाते हैं। इनके बारे में यह माना जाता है कि 302 ई.पू. में पाटलिपुत्र (पटना) के चंद्रगुप्त मौर्य के दरबार में आने वाले चीनी यात्री मेगास्थनीज ने जिस 'मल्ली' का उल्लेख किया है, वे यही हैं। उसके वर्णन के अनुसार मल्ली जाति का विस्तार प्रासी (मगध अथवा बिहार के निवासी) तथा गंगेरीदे (निचले बंगाल के निवासी) के मध्यस्थ इनका क्षेत्र गंगा नदी से घिरा हुआ था। इसकी सीमा में मल्लुस नामक एक पहाड़ था जिसकी पहचान भागलपुर जिले के दक्षिण में गोड्डा अनुमंडल की सीमा के समीप स्थित पवित्र मंदार पर्वत के रूप में की गई है।

सौरिया पहाड़िया को कुछ लोग ग्रीक भूगोलवेत्ताओं द्वारा[1] वर्णित 'सौअरी' जाति मानते हैं लेकिन सामान्यत: 'सौअरी' से उड़ीसा के 'शबर' का बोध होता है।

645 ई. में भारत की यात्रा पर आए चीनी यात्री ह्वेनत्सांग के पूर्व देश के इस भाग के बारे मे हमें विस्तृत जानकारी नहीं थी। उसकी यात्रा के अभिलेखों से पता चलता है कि उसने चम्पा राज्य की यात्रा की थी। चम्पा की उत्तरी सीमा गंगा के किनारे लखीसराय के राजमहल तक फैली थी तो दक्षिणी सीमा उन जंगली क्षेत्रों से होकर गुजरती थी जिसमें जंगली हाथी तथा हिंसक जन्तु विचरण करते थे। चम्पा के पूर्व में की-चू-यू-खी-लो या की-चिंग-की-लो राज्य का जो, जनरल कनिंघम के अनुसार, वर्तमान संतालपरगना के क्षेत्र में शामिल था। वे लिखते हैं कि 'दूरी और अवस्थिति से हमें राजमहल के उस जिले का पता चलता है जिसे मूलत: कंकजोल कहा जाता था जो इसी नाम का एक शहर राजमहल से 18 मील दक्षिण में अभी तक वर्तमान है।' कंकजोल का छोटा राज्य जब स्वतंत्र था तब संभवत: इसमें राजमहल के दक्षिण और पश्चिम के पहाड़ी क्षेत्र, इनके बीच का मैदानी भाग एवं दक्षिण में मुर्शिदाबाद तक भागीरथी नदी का क्षेत्र शामिल था।

ह्वेनत्सांग ने इस राज्य के बारे में अधिक नहीं लिखा है सिवाय इसके कि पड़ोसी राज्य द्वारा जीत लिए जाने के बाद इसके शहर उजड़ गए और अधिकतर निवासी गाँवों और टोलों में बिखर गए। उसने यह भी लिखा है कि इसकी उत्तरी सीमा में गंगा के समीप ईंट एवं पत्थरों से निर्मित एक बड़ा किला था जिसकी पहचान जनरल कनिंघम ने तेलियागढ़ी के रूप में की है। जनरल कनिंघम ने लिखा है ह्वेनत्सांग ने किले की प्रकृति के बारे में कुछ नहीं लिखा है, लेकिन उसके वर्णन के आधार पर मैं इस निष्कर्ष पर पहुँचा हूँ कि यह एक बौद्ध भवन रहा होगा क्योंकि इसके चारों तरफ के हिस्से संतों, बुद्ध और देवताओं के चित्रों से भरे फलकों से सजाए गए हैं। भवन-निर्माण में प्रयुक्त ईंट एवं पत्थर और जिले के उत्तरी सीमांत तथा गंगा के दक्षिणी तट पर उसकी अवस्थिति ने मुझे यह सोचने पर बाध्य कर दिया कि उक्त किला संभवत: तेलियागढ़ी में ही अवस्थित था। यह स्थान निश्चित रूप से एक सैनिक दुर्ग था क्योंकि यह बंगाल की ओर जाने वाले तीन मार्गों में से एक पर पूर्णत: अधिकार रखता था। लेकिन यह एक प्रार्थनास्थल भी हो सकता है क्योंकि इसमें बड़ी संख्या में बौद्ध तथा देव-मूर्तियाँ बनी हुई हैं। इनमें से अधिकांश मूर्तियों को कहलगाँव (कोलगांग) की पहाड़ी की चोटी पर बने विशाल भवन में ले जाया गया परंतु इसके निकट रेलवे-निर्माण के कारण कई मूर्तियाँ गायब हो गईं। कहाँ? यह किसी को नहीं मालूम।[2] यह क्षेत्र पाल साम्राज्य के अधीन था और तब भी उसी के नियंत्रण में था जब गुर्जर शासक, भोज प्रथम ने नवीं शताब्दी के मध्य में गया तथा हजारीबाग समेत बिहार के कुछ अन्य हिस्सों पर अपना अधिकार कर लिया था। सावधानीपूर्वक खोज करने पर इस क्षेत्र में निश्चित रूप से पालकालीन मूर्तियाँ तथा अन्य पुराने अवशेष मिल सकते हैं।

इसके बाद कई शताब्दियों तक इस जिले के इतिहास का कोई अभिलेख नहीं है। लेकिन इसका कुछ संदर्भ 'भविष्यत् पुराण' के 'ब्रह्मांड' खंड में है जिसकी रचना संभवत: 15वीं या 16वीं शताब्दी में प्राचीन सामग्रियों के आधार पर हुई है। इसमें वर्तमान जिले के क्षेत्र और वीरभूम का नरीखंड के रूप में उल्लेख किया गया है। इसके अनुसार, नरीखंड झाड़ियों से भरा

क्षेत्र है। यह भागीरथी के पश्चिम तथा द्वारिकेश्वरी नदी के उत्तर में अवस्थित है। यह पश्चिम में पंचकूट पहाड़ के साथ फैला है तथा उत्तर में कीकट तक पहुँचता है। जंगल अत्यंत घने हैं जिनमें मुख्यत: सखोटा, अर्जुन तथा साल के वृक्ष हैं और अत्यंत घने झाड़ हैं। यह क्षेत्र वैद्यनाथ के आश्रम के कारण प्रसिद्ध है। सभी वर्गों के लोग देव की पूजा करते हैं जो वर्तमान युग में सभी शुभ कार्यों के स्रोत हैं। इस क्षेत्र का तीन-चौथाई भाग जंगल है तथा शेष चौथाई भाग कृषि योग्य है। इसके एक छोटे हिस्से की भूमि अत्यंत उर्वर है किन्तु अधिकांश भूमि खारी और अनुपजाऊ है। जल बहुतायत में है और अनेक छोटी-छोटी धाराएँ जंगलों में बहती हैं। इनमें से प्रमुख अजय है। अनेक स्थान पर लौह-खदान हैं। लोग सामान्यत: छोटे, काले, कुप्रवृत्तियों वाले और धार्मिक कृत्यों के प्रति अज्ञानी हैं। केवल कुछ लोग ही 'विष्णु' के उपासक हैं। ये कुशल धनुर्धारी तथा परिश्रमी कृषक हैं।[3]

मध्यकालीन युग

तुर्क-अफगान और मुगलों के शासनकाल के दौरान राजमहल के आसपास तथा संतालपरगना के कुछ अन्य भागों का इतिहास प्रारंभिक इतिहास की अपेक्षा अधिक स्पष्ट है। इसकी जानकारी इनके शासनकाल के इतिहास के अध्ययन के साथ-साथ मुस्लिम इतिहासकारों के समकालीन इतिहास से संबंधित सामग्रियों, पुर्तगाली लेखकों के वर्णनों तथा यूरोपियन कंपनियों के अभिलेखों से मिलती है। इस क्षेत्र के सैन्य एवं आर्थिक महत्त्व के बारे में कोई संदेह नहीं है। इसके एक तरफ राजमहल पहाड़ियों की दुर्गम चोटियाँ थीं तो दूसरी ओर सँकरी गली के निचले हिस्से में महत्त्वपूर्ण नदी गंगा की दक्षिणगामी तीव्र धारा बहती थी जिसके पश्चिमी तट से लगी हुई एक सड़क इसके ऊपरी प्रांत से होते हुए बंगाल में प्रवेश करती थी। कहलगाँव के एक दर्रे से होता हुआ यह मार्ग एक-दूसरे से साढ़े तीन मील की दूरी पर स्थित शाहाबाद और तेलियागढ़ी की घाटी के बीच से गुजरता था। इन घाटियों को बंगाल का प्रवेशद्वार माना जाता था और पहाड़ियों के निचले हिस्से से गंगा तट तक फैले इस दर्रे के मुहाने पर तेलियागढ़ी का प्रसिद्ध किला था जिसके अवशेष साहिबगंज से लगभग सात मील दूर अब भी देखे जा सकते हैं। इस स्थान की सैन्य-महत्ता को देखते हुए बंगाल के शासकों ने हमेशा इस किले में मजबूत सैन्य दलों को स्थापित किए रखा। यह भी उल्लेखनीय है कि महत्त्वपूर्ण भौगोलिक परिस्थितियों के कारण राजमहल के आसपास कुछ निर्णायक युद्ध भी लड़े गए थे। बंगाल के शासक सुल्तान हुसैन शाह के शासनकाल के दौरान इस किले की उपस्थिति का संदर्भ प्रसिद्ध बांग्ला ग्रंथ 'चैतन्य-चरितामृत'[4] में मिलता है।

जनवरी 1536 में अफगान शासक शेरशाह ने बंगाल को जीतने का अभियान शुरू किया। बंगाल की तत्कालीन राजधानी गौड़ को जीतने के लिए पहले तो उसने तेलियागढ़ी की ओर से बढ़ने की कोशिश की, लेकिन उसे बंगाल से भेजे गए दो पुर्तगाली सेनापतियों के अधीन सैनिकों ने रोक दिया। इसलिए वह एक अन्य एवं कम उपयोग में आने वाले घुमावदार मार्ग से होकर गौड़ में प्रविष्ट हुआ जो मोर नदी, द्वारका नदी से लगते हुए वीरभूम जिले के शेरपुर से होकर जाता था। राजधानी को बचाने के लिए बंगाल की सेना जब तेलियागढ़ी से आगे बढ़ी तो शेरशाह

के बेटे जलाल खाँ ने तेलियागढ़ी पर अधिकार कर लिया। बंगाल के कमजोर शासक सुल्तान महमूद शाह ने अफगान शासक के आगे घुटने टेक दिए और किउल से संकरी गली तक का क्षेत्र उसके हवाले कर दिया। शेरशाह को इस विजय के बारे में पता लगने पर मुगल शासक ने उसको रोकना चाहा और 1538 में वह बंगाल की ओर बढ़ा। बंगाल की राजधानी पर कब्जा करने के लिए मुगल शासक और शेरशाह के बीच होड़ शुरू हो गई। जून 1538 के अंत में गौड़ पहुँचने के बाद शेरशाह ने अपने पुत्र जलाल खाँ, हाजी खाँ बनी तथा कुछ अन्य प्रमुख लोगों को हजारों सैनिकों के साथ तेलियागढ़ी दर्रे की रक्षा करने हेतु भेजा। इस स्थान पर आगे बढ़ती मुगल सेना और जलाल खाँ के नेतृत्व में अफगानों के बीच घमासान युद्ध हुआ। जून 1539 में चौसा में हुमायूँ को अंतिम रूप से पराजित कर शेरशाह उस क्षेत्र का वास्तविक शासक बन गया जो पश्चिम में कन्नौज से चुनार तक गंगा, दक्षिण में झारखंड की पहाड़ियों (रोहतास से वीरभूम तक) और बंगाल की खाड़ी पूर्व में असम की पहाड़ियों और चितगौंग तथा उत्तर में हिमालय से घिरा था।

बंगाल पर मुगलों की विजय सहज कार्य नहीं था। 11 अक्तूबर 1572 में मृत्यु होने तक सुलेमान कर्रानी अकबर की अधीनता स्वीकार करता रहा। लेकिन उसके पुत्र दाऊद कर्रानी ने अपनी स्वतंत्रता का ऐलान कर बंगाल के राजा के रूप में अपनी ताजपोशी कर ली। इस पर पटना के समीप तक बढ़ आए (3 अगस्त 1574) इस दुस्साहसी अफगान मुखिया को रोकने के लिए स्वयं मुगल शासक अकबर ने प्रस्थान किया। मुगल शासकों ने हाजीपुर के किले पर कब्जा कर उसे आग के हवाले कर दिया (6 अगस्त)। इससे बुरी तरह भयभीत होकर दाऊद अपने लोगों के साथ बंगाल की ओर भाग गया। अकबर तो आगरे लौट आया लेकिन उसका सेनापति मुनीम खाँ पराजित अफगानों का पीछा करते हुए सूरजगढ़, मुंगेर, भागलपुर और कहलगाँव होते हुए गुना (संभवत: गुरुंडी) पहुँच गया जिस पर दाऊद का कब्जा था। अफगान यहाँ से भी बिना लड़े भाग खड़े हुए और मुनीम खाँ निर्विरोध 25 सितंबर को बंगाल की राजधानी टांडा पहुँच गया।[5] दाऊद को बंगाल से निष्कासित कर दिया गया और 3 मार्च 1575 को सुवर्ण रेखा नदी के पूर्वी तट के समीप टुकारोई में हुई उसकी पराजय के बाद बंगाल मुगल साम्राज्य के अधीन हो गया। लेकिन इसके तुरंत बाद भी भारत के पूर्वी हिस्सों में शांति नहीं बनी और प्रशासन में सुधार न हुआ। वस्तुत: 1575 से 1594 तक बंगाल, बिहार तथा उड़ीसा को संकट ही झेलना पड़ा। 23 अक्तूबर 1575 को टांडा में हुई मुनीम खाँ की मृत्यु के बाद अकबर ने हुसैन कुली खाँ को खान-ए-जहाँ की उपाधि देकर बंगाल का वायसराय (प्रतिनिधि) और राजा टोडरमल को उसके सहायक के रूप में भेजा। इस बीच अफगानों ने फिर मुगल अधिकारियों को ललकारा। दाऊद के चचेरे भाई जुनैद कर्रानी ने झारखंड को अपना गढ़ बनाया और दक्षिणी बिहार में उपद्रव फैलाने लगा। लेकिन खान-ए-जहाँ तथा टोडरमल के कुशल नेतृत्व में मुगलों ने अफगान सेनापति की हत्या कर तेलियागढ़ी पर कब्जा कर लिया। दाऊद खाँ ने अब राजमहल में मोर्चा बाँधा, मगर खान-ए-जहाँ कई महीनों तक घेरा डाले रहा। 10 जुलाई 1576 को अकबर के आदेश पर बिहार से खान-ए-जहाँ के लिए राजमहल में अतिरिक्त सैनिक तथा अन्य सामग्रियाँ भेजी गईं। दो दिनों बाद भयंकर युद्ध हुआ जिसमें दाऊद खाँ मुख्य सेना का नेतृत्व कर रहा था जबकि उड़ीसा का प्रसिद्ध विजेता काला पहाड़ सेना के दक्षिणी अंग का। इस युद्ध में अफगानों

की हार हुई और इसके लगभग सभी नायक मारे गए। 'संधि तोड़ने' का आरोप लगाकर दाऊद की हत्या कर दी गई और उसके माथे को विजय के प्रत्यक्ष सुबूत के तौर पर एक तेज हरकारे द्वारा आगरे में अकबर के पास भिजवा दिया गया तथा जुनैद को तोप से उड़ा दिया गया। काला पहाड़ घायल होकर भाग गया।[6] इस प्रकार बंगाल एक ही साम्राज्य के अधीन हो गया। खान-ए-जहाँ की मृत्यु टांडा के समीप 19 दिसंबर 1578 को हुई और अप्रैल 1579 में मुजफ्फर खाँ तुरबती प्रतिनिधि के रूप में बंगाल आया। इसका शासनकाल मुख्यत: बंगाल और बिहार के मुगल सेनापतियों के विद्रोह के कारण असफल सिद्ध हुआ। बंगाल के विद्रोही बिहार के राजमहल के समीप कुछ विद्रोहियों से मिल गए और तेलियागढ़ी उनके कब्जे में चला गया। हालाँकि विद्रोहियों की यह विजय अल्प अवधि की ही रही। मुगल साम्राज्य ने 1580-81 में फिर बिहार को कब्जे में ले लिया। अप्रैल 1582 में अकबर ने खान-ए-आजम को बंगाल के प्रशासक के रूप में भेजा। खान-ए-आजम मुंगेर और कहलगाँव होते हुए 20 मार्च 1583 को तेलियागढ़ी जीतकर राजमहल के समीप कटीगंज की एक नहर के पास पहुँचा। 27 मार्च को विद्रोहियों ने अफगानों के साथ मिलकर उसका सामना किया और लगभग एक महीने तक दोनों सेनाएँ आमने-सामने डटी रहीं तथा तोप और बंदूक चलते रहे। एक माह के भीतर ही मुगल विजयी हुए और 24 अप्रैल को काला पहाड़ युद्ध में मारा गया।[7] यह मुगलों के लिए एक निर्णायक युद्ध था जिसके बाद आगामी कुछ वर्षों के भीतर कुछ अन्य सैनिक-अभियानों के फलस्वरूप उन्होंने बंगाल को अपने अधिकार में कर लिया।

राजमहल

इस जिले के इतिहास में अगली प्रमुख घटना 1592 में राजमहल को बंगाल की राजधानी बनाया जाना था। शेरशाह ने लगभग आधी शताब्दी पूर्व इसे अपने प्रशासनिक केंद्र के रूप में चुना था। लेकिन इसे कार्यरूप देने का काम बंगाल में अकबर के प्रतिनिधि मानसिंह के ऊपर छोड़ दिया गया। 1202 से 1576 के बीच गौड़ इस प्रांत की राजधानी रहा था, सिर्फ उन वर्षों को छोड़कर जब इसे पंडुआ[8] स्थानांतरित किया गया और कुछ वर्ष पूर्व ही जब टांडा ने इसका स्थान लिया था। लेकिन गंगा नदी पश्चिम की ओर खिसकती गई और टांडा इससे लगभग तीन मील की दूरी पर रह गया। नदी के खिसकने से प्रभावित होकर गौड़ उजड़ने लगा और दिनोंदिन अस्वास्थ्यकर होता गया। 1575 में फैली महामारी के कारण इसकी आबादी लगभग दसवाँ हिस्सा रह गई और इसे त्याग दिया गया। इन्हीं कारणों से मानसिंह ने राजधानी को राजमहल स्थानांतरित करने का निर्णय लिया। राजमहल में उसने अपने लिए एक महल बनवाया और समूचे नगर को घेरते हुए बुर्ज सहित प्राचीर का निर्माण करवाया। उसने इसके पूर्व नाम आगमहल को बदल कर राजमहल रखा और नगर बस जाने के बाद इसका नामकरण अकबर नगर कर दिया।

मई 1594 में अकबर ने मानसिंह को बंगाल के प्रशासक के रूप में भेजा। राजमहल नदी की तरफ से होने वाले आक्रमणों से काफी हद तक सुरक्षित था। मानसिंह राजमहल को बसाने में काफी सतर्क रहा। जल्दी ही गौड़ या ढाका की अपेक्षा बिहार के नजदीक एक अच्छे स्थल पर एक पसंदीदा नगर तैयार हो गया।[9] 7 दिसंबर 1595 को इसी जगह से मानसिंह ने पूर्वी बंगाल

के डेल्टा को जीतने का अभियान शुरू किया। राजमहल अधिक दिनों तक बंगाल की राजधानी नहीं रहा। 1612 में इस्लाम खान ने 'सैन्य एवं राजनीतिक आवश्यकता' के आधार पर राजधानी को ढाका स्थानांतरित कर दिया जो मघ (अरकनियां) तथा पुर्तगाली समुद्री लुटेरों से बंगाल की सुरक्षा के लिए अपेक्षाकृत उचित केंद्र था।[10]

इसके कुछ वर्षों बाद नवंबर 1617 में तेलियागढ़ी जहाँगीर के चार पुत्रों में से एक शाहजहाँ तथा सम्राज्ञी नूरजहाँ के भाई इब्राहिम खान, फतेहजंग और बंगाल के मुगल सूबेदार के बीच भयंकर युद्ध का क्षेत्र बना। अपनी सौतेली माता नूरजहाँ के कुचक्रों से तंग आकर 1622 के अंत में शाहजहाँ ने दक्कन क्षेत्र में अपने पिता से विद्रोह कर दिया। बंगाल में अपना प्रभाव और अधिकार बढ़ाने के लिए वह बुरहानपुर, गोलकोंडा, मासुलीपत्तम, उड़ीसा, मिदनापुर और बर्दवान को जीतते हुए अकबर नगर (राजमहल) में प्रवेश कर गया। इसकी जानकारी मिलते ही इब्राहीम खान जहाँगीर नगर (ढाका) से सैनिकों के दल तथा युद्ध-पोतों के बेड़े के साथ विद्रोही शाहजहाँ को रोकने के लिए तुरंत राजमहल की ओर रवाना हो गया। इस समय तक राजा मानसिंह के किले की सैन्य-महत्ता गंगा नदी के इस नगर से करीब दो मील दूर खिसक जाने के कारण समाप्त हो गई थी। इसलिए इब्राहिम खान इस किले को त्याग कर नदी की ओर आगे उस जगह तक बढ़ गया जहाँ उसके बेटे को दफनाया गया था। उसने कब्र के चारों तरफ मजबूत दीवार खड़ी कर दी और करीब 4000 सैनिकों को यहाँ रख दिया जिसमें पुर्तगाली बंदूकधारी भी थे। इनका नेतृत्व उसका छोटा भतीजा मिर्जा यूसुफ कर रहा था जिसमें उसके सहयोगी जलाली खान, मिर्जा इसफंदियार और मिर्जा नुरुल्ला थे। इब्राहीम खाँ स्वयं अपने बड़े भतीजे अहमद बेग को लेकर शेष सैनिकों तथा हाथियों के साथ नदी पार कर अकबरपुर नामक स्थान पहुँचा और खाई बंदी कर ली। युद्ध-पोतों का बेड़ा दोनों स्थानों के बीच सहयोग के लिए नदी में रहा।[11]

शाहजहाँ ने इब्राहीम के पास सुलह के प्रस्ताव भेजे लेकिन मुगल शासन के प्रति निष्ठावान इब्राहीम ने प्रस्ताव ठुकरा दिया। तब शाहजहाँ ने नए किले और अकबरपुर की मुख्य खाई पर एक ही साथ आक्रमण कर दिया।[12] अकबरपुर में मुगलों को अनेक बाधाएँ झेलनी पड़ीं क्योंकि उसके कुछ आदमी शाहजहाँ द्वारा बन्दी बना लिए गए और कुछ अनुभवी और कुशल सैनिक मार डाले गए। लेकिन इब्राहीम खाँ बहादुरी के साथ तब तक लड़ा जब तक कि 20 अप्रैल 1624 को एक निराशाजनक लड़ाई में मारा न गया। इसके तुरंत बाद राजमहल में बनाई गई नई किलेबंद चौकी को नष्ट कर दिया गया। लगभग एक वर्ष तक बंगाल शाहजहाँ के नियंत्रण में रहा लेकिन 1625 की शुरुआत में पुनः जहाँगीर का शासन स्थापित हुआ और शाहजहाँ दक्कन की ओर प्रस्थान कर गया।

शाहजहाँ के दूसरे पुत्र मोहम्मद शुजा (1639-1660) का समय बंगाल के लिए शांतिकाल था। राजमहल को प्रशासन का मुख्यालय बनाकर वहाँ उसने एक भव्य महल का निर्माण करवाया, मानसिंह द्वारा निर्मित किले को मजबूत करवाया और नगर की सुन्दरता बढ़ाने के लिए काफी रुपए खर्च किए। स्टीवर्ट के अनुसार नगर के अनेक भव्य भवन भीषण अग्निकांड तथा गंगा की धारा में परिवर्तन के कारण नष्ट हो गए।

शाहजहाँ के बेटों के बीच उत्तराधिकार की लड़ाई के दौरान शुजा ने राजमहल में नवंबर

1657 के अंत में अपनी ताजपोशी कर ली। इसके बाद वह अपने अन्य भाइयों के साथ दिल्ली की गद्दी पर कब्जा करने के लिए बंगाल से चला। उसके साथ बढ़िया तोपखाना, बंगाल का जहाजी बेड़ा तथा संख्या में अधिक मगर अकुशल सेना थी। बिहार को पार कर वह 24 जनवरी 1658 को बनारस (वाराणसी) के समीप पहुँचा। यहाँ उसे आगरा से भेजी गई मुगल सेना का सामना करना पड़ा। इस सेना का नेतृत्व दारा का ज्येष्ठ पुत्र सुलेमान शुकोह तथा अनुभवी राजपूत सेनापति मिर्जा राजा जयसिंह कच्छवा कर रहे थे। 14 फरवरी की तड़के मुगल सेना ने शुजा के शिविर पर सोते समय ही आक्रमण कर दिया। शुजा और उसके सैनिक आतंकित होकर भाग गए। शुजा पटना और सूरजगढ़ होते हुए अप्रैल में मुंगेर पहुँचा। धरमत पर औरंगजेब के विजय की खबर सुनकर सुलेमान ने यहाँ शुजा के साथ समझौता कर लिया और अपने पिता के पास आगरे की ओर बढ़ गया। इस समझौते के अनुसार बंगाल, उड़ीसा, बिहार, मुंगेर के पूर्वी हिस्से के साथ प्रशासनिक केंद्र के रूप में राजमहल शुजा के पास रह गया।

अक्तूबर 1658 के अंत में गद्दी पर कब्जा करने के लिए शुजा एक बार फिर बिहार से रवाना हुआ। बिना किसी विरोध के वह रोहतास, चुनार, बनारस और इलाहाबाद तक बढ़ गया। रास्ते में जौनपुर पर कब्जा करते हुए वह 30 दिसंबर 1658 को खाजवा (फतेहपुर जिला) में पहुँचा। यहाँ 5 जनवरी 1659 को नए बादशाह औरंगजेब और उसके कुशल सेनापति मीर जुमला की सेना ने शुजा को बुरी तरह हराया और इस सेना की एक टुकड़ी बिहार तथा बंगाल पर अधिकार करने के लिए आगे बढ़ गई।

शुजा 27 मार्च 1659 को वापस राजमहल भाग आया। औरंगजेब द्वारा शुजा का पीछा करने के लिए भेजी गई टुकड़ी उसके बड़े बेटे मोहम्मद सुलतान के अधीन थी पर मीर जुमला ही उसका असली सेनापति था जिसके पास सेना के नियंत्रण, नियुक्ति तथा बर्खास्त करने का विशेषाधिकार था। आगे बढ़ती इस टुकड़ी को मुंगेर और रंगामती में रोक देने की शुजा की योजना को मीर जुमला ने विफल कर दिया।

मुगल सेनापति ने राजा बहरोज की सहायता से खड़गपुर पहाड़ियों की तरफ से हमला कर 9 मार्च को मुंगेर पर कब्जा जमाया और पुनः वीरभूम के जमींदार ख्वाजा कमाल अफगान की मदद से झारखण्ड की तरफ से शुजा पर दूसरा हमला बोला। 28 मार्च को सूरी से गुजरते हुए उसने गंगा नदी के किनारे बेलघाटा में शिविर लगाया जो राजमहल स्थित शुजा के किले से 30 मील दूर था। शुजा ने 4 अप्रैल को राजमहल छोड़ दिया और टांडा को अपना मुख्यालय बना कर बंगाल के जहाजी बेड़े जमा करने लगा। मीर जुमला ने बिना देर किए 13 अप्रैल को राजमहल पर अधिकार कर लिया। यहाँ युद्ध ने एक अनोखा मोड़ लिया जिससे शुजा को फायदा पहुँचा। मीर जुमला ने राजमहल से 13 मील दक्षिण देगाची में मुगल सेना की एक टुकड़ी मोहम्मद सुलतान के नेतृत्व में तैनात की। मोहम्मद सुलतान शुजा की पुत्री के प्रेम में पड़ गया तथा वह सेना पर मीर जुमला के नियंत्रण से भी क्रुद्ध था। इसलिए वह 8 जून को शुजा से मिल गया। उधर बाढ़ और अकाल से परेशान मुगल सेना के सेनापतियों में फूट पड़ने लगी। इसलिए 22 अगस्त को शुजा के बढ़ते दबाव के कारण मीर जुमला को राजमहल से हट जाना पड़ा। लेकिन मीर जुमला की शह पर बिहार का दाऊद खान 13 मई को जल–मार्ग से भागलपुर के समीप काजी–

केरिया आया और वहाँ से मुंगेर तक अभियान छेड़ कर दिसंबर में जहाँगीरा पर कब्जा कर लिया, कहलगाँव के नजदीक शुजा के सेनापति ख्वाजा मिस्की को हराया और कोसी नदी को पार कर टांडा की ओर बढ़ा। अब मीर जुमला ने शुजा का सूती तक पीछा किया। शुजा 9 जनवरी 1660 को गंगा पार कर दूसरी तरफ चला गया। 11 जनवरी को राजमहल पूरी तरह मीर जुमला के अधिकार में आ गया। इन सारे आक्रमणों से हताश होकर शुजा 19 अप्रैल को ढाका भाग गया जहाँ से 6 मई को अरकान के राजा से सहायता पाने की आशा में अरकान चला गया।

इसके बाद बंगाल की राजधानी राजमहल से ढाका चली गई। इस बदलाव के कारणों पर जनवरी 1666 में बर्नियर के साथ राजमहल की यात्रा पर आए तबेर्नियर के वृत्तांत से प्रकाश पड़ता है—'राजमहल गंगा की दाहिनी ओर अवस्थित एक नगर है और यदि सड़क मार्ग से जाया जाए तो लगभग दो-तीन मील पहले से नगर तक ईंटों का बना मार्ग मिलेगा। पहले यहाँ बंगाल के शासक निवास करते थे और शिकार के लिए यह एक अच्छी जगह थी। इसके अलावा यह एक बड़ा व्यापारिक स्थल भी था। लेकिन अब गंगा की धारा लगभग डेढ़ मील दूर खिसक गई है। इसके अलावा अरकान के राजा तथा पुर्तगाली जलदस्युओं के भय से भी शासक और व्यापारी इसे छोड़कर ढाका में बस गए जो वर्तमान में एक बड़ा नगर होने के साथ-साथ बड़ा व्यापारिक स्थल भी है।' ईस्ट इंडिया कंपनी के अठारहवीं शताब्दी के प्रारंभ के अभिलेखों के अनुसार राजमहल टकसाल बना रहा और यह अकबर नगर के शासक या फौजदार का मुख्यालय था। अभिलेखों से यह भी पता चलता है कि मुर्शिद कुली खाँ (1700-1727) के समय में प्रत्येक जाड़े के मौसम में एक अधिकारी राजमहल पहाड़ियों में आता था जो यहाँ से बर्फ बनवाकर नवाब के उपयोग के लिए भेजता था। रियाजुस्सलातीन के अनुसार, 'नवाब बारहों महीने के लिए बर्फ इकट्ठा कर रखता था और प्रत्येक दिन उपयोग करता था। यह बर्फ उसके लिए अकबर नगर से आती थी। इसी प्रकार बंगाल के सर्वश्रेष्ठ फल आम के मौसम में आमों की आपूर्ति के लिए अकबर नगर के चाकला में एक अधिकारी की नियुक्ति की जाती थी जो खास आम के पेड़ों की गिनती कर अपने खाते में लिखता था तथा उसके आमों को जमा करने, आपूर्ति करने तथा चौकीदारों और परिवहन की व्यवस्था दर्शाता था। मालदा, कटवा, हुसैनपुर, अकबर नगर तथा अन्य जगहों से मीठे आम भेजे जाते थे जिसके परिवहन का खर्च जमींदारों से वसूला जाता था। जमींदारों को भी खास आम के किसी भी पेड़ सहित चाकला स्थित सभी बगीचों के आम के पेड़ों को काटने का अधिकार नहीं था। यह नियम बंगाल के पूर्व नजीमों के समय में और भी सख्त था।'

राजमहल में अंग्रेज

अंग्रेजों ने बंगाल में व्यापार की स्थापना करने के प्रारंभिक प्रयासों में राजमहल को विशेष महत्त्व नहीं दिया था। जब यह शाह शुजा की राजधानी था तब यहाँ डॉ. गेब्रियल बाउटन नामक उनका एक अनधिकारिक प्रतिनिधि था जो शुजा के अति निकट था क्योंकि, कहा जाता है कि, उसने उसके जनानखाने की किसी महिला को रोगमुक्त किया था। यह भी किंवदंती है कि डॉ. गेब्रियल ने बादशाह शाहजहाँ की पुत्री को ठीक किया था। इसलिए डॉ. गेब्रियल का शुजा पर बहुत

अधिक प्रभाव था। अंग्रेज इससे भलीभाँति अवगत थे। यह ल्योनेस के कप्तान द्वारा बंगाल में व्यापार आरंभ करने के लिए 1650 में बालासोर से भेजे गए एक प्रतिनिधि को दिए गए निर्देश से स्पष्ट होता है। उसने प्रतिनिधि को लिखा था कि 'तुम्हें मालूम है कि इन भागों में व्यापार करने के लिए राजकुमार का फरमान जरूरी है और इसके लिए राजकुमार के सर्जन डॉ. गेब्रियल बाउटन ने वादा किया है।... तुम तुरंत एक अंग्रेज को अपने साथ लेकर राजमहल के लिए प्रस्थान करो। वहाँ जाकर डॉ. बाउटन से इस संबंध में मिलो। उनके पास डचों को मिले पिछले फरमान की पूरी जानकारी है और उनके वादे के अनुसार उनसे मिलकर कंपनी के लिए यदि संभव हो तो ऐसा फरमान लेने की कोशिश करो जिसमें हमें डचों को मिले विशेषाधिकार और छूट से अधिक लाभ मिले ताकि उनका गर्व चूर हो जाए। तुम जानते हो कि डॉ. बाउटन को मैंने इस बारे में क्या लिखा है। वे इस संबंध में निस्संदेह काफी विश्वासपात्र होंगे और कोशिश करेंगे कि कंपनी को कम मूल्य पर फरमान मिल जाए।...'[13]

ऐसा लगता है कि बाउटन इस बारे में वफादार रहा क्योंकि 1674 के एक अभिलेख (कोर्ट बुक) में की गई प्रविष्टि से यह पता चलता है कि शाह शुजा से अंग्रेजों को बंगाल में व्यापार करने की अनुमति का फरमान बाउटन ने प्राप्त कर लिया था।[14]

शाह शुजा के पतन के साथ ही अंग्रेजों के लिए मुश्किलें शुरू हो गईं। शोरे से लदी उनकी नावों को राजमहल के समीप गंगा नदी में नए प्रशासक मीर जुमला ने रोक लिया और जब अंग्रेजों के एजेंट ने बदले की भावना से हुगली में मीर जुमला की नौकाओं को रोकने की धृष्टता की तो मीर जुमला ने देश से बाहर निकाल देने की धमकी दी। धमकी कामयाब रही और अंग्रेजों ने माफी माँगकर उसकी नौकाओं को वापस कर दिया। इसके बाद दोनों के अच्छे संबंध बन गए और अंग्रेजों ने राजमहल में एक छोटी एजेंसी स्थापित की जिसके माध्यम से वे अपने खजाने को सिक्कों में ढालने के लिए मुगल टकसाल में भेजते थे। 1681 में इस एजेंसी को राबर्ट हेजेज के सुपुर्द किया गया जो कालान्तर में कंपनी के काउंसिल का अध्यक्ष बना।[15]

1695-96 में मिदनापुर के घाटल-चंद्रकोना सब-डिवीजन के चेटो-बरदा के जमींदार शोभा सिंह का विद्रोह हुआ। रहीम खाँ के नेतृत्व में उड़ीसा के अफगान भी शोभा सिंह के साथ आ मिले और राजमहल से मिदनापुर तक गंगा के पश्चिमी हिस्से पर अधिकार कर लिया। राजमहल पर कब्जा कर अंग्रेजों की संपत्ति जब्त कर ली गई। मई 1697 में नवाब इब्राहीम खाँ के पुत्र जबरदस्त खाँ ने नगर का शासन सँभाला, मगर उसने अंग्रेजों को उनकी संपत्ति लौटाने से इनकार कर दिया। बाद में औरंगजेब ने इब्राहीम खाँ की जगह अपने पोते अजीमुश्शान को नवाब नियुक्त कर दिया। इसके कुछ वर्षों बाद अंग्रेजों को तब मुश्किल झेलनी पड़ी जब औरंगजेब ने भारत के सभी यूरोपियों को गिरफ्तार करने की घोषणा कर दी। फलस्वरूप 1702 में राजमहल में कंपनी के सभी कर्मचारी गिरफ्तार कर लिए गए।

1707 में औरंगजेब की मृत्यु के बाद अजीमुश्शान 20,000 घोड़ों के साथ गद्दी की लड़ाई में अपने पिता की सहायता करने के लिए रवाना हुआ। उसका पुत्र फर्रुखसियर, हरम की कुछ औरतें और खजाना राजमहल में ही रहे।[16] शाह आलम के गद्दीनशीन होने के बाद अजीमुश्शान राजमहल लौट आया। अप्रैल 1708 में अंग्रेजों ने व्यापार करने का अधिकार वापस करने के

लिए 15,000 रुपए के प्रस्ताव के साथ एक दूत को राजमहल भेजा। महीने भर बाद कंपनी को खबर मिली कि उनके दूत शिवचरण ने बिना अधिकार उनकी तरफ से 36,000 रुपए का प्रस्ताव मंजूर कर लिया है। कंपनी ने पुन: एक विश्वासपात्र दूत फज़्ल मुहम्मद को राजमहल भेजा ताकि शिवचरण को कलकत्ता लाकर उससे इस बाबत पूछताछ की जा सके। 22 अक्तूबर को फज़्ल मुहम्मद और भी बुरी खबर लेकर लौटा। अजीमुश्शान ने अब 36,000 रुपए की बजाय 50,000 रुपए उसे देने तथा सूरत के शाही खजाने में एक लाख रुपए जमा करने की माँग की थी। कंपनी ने प्रतिरोधस्वरूप मुगल जहाजों को हुगली में रोक देने की धमकी दी और अपने सभी ब्रिटिश कर्मचारियों को बंगाल छोड़ देने की आज्ञा दी। लेकिन यह धमकी काम नहीं आई और अजीमुश्शान ने राजमहल स्थित कंपनी के एजेंट मि. काउथोर्प को बंदी बना लिया। उसने उसे छोड़ने तथा कंपनी की नावों को राजमहल से गुजरने देने के एवज में 14,000 रुपयों की माँग की। काउंसिल ने मुगल जहाजों को रोकने की अपनी धमकी फिर दुहराई और अपने सभी कर्मचारियों को कलकत्ता में जमा करने लगी। काउंसिल को आशा थी कि इस तरीके से हुगली और राजमहल के व्यापार पर बुरा प्रभाव पड़ेगा क्योंकि 'अजीमुश्शान के दीवान द्वारा नियुक्त लगभग सभी बढ़िया कैप्टन अंग्रेज ही थे।'[17]

अगले वर्ष (1709) अजीमुश्शान तथा दीवान मुर्शिद कुली खाँ बंगाल छोड़कर शाही दरबार चले गए और उसकी जगह शेर बुलंद खाँ प्रशासक बनकर आया। उसने भी राजमहल में कंपनी की नौकाएँ रोकीं और अंग्रेजों ने उससे 45,000 रुपए में बंगाल में मुक्त व्यापार करने का विशेषाधिकार प्राप्त किया। 1710 में जब फर्रुखसियर अपने पिता अजीमुश्शान का प्रतिनिधि बनकर राजमहल आया तो कंपनी ने उसकी कृपा प्राप्त करने के लिए तत्काल अपना एक प्रतिनिधि उसके पास भेजा। अगले वर्ष खान जहाँ बहादुर इज्जुद-दौला उपप्रशासक बनकर राजमहल आया। उसने अंग्रेजों के प्रति विशेष अभिरुचि दिखाई। उनकी शोरे से लदी नौकाओं को बेरोकटोक जाने दिया और मुक्त व्यापार की अनुमति प्रदान कर दी। 1712 में बादशाह बहादुर शाह (शाहआलम) की मृत्यु के बाद बड़ी अव्यवस्था फैल गई। इज्जुद-दौला ने आसपास के मार्गों और संचार साधनों पर निगरानी बढ़ाकर स्वयं को राजमहल में किलाबंद कर लिया। फिर भी, ऐसा प्रतीत होता है कि उसने फर्रुखसियर, जो स्वयं को पटना में बादशाह घोषित कर तेलियागढ़ी के मार्ग से मुर्शिदाबाद की ओर बढ़ रहा था, के लिए कोई बाधा नहीं खड़ी की।[18]

1728 में अलीवर्दी अकबर नगर के चाकला का फौजदार नियुक्त हुआ। लोग उसके कुशल प्रशासन में सुख-शांति से रह रहे थे।[19] तत्कालीन फारसी ग्रंथ 'मुजफ्फरनामा' में लिखा है कि अलीवर्दी के पिता को राजमहल में ही दफनाया गया था। उन्नीसवीं शताब्दी के प्रारंभिक वर्षों में बिहार और बंगाल के कुछ जिलों का सर्वेक्षण करने वाले हैमिल्टन बुकानन ने 'भागलपुर जरनल' में लिखा है कि उन्होंने राजमहल के समीप मोसुहा नामक गाँव में अलीवर्दी के पिता का स्मारक देखा था। अलीवर्दी के बिहार का नायब नाजिम (डिप्टी गवर्नर) बनने के बाद उसके भाई हाजी अहमद का दामाद अताउल्ला खाँ राजमहल का फौजदार बना। अलीवर्दी, हाजी अहमद और नवाब सरफराज के कुछ प्रशासनिक अधिकारियों की सुनियोजित षड्यंत्र के अनुसार अलीवर्दी पटना से बंगाल की ओर रवाना हुआ। तेलियागढ़ी मार्ग से होते हुए अकबर

नगर के चाकला तक पहुँचने में अताउल्ला ने उसकी काफी मदद की। मुर्शिदाबाद में नवाब तब तक भी उसकी इन गतिविधियों से अनजान था। 10 अप्रैल 1740 को राजमहल से थोड़ी दूर भागीरथी के पूर्वी तट पर स्थित गिरिया के निकट अलीवर्दी ने अपने नवाब सरफराज को हराया और उसे मार डाला।[20]

मराठे

1742 से 1751 तक बंगाल और बिहार पर मराठों द्वारा आक्रमण होते रहे। 1743 में दो मराठा सेनाओं ने बंगाल की ओर कूच किया। पहला, रघुजी भोंसले के नेतृत्व में तथा दूसरा, उसके शत्रु पेशवा बाला जी राव के नेतृत्व में जो रघुजी भोंसले की गतिविधियों को विफल करना चाहता था। बालाजी ने लगभग चालीस हजार घुड़सवारों की फौज के साथ दक्षिण से बिहार में प्रवेश किया और टिकारी, गया, मानपुर, बिहार, मुंगेर, भागलपुर होते हुए बेनियागंज (जैसा कि हॉलवेल ने लिखा है) के एक स्थानीय राजपूत की मदद से राजमहल की पहाड़ियों को पार कर गया। ऐसा लगता है कि हॉलवेल का 'बेनियागंज' और रिनील का 'बेनिया गाओंग' एक ही है। लेकिन 'बेनिया गाओंग' गाँव राजमहल के 20 मील दक्षिण-पूर्व में है जबकि हॉलवेल के अनुसार उसका 'बेनियागंज' पश्चिम में राजमहल पहाड़ियों की तलहटी के पास है। लेकिन वहाँ तीन-पहाड़ रेलवे स्टेशन से लगभग एक मील उत्तर पश्चिम और राजमहल से सात मील दक्षिण-पश्चिम में 'बामन गावाँ' नामक एक गाँव है। प्रमाणों के आधार पर हॉलवेल का बेनियागंज यही प्रतीत होता है।

बालाजी वीरभूम होकर मुर्शिदाबाद की ओर बढ़ा। उधर 1745 में रघुजी वीरभूम और संतालपरगना के जंगलों तथा पहाड़ियों के रास्ते मुर्शिदाबाद की ओर बढ़ने लगा। 1748 में अफगानों ने जब दूसरी बार विद्रोह किया तो अलीवर्दी उसे कुचलने के लिए बिहार गया। इधर मराठा सेना मीर हबीब के नेतृत्व में संतालपरगना के रास्ते आगे बढ़ आई। ईस्ट इंडिया कंपनी के अभिलेख के अनुसार वे हेरुपुर, जो पाकुड़ सब-डिवीजन का हिरणपुर प्रतीत होता है, में रुके। 1749 में जब अलीवर्दी ने मिदनापुर में पड़ाव डाला, तब मीर हबीब के नेतृत्व में मराठों की टुकड़ी ने बंगाल में लूटपाट की।

तदनन्तर 1757 में राजमहल के फौजदार मीर दाऊद, जो जाफर अली खाँ का भाई था, ने सिराजुद्दौला को राजमहल में बंदी बना लिया। सिराजुद्दौला पलासी के युद्ध के बाद जलमार्ग से उत्तर की ओर जाते समय थकावट दूर करने के लिए राजमहल के समीप गंगा के तट पर उतरा। छद्मवेश में होने के बावजूद दाना शाह नामक एक व्यक्ति ने उसे पहचान लिया। कुछ समय पूर्व सिराजुद्दौला ने दानाशाह से क्रुद्ध होकर दंड स्वरूप उसके नाक और कान कटवा लिए थे। दुर्योग से सिराजुद्दौला ने उसी स्थान पर पड़ाव डाला जहाँ दाना शाह अपमानित होकर एक फकीर के रूप में रह रहा था। उसने चु'के से जाकर दाऊद खाँ को सूचित कर दिया। मीर दाऊद ने उसे बंदी बनाकर मुर्शिदाबाद लाने के लिए तुरंत सैनिक रवाना कर दिए। सिराजुद्दौला बंदी बना लिया गया और सैनिक अधिकारियों ने जमकर लूटपाट की। मीर कासिम जो बाद में मीर जाफर का स्थानापन्न बना, ने लुल्फुन्निसा और उसकी लाखों रुपयों की कीमती जवाहरात की पेटी पर

कब्जा कर लिया। कुछ घंटे बाद सिराजुद्दौला को बचाने के लिए मुख्य रक्षक राजमहल पहुँचा। मगर तब तक देर हो चुकी थी। वह मुर्शिदाबाद की ओर तेजी से बढ़ ही रहा था कि मीरजाफर अली खाँ के पुत्र मीरन ने उसकी हत्या कर दी।[21] मीरन की मृत्यु चंपारण में बिजली गिरने से हुई। जब वह 1760 में पूर्णिया के नवाब के विरुद्ध कार्रवाई में व्यस्त था। उसे राजमहल में ही दफनाया गया था। सैर-उल-मुतखरीन के अनुसार, 'उसके शव को ताबूत में रखकर गंगा नदी के रास्ते ले जाया गया। लेकिन राजमहल तक आते-आते शव से आती असह्य दुर्गंध के कारण साथ जा रहे लोगों को बाध्य होकर ताबूत वहीं उतार लेना पड़ा। उसे वहीं दफनाया गया जहाँ आज उसका स्मारक है।' तीन वर्ष बाद, 1763 में छः मील दक्षिण में उधुआनुल्ला नामक स्थान पर मेजर एडम्स ने मीर कासिम अली पर विजय प्राप्त की।

ब्रिटिश शासन—पहाड़ियाओं में शांति-स्थापना

ब्रिटिशों का प्रारंभिक इतिहास मुख्यतः राजमहल की पहाड़ियों में रहने वाले पहाड़ियाओं (एक जनजाति) में शांति की स्थापना की कोशिशों का अभिलेख है जिसका वे प्रारंभ में 'हाइलैंडर', 'हिल मैन' या 'हिल रेस' (पहाड़ी जनजाति) की संज्ञा से उल्लेख किया करते थे। उत्तरी भाग में बसी इस जाति को 'माल' कहा जाता था और सामान्यतः इनका उल्लेख 'मालेर' (माल का बहुवचन) होता था ताकि इन्हें दक्षिणी और पश्चिमी हिस्से के पहाड़ी जंगलों में रहने वाले 'माल पहाड़िया' जनजाति से अलग पहचाना जा सके। यह आदिम जनजाति आखेट से अपना भोजन जुटाने वाली थी। लूट और पशु-चोरी इनका अनुकूल पेशा था। ये लगातार कठिन परिश्रम करने से भागते थे। मुगल शासकों ने उनके अनुपजाऊ पहाड़ों से कम लगान की उम्मीद के कारण उन्हें मनसबदारों के अधीन कर दिया था जिसके मुखिया मनीहारी के खेतौरी परिवार के लोग थे। कहते हैं कि इस परिवार के संस्थापक ने लकड़ागढ़ का किला जीता था और अकबर के सेनापति मानसिंह को, जब वह बंगाल पर आक्रमण करने जा रहा था, पहाड़ियों के मार्ग से गुजरने में सहायता की थी। उसे पुरस्कार स्वरूप 'मनसब जागीर' में वही क्षेत्र मिला जिसमें 'मालेर' रहते थे। बाद में उसके उत्तराधिकारियों ने पहाड़ियों के पूर्व में राजमहल और पाकुड़ से पश्चिम में कोलगोंग तथा गोड्डा तक अपना अधिकार-क्षेत्र बढ़ा लिया था। 18वीं शताब्दी में 'मालेर' द्वारा अशांति फैलाए जाने तक इस परिवार के 'मालेर' के साथ अच्छे संबंध रहे थे।

इस परिवार के कुछेक लोगों की क्रूर हत्या कर दी गई और मालेरों ने लकड़ागढ़ पर हमला कर खेतौरी जागीरदारों को भगा दिया। उन्होंने कई गाँवों पर हमले किए लेकिन राजनीतिक उथल-पुथल के कारण उन पर किसी प्रकार की कार्रवाई नहीं हुई। 1770 के भयंकर अकाल के दौरान यह उपद्रव चरम सीमा पर पहुँच गया। पहाड़ की तलहटियों में स्थित चौकियों से 'घटवाल' सैनिक भाग गए और मैदानी भाग मालेरों के भरोसे रह गया। मालेरों ने जंगली भोजन खाने का अभ्यास होने के कारण इस अकाल का सामना कर लिया। इस अकाल के बाद के वर्षों में मालेरों का मैदानी इलाकों पर आक्रमण अधिक तथा सुनियोजित रूप से होने लगा। निस्संदेह उनका मुख्य उद्देश्य लूट था परंतु उनके कुछ आक्रमण उन जमींदारों की शह पर भी हुए जो अपने पड़ोसी जमींदारों से बदला लेने के लिए उनको माध्यम बनाते थे और अपने क्षेत्र से होकर उन्हें

जाने के लिए रास्ता दे देते थे। इस प्रकार उनका आतंक इतना बढ़ गया कि पूरा उपजाऊ मैदानी इलाका किसानों से खाली हो गया। अँधेरा होने के बाद गंगा के दक्षिणी तट पर कोई नौका भय से नहीं रुकती थी। यहाँ तक कि उन दिनों राजमहल और तेलियागढ़ी दर्रे से होकर गुजरने वाले सरकारी हरकारों को भी अकसर लूट लिया जाता था और उनकी हत्या तक कर दी जाती थी। पहाड़ियाओं (मालेरों) के फैले आतंक का पता 1824 में बिशप हेबर की टिप्पणियों से लगता है—'पिछले चालीस वर्षों से उनके और आसपास के निचले भागों के किसानों के बीच भयंकर कलह है। वे दुर्दांत लुटेरे व हत्यारे हैं और लगातार आक्रमण करते हैं। मुस्लिम जमींदार मौका पाते ही उन्हें पागल कुत्ते या बाघ की तरह मार डालते हैं।'

जब इधर उत्तर में मालेर बेरोक-टोक आक्रमण कर रहे थे, उत्तर दक्षिण में माल पहाड़िया भी इसी प्रकार लूटमार में व्यस्त थे। उनके हमलों से राज्य के सीमावर्ती भागों में भय और आतंक फैल गया था। इन आक्रमणों में उन्हें घटवालों, जैसे लक्ष्मीपुर का भुइंया घटवाल और जमींदारों जैसे सुलतानाबाद का जमींदार, का शह मिल रहा था। 1783 में क्लीवलैंड ने लिखा है, 'घटवाल और जमींदार लूटपाट करने के लिए इन पहाड़ियों की नियुक्ति करते थे। सुलतानाबाद राजशाही और वीरभूम के एक-दूसरे के गाँवों में लूटमार कराने के लिए पहाड़ी लोगों को नियुक्त करने का एक चलन बन गया था।' इन माल पहाड़ियों के बारे में 1808 में बनारस डिवीजन के जज ने लिखा है—'ब्रिटिश शासन के प्रारंभिक काल में वीरभूम से भागलपुर तक का क्षेत्र भयंकर रूप से अस्त-व्यस्त था। यहाँ के लोग सरकार और उसके कर्मचारियों का खुल कर विरोध करते थे। इनके द्वारा मैदानी भागों के निवासियों पर लगातार हमले किए जाते थे। उन्हें देश-निकाला दे दिया गया था और जंगली जानवरों की तरह उनको खोज कर मार दिया जाता था।'[22]

कैप्टन ब्रुक

पहाड़ियों और विद्रोही जमींदारों के आतंक को खत्म करने की आवश्यकता महसूस कर 1771 में अपने सैनिक सलाहकार जनरल बार्कर की सलाह पर 800 सैनिकों का एक विशेष दल गठित कर उसकी कमान कैप्टन ब्रुक के हाथों सौंप दी गई और उसे इस जिले के उत्तर से मुंगेर और भागलपुर के दक्षिण तक फैले जंगल तराई वाले बाधित क्षेत्र का 'मिलिटरी गवर्नर' बना दिया गया। कैप्टन ब्रुक का काम फैली हिंसा और आतंक को समाप्त कर कानून-व्यवस्था स्थापित करना, किसानों को कृषि-कर्म की ओर प्रेरित करना तथा शांति के उपाय सुनिश्चित करना था। अगले दो वर्षों के दौरान कैप्टन ब्रुक ने वारेन हेस्टिंग्स की नीति को अमल में लाने के लिए काफी कार्य किया। 1773 में तिउर किले को तोप से उड़ा दिया और पहाड़ी क्षेत्रों में कई सफल अभियान चला कर पहाड़ियों के दलों में बिखराव लाने में सफल हुआ। उसने बंदियों से अच्छा व्यवहार कर उनका विश्वास जीता और उन्हें नीचे मैदानी भागों में बसाकर खेती करने के लिए प्रेरित किया। 1774 में उसने वारेन हेस्टिंग्स को सूचना भेजी कि उसने उधवा और बारकोप के बीच कम-से-कम 283 गाँव बसा दिए हैं। हेस्टिंग्स ने 'बोर्ड ऑफ डायरेक्टर्स' को भेजे अपने पत्र में गर्वपूर्वक लिखा, 'प्रदेश के उस दुर्गम और अनजान क्षेत्र में जो सिर्फ लुटेरों के लिए ही मुफीद था, उस जंगल तराई क्षेत्र में बटालियन की तैनाती कर सरकार की कानून-व्यवस्था

कायम कर दी गई है। यहाँ के लोग सभ्य हो गए हैं और लूट के कारण राजस्व में होने वाली कमी पर न केवल रोक लगी है बल्कि इस भाग से राजस्व बढ़ भी गया है तथा जारी उपायों से इसमें और भी वृद्धि होगी।' अपने अल्प कार्यकाल के बावजूद कैप्टन ब्रुक को राजमहल पहाड़ियों में सभ्यता का अग्रदूत माना जा सकता है।

कैप्टन ब्रुक के कार्य को कैप्टन जेम्स ब्राउन ने आगे बढ़ाया। 1774 से 1778 तक वह पहाड़ी सेना का नेतृत्व करते हुए जंगल तराई में तैनात रहा। इन वर्षों के दौरान लक्ष्मीपुर के जमींदार जगन्नाथ देव के बल पर आसपास के क्षेत्रों में लूटमार करने वाले भुइंया लोगों के विद्रोह को दबाने, पहाड़ियाओं का दमन करने और अंबर तथा सुलतानाबाद में कानून-व्यवस्था बहाल करने में वह व्यस्त रहा। लेकिन उसकी ख्याति पहाड़िया लोगों में शांति-स्थापना और भावी प्रशासन की एक योजना बनाने के लिए है जिसे बाद में क्लीवलैंड ने विस्तार कर लागू किया। उसकी योजना का मुख्य बिन्दु था—पहाड़ियाओं की जनजातीय पारंपरिक व्यवस्था को मान्यता देना। इस समय पहाड़िया कई भागों में बँटी थी जिन्हें 'परगना' या 'टप्पा' कहा जाता था और प्रत्येक परगने का एक मुखिया होता था जिसे 'सरदार' कहा जाता था। सरदार के सहायक को 'नायब' कहते थे जो एक या एक से अधिक भी हो सकते थे। लोग गाँवों में रहते थे जिसके मुखिया को माँझी कहा जाता था। ब्राउन ने प्रस्ताव दिया कि इस व्यवस्था को मान्यता देनी चाहिए तथा शांति और कानून-व्यवस्था बनाए रखने में उनकी सेवा हासिल करनी चाहिए। प्रस्ताव के अनुसार पहाड़िया लोगों के साथ सभी प्रकार का लेन-देन सरदार और माँझियों के माध्यम से किया जाए और पहाड़ियों की तलहटी में बाजार स्थापित कर मैदानी भाग के निवासियों के साथ उनके मेलजोल को प्रोत्साहित किया जाए। सार्वजनिक मार्ग के अगल-बगल पड़ने वाले टप्पे के सरदारों को आक्रमण से सुरक्षित करने के लिए उचित धनराशि दी जाए और 1772 में समाप्त हुई चौकीबन्दी[23] की व्यवस्था पुनः आरंभ की जाए तथा इसकी देखभाल सरकार तब तक करे जब तक कि इससे जुड़े भूभाग का विकास न कर लिया जाए। इन चौकियों को सरकार द्वारा नियुक्त थानेदार के अधीन रखा जाए और थानेदारों के ऊपर सजवाल (डिवीजनल सुपरिंटेंडेंट) हो। पुलिस बल को अधिक मजबूत बनाने के लिए अक्षम सिपाहियों को पहाड़ों के निचले भाग में इस शर्त पर अनुदान में जमीन दी जाए कि वे वहाँ निवास करेंगे और पहाड़ियाओं द्वारा आक्रमण होने पर वे पुलिस की सहायता करेंगे। इस योजना को सरकार द्वारा 1778 में मंजूरी मिली लेकिन अगले ही वर्ष इस योजना को लागू करने के पहले ही ब्राउन को अपना कार्यभार मि. अगस्तुस क्लीवलैंड को सौंप देने का निर्देश मिल गया। क्लीवलैंड 1773 में राजमहल के कलक्टर का सहायक था फिर 1776 में भागलपुर गया और अब कलक्टर नियुक्त हो गया था।

अगस्तुस क्लीवलैंड

क्लीवलैंड और वारेन हेस्टिंग्स के बीच हुए पत्राचार से पता चलता है कि अपनी नियुक्ति के तुरंत बाद ही उसने पहाड़ियाओं के लिए नीति निर्धारित कर ली थी। क्लीवलैंड उनकी सादगी और सच्चाई से बहुत प्रभावित लगता था। उसने उनके इस दावे को स्वीकार किया कि वे हमेशा स्वतंत्र रहे और सिर्फ निचले मैदानी भागों के राजाओं के साथ संधि के अंतर्गत ही उनके ऊपर

आश्रित रहे। उनके अच्छे गुणों और अपनी पूर्व की स्वतंत्रता में उनके विश्वास से प्रेरित होकर क्लीवलैंड ने उनके प्रति उदार नीति बनाई और उसे लागू भी किया। अपनी नीति की सफलता के संबंध में उसने नवंबर 1779 में वारेन हेस्टिंग्स को भी लिखा कि उसकी इस नीति के कारण कम-से-कम सैंतालीस पहाड़िया मुखिया और उनके लोगों ने स्वेच्छा से समर्पण कर सरकार के प्रति निष्ठा रखने की शपथ ली है। उसने पहाड़ियाओं से टकराव समाप्त करने के लिए सरकार से उनके प्रति न्याय और मानवीयता पर आधारित उपायों की आवश्यकता पर बल देते हुए लिखा कि अंबर की सीमा से सटे क्षेत्रों (अंबर क्लीवलैंड के क्षेत्र में शामिल नहीं था) को छोड़ कर अन्य पहाड़ी क्षेत्रों में पिछले आठ-नौ महीनों से जैसी शांति बनी हुई है वैसी पिछले कई वर्षों से नहीं थी।

तदनन्तर 21 नवंबर 1780 को सकरीगली से क्लीवलैंड ने अपने क्षेत्र की स्थिति और अपनी नीतियों का वर्णन करते हुए एक विस्तृत योजना का प्रस्ताव भेजा जिसमें उसने सरकार को सुझाव दिया कि सरकार इन लोगों को जीवनयापन के साधन मुहैया कराने में सहयोग करे ताकि वे गलत कार्यों को छोड़ सकें। उसने स्पष्ट रूप से लिखा कि या तो सरकार उनके लिए जीवनयापन के साधन जुटाए या फिर से इस क्षेत्र में पहले की तरह उनके लूटमार की अव्यवस्था झेले। उसने पहाड़िया मुखियाओं के साथ मैत्रीपूर्ण संबंध स्थापित करने पर जोर देते हुए अपना निम्न प्रस्ताव भेजा—

1. प्रत्येक माँझी, जिनकी अनुमानित संख्या लगभग चार सौ है, को आवश्यकतानुसार एक या अधिक व्यक्ति तीरंदाजों की सेना तैयार करने के लिए दिया जाए।
2. प्रत्येक 50 तीरंदाजों पर एक मुखिया हो जो अपने दल के अच्छे आचरण के लिए जिम्मेदार हो।
3. वर्तमान में ये सेनाएँ बोगलपुर के कलक्टर के सीधे नियंत्रण में कार्य करें और उन्हीं के जिले में नियुक्त की जाएँ।
4. पहाड़िया लोगों द्वारा सरकार के शत्रुओं को अपना शत्रु समझा जाए और सेना का यह कर्तव्य हो कि वह सरकार की आज्ञा का पालन न करने वाले हठी मुखिया और घटवारों को अपने क्षेत्र से निकाल बाहर करे और उसके साथ हर जगह शत्रु-सा व्यवहार करे।
5. सेना की प्रत्येक टुकड़ी का नेतृत्व करने वाले माँझी को पाँच रुपए तथा अन्य को तीन रुपए प्रतिमाह भत्ता दिया जाए और विभिन्न पहाड़ियों के माँझियों के साथ संबंध मजबूत बनाए रखने के लिए सेना में आदमियों की आपूर्ति करने वाले प्रत्येक माँझी को दो रुपए भत्ता दिया जाए, लेकिन गलत आचरण के मामले में आवश्यक प्रतिबंध लागू हो।
6. सेना में प्रत्येक को प्रति वर्ष दो पगड़ी, दो कमर बंद, दो कमीज, दो जोड़ी जाँघिया और एक बैंगनी जैकेट दिया जाए।

क्लीवलैंड ने इस योजना का अनुमानित व्यय 29440 रुपए वार्षिक आँका जो अत्यधिक लागत थी और कंपनी को राजस्व प्राप्ति में तत्काल इससे कोई प्रत्यक्ष लाभ न था। लेकिन उसने

अपनी योजना को इस दृष्टि से उचित माना कि इसे लागू करने से जंगली जीवन बिताने को मजबूर लोग कुछ समय बाद एक अच्छा सामाजिक जीवन बिताने लगेंगे और आसपास के निवासी भयमुक्त हो जाएँगे। वारेन हेस्टिंग्स ने अत्यधिक खर्च के कारण तीरंदाजों की सेना बनाने से तो इनकार कर दिया मगर क्लीवलैंड के अन्य प्रस्तावों को स्वीकृति दे दी जिसमें सभी सरदारों को दस रुपए प्रति माह, उनके नायब को पाँच रुपए मिलता मगर माँझी को कोई भत्ता नहीं दिया गया।[24]

पहाड़ियों के उत्तरी भाग के माँझियों ने भत्ता स्वीकार कर लिया परंतु दक्षिणी भाग के माँझियों ने इसे इस आधार पर अस्वीकार कर दिया कि उन्हें अंबर (पाकुड़) तथा सुलतानाबाद (महेशपुर) से आक्रमण का डर रहता है। इस कठिनाई को दूर करने के लिए सितंबर 1780 में क्लीवलैंड ने उक्त दोनों परगनों (जो उस वक्त राजशाही में थे) को भी उसके अधीन कर देने का सुझाव दिया जिसे 1781 में स्वीकार कर लिया गया। परिणामस्वरूप इस पहाड़िया-व्यवस्था का विस्तार उन माल पहाड़ियों तक हो गया जिसकी आबादी का एक भाग पहाड़ियों में निवास करता था और शेष भाग दक्षिण और पश्चिमी क्षेत्र के गाँवों में जमींदारों की रैयत बनकर बसा था।

अगले वर्ष (1782) में जनरल सर आर्थर कूटे द्वारा क्लीवलैंड को तीरंदाजों की सेना के गठन की स्वीकृति मिल गई। तीर-धनुषों से सजी इस सेना में 1300 सैनिक थे और उनका सेनापति जउराह था जो एक समय कुख्यात डाकू रहा था। क्लीवलैंड के अनुसार सरकारी सेवा में प्रवेश करने वाला वह पहला पहाड़िया था। राजमहल के अलावा रामगढ़ पहाड़ियों में की गई सरकार की विभिन्न कार्रवाइयों में साहसी जउराह ने सक्रिय भाग लिया और सरकार के प्रति निष्ठावान रहकर अपने चयन की सार्थकता सिद्ध की। एक वर्ष के भीतर ही इस सेना ने अपना महत्त्व प्रमाणित कर दिया। फरवरी 1783 में भेजी एक रपट में क्लीवलैंड ने इस सेना की उपयोगिता के बारे में लिखा कि सेना को इस विस्तृत जंगली क्षेत्र में लागू की गई उसकी व्यवस्था पर पूरा भरोसा है। इसके थोड़े ही समय बाद क्लीवलैंड के उस प्रस्ताव को भी मंजूरी मिल गई जिसमें उसने इस सेना को भी आम सेना की तरह 'ड्रिल' कराने, हथियार उपलब्ध कराने तथा पहाड़िया लोगों द्वारा किए गए अपराधों का निपटारा सामान्य कोर्ट की बजाय माँझियों की पंचायत में उन्हीं के द्वारा करने का सुझाव दिया गया था।

दो वर्षों बाद ही मात्र 29 वर्ष की आयु में क्लीवलैंड की मृत्यु हो गई। भागलपुर में बने उसके स्मारक पर उसके द्वारा किए गए कार्यों का प्रशंसात्मक उल्लेख इस प्रकार किया गया है—'अगस्तुस क्लीवलैंड, स्कवायर, भागलपुर और राजमहल जिला के पूर्व कलक्टर की स्मृति में, जिसने बिना रक्तपात या प्रशासनिक भय के सिर्फ प्रेम, विश्वास और परोपकार के माध्यम से राजमहल के जंगल तराई में रहने वाले उन जंगली निवासियों, जिनके आक्रमणों से आसपास के लोग लम्बे समय से संत्रस्त थे, को सभ्य जीव बनाने के लिए प्रेरित किया और उनके हृदय को जीत कर जो विजय प्राप्त करने का विवेकपूर्ण और स्थायी तरीका है, उन्हें ब्रिटिश सरकार के प्रति निष्ठावान् बनाया। गवर्नर-जनरल और बंगाल के काउंसिल ने उसके सम्मान में तथा अन्य लोगों के प्रेरणास्वरूप यह स्मारक निर्मित करने का आदेश दिया है। उन्होंने 29 वर्ष की उम्र में 13 जनवरी 1784 को देह त्याग दिया।'[25]

लार्ड तेईनमाउथ के 150 पंक्तियों के गीति-नाट्य में भी क्लीवलैंड के कार्यों की प्रशंसा अतिशयोक्तिपूर्ण भाषा में की गई है जिसे 1799 के 'एशियाटिक एनुअल रजिस्टर' (पृ. 191-194) में देखा जा सकता है।

अपने छोटे से शासनकाल में क्लीवलैंड ने पहाड़िया लोगों का विश्वास जीत लिया था। वे उन्हें 'चिलीमिली साहब' पुकारा करते थे। इन आदिम लोगों के प्रति सच्ची सहानुभूति और व्यक्तिगत प्रभाव ही उसकी सफलता का रहस्य था। वह अकेले ही बिना किसी हथियार के उन लोगों के बीच चला जाता, जंगलों में अक्सर घूमता, उनके बीच उपहार बाँटता और उन्हें सामूहिक भोज देता। उसने पहाड़ की तलहटी में बसे गाँवों में नियमित बाजारों की व्यवस्था की और पहाड़िया लोगों को अपना सामान जैसे शिकार, मोम, खाल, शहद आदि बेचने के लिए प्रोत्साहित किया। उन्हें उसने आश्वासन दिया कि उन पर कर नहीं लगेगा तथा उन पर सिर्फ उनके अपने मुखियाओं का ही अधिकार रहेगा। भागलपुर के सर्किट हाउस के सामने भी क्लीवलैंड का एक स्मारक बना हुआ है।

क्लीवलैंड की नीति पहाड़ियाओं में शांति-स्थापित करने में निस्संदेह प्रभावी रही थी और उसकी मृत्यु के चालीस वर्षों बाद तक इसका अच्छा प्रभाव बना रहा जो 1827 में मि. वार्ड की टिप्पणी से स्पष्ट होता है—'यहाँ अपराध और लड़ाई-झगड़े कभी-कभार ही होते हैं लेकिन ऐसा होने पर सरदार तुरंत अपराधी को उचित अधिकारी के पास कार्रवाई के लिए प्रस्तुत कर देते हैं। वर्तमान व्यवस्था में पहाड़िया लोग शांत और सुखी हैं।'

पहाड़ियाओं के हित में क्लीवलैंड द्वारा बनाई गई कई योजनाएँ उसकी मृत्यु के बाद समाप्त हो गईं। कुछ वर्षों तक पहाड़िया-सेना जिसे बाद में 'भागलपुर हित रेंजर्स' कहा जाने लगा था, उपयोगी बनी रही, पर बाद में अव्यवस्था की चपेट में आ गई। पहाड़िया सभाएँ या पंचायत क्लीवलैंड का व्यक्तिगत प्रभाव न रहने के कारण अस्त-व्यस्त हो गईं। पंचायतों के फैसले जल्दबाजी में लिए जाने लगे और सनकी होने लगे। पंचायतों के अधिकार इतने अनियंत्रित हो गए कि पहाड़ियाओं को सामान्य कोर्ट के अधिकार-क्षेत्र से बाहर रखने की नीति संदेहास्पद हो गई। पहाड़ियाओं को कुटीर-उद्योग सिखाने और खेती के साजो-सामान एवं बीजों की आपूर्ति करने की क्लीवलैंड की योजना पर अमल नहीं हुआ, उसके द्वारा खोले गए विद्यालय बन्द हो गए, मंडियों को मिलने वाला भत्ता सरकार से मिलता तो था पर उन तक पहुँचता नहीं था और जमींदार उनकी जमीन में दखल करने लगे थे।

1814-23 तक गवर्नर-जनरल रहे मार्किस ऑफ हेस्टिंग्स ने इसमें सुधार के उपाय किए। उसने लेडी हेस्टिंग्स के साथ राजमहल की पहाड़ियों की यात्रा की थी और उनसे आलू के बीज तथा खेती के उपकरण भिजवाने का वादा किया था। दुर्भाग्यवश उसके वादे को पूरा नहीं किया गया। उसने विद्यालय फिर खोले और 'हिल रेंजर्स' को भी मान्यता दी मगर वह उसे रायफल से लैस करने का संकल्प पूरा न कर सका।[26]

क्लीवलैंड की व्यवस्था बाद के उसके उत्तराधिकारियों में रुचि के अभाव के कारण छिन्न-भिन्न हो गई। सिर्फ मि. फोम्बेल अपवाद रहा। उसके समय में ही क्लीवलैंड द्वारा लागू पहाड़िया-पंचायत द्वारा आपराधिक मामलों की सुनवाई के नियमों में 1796 का अधि.-१ जोड़ा

गया जिसमें पहाड़िया पंचायतों में सभी महत्त्वपूर्ण मामलों की सुनवाई मजिस्ट्रेट के माध्यम से किए जाने का प्रावधान था। मजिस्ट्रेट सुनवाई के दौरान 'सुपरिंटेंडेंट आफिसर' के रूप में मौजूद रहता था और उसे दंड की पुष्टि या सुधार करने का अधिकार था, यदि दंड चौदह वर्ष की कैद से अधिक न हो। इससे अधिक दंड वाले मामले का सर्वोच्च फौजदारी अदालत में भेजा जाता था जिसे 'निजामत अदालत' कहा जाता था। यह व्यवस्था 1827 तक लागू रही जब तक कि पहाड़ियाओं को साधारण कोर्ट के अधीन न लाया गया। लेकिन मजिस्ट्रेट के साथ कोर्ट में कुछ माँझी भी 'एसेसर'(कर आँकने वाला) के रूप में मौजूद रहते थे। माँझी भूमि और उत्तराधिकार के विवादों के साथ-साथ संपत्ति के दावों की भी सुनवाई करते थे, यदि दावा सौ रुपए से अधिक न हो।

मि. फोम्बेल ने बेलपाटा परगना को वीरभूम से हटाकर पहाड़िया-व्यवस्था के अंतर्गत लाने की क्लीवलैंड के पूर्व के प्रस्ताव के साथ नूनी परगना को भी पहाड़िया-व्यवस्था के अंतर्गत शामिल करने की स्वीकृति प्राप्त करने में सफलता प्राप्त की। (1795)।

मि. फोम्बेल के बाद यह क्षेत्र अब्दुल रसूल खान के हाथों में आया। उसने पूर्व में कैप्टन ब्राउन के साथ बढ़िया काम किया था और उसे क्लीवलैंड के अधीन सजवाल का पद मिला था। लेकिन वह स्वतंत्र रूप से इसे सँभाल नहीं पाया। वास्तव में वह इस क्षेत्र का शासक बन बैठा। लोग उसे 'कॉन साहब' पुकारते थे। उसके भ्रष्ट आचरण और अत्याचार की शिकायतें मिलने लगीं। उसके आचरण तथा जमींदारों और पहाड़ियाओं के बीच पनपे विवादों के कारण 1818 में सरकार ने भागलपुर के ज्वाइंट मजिस्ट्रेट मि. सदरलैंड को इन सबकी छानबीन कर उचित उपाय सुझाने के लिए नियुक्त किया। मि. सदरलैंड ने सुधार के कई उपायों के साथ एक महत्त्वपूर्ण सुझाव भी दिया कि पहाड़िया लोगों की न्याय-प्रक्रिया में सुधार लाने के लिए 1796 का अधि.-१ हटा कर उन्हें सामान्य फौजदारी कोर्ट के न्याय-क्षेत्र के भीतर लाकर सामान्य पुलिस व्यवस्था के अधीन घोषित किया जाए तथा भागलपुर के मजिस्ट्रेट को दीवानी मामले सुलझाने का संक्षिप्त अधिकार प्रदान किया जाए।

1823 में सरकार द्वारा उसके सुझाव स्वीकार कर लिए गए। 1824 ई. में जॉन पेट्टीवार्ड को एक सहयोगी सर्वे अधिकारी कैप्टन टैनर के साथ दामिन-ई-कोह की सीमा निर्धारित करने हेतु नियुक्त किया गया। 1833 में सर्वे का काम समाप्त हुआ। 1837 में जेम्स पोटेंट को दामिन-ई-कोह का सुपरिंटेंडेंट बनाकर राजस्व की देखरेख के लिए भेजा गया। उसे यह विशेष निर्देश दिया गया था कि इस क्षेत्र में बड़ी संख्या में बसने के लिए आने वाले संतालों को जंगल की कटाई के लिए हर प्रकार का प्रोत्साहन दिया जाए। मि. पोटेंट द्वारा भागलपुर के कार्यकारी कलक्टर मि. एच.जे. जेम्स को लिखे पत्र के अनुसार उसको सौंपे गए काम इस प्रकार थे—

1. सरकार के आदेशानुसार (17 जुलाई 1823 अनु. 31-32) इस जिले के अंदर दामिन-ई-कोह के विस्तृत जंगली क्षेत्र की उस भूमि को शांतिपूर्वक अपने अधिकार में लेना जिसे पहाड़िया लोग पिछले कई वर्षों से अपनी पैतृक संपत्ति मान कर उस पर अधिकार किए हुए हैं।
2. पहाड़िया लोगों में खेती के प्रति रुचि जाग्रत करना।
3. सरकार के 6 दिसंबर 1827 के आदेश के अनुकूल सरदार, नायब और माँझियों को

जागीर प्रदान करना।

4. संताल नामक नए निवासियों की मेहनती जाति की रक्षा करना जो अपने मूल स्थान वीरभूम और सिंहभूम के दबंग जमींदारों के उत्पीड़न से तंग आकर पलायन कर गए हैं।
5. दामिन के अंतर्गत उस भूमि को मुक्त करना जिसे जमींदारों ने गुप्त रूप से दखल कर लिया है।
6. घने जंगलों को साफ करने के लिए अधिक-से-अधिक निवासियों को प्रोत्साहित करना और इसे इस योग्य बनाना कि हर वर्ग के लोग दामिन से प्राप्त स्रोतों पर आश्रित रह सकें।
7. इस दुर्गम क्षेत्र के सभी संभावित उत्पादों को सरकार की नजर में लाना।
8. उपरोक्त सभी कार्यों द्वारा सरकार के लिए उचित राजस्व प्राप्त करना।

पोटेंट ने अपना काम इतनी अच्छी तरह किया कि 1851 तक राजस्व 2000 रुपए से बढ़कर 43,919 रुपए हो गया। दामिन-ई-कोह में संतालों का आना बढ़ गया और उस वक्त तक 1473 गाँवों में फैली उनकी आबादी 82,795 थी। 'फ्रेंड ऑफ इंडिया' की एक तत्कालीन सूचना के अनुसार मि. पोटेंट का क्षेत्र सहजता से पहचाना जा सकता था क्योंकि गाँवों को परस्पर जोड़ती चौड़ी सड़कें थीं और लोग शांतिपूर्वक रहते हुए उन्नति की ओर अग्रसर थे।

परंतु ऐसा लगता है कि यह एक गलत आकलन था। उस समय की प्रशासनिक व्यवस्था भ्रष्ट हो गई थी और बड़ी संख्या में निर्दोष लोग अन्याय के शिकार हो रहे थे। इन्हीं कारणों से पनपे असंतोष ने 1855 में संतालों के विद्रोह को जन्म दिया।

संताल विद्रोह

ऐसा प्रतीत होता है कि संताल वीरभूम से उत्तर की ओर चलकर 1790 से 1810 के बीच इस जिले में बस गए जहाँ 1790 में उन्हें इस क्षेत्र के जंगलों की कटाई करने तथा जंगली जानवरों को भगाने के लिए लाया गया था। संताल आप्रवासियों के पहले दल के आने का निश्चित समय तो अज्ञात है परंतु बुकानन हैमिल्टन की एक अप्रकाशित पांडुलिपि के अनुसार वीरभूम के जमींदारों के उत्पीड़न और शोषण से तंग आकर अनेक संताल 1809 में दुमका में बस गए थे। 1615 से 1830 के बीच कुछ और संताल यहाँ आए। 1818 में मि.सदरलैंड ने उन्हें गोड्डा अनुमंडल की पहाड़ियों के निचले हिस्से से जंगल की सफाई भी करते पाया था। 1827 में वार्ड ने उन्हें उसी अनुमंडल के उत्तरी छोर पर बसा हुआ पाया। भागलपुर के कलक्टर डनबार की एक रपट के अनुसार, '1836 तक संताल और भुइंया के लगभग 427 गाँव दामिन-ई-कोह में थे जिनमें मुख्यत: संतालों की आबादी थी। पोटेंट के समय में जंगलों की कटाई को प्रोत्साहन दिए जाने के कारण संताल राजमहल पहाड़ियों की हृदयस्थली बरहाइत घाटी तक बस गए थे। उन्हें पहाड़ियाओं के विरोध का बहुत कम सामना करना पड़ा।' 1835 में मि. पोटेंट के आने के समय यहाँ यत्र-तत्र कुछ पहाड़िया लोग रहते थे और शेष हिस्सा घने जंगलों से घिरा था जिसमें बड़ी संख्या में जंगली हाथी और बाघ थे लेकिन अब इस निर्जन भूमि पर कई सौ संताल ग्रामवासी हैं

जिनके पास प्रचुर मात्रा में पशु तथा अनाज है। पहाड़ी लोग अपवादस्वरूप पहाड़ के कुछ ही हिस्सों में हैं—1851 में मि.सदरलैंड ने लिखा—

'1855 का विद्रोह जिसे 'हुल' कहा जाता है मूलत: दामिन-ई-कोह के संतालों ने किया। दुमका अनुमंडल के संतालों ने इसमें ज्यादा हिस्सा नहीं लिया। विद्रोह के कई कारण थे। संतालों के अनुसार छल-कपट, शोषण, अत्याचार काफी बढ़ गए थे। अधिकारी ध्यान नहीं देते थे और महाजन उन्हें तंग कर रहे थे। सरकारी अमला भ्रष्टाचार में लिप्त था और पुलिस उन्हें सता रही थी। अंग्रेज अधिकारियों की अनुपस्थिति में बंगाली तथा अन्य दिकुओं (वैसे गैर-संताली जो संतालों के बीच व्यापार या महाजनी करने आए थे) का शोषण-चक्र तेज हो गया था। इस जिले का पुनर्गठन कर इसे भागलपुर और वीरभूम में बाँट दिया गया था और रेजिडेंट मजिस्ट्रेट सिर्फ देवघर में बैठता था। दामिन-ई-कोह का राजस्व-प्रशासन सुपरिंटेंडेंट के जिम्मे था जिसके नीचे चार नायब सजवाल थे। वह सिर्फ लगान वसूलने आता था और भूमि विवादों का निपटारा करता था। अंग्रेज अधिकारियों में एकमात्र सुपरिंटेंडेंट ही दामिन-ई-कोह आता था। मगर उसे दीवानी और फौजदारी मामले निपटाने का कोई अधिकार न था। इसलिए संतालों को न्याय पाने के लिए देवघर और भागलपुर जाना पड़ता था। संताल अपनी खर्चीली आदतों के कारण आसानी से कर्ज की चपेट में आ जाते थे। महाजन उनसे ऊँचा ब्याज वसूलते थे और एक बार उनके चंगुल में फँस जाने के बाद छूटने का मौका कम ही मिलता था।

महाजनों द्वारा कर्ज वसूली के विरुद्ध संतालों के पास प्रमाणस्वरूप सिर्फ गाँठों वाला एक धागा होता था जिसकी गाँठ कर्ज में लिए गए रुपयों की और गाँठों के बीच की खाली जगह कर्ज लेने के बाद गुजरे वर्षों की संख्या बताती थी। जबकि महाजनों के पास बही-खाते होते जिसमें हिसाब लिखा रहता था और गिरवी या बिक्री के कागजात होते थे जो कभी-कभी झूठे भी होते थे। वे अपने मूल और सूद की वसूली के लिए कोर्ट-कचहरी न जाकर अपने दलालों द्वारा कर्जदारों के पशु उठवा लेते थे। कमजोर और निर्दोष संताल इन धनी शोषकों का कोई विरोध नहीं कर पाते थे। संपत्ति के अभाव में, जिसमें मुख्यत: पशु ही होते थे, वे मुख्तार और अमला को लगान नहीं दे पाते थे। शिकायत करने पर पुलिस को जाँच का आदेश तो मिलता, मगर वह भी महाजनों के हाथों की कठपुतली बनी हुई थी। इस प्रकार दामिन-ई-कोह पर सरकार का न तो न्यायालय के और न ही प्रशासन के माध्यम से कोई दबाव रह गया था। कचहरी व्यावहारिक रूप से पहुँच से काफी दूर थी और उसकी प्रक्रिया में लगे अमला और चपरासी भ्रष्ट थे। प्रशासनिक व्यवस्था के प्रतिनिधि नायब सजवाल और दारोगा भी भ्रष्ट और शोषक बनकर महाजनों के हाथों खेलने लगे थे। संताल न सिर्फ अपने इस शोषण और सरकारी उपेक्षा से त्रस्त थे बल्कि दूसरी तरफ वे अपने पड़ोसी पहाड़ियाओं को मिल रहे भिन्न प्रकार की व्यवस्था को भी देख रहे थे जिसमें उन्हें सामान्य नियमों से अलग रखकर उनके लिए विशेष नियमों की व्यवस्था की गई थी।

संताल दामिन-ई-कोह में अठारहवीं शताब्दी के अंतिम चौथाई तथा उन्नीसवीं शताब्दी के पहले तीन दशकों में उड़ीसा, ढालभूम, मानभूम, बड़ाभूम, छोटानागपुर, पलामू, हजारीबाग, मिदनापुर, बांकुड़ा तथा वीरभूम से बड़ी संख्या में आए। 1810-11 में भागलपुर जिले का सर्वे

करने वाले बुकानन हैमिल्टन के अनुसार इनमें से अधिकतर 1809 में दुमका में बस गए।[27] 1815 से 1830 के बीच और ज्यादा संताल यहाँ आए। 1851 के मुर्शिदाबाद, वीरभूम तथा राजमहल का भ्रमण करने वाले कैप्टन शेरविल ने राजमहल पहाड़ियों की हृदयस्थली बरहाइत के बारे में लिखा है—'पहाड़ियों की राजधानी बरहाइत वास्तव में एक संताल ग्राम है जिसकी आबादी बहुत अधिक है। यहाँ एक बड़ा बाजार भी है जहाँ सप्ताह में दो दिन हाट लगता है। बंगाली इनसे चावल, मोटा अनाज, सरसों तथा अन्य तेलहन खरीद कर बैलगाड़ियों में भगीरथी के किनारे स्थित जंगीपुर ले जाते हैं और बदले में संतालियों को रुपया, नमक, तम्बाकू, सीसा या कपड़ा देते हैं। आधुनिक सभ्यता से दूर ये संताली सादगीपूर्ण ढंग से प्रकृति की गोद में निवास करते हैं। वास्तव में यह एक आज्ञाकारी जाति है जिसके शासक को सिर्फ उनका सम्मान ग्रहण करने और लगान वसूलने का काम ही करना रहता है।'[28]

1855 में फूटा सशस्त्र विद्रोह दो वर्षों के भीतर वीरभूम से भागलपुर तथा रानीगंज से मुर्शिदाबाद के सीमावर्ती इलाकों में फैल गया। इसके मूल में उस समय की बदलती परिस्थितियाँ थीं। वारेन हेस्टिंग्स या कार्नवालिस के समय में भारत में फैलते ब्रिटिश साम्राज्य में ब्रिटिश-प्रशासनिक व्यवस्था को पारंपरिक भारतीय व्यवस्था के साथ मिलाकर विभिन्न भागों में लागू किया गया था। फिर भी इस विशाल देश में कुछ ऐसे क्षेत्र (जैसे भागलपुर और वीरभूम के बीच का पहाड़ी क्षेत्र) भी थे जहाँ उस समय कंपनी सरकार द्वारा पूरी तरह प्रभावी प्रशासनिक व्यवस्था स्थापित करना कठिन था। इन भूभागों में सामाजिक-आर्थिक परिस्थितियाँ तेजी से परिवर्तित हो रही थीं और महाजन तथा व्यापारियों जैसे भ्रष्ट लोग यहाँ के निवासियों का बेरोक-टोक शोषण कर रहे थे जिसके कारण उनका जीवन कठिन होता जा रहा था। राजस्व उगाही की व्यवस्था सुपरिंटेंडेंट के अधीन थी जो अपने पद का लाभ लेकर मजे कर रहा था। उसका काम वास्तव में चार नायब सजवाल ही करते थे जो परगनाइतों, माँझियों तथा निर्दोष संताल किसानों से गलत तरीके से अपने लिए भी रुपया वसूलते थे। 1856 के 'कलकत्ता रिव्यू' में लिखा है—'यदि उन्हें सरकार के लिए छः रुपया वसूलना होता तो वे और छः रुपए अपने लिए वसूल लेते थे और जहाँ जमीन बंदोबस्ती का लगान 4 आना तय था वहाँ वे एक रुपया अधिक ले लेते थे।' सिर्फ एक स्थानीय मजिस्ट्रेट देवघर में था और पुलिस स्टेशन कुछ खास जगहों पर ही थे। लेकिन पुलिस भी लोभी और भ्रष्ट थी और एकाध अपवादों को छोड़कर ऊपर से नीचे तक के सभी अधिकारी आम लोगों का शोषण कर गैर-कानूनी फायदा उठा रहे थे। दूसरे वर्ग के अधिकारियों में भी साधारण लोगों को धोखा देकर व्यक्तिगत लाभ लेने की बुरी आदत हो गई थी। 1842 के 'द बंगाल स्पेक्टेटर' में तत्कालीन बंगला जरनल से लिए गए एक उद्धरण में भी इसी आशय की अभिव्यक्ति है।

संतालों के लिए देवघर या भागलपुर कोर्ट जाना न सिर्फ कठिन था बल्कि वे इससे जुड़े अमला, मुख्तार, चपरासी और बरकंदाजों की चालबाजियों से भी परेशान थे। संतालों की आर्थिक स्थिति भी काफी बुरी थी। बचत न करने की आदत तथा फिजूलखर्ची के कारण पड़ोसी व्यापारियों और महाजनों के शोषण-चक्र में इस प्रकार फँस चुके थे कि आजीवन उबरना कठिन था। ये महाजन गैर-संताली थे जो मैदानी भागों से आकर यहाँ काफी समय से रह रहे थे। इनमें

बंगाल के वीरभूम तथा बर्दवान के अलावा शाहाबाद, छपरा, आरा तथा अन्य जगहों से आए लोग भी थे। ये संतालों को रुपया, धान, चावल तथा अन्य सामान कर्ज के रूप में देकर उनके भाग्यविधाता बन बैठते थे। बदले में वे संतालों की उपज का एक बड़ा हिस्सा सूद के रूप में वसूलते थे फिर भी उनका ऋण चुकता नहीं होता था क्योंकि उनके सूद की दर काफी ऊँची थी।

संतालों में ऋण-पत्र का भी प्रचलन था जिसके कारण उनकी स्थिति और दयनीय हो गई। ऋण-पत्रों में कर्जदार अपनी व्यक्तिगत सेवा द्वारा कर्ज चुकाने की शपथ लेता था। इस प्रकार संताल महाजनों के बँधुआ मजदूर, जिन्हें कमिया कहा जाता था, बन गए। इससे उन्हें दुहरी हानि होती थी। कर्जदाता 'कमिया' से खेती के मौसम में ही काम लेता था जब वह किसी अन्य जगह काम कर मजदूरी प्राप्त कर सकता था। काम के दौरान कमिया को मजदूरी के रूप में सिर्फ भोजन और साल में एक बार कपड़े का टुकड़ा मिलता था। कमिया की मृत्यु होने पर उसका बेटा, बेटी या नजदीकी रिश्तेदार को कमिया बनना पड़ता था। चूंकि सूद की दर काफी अधिक होती थी इसलिए वह आजीवन बँधुआ मजदूर बना रह जाता था।

साधारण मजदूरों को मिलने वाली अच्छी मजदूरी देखकर बँधुआ मजदूरी में फँसे संतालों का असंतोष और भी बढ़ा। साधारण मजदूर उस समय निर्माणाधीन रेल मार्ग में मजदूरी करने जाते थे और अच्छी मजदूरी पाते थे।

संतालों द्वारा जंगलों को साफ कर अपने रहने या खेती करने के लिए बनाई गई जमीन का हक भी सुरक्षित न था। दिकू कर्ज के बदले जमीन गिरवी रखकर हथिया रहे थे। जमींदारों ने संतालों की जमीन दूसरों को पट्टे पर देना शुरू कर दिया था। जमींदार, उनके गुमाश्ते, सुरबकर, चपरासी, महाजन और उनके मुस्तजिर या दलाल, पुलिस, सजवाल, अमला—सभी ने मिलकर निर्दोष और कमजोर संतालों का शोषण, जबरन वसूली, जमीन से बेदखली, हिंसा तथा उनकी सामाजिक-धार्मिक मान्यताओं और रीति-रिवाजों का हनन कर अपमानित करने का एक तंत्र बना लिया था। 50% से 100% तक ऊँची सूद की दर पर कर्ज देना, हाट-बाजार में बेईमानी, उनकी फसलों को जान-बूझकर बरबाद कर देने जैसे अन्य तरीकों से भी संतालों को तंग किया जाता था। बंधुआ मजदूरी की प्रथा तो थी ही। ऊपर से रेलवे निर्माण में लगे अंग्रेजों के व्यवहार से भी संतालों का असंतोष बढ़ा। 1856 के कलकत्ता रिव्यू के अनुसार, 'दामिन-ई-कोह में वर्षों से चली आ रही इस अन्यायपूर्ण सामाजिक-आर्थिक परिस्थिति के कारण संतालों के सब्र का बाँध कभी भी टूट सकता है और स्थिति अत्यंत विस्फोटक हो सकती है।'

और 1855-57 में हुए संताल-विद्रोह (जिसे हुल कहा जाता है) में ठीक यही हुआ। संताल बढ़ते अन्याय और शोषण को अब महसूस करने लगे थे। विद्रोह के कुछ समय पूर्व कुछ संताल अपने शोषण का विरोध करने के लिए लुटेरे बन गए थे। 1854 में पाकुड़ अनुमंडल के लिट्टीपाड़ा, बरहटी के कुसुमा तथा कुछ अन्य जगहों पर महाजनों को लूटा गया। महाजनों ने इसकी शिकायत दिघी थाना में 1835 से पदस्थापित दारोगा महेशलाल दत्त से की जिसने लुटेरे दल के नेताओं को गिरफ्तार कर सजा दी। मगर उनके शोषक महाजनों के खिलाफ कोई कार्रवाई नहीं हुई।

इससे संताल और अधिक क्रुद्ध हो गए। 1855 के आरंभ में वीरभूम, बांकुड़ा, छोटानागपुर

तथा हजारीबाग से लगभग छः-सात हजार संताल लूट में अपने साथियों को मिली सजा का प्रतिशोध लेने यहाँ जमा हुए। संतालों का गुस्सा विस्फोटक हो चला था, बस एक चिनगारी की जरूरत थी। चिनगारी मिली सिद्धू, कान्हू, चाँद और भैरव नामक चार भाइयों से। बरहती के दक्षिण में थोड़ी दूर पर बसे गाँव भगनाडीह के निवासी ये चारों भाई भूमिहीन थे और शोषण के शिकार थे। उन्होंने चारों तरफ यह खबर फैला दी कि उन्हें सपने में देवता के दर्शन हुए हैं और दैवी संदेश प्राप्त हुआ है। कहानी इस प्रकार थी कि गौर वर्ण ठाकुर (देवता) संतालों की वेशभूषा में सिद्धू के सामने प्रकट हुए। उनके प्रत्येक हाथ में दस-दस उँगलियाँ थीं। देवता ने अपना संदेश बीस कागज के टुकड़ों पर लिखा जो पाँच भागों में बँटा था। फिर वह अंतर्धान हो गए। पुनः दो आदमी प्रकट हुए जिनके हाथों में छः उँगलियाँ थीं। उन्होंने देवता के संदेश का अर्थ बताया और गायब हो गए। कुछ समय तक देवता हर रोज प्रकट होते रहे, कभी ज्वाला के रूप में एक पुस्तक, कुछ कागज और चाकू लिए हुए तो कभी पहिए के रूप में । इसके बाद मिट्टी का एक मंदिर बनवाकर उसके शिखर पर पहिया लगाया गया। सभी ग्रामीणों को यहाँ अनाज और दूध का चढ़ावा चढ़ाने तथा बलि देने का निर्देश दिया गया। यहाँ लोगों को कागज के टुकड़े और पुस्तक (जो वास्तव में ईसाई धर्म से संबंधित सिद्ध हुई) दिखाए जाते थे और उन्हें बताया जाता था कि इसमें ईश्वर का आदेश लिखा है। यह समाचार चारों तरफ फैल गया और दामिन-ई-कोह के सभी माँझियों के पास साल वृक्ष की टहनी के साथ संदेशवाहक भेज दिए गए। साल वृक्ष की टहनी लोगों के लिए जमा होने का संकेत था।

30 जून 1855, पूर्णिमा के तय दिन को कहा जाता है कि 10,000 संताल भगनाडीह में जमा हुए। वहाँ उन्हें देवता का आदेश सुनाया जाने वाला था। कहा जाता है कि उन्होंने सरकार, भागलपुर और वीरभूम के अधिकारियों, कुछ दारोगाओं, जमींदारों तथा अन्य लोगों को इन आदेशों की सूचना देने वाले पत्र लिखे थे। संतालों ने सरकार का विरोध करने के अपने इरादे से इनकार किया था मगर घोषणा की थी उनके नए देवता ने उन्हें नए दर से लगान वसूल कर सरकार को जमा करने का आदेश दिया है जो भैंस के हल पर दो आना, बैल के हल पर एक आना तथा गाय के हल पर आधा आना प्रतिवर्ष होगा। सूद भी एक पैसा प्रति रुपया सालाना होगा। इस प्रकार इसमें कोई संदेह नहीं कि संताल दामिन-ई-कोह को अपने अधिकार में लेना चाहते थे। सिद्धू और कान्हू ने स्वयं को 'सुबाह' या देवता का प्रतिनिधि घोषित कर दिया।

7 जुलाई को बरहाइत से उत्तर पाँच केठिया में संतालों के जमा होने की खबर पाकर दिघी थाने का दारोगा महेशलाल दत्त बरकंदाजों के दल के साथ वहाँ पहुँचा। उसके मना करने पर भी संतालों ने वहाँ से हटने से इनकार कर दिया और दारोगा को आदेश दिया कि वह पड़ोस के प्रत्येक बंगाली परिवार से पाँच रुपए 'लेवी' वसूले। तब दारोगा ने क्रोधित होकर सिद्धू और कान्हू को गिरफ्तार करने का आदेश दे दिया। संताल क्रुद्ध होकर उस पर टूट पड़े और कुल्हाड़ियों से उसका सिर काट डाला। इस हत्या के बाद संतालों ने युद्ध का-सा दृश्य उत्पन्न कर दिया। उन्होंने गोड्डा अनुमंडल के कुटहुरिया थाने के दारोगा, परतब नारायण की हत्या जोनारचुक में कर दी। इनकी इन गतिविधियों से भागलपुर तक आतंक फैल गया। भागलपुर के मजिस्ट्रेट मि. एच.ई. रिचर्डसन और मि. पोटेंट रेलवे इंजीनियर मि. विगोर के मकान में छिप गए। यह मकान

पहले शाहशुजा का महल था। इन लोगों ने मकान की घेराबंदी कर सुरक्षा-व्यवस्था कड़ी कर दी। उनको बचाने आई सेना के पहुँचने तक वे वहीं छिपे रहे। भागलपुर के कमिश्नर मि. सी.एफ. ब्राउन ने विद्रोह की सूचना पाते ही भागलपुर तथा डाक विभाग की सुरक्षा बढ़ा दी। उसने पहाड़ी सरदारों तथा पड़ोसी जमींदारों को सूचना देकर इस विद्रोह को दबाने में सहायता माँगी। उसने बिहार और बंगाल के कुछ अधिकारियों से भी उचित सहयोग करने का आग्रह किया। मेजर एफ.डब्ल्यू. बरो के नेतृत्व में भागलपुर से रवाना हुई टुकड़ी का पीरपैंती के समीप पियालापुर में संतालों से सामना हुआ जिसमें संतालों ने उन्हें तीर-धनुष तथा कुल्हाड़ियों के बल पर ही पराजित कर दिया। इसके बाद संताल विद्रोहियों ने पश्चिम में कोलगोंग से पूर्व में राजमहल तक और दक्षिण में लगभग रानीगंज और सैंतिया तक का क्षेत्र रौंद डाला।

दूसरी जगहों पर भी विद्रोह भयंकर रूप ले रहा था। पाकुड़ और इसके पूर्वी और दक्षिण-पूर्वी भागों के समीपवर्ती भागों में लूटपाट किया गया। झीकर हाटी में अंबर के जमींदार का घर जला दिया गया। इसके बाद विद्रोही पूर्व की ओर मुर्शिदाबाद जिले की सीमा की ओर बढ़े। कदमसाइट में मि. चार्ल्स मेसैक के नील के कारखाने पर हमला किया। मगर चार्ल्स मेसैक अपने भाई हेनरी मेसैक के भेजे 160 पुलिस बरकंदाजों और कदमसाइट के अन्य लोगों की सहायता से संताल-विद्रोहियों को भगाने में सफल रहा। हेनरी मेसैक का भी मुर्शिदाबाद के धुलिया में नील का कारखाना था।

इसी समय बरहमपुर के मजिस्ट्रेट मि. टोगुड के नेतृत्व में 7वीं नेटिव इन्फैंट्री के 400 सैनिकों की टुकड़ी 11 जुलाई को बरहमपुर से चली। 13 जुलाई को जब यह टुकड़ी कदमसाइट पहुँची तब तक विद्रोही वहाँ से जा चुके थे। उसने वीरभूम के पालसा तक संथाल-विद्रोहियों का पीछा किया लेकिन विद्रोही मुठभेड़ से बचते हुए महेशपुर पहुँच गए और वहाँ के राजा के महल पर कब्जा कर लिया। टोगुड ने 17 जुलाई की सुबह यहाँ 3000 विद्रोहियों को पराजित किया। इस लड़ाई में अन्य संतालों के साथ सिद्धू, कान्हू और भैरव भी घायल हुए और लगभग 200 संताल मारे गए। तराई नदी के पास पाकुड़ के पश्चिम में इन्फैंट्री के दो सौ सैनिकों ने 5000 विद्रोहियों को हरा दिया। मुर्शिदाबाद के मजिस्ट्रेट ने विद्रोहियों को पहाड़ियों तक पीछा कर रघुनाथपुर (बरहरवा-बरहाइत मार्ग पर) में उन्हें हराया और भगनाडीह को जला दिया। 24 जुलाई को विद्रोहियों के सबसे अधिक प्रभाव वाला हिस्सा बरहाइत को अपने कब्जे में ले लिया। इसके थोड़े समय बाद ही सिद्धू को उसके कुछ सहयोगियों ने धोखे से भागलपुर की टुकड़ी को सौंप दिया।

वीरभूम के कई हिस्सों में भी विद्रोह फैल चुका था। 20 जुलाई तक वीरभूम के दक्षिण-पश्चिम में तालडांगा, ग्रैंड ट्रंक रोड और दक्षिण-पूर्व में सैंतिया से भागलपुर और राजमहल तक इसके प्रभाव में आ गया था। संतालों को दामोदर नदी से दक्षिण में बढ़ने से रोकने तथा आसपास के इलाकों की सुरक्षा के लिए वहाँ अतिरिक्त टुकड़ियाँ भेजी गई थीं।

जुलाई के अंत में सभी टुकड़ियों को ब्रिगेडियर-जनरल लायड के अधीन कर दिया गया। इसके तुरत बाद बांकुड़ा और वीरभूम में तैनात टुकड़ियों का विशेष कमान कर्नल बर्ड को सौंप दिया गया। तत्कालीन भारत सरकार ने लेफ्टिनेंट गवर्नर को 'मार्शल लॉ' लगाने की अनुमति

नहीं दी। फिर भी अगस्त के दूसरे सप्ताह तक भागलपुर के उत्तरी भाग से विद्रोहियों को भगा दिया गया था और वे दक्षिण की ओर भाग गए थे। दक्षिण के कुछ भागों में भी शांति स्थापित हो चुकी थी। लेकिन लगभग तीस हजार विद्रोही अब भी थे जो हमला करने के बाद जंगलों में छिप जाया करते थे जहाँ से बरसात के मौसम में उन्हें भगाना कठिन था।

6 अगस्त को नदिया डिवीजन के कमिश्नर ए.सी. बिडवेल को संताल-विद्रोह को पूरी तरह समाप्त करने के लिए 'विशेष कमिश्नर' बनाया गया। 17 अगस्त को बिडवेल की एक घोषणा से विद्रोही फिर क्रुद्ध हो उठे और सितंबर में पुनः विद्रोह फूट पड़ा। महीने के अंत तक देवघर से इसके दक्षिण-पश्चिमी सीमा तक का हिस्सा विद्रोहियों के हाथों में चला गया। 10 नवंबर को भागलपुर, मुर्शिदाबाद और वीरभूम जिले के बुरी तरह प्रभावित इलाकों में 'मार्शल लॉ' लगा दिया गया। पूरे क्षेत्र में भारी संख्या में सैनिक फैल गए। संताल-विद्रोही 12000 से 14000 तक की संख्या वाली इन टुकड़ियों का सामना नहीं कर सके और भूख और बीमारी से कमजोर पड़ गए। उन्हें खुले स्थानों से हटकर पुनः जंगलों में भागना पड़ा। उनके अधिकांश नेता पकड़ लिए गए। कान्हू को भी कुंजरा के सरदार घटवाल ने जामताड़ा के ऊपर बांदा में बन्दी बना लिया। 3 जनवरी 1856 तक विद्रोह शांत पड़ गया और सरकार ने 'मार्शल लॉ' हटा लिया। इसके बाद भी छिटपुट विद्रोह हुए, मगर जाड़े के मौसम के अंत तक ब्रिटिश सरकार विद्रोह को पूरी तरह दबा देने में सफल रही। सिद्धू को बरहाइत में तथा कान्हू को भगनाडीह में फाँसी दे दी गई।

संताल ब्रिटिश सेना के आधुनिक हथियारों के सामने कमजोर भले ही पड़ गए थे मगर उन्होंने वीरता के कई कारनामे किए। एक घटना में उन्होंने सरकारी हरकारे को पकड़ लिया और उसकी डाक लूट ली। फिर उन्होंने उसे इस शर्त पर छोड़ा कि वह तीन पत्तियों वाली साल-वृक्ष की टहनी लेकर शहर तक जाए जो इसका संकेत था कि वे तीन दिनों बाद शहर पर हमला करेंगे। एक अन्य घटना में एक मुठभेड़ के बाद 45 संताल-विद्रोही एक मिट्टी के झोंपड़े में जा छिपे और आत्मसमर्पण करने से इनकार कर दिया। सिपाही बाहर से उन पर गोलीबारी करते रहे जिसका जवाब वे तीरों से देते रहे। तीरों का हमला बंद होने के बाद अंदर प्रवेश करने पर सिपाहियों ने सिर्फ एक वृद्ध को ही जीवित पाया। उस वृद्ध ने झपट कर कुल्हाड़ी से हमला कर दिया और एक सिपाही को मार डाला।

पहाड़ियाओं का व्यवहार इनसे बिलकुल भिन्न था। वे संतालों के दल का दूरी रखते हुए पीछा करते थे। जब संताल किसी जगह पर हमला कर वहाँ के निवासियों को भगा देते तो ताक में लगे पहाड़िया वहाँ का सामान लूट लेते और तुरंत भाग जाते। उधर संताल लड़ते रहते और उन्हें लूट का सामान भी कम ही मिलता।

संताल यह नहीं समझ पाते थे कि उनके और ईश्वर द्वारा उन्हें दी गई जमीन के बीच कोई तीसरा क्यों आ जाता है। वे अपना जंगल, अपनी जमीन और अपनी परंपरा वापस पाना चाहते थे। प्रशासनिक अधिकारी उनकी अर्जी पर सालों कार्रवाई नहीं करते थे। हाकिम, अमला और वकीलों की कार्यपद्धति उनकी समझ से परे थी। इन सारे तथ्यों और व्याप्त अव्यवस्था के कारण उन्होंने अधिकारियों, महाजन, जमींदार तथा अन्य सरकारी अमलों के विरुद्ध विद्रोह किया। उनके विद्रोह को तो आसानी से कुचल दिया गया मगर सरकार को यह महसूस हो गया कि

बंगाल प्रेसीडेंसी में लागू नियम-कानून दामिन-ई-कोह तथा अन्य जनजातीय बहुल जिलों के उपयुक्त नहीं है।

वास्तव में संताल-हुल बदलती प्रशासनिक और आर्थिक परिस्थितियों में व्याप्त होती जा रही बुराइयों का स्पष्ट लक्षण था। इसके उचित उपचार के लिए सतर्क छानबीन आवश्यक थी। इससे बंगाल और बिहार के इतिहास का एक नया अध्याय खुल गया था। इसने भारत में अपनी जड़ें मजबूत करती ब्रिटिश सरकार को यह सोचने पर मजबूर कर दिया कि संताल इलाकों में प्रभावी प्रशासनिक नियंत्रण स्थापित करने के लिए समुचित कदम उठाने की आवश्यकता है।

अब सरकार द्वारा 1855 का अधि. XXXVII लागू कर दिया गया। इससे दामिन-ई-कोह तथा उन जिलों से जिसमें मुख्यतः संताल निवास करते थे, सामान्य व्यवस्था समाप्त हो गई। इस क्षेत्र को भागलपुर तथा वीरभूम से अलग कर संतालपरगना नामक नए जिले का गठन किया गया जिसमें चार अनुमंडल दुमका, गोड्डा, देवघर और राजमहल थे। इसमें दीवानी तथा फौजदारी मामलों का अधिकार उपायुक्त और चार सहायक आयुक्तों को सौंप दिया गया। इसके बाद 1856 के 'पुलिस रूल्स' के तहत गाँवों में मुखिया प्रथा को मान्यता देकर ग्रामीण अधिकारियों को पुलिस का अधिकार प्रदान कर दिया गया। पुनः एक नई व्यवस्था लागू की गई जिसमें मुख्यतः तीन बातों पर ध्यान रखा गया—

1. संतालों और सहायक आयुक्त के बीच कोई मध्यस्थ न हो।
2. बिना लिखित अर्जी के या अमला की अनुपस्थिति में मौखिक रूप से शिकायत दर्ज कराई जा सके।
3. सभी आपराधिक मामलों में गवाहों के साथ कोर्ट में लाए गए मुलजिमों पर संताल स्वयं कार्रवाई करें।

इस व्यवस्था से जनता और प्रशासन के बीच सीधा संपर्क बन गया। प्रथम उपायुक्त एशले इडेन तथा आयुक्त मि. जार्ज यूल, सी.बी. के समय में यह व्यवस्था इतनी सफल हुई कि 1857 के सिपाही-विद्रोह में संतालों ने हिस्सा तो नहीं ही लिया, अनेक संतालों को भी पुलिस सेवा में भर्ती करना संभव हो सका।[29]

कुछ समय बाद कुछ अंग्रेज नीलहों, जमींदार तथा रैयतों ने 1855 के अधि. XXXVII को अपने इलाकों में लागू किए जाने पर आपत्ति की। उनके अनुसार संतालपरगना के पूर्णिया, मालदा, मुर्शिदाबाद जैसे कुछ इलाकों में संतालों की संख्या कम थी। यहाँ बंगाली और संतालों की मिश्रित आबादी भी नहीं थी। मीलों दूर पहाड़ी पर कम संख्या में संताल थे। बंगाली और संताली का अनुपात 7:1 था। इसलिए उन्होंने वर्तमान अधिनियम में पर्याप्त संशोधन करने का अनुरोध किया।

बंगाल सरकार के जूनियर सेक्रेटरी ने 19 नवंबर 1856 को मि.इ.कूरी (बंगाल के लेजिस्लेटिव काउंसलर) को उपायुक्त मि.यूल के पत्र सं. 102 दि. 17 जुलाई 1856 तथा अन्य पत्रों के संदर्भ में वर्तमान अधिनियम को लागू करने वाले विधेयक में तत्काल संशोधन की आवश्यकता जताई।

इस संबंध में बंगाल सरकार के सचिव के लिखे उपरोक्त ऐतिहासिक पत्र में मि. यूल ने

संतालपरगना की सीमा के पुन:निर्धारण के उद्देश्य से इसमें जोड़े या अलग किए जाने वाले क्षेत्रों के लिए निम्न आधार पर विचार करने की सलाह दी थी—

1. क्षेत्र-विशेष में निवास करने वाले संतालियों की संख्या,
2. सामान्य सीमा के संदर्भ में क्षेत्र की स्थिति ताकि जोड़े या अलग किए जाने पर जिले का एक ठोस रूप बने,
3. गैर संतालियों की भावना।

पूर्वोक्त आधार पर यूल ने जो प्रस्ताव दिया था उसका सार इस प्रकार था :

1. वीरभूम जिले के हरीपुर, नोनी, मुल्लरपुर, दुरीन मोलीसेर तथा भागलपुर के कोलगोंग परगना (टप्पा मुनहीरी को छोड़कर) को संताल क्षेत्र से अलग करना,
2. तेलियागढ़ी के पश्चिमी छोर से फरक्काबाद के उत्तरी छोर तक अथवा उससे अलग हुए दानापुर तक गंगा नदी को संतालपरगना की सीमा बनाना, तत्पश्चात् किसी भी परिवर्तन के फलस्वरूप नदी की दूसरी तरफ सीमा-निर्धारण न करना,
3. बहादुरपुर के उस भाग को जो अब गंगा के पूर्वी तट की ओर है लेकिन संताली क्षेत्र में पड़ता है, मालदा को स्थानांतरित करना, और
4. लेफ्टिनेंट-गवर्नर को कोलगोंग या भागलपुर के ऐसे भूभाग को अलग करने का अधिकार देना जिसे वह उचित समझते हों।

1855 के अधिनियम XXXVII में संशोधन संबंधी विधेयक विधानसभा में पारित हो गया और वह 1857 का अधिनियम X बन गया। इसी अधिनियम के अनुसार संतालपरगना की सीमा का पुनर्निर्धारण हुआ।

1857-59 का भारतीय राष्ट्रीय आन्दोलन

1857-59 के मध्य में भारत में विस्तृत और वृहद् आन्दोलन हुआ जिसने भारत में ब्रिटिश शासन की नींव हिला दी। लार्ड क्रोमर ने लिखा है कि अंग्रेजों की नई पीढ़ी को भारतीय सिपाही-विद्रोह के इतिहास से सबक और चेतावनी लेनी चाहिए।

सिपाही-विद्रोह के रूप में प्रसिद्ध इस आन्दोलन के कारणों की जड़ें काफी गहरी थीं और परिणाम भी उल्लेखनीय रहा। इसे सिर्फ एक सिपाही-विद्रोह के रूप में देखना ऐतिहासिक भूल है। पटना के तत्कालीन कमिश्नर मि. विलियम टेलर ने महसूस किया था कि राजनीतिक, आर्थिक और सांस्कृतिक आदि विभिन्न कारणों से पूरे बिहार में गहरा असंतोष और उत्तेजना फैल रही थी।

बिहार इस आन्दोलन का एक प्रमुख केंद्र था और आरा के जगदीशपुर के कुंवर सिंह की वीरता ने भारतीय स्वतंत्रता की लड़ाई के इतिहास में एक प्रेरक अध्याय जोड़ा। बिहार के संदर्भ में सिपाही-आन्दोलन की शुरुआत संतालपरगना (अब झारखंड) के देवघर अनुमंडल के एक गाँव रोहिनी में 12 जून 1857 को शाम को हुई। रोहिनी 5वीं इर्टेगुलर कैवलरी (घुड़सवार सेना) का मुख्यालय था। उस वक्त वहाँ रेजीमेंट के तीन अधिकारी कमांडेंट मेजर मैकडोनल्ड, एडजुटेंट सर नॉरमन लेस्ली तथा डॉ. ग्रांट मौजूद थे। मेरठ में विद्रोह फूटने के ठीक एक माह

बाद 12 जून को इन तीनों अधिकारियों पर हमला किया गया। शाम को तीनों अधिकारी मेजर मैकडोनल्ड के बंगले पर चाय पी रहे थे। अचानक तीन आदमी तलवार लिए वहाँ घुस आए और उन पर हमला कर दिया। सर नॉरमन अपनी तलवार लेने घर के भीतर दौड़े पर पाँव फिसलने के कारण गिर पड़े। उन्हें तुरंत काट डाला गया। शेष दोनों अधिकारी अपनी कुर्सी उठाकर हमलों से अपना बचाव करते रहे। दोनों घायल हो गए। वे दोनों निश्चित मारे जाते यदि हमलावर स्वयं ही भाग न जाते। बाद में मामले की छानबीन के दौरान रेजीमेंट के सभी सिपाहियों को एक जगह जमा कर उनकी तलवारों की जाँच की गई लेकिन सभी के तलवार साफ-सुथरे पाए गए। लेकिन मेजर इमाम खान के माध्यम से अधिकारियों को हमलावर सिपाहियों का सुराग मिल गया। उन्हें कोर्टमार्शल कर फाँसी दे दी गई और इमाम खाँ को अंग्रेज सरकार की तरफ से अच्छा इनाम मिला।

फिर जुलाई तक संतालपरगना में कोई विद्रोह नहीं हुआ। मगर अगस्त के मध्य में भागलपुर में 5वीं इर्टेगुलर रेजीमेंट ब्रिटिश सरकार के विरुद्ध उठ खड़ी हुई और रोहिनी स्थित अपने रेजीमेंट की टुकड़ी से जा मिली। 16 अगस्त को दोनों मिलकर 32वीं नेटिव इन्फैंट्री के मुख्यालय बौंसी पहुँचे मगर वहाँ से उन्हें कोई सहयोग न मिला। बौंसी स्थित कमांडेंट को विद्रोहियों के आने की सूचना संदेशवाहक द्वारा आधा घंटा पहले ही मिल चुकी थी। देवघर में भी सूचना पहुँच गई थी। दुमका में स्वयं 5वीं इर्टेगुलर टुकड़ी के सवारों का दल था। इस दल के एक सिपाही श्यामानंद मुखर्जी ने सरकार की सहायता की। उसने खजाने (4000 रुपए) और बंदियों को सूरी भेजने की व्यवस्था की।

1857 के आन्दोलन में संताल और अन्य जनजातियों ने भाग नहीं लिया मगर वे छिटपुट उपद्रव करते रहे। चोबारों में थोड़ा असंतोष था। ग्रैंड ट्रंक रोड से सटे कुछ गाँवों को संतालों ने लूट लिया। पुरुलिया और मिदनापुर के कुछ हिस्सों में कुछ संतालों ने उपद्रव किया। फलस्वरूप संतालपरगना में सुरक्षा व्यवस्था कड़ी कर दी गई।

5वीं अनियमित सेना के जिले से चले जाने के बाद शांति स्थापित हो गई। सरकार ने पुलिस का काम करने के लिए संतालों के दल बनाने की योजना बनाई। उनका वेतन कम-से-कम पाँच रुपए निर्धारित किया गया जिसमें किसी भी स्थिति में कटौती नहीं की जा सकती थी। ऐसी तीन कंपनियाँ बनाई गईं। उन्हें हल्के रायफल तथा उनके पारंपरिक हथियार कुल्हाड़ी से लैस कर दिया गया।

सेना में संतालों का उपयोग किए जाने पर विचार किया गया।[30] कमिश्नर, बंगाल सरकार के सचिव तथा मिलिट्री विभाग इस पर सहमत हो गए। छोटानागपुर के कार्यकारी कमिश्नर डाल्टन ने तीन सौ संतालों को 'ड्रिल' के लिए सहायक कमिश्नर ब्राउल के पास देवघर भेजा था।

संतालपरगना के इतिहास में अगला पड़ाव 1871 रहा। 1858 से 1871 तक का समय भी बिलकुल शांतिपूर्ण नहीं रहा था। ब्रिटिश शासकों को यह महसूस हो गया था कि भारत में ब्रिटिश शासन को मजबूत बनाने के लिए संचार-व्यवस्था का विकास जरूरी है। 1857 तंक एकमात्र उपयोगी सड़क भागलपुर से दुमका और सीरी को जोड़ने वाली सड़क थी। अन्य सड़कें नाममात्र की थीं जिनका वर्षभर उपयोग नहीं हो सकता था। इसलिए सड़कें

बनवाई गईं और रेल लाइन बिछाने के लिए सर्वेक्षण आरंभ हो गया। इसके फलस्वरूप बिहार से बड़ी संख्या में भोजपुरी भाषी तथा बंगाल से बंगाली यहाँ आने लगे। पूरे जिले में ऐसे महाजनों और बनियाओं का जाल बिछ गया जो संतालों की जमीन गिरवी रखकर उन्हें कर्ज देने का काम करने लगे। बिहारी और बंगालियों के पास बड़ी संख्या में जमींदारियाँ हो गईं और संताल अपनी जमीन से बेदखल होने लगे। 1861 में सरकार ने संताल के संभावित विद्रोह के मद्देनजर कुछ नियत स्थानों पर दो रेजीमेंटों को तैनात करने का निर्णय लिया। नया दुमका सब-डिवीजन के सहायक कमिश्नर ने संतालों में बढ़ते असंतोष की जानकारी सरकार को भेजी थी। राजमहल से भी ऐसी ही सूचना थी। नया दुमका के सहायक कमिश्नर के अनुसार असंतोष के संभावित कारण थे—जमींदारों द्वारा किराया बढ़ाया जाना, महाजनों द्वारा 1859 के अधि. XIV के अंतर्गत दावा करने की धमकी देना, और कान्हू की वह भविष्यवाणी जिसमें उसने लगभग इसी समय नेता के रूप में पुनः प्रकट होने की बात कही थी। इसलिए पहले राजमहल, सूरी और भागलपुर तथा बाद में रामपुर हाट, पाकुड़, पीरपैंती, गोड्डा और देवघर में सेना तैनात कर दी गई। वास्तव में यहाँ कोई विद्रोह नहीं हुआ मगर शासक काफी भयभीत थे।

1871 में संतालपरगना के संतालों में अपने शोषण-उत्पीड़न और खासतौर पर माँझियों को हटाए जाने के विरुद्ध काफी असंतोष था। संताल-हुल की स्मृति धूमिल होने और सर जी. यूल, जिसके कार्यकाल में संताल काफी सुरक्षित और संतुष्ट थे, के जाने के बाद संतालपरगना में 'स्टाम्प लॉ' लागू करने का प्रश्न उठने लगा था। प्रश्न एडवोकेट-जनरल के विचारार्थ भेजा गया जिसने 1862 के अधि. X की धारा 9, 12 और 25 की व्याख्या करते हुए निर्णय दिया कि यह भारत के सम्पूर्ण ब्रिटिश राज्य पर लागू होता है और चूंकि संतालपरगना भी इसी के अंतर्गत है इसलिए इसे संतालपरगना पर भी लागू समझा जाए।

तत्पश्चात् लेफ्टिनेंट गवर्नर सर सी. बीडन ने 11 अप्रैल 1863 को संतालपरगना के कमिश्नर को 1855 के बाद पारित सामान्य कानूनों को अमल में लाने तथा नियमों की प्रक्रिया को तद्नुसार संशोधित करने का निर्देश दिया। उसने मुख्तारों की नियुक्ति पर लगे प्रतिबंध को समाप्त कर दिया और संतालपरगना को अन्य प्रांतों में लागू व्यवस्था के अंतर्गत ले आया। उसने स्टाम्प के प्रयोग पर भी जोर दिया।

1871 तक इन सारे निर्देशों के लागू होने के साथ संतालपरगना में पूरी तरह सामान्य व्यवस्था कायम हो गई। पूरे संतालपरगना में संतालों का असंतोष चरम पर पहुँच गया और जून 1871 में समूचे क्षेत्र में संतालों के विद्रोह और उनके द्वारा गैर संतालियों पर आक्रमण किए जाने का भय व्याप्त हो गया।

संतालों के विद्रोह करने के भय का तात्कालिक कारण था कुछ जमींदारों द्वारा संताल रैयतों का लगान बढ़ाना। संताल रैयतों का एक दल इसकी शिकायत करने जब दुमका के सहायक कमिश्नर के पास गया तो उसने दल बाँध कर आने के जुर्म में प्रत्येक संताल पर दस रुपए का जुर्माना लगा दिया। एक तो संताल जमींदार द्वारा सताए गए, दूसरे सरकार की तरफ से भी बुरा बर्ताव मिला। इसलिए वे काफी क्रुद्ध हो उठे।

महेशपुर के राजा ने संतालपरगना के आयुक्त डब्ल्यू. वुड को सूचना दी कि उसकी जमींदारी के कुछ गाँव के बंगाली तथा अन्य गैर संताली डर से पलायन कर गए हैं। वुड ने जाँच करने पर पाया कि डर से भागे बंगालियों में से किसी का भी सामना संतालियों से नहीं हुआ था। उन्होंने सिर्फ डुगडुगी (युद्ध का बाजा) की आवाज सुनी थी। उन्हें इस बात का डर था कि 1855 के विद्रोह के दौरान उन पर हुए आक्रमणों को फिर से दुहराया जाएगा। महेशपुर के राजा ने वुड को जमींदारों द्वारा संताल रैयतों का लगान बढ़ाने तथा कमिश्नर द्वारा उनके साथ किए गए बुरे व्यवहार की कहानी सुनाते हुए बताया कि संतालों को जब न्याय नहीं मिला तो उन्होंने फिर हुल (विद्रोह) करने की चेतावनी दी। उनकी यह चेतावनी जंगल में आग की तरह इस रूप में फैल गई कि संतालों ने वास्तव में विद्रोह कर दिया है। संताली गाँव हाथीमारा में एक बाघ को खदेड़ने के लिए जुटे संतालियों के कारण भी यह भ्रम फैला। वुड ने परगनाइतों से पूछताछ की। परगनाइतों ने भरोसा दिलाया कि न तो सुलतानाबाद के संतालों में विद्रोह करने की मंशा है और न ही उन्होंने दुमका के संतालों के बारे में ऐसा सुना है। वुड ने परगनाइतों को संताल की शिकायतों की जाँच कर उनके कष्टों को दूर करने का भरोसा दिलाया। मगर उन्हें यह भी चेतावनी दी कि हाकिमों को डराने-धमकाने की नीयत से संतालों के एकत्रित होने को बर्दाश्त नहीं किया जाएगा।

संतालों में विद्रोह की स्थिति बनने का मुख्य कारण सर सी. बीडन की वह नीति थी जिसके कारण संतालपरगना में वही व्यवस्था लागू कर दी गई थी जो अन्य निचले प्रांतों में थी। एक गंभीर और दुखद विद्रोह के बाद सुधार के लिए अपनाई गई नीति को अकारण और भारत सरकार से बिना विचार-विमर्श किए इस प्रकार समाप्त कर देना बंगाल सरकार के लिए निश्चित ही एक गलत कदम था।

भारत सरकार ने तत्कालीन लेफ्टिनेंट गवर्नर को दामिन-ई-कोह तथा जिले के अन्य भागों में असंतोष फैलने से रोकने के लिए तत्काल उपाय खोजने का जिम्मा सौंपा। उसे पूरे जिले के लिए एक बेहतर प्रशासनिक व्यवस्था की योजना बनाने का भी निर्देश दिया गया।

बढ़ते असंतोष के कुछ ठोस कारण 29 जुलाई 1871 (सं. 20-23) की कार्रवाई के कागजात में मिलते हैं। बंगाल सरकार के जुडिशियल विभाग के कार्यकारी सचिव ने 11 जुलाई 1871 को भारत सरकार के गृहविभाग को सूचित किया था कि कई हिस्सों में बेचैनी और असंतोष व उत्तेजना बढ़ने की सूचना मिली है। उन्हें दो अलग-अलग नील के कारखानों के मालिकों ने सूचना दी है कि उनके संताल मजदूरों ने अपना अग्रिम वेतन यह कहकर लौटा दिया है कि उन्हें 'हुल' में हिस्सा लेना है इसलिए अब वे काम पर नहीं आ सकते।

माँझियों की समस्या समूचे लगान संबंधी समस्या के मूल में थी। जमींदार और सरकार माँझियों को एक किसान के समकक्ष भू-धारक की मान्यता तो देते थे मगर उन्हें किसानों की तरह भूमि को अपनी 'जोत' मानने का अधिकार नहीं था। उनकी जमीन के पट्टे की अवधि समाप्त होने पर पुनः पट्टे पर देने के लिए जमींदार उनसे ज्यादा लगान की माँग करते थे। कभी-कभी तो बहुत ही ज्यादा। दूसरी तरफ माँझी यह समझते थे कि उन्हें अपने खेतों को समुचित

वृद्धि के साथ पुनः पट्टे पर लेने का अधिकार है।

जिले के एक प्रमुख परगना गोड्डा के सँकरा में पट्टे का मामला परेशानियों का केंद्रबिंदु बना। मेसर्स ग्रांट को काफी जमीन पट्टे पर मिली थी। ग्रांट ने 1871 में पूर्व अधिकारी सादत अली द्वारा 'जुम्मा' में 25 से 30 प्रतिशत की बढ़ोतरी पर पाँच वर्षों के लिए दिए गए पट्टों को बिना अधिकार रद्द कर दिया तथा पुनः 'जुम्मा' में 25 से 30 प्रतिशत की वृद्धि कर दी तथा 10 प्रतिशत 'सलामी' लगा दी।

बेलपाटा, हुंडवा, लखनपुर तथा अन्य कुछ प्रखंडों में भी जमींदारों द्वारा लगान में 25 से 30 प्रतिशत और कहीं-कहीं 100 से 200 प्रतिशत वृद्धि की शिकायत मिली।

बंगाल सरकार के विधि-विभाग के कार्यकारी सचिव मि. थॉमसन द्वारा भारत सरकार के गृहसचिव को 6 दिसंबर 1871 को लिखा गया पत्र (सं. 6186) संतालों से संबंधित पूरे मामले पर प्रकाश डालता है। गवर्नर के आदेश पर संतालपरगना के आयुक्त द्वारा संतालों में फैली उत्तेजना और असंतोष के कारणों की जाँच करने के दौरान प्राप्त तथ्यों के आलोक में यह रिपोर्ट भेजी गई थी। मि. रिवर्स थॉमसन के पत्र के साथ संतालपरगना के आयुक्त द्वारा भेजी गई रिपोर्ट से संबंधित कागजात संलग्न थे। अपनी रिपोर्ट में आयुक्त ने इंगित किया था कि संतालों की मुख्य शिकायत उनके माँझी या मुखिया से संबंधित थी। चूँकि माँझी पट्टे के नवीकरण के लिए अत्यधिक किराया देने को सहमत नहीं हो रहे थे इसलिए उनसे गाँव छीन कर ऊँची दर देने वाले अन्य लोगों के नाम पट्टा दिया जा रहा था। कुछ मामलों में माँझी भी ऊँची दर देने पर सहमत हो गए मगर उन्हें संतालों पर अधिक कर (लगान) लगाना पड़ा।

आयुक्त ने इंगित किया कि सर जार्ज यूल यह मानते थे कि जमींदारों को माँझियों से बढ़े दर पर पट्टे के नवीकरण का अधिकार है। आयुक्त ने सर जार्ज यूल के इस विचार और अपने पूर्व अधिकारी मि. मनी के इससे संबंधित न्यायिक निर्णयों के प्रति अपनी शंका प्रकट की क्योंकि इन्हीं के कारण बाद में हुंडवा के संतालों में आक्रोश फैला।

आयुक्त ने इस पर भी अपनी सहमति जताई थी कि जंगल को साफ कर गाँव बसाने वाले पहले माँझी या मुखिया को दखल का अधिकार दिया जाना चाहिए और उनको उनका गाँव वापस मिलना चाहिए। लेकिन इस कोटि के माँझियों की संख्या काफी अधिक थी। संताल विद्रोह के दौरान लगभग प्रत्येक गाँव निर्जन हो गया था। और बाद में वापिस लौटने वाले अनेक संताल अपने मूल गाँव में न जाकर दूसरे गाँवों में या उन जमींदारों की भूमि पर बस गए जिनसे उनका कोई झगड़ा न था। आयुक्त के विचार में संतालों के गाँव को माँझियों (संथाल मुखिया) के अलावा किसी अन्य को पट्टे पर दिया जाना अवांछनीय था और उसका मत था कि वर्तमान पट्टे की अवधि समाप्त हो जाने पर माँझियों को उनके गाँव सौंप देना चाहिए। उसने एक ऐसा कानून बनाने की अनुशंसा की जिससे बिना कोर्ट के आदेश के भविष्य में किसी संताल माँझी को उसके गाँव से नहीं हटाया जा सके।

सरकार ने 1855 के अधि. XXXVII को संपूर्ण रूप में संतालपरगना में लागू करने का निर्णय लिया। परिणामस्वरूप इस पर न तो पूर्व के अधिनियम और नियम लागू होते, न ही

तत्पश्चात् पारित नियम जब तक कि उनका स्पष्ट उल्लेख न हो या सरकार द्वारा अलग से आदेश न दिया गया हो। गवर्नर जनरल इस बात से सहमत थे कि बंगाल प्रेसीडेंसी के निचले प्रांतों में लागू कानूनों से संतालपरगना को अलग करने के लिए कुछ किया जाना चाहिए। इसके लिए सर्वोत्तम उपाय परगना को अधि. 37, वि.अ. 3, के अंतर्गत ले लिए जाने को माना गया।

तत्कालीन ले. गवर्नर इस बात से काफी नाराज था कि भागलपुर के कमिश्नरों की नजरों के सामने लगभग 1862 से शोषण होता रहा और इससे भारत सरकार को अवगत तक नहीं कराया गया। वह अपने पूर्व अधिकारी सर सी. बीडन को इस बात के लिए दोषी मानता था कि उसने सिर्फ अपनी कलम चलाकर उस नीति को पलट दिया जिसे संताल-विद्रोह के बाद संतालपरगना में शांति स्थापना के लिए लागू किया गया था।

लेफ्टिनेंट गवर्नर दामिन-ई-कोह तथा परगना के अन्य क्षेत्रों में शोषण और अत्याचार फैलने से रोकने के लिए 'कोर्ट ऑफ वार्ड' द्वारा किया गया प्रत्येक पट्टा रद्द करने, संताल क्षेत्रों को भागलपुर डिवीजन से तत्काल अलग कर पूरे जिले में पिछले साल पारित अधिनियम के प्रावधानों को लागू करने तथा परगना में सर्वथा योग्य और दृढ़ अधिकारी की पदस्थापना करने के लिए तैयार था। वह इन असमानताओं को दूर करने के लिए किसी भी कड़े उपाय का समर्थन करने को तैयार था।

परिणामस्वरूप 9 अक्टूबर 1871 (पत्रांक 4957) को भागलपुर तथा संताल परगना के आयुक्त को सूचित कर दिया गया कि सर बीडन द्वारा 11 अप्रैल 1863 को जारी पत्र (सं. 2656) जो 1855 के अधि. 37 के साथ प्रभावी था, असंवैधानिक है।[31]

राज्य के सचिव ने भारत सरकार को भेजे पत्र (सं. 40, दि. लंदन, 4 अक्टूबर 1871) में यह आशा प्रकट की कि ले. गवर्नर एक ऐसी प्रशासनिक व्यवस्था बनाने में सफल होंगे जो वर्तमान व्यवस्था की अपेक्षा संतालों के विशिष्ट चरित्र के और अधिक अनुरूप हो।[32]

प्रशासकीय इतिहास

संताल-हुल के बाद संतालपरगना का इतिहास मुख्यतः प्रशासनिक इतिहास है जो न्यूनाधिक क्रमानुसार उपायुक्तों (डिप्टी कमिश्नरों) से जुड़ा है। जैसा कि पहले कहा गया है एशले इडेन इस जिला के प्रथम उपायुक्त थे। 1856 में रिवर थॉमसन उनके उत्तराधिकारी बने। उसके बाद 1858 से 1860 तक विलियम रॉबिन्सन आए जिन्होंने 'कमिया' प्रथा का खात्मा किया। 1860 से 1873 तक ब्राउन वुड ने कार्यभार सँभाला। 1856 से 1873 तक का समय विभिन्न प्रशासनिक कार्रवाइयों के कारण प्रमुख है जिसकी पूर्व में चर्चा हो चुकी है।

1873 से 1879 तक ब्राउन वुड जिले में प्रथम बंदोबस्ती के कार्य की देखभाल कर रहे थे और उस समय जॉन बाक्सेवल उपायुक्त थे। 1874-75 के दौरान कुछ अशांति फैली थी जो कुछ बंदोबस्ती के कार्य और कुछ खरवार आन्दोलन के कारण थी। आन्दोलन के दो प्रमुख नेता भगीरथ माँझी और ज्ञान परगनैत थे। उन्हें सुरक्षा की दृष्टि से हिरासत में ले लिया गया। जिले में अतिरिक्त पुलिस भेजी गई और भागलपुर से चौथी नेटिव इन्फैंट्री की टुकड़ी बुलाकर दुमका में तैनात कर दी गई।

अगले उपायुक्त डब्ल्यू.बी. ओल्डहैम जो 1879 से 1884 तक रहे, के कार्यकाल में खरवार आन्दोलन पुनः उभरा (1880-81) जिसके कारण 1881 की जनगणना कार्य में बाधा पहुँची। दुमका के अनुमंडलाधिकारी को उसके शिविर में रात भर नजरबंद कर रखा गया, जामताड़ा में सब-डिवीजनल बंगले को जला दिया गया और दामिन-ई-कोह की जनगणना के कार्यवाहक अधिकारी मि. कैसेरट को काठीकुंड में बंदी बना लिया गया।

1881 में जनगणना कार्य पूरा होने पर ओल्डहैम ने प्रशासन में सुधार लाने तथा संतालों में जातिगत भावना, जिसके कारण 1880-81 का उपद्रव हुआ था, को तोड़ने के लिए पुलिस-व्यवस्था के विस्तार का एक प्रस्ताव दिया जिसे आयुक्त जी. एन. बारलो तथा इंस्पेक्टर जनरल ऑफ पुलिस मुनरो ने मान लिया (पत्र सं. 270-जे., दि. 11 जुलाई 1882)।[33]

ओल्डहैम के कुछ समय बाद 1886 से 1900 तक काटस्टेयर उपायुक्त बने। इस दौरान 1886 का अधि.-2, 1893 का संतालपरगना जस्टिस रेगुलेशन जो संशोधित होकर 1899 का रेगु.-3 बना और 1900 का संतालपरगना रूरल पुलिस रेगुलेशन-3 कानून बन गया। सरकार द्वारा यह घोषित कर दिया (6 अक्तूबर 1887) कि भूमि पर दखल के अधिकार से उसकी बिक्री का अधिकार नहीं मिल जाता जब तक कि बंदोबस्ती में इसका स्पष्ट उल्लेख न हो।

उसके पश्चात् 31 अक्तूबर 1900 से 1 फरवरी 1906 तक सी.एच. बोम्पास का कार्यकाल रहा। इस दौरान इस जिले तथा दामिन-ई-कोह के प्रशासन से संबंधित कई मुख्य मुद्दों की समीक्षा की गई। बंदोबस्ती-कार्य के दौरान उठे प्रश्नों के कारण 'संतालपरगना सेटलमेंट' तथा 'रेण्ट रेगुलेशन' में तीन महत्त्वपूर्ण संशोधन हुए और 1904 का रेगुलेशन-2, 1907 का रेगु.-3 तथा 1908 का रेगु.-3 सामने आया। उसने दामिन तथा अन्य जमींदारी इलाकों में अनाज-भंडारण की व्यवस्था आरंभ की। बोम्पास के बाद एच.डब्ल्यू.पी. स्क्रूप आए जो 1 अप्रैल 1910 तक रहे।

अगले उपायुक्त एलेनसन थे जो बंदोबस्ती कार्य समाप्त होने के बाद स्क्रूप के उत्तराधिकारी बने और 14 अक्टूबर 1912 तक रहे। एलेनसन की अनुशंसा पर ही गोड्डा तथा राजमहल क्षेत्र के बंदोबस्ती न किए गए पहाड़ियों की बंदोबस्ती करने की अनुमति मिली। (दिस. 1912)

एलेनसन के बाद एच.आर.टी.एस. पेरोट आए जिनका कार्यकाल 11 दिसंबर 1913 से 31 मार्च 1917 था। इसके बाद क्रम से इ. लिस्टर, इ.आर.जे.आर. कजिंस तथा टैनर अल्प अवधि के लिए उपायुक्त बने। फिर 7 दिसंबर 1920 से 31 अगस्त 1922 तक ए.सी. डेविस उपायुक्त रहे। बाद में ये 1922 से 1935 तक चले बन्दोबस्ती की समीक्षा के कार्य के लिए 'सेटलमेंट ऑफिसर' बने।

आर.ई. रसेल, जो डेविस के बाद 19 अक्टूबर 1922 से 24 फरवरी 1926 तक उपायुक्त रहे, ने गाँव में मुखियाओं की स्थिति तथा उसमें सुधार के संभावित उपायों के लिए गहन जाँच करवाई। उसके प्रस्तावों को स्वीकार कर 1925 का रेगुलेशन-7 की घोषणा हुई। 'संताल सिविल रूल्स' में नियम 8-A जोड़ा गया तथा जमींदारों द्वारा प्रधानों को दी जाने वाली वार्षिक चुकता रसीद का फार्म निर्धारित किया गया। 1 अप्रैल 1927 से 16 अक्टूबर 1932 तक रसेल के उत्तराधिकारी इ.एस. हॉरनेल ने कार्यभार सँभाला। इसके बाद एस.सी. मुखर्जी 17 अक्टूबर

1932 से 3 नवंबर 1936 तक उपायुक्त बने रहे। वह इस जिले का उपायुक्त बनने वाले प्रथम भारतीय थे। इन्हीं के समय में 1893 के संतालपरगना जस्टिस रेगुलेशन-V संशोधित होकर 1933 का रेगुलेशन-IV बना। इससे उपायुक्त को 'क्रिमिनल प्रोसीजर कोड' की धारा-30 की शक्ति प्राप्त हुई। 1872 के रेगुलेशन-III को संशोधित कर 1934 का रेगुलेशन-I बनाया गया जिसमें रैयतों के दखल के अधिकार की बिक्री पर रोक लगा दी गई। मुखर्जी ने 1938 में संशोधित 'डिस्ट्रिक्ट गजेटियर ऑफ संतालपरगना' का संपादन किया था। 1938 में प्रशासन से संबंधित समस्याओं की समीक्षा के लिए 'संतालपरगना इन्क्वायरी कमेटी' का गठन हुआ। इस समिति की अधिकतर अनुशंसाएँ सरकार द्वारा स्वीकृति कर ली गईं। एक समय जिले के उपायुक्त रहे रसेल इस समिति के अध्यक्ष थे तथा श्री विनोदानंद झा, श्रीकृष्ण वल्लभ सहाय, पूर्व मुख्यमंत्री तथा तत्कालीन मुख्यमंत्री इसके सदस्य थे।

1893 के रेगु-V को पुन: संशोधित कर 1940 का रेगु-III बनाया गया और 1 जनवरी 1943 को लागू किया गया। 1893 का रेगु-V संशोधित होकर 1947 का रेगु-I बना जिसके तहत जिले के फौजदारी मामलों को हाईकोर्ट के अधीन कर फौजदारी कोर्ट पर से आयुक्त का न्यायिक नियंत्रण समाप्त कर दिया गया। 1947 में इस जिले के लिए अलग जजों की व्यवस्था की गई। दामिन क्षेत्र में नियमित पुलिस-चौकियों की स्थापना से पुलिस-प्रशासन में व्यापक परिवर्तन हुआ।

स्वतंत्रता आन्दोलन

संतालपरगना में स्वतंत्रता आन्दोलन के इतिहास का मूल इसके अतीत में मिलता है। जिले की भौगोलिक स्थिति के कारण यहाँ के लोगों के मन में खुलापन और स्वतंत्र रहने की प्रवृत्ति थी। यहाँ के मूल निवासी सौरिया मालेर (सौरिया पहाड़िया) स्वतंत्रता प्रेमी थे और जब संतालों ने उन्हें दबाया तो वे पहाड़ियों के शिखर पर चले गए जहाँ वे अपने रीति-रिवाज और परंपरा के साथ बिना किसी व्यवधान के रहने लगे। यहाँ के निवासी रूढ़िवादी तथा स्वतंत्र रहने के आदी थे। जब-जब उन्हें लगा कि उनकी आजादी में बाधा डाली जा रही है और उनके सामाजिक एवं धार्मिक रीति-रिवाजों एवं मान्यताओं पर चोट की जा रही है, तब-तब उन्होंने सक्रिय विरोध किया। इन्हीं कारणों से प्रारंभ के ब्रिटिश प्रशासकों कैप्टन ब्रुक, जनरल बार्कर, कैप्टन ब्राउन और मि. क्लीवलैंड ने सुलह और मेल-मिलाप की नीति अपनाई। 19वीं शताब्दी के पहले चतुर्थांश में मि. सदरलैंड तथा मि. वार्ड ने चतुराई पूर्ण नीति अपनाई जिसे मि. पोटेंट ने भी जारी रखा। मि. पोटेंट संतालों के मित्र बन गए थे और उन्होंने संतालों के हित के लिए यथासंभव प्रयत्न किए। संतालों की स्वतंत्रतापूर्वक रहने की प्रवृत्ति और अनुपजाऊ भूमि से परिश्रम द्वारा प्राप्त चीजों को बिना किसी दखलंदाजी के आनंदपूर्वक भोग करने की तीव्र इच्छा को डॉ. बुकानन तथा बाद में 1851 में 'रेवेन्यू सर्वे' के लिए आए कैप्टन शेरविल ने महसूस किया। 1855 के संताल-हूल के कारणों का संकेत मिलने लगा था। यह कहना ठीक ही होगा कि उपद्रव के मूल में सिर्फ भूमि संबंधी असंतोष ही नहीं था। जैसा कि संतालपरगना के 'सर्वे एंड सेटलमेंट आपरेशन' (1898-1907) के अंतिम रिपोर्ट में एच. मेफर्सन ने लिखा है—'संतालों को 1827 के रेगु-I से

निकालकर पुलिस, कोर्ट-कचहरी, महाजनों तथा जमींदारों का शोषण और अत्याचार सहने को विवश कर दिया गया। उन्हें बचाने के लिए मि. पोटेंट के पास कोई न्यायिक अधिकार नहीं था। उनके बीच में पड़ने पर उन्हें अपमानित किया गया। संताल-हूल का कारण मुख्यतः उपरोक्त समस्याओं से संबंधित माना जाता है, पर अब ऐसा लगता है कि संतालों में स्वतंत्र रहने की गहरी प्रवृत्ति ही इसका मूल कारण है।'

1857 के सिपाही-विद्रोह में संतालों ने सामूहिक रूप से हिस्सा नहीं लिया था इसलिए जिले में इसका ज्यादा प्रभाव नहीं पड़ा। वहाबी आन्दोलन, जिसका केंद्र पटना था, का कुछ असर संतालपरगना पर पड़ा। बरहाइत से सूरी के मुख्यालय जाने वाली 32वीं नेटिव इन्फेंट्री की दो कंपनियों के दल ने रास्ते में रामपुरहाट के पास विद्रोह कर दिया। अहमदुल्ला तथा याह्या अली के बाद मुबारक अली वहाबी आन्दोलन का प्रधान नेता बना जिसका एक प्रमुख शिष्य इब्राहीम मंडल संतालपरगना में रहता था और वहाबी आन्दोलनकारियों से मिलने अकसर पटना जाया करता था।[34] वहाबी आन्दोलन से संबंधित कई गिरफ्तारियाँ संतालपरगना में हुईं।

1885 में आंरभ हुए भारतीय राष्ट्रीय कांग्रेस के आन्दोलन का 19वीं शताब्दी के अंत तक संतालपरगना में ज्यादा प्रभाव नहीं पड़ा था। कलकत्ता और उसके आसपास के मध्यम वर्गीय सभ्य बंगाली देवघर, जसीडीह, मधुपुर, करमाटांड आदि जगहों में रहते थे। तब संतालपरगना बंगाल का हिस्सा था और वीरभूम तथा मिदनापुर जिले के ज्यादा संपर्क में था। आधुनिक विचारधारा के अनेक बंगाली यहाँ आकर बसने या स्वास्थ्यप्रद जलवायु के कारण वर्ष का अधिकतम समय यहाँ बिताने लगे। इनमें श्री अरविन्द घोष के नाना श्री राजनारायण बोस, श्री बरीन्द्र कुमार घोष, बांग्ला अखबार 'संजीवनी' के वरिष्ठ संपादक श्रीकृष्ण कुमार मित्र, 'अमृत बाजार' पत्रिका के संपादक श्री शिशिर कुमार घोष, 'बासुमती' के श्री हेमेन्द्र प्रसाद घोष और श्री भूपेन्द्र दत्ता थे। ये सभी लोग और इनके साथी 20वीं शताब्दी के पहले दशक के स्वदेशी आन्दोलन में बंगाल के अग्रिम पंक्ति के नेता थे। इनकी सक्रियता से संतालपरगना में स्वदेशी की भावना को बल मिला। इनमें से कुछ स्वतंत्रता के लिए लड़ रहे क्रांतिकारियों के साथ सक्रिय रूप से जुड़े थे। अरविन्द घोष देवघर के समीप रोहिनी गाँव में अपने भाई बरीन्द्र कुमार घोष तथा अन्य मित्रों के साथ लम्बे समय तक रहा करते थे। प्रसिद्ध अलीपुर बमकांड के बारे में बाद में पता चला था कि युवा बंगाली क्रांतिकारी यहीं के 'सिल्स लॉज' में बम बनाया करते थे और पास की पहाड़ियों में परीक्षण करते थे। श्री अरविन्द घोष और उनके सहयोगियों की गिरफ्तारी के बाद रोहिनी स्थित उनके निवास की तलाशी में कहते हैं बड़ी संख्या में हथियार और गोला-बारूद मिला। अलीपुर बमकांड में रोहिनी गाँव का ही एक महत्त्वपूर्ण गवाह था परंतु उसने यहाँ बम बनाने और उसका परीक्षण किए जाने की जानकारी होने से इनकार कर दिया।

तत्कालीन देवघर अनुमंडल के कारून गाँव में बसे मराठी परिवार का सखाराम गणेश देउस्कर एक विद्वान, देशभक्त लेखक थे। श्री भूपेन्द्र दत्त तथा अन्य लोग देउस्कर के शिष्य थे। 'सेडिशन कमेटी रिपोर्ट' (1918) में क्रांतिकारी आन्दोलन से इस जिले के जुड़ाव के बारे में लिखा है।

कलकत्ता स्थित बंदूक की कंपनी 'रोड्डा एंड कंपनी' को भेजी गई हथियारों की एक

खेप से पिस्तौलों की हुई चोरी के 'रोड्डा आर्म केस' में प्रभुदयाल हिम्मत सिंगकर भी एक अभियुक्त था।

स्वतंत्रता आन्दोलन के इन राष्ट्रभक्तों ने इस जिले में देशभक्ति के लिए जमीन तैयार कर दी थी। इसलिए जब गाँधी जी का संदेश आया तो पूरा जिला उनके साथ हो गया। गाँधी जी के अहिंसक असहयोग आन्दोलन का इस जिले के लिए विशेष महत्त्व है क्योंकि इससे बमों और रक्त से खेलने वाले कई बंगाली युवा क्रांतिकारियों का हृदय-परिवर्तन हो गया था। जिले में खासतौर पर बुद्धिजीवी वर्ग को हथियारों के बल पर स्वतंत्रता-प्राप्ति में संदेह था और उसी समय गांधी जी का असहयोग आन्दोलन शुरू हुआ जिसमें पूरा जिला उनके साथ उठ खड़ा हुआ।

संतालपरगना में आन्दोलन का नेतृत्व लगभग युवा छात्रों के नेतृत्व में ही रहा। गांधी जी की पुकार पर जामताड़ा हाई स्कूल के छात्रों ने 31 जनवरी 1921 को स्कूल का बहिष्कार कर दिया। देवघर हाई स्कूल के छात्रों ने सभा कर यहाँ एक राष्ट्रीय स्कूल स्थापित करने का प्रस्ताव पारित किया।[35]

आन्दोलन तेजी से मधुपुर, जामताड़ा और साहिबगंज, पुनः इन शहरों से गाँव तक पहुँच गया। युवा स्वयं सेवक जिनमें पं. बिनोदानंद झा भी थे, अपने माथे पर खद्दर का गट्ठर लेकर गाँव और शहरों में घूमा करते थे। जनवरी 1922 में पूर्व रेलवे में हुए हड़ताल के कारण साहिबगंज को अशांत क्षेत्र मानकर हथियारबंद पुलिस तैनात कर दी और उपायुक्त ने स्वयं आक र कड़े कदम उठाए। बड़ी संख्या में लोग गिरफ्तार हुए और उन्हें 'क्रिमिनल लॉ अमेंडमेंट एक्ट' के तहत सजा हुई।

1923 के बाद से कांग्रेस आन्दोलन के विभिन्न चरणों में संतालपरगना का सक्रिय सहयोग रहा। 1923 और 1924 में स्वराज पार्टी के गठन और चुनाव के दौरान जिले से भरपूर सहायता मिली। स्वराज पार्टी के कई उम्मीदवारों ने अपना नामांकन इस जिले से भरा। आन्दोलन के 'शराब-बंदी' चरण को भी जिले में कई जगह सफलता मिली।

1925 में गाँधी जी ने देवघर की पहली यात्रा की। वे संतालों में महानिषेध के लिए सत्याग्रह आन्दोलन चलाने के साथ-साथ चरखा चलाने के कार्य का भी प्रसार करना चाहते थे। उन्होंने खड़गडीहा और मधुपुर सहित जिले के कई जगहों की यात्रा की। मधुपुर में टाउन हाल के उद्घाटन समारोह में भाग लिया और स्थानीय नेशनल स्कूल गए।

पूरे जिले में सरकार द्वारा आन्दोलन का दमन किया जा रहा था। शांतिपूर्ण ढंग से होने वाली बैठकों को पुलिस भंग कर देती थी और कांग्रेस कार्यालय की तलाशी ली जाती थी। जुलूस और गिरफ्तारियाँ 1926 के बाद आम हो गई थीं। यहाँ तक कि सामाजिक सुधार के कार्यों का भी दमन किया जा रहा था।

नमक-सत्याग्रह के समय में भी संतालपरगना का उल्लेखनीय सहयोग रहा था। जवाहरलाल नेहरू और जे.एम. सेनगुप्त की गिरफ्तारी से इस जिले में कांग्रेस आन्दोलन और मजबूत हुआ। मधुपुर, सरबन, दखुशिया, बामनगामा आदि जगहों पर बैठकें हुईं। पं. बिनोदानंद झा ने पूरे जिले का दौरा कर स्वयंसेवकों का दल गठित करना आरंभ कर दिया था। 1930 में असहयोग

आन्दोलन को कुचलने के लिए राज्य सरकार ने कठोर कार्रवाई की और कई नेताओं पर मुकदमा चला। कुछ संतालों को भी सजा हुई।

एक घटना का उल्लेख इसलिए आवश्यक है कि इससे पता चलता है कि आन्दोलन के नेता कितने संयमी और आम जनता के हितों के प्रति सतर्क थे। आन्दोलन के दौरान प्रांत के गवर्नर के देवघर के दौरे का कार्यक्रम था। आन्दोलनकारियों ने उन्हें काला झंडा दिखाने का निर्णय लिया। इसका पता चलते ही जिले के अधिकारियों ने आन्दोलन के नेता पं. बिनोदानंद झा को बुलाकर गवर्नर को काला झंडा न दिखाए जाने का आग्रह किया क्योंकि जिले के विकास के लिए गवर्नर से काफी बड़ी धनराशि मिलने की आशा थी। पं. बिनोदानंद झा ने तुरंत काला झंडा न दिखाए जाने का आश्वासन दिया और अपने सहयोगियों में असंतोष के बावजूद उस पर अमल किया।

स्वामी सहजानंद सरस्वती ने 1938 में संतालपरगना का दौरा किया और किसानों की उन्नति के लिए 'किसान आन्दोलन' चलाया। 1937 में गठित पहली कांग्रेस सरकार द्वारा 15 फरवरी 1939 में इस्तीफा दिए जाने के बाद राजमहल, साहिबगंज तथा बोरियो में मुस्लिम लीग की गतिविधि तेज हो गई। मुस्लिम लीग पहली बार दामिन-ई-कोह क्षेत्र में सक्रिय हुआ था। 1940 के व्यक्तिगत असहयोग आन्दोलन के दौरान संतालपरगना में कांग्रेस की सक्रियता बढ़ गई। सत्याग्रह करने के कारण कई लोगों पर मुकदमा चलाकर कैद की सजा दी गई। 'नेशनल वार फ्रंट' आन्दोलन असफल रहा क्योंकि जनता के विचार में यह कांग्रेस की बढ़ती गतिविधियों को रोकने के लिए सरकार-प्रायोजित आन्दोलन था। 1942 के भारत आन्दोलन में जिले में हड़तालें हुईं और विभिन्न जगहों पर जुलूस निकाले गए। देवघर में पं. बिनोदानंद झा के नेतृत्व में निकाले गए विशाल जुलूस को पुलिस ने उस वक्त भंग कर दिया जब उन्होंने देवघर के कोर्ट भवन पर राष्ट्रीय झंडा फहराने की कोशिश की। 13 अगस्त को गोड्डा के कोर्ट भवन पर राष्ट्रीय झंडा फहरा दिया गया।

अन्य जिलों में 13 और 14 अगस्त को आन्दोलन भूमिगत हो गया। रेल पटरियों, सिगनल, टेलीफोन तथा टेलीग्राफ के तार तोड़-फोड़ दिए गए। मधुपुर, जसीडीह तथा देवघर में अनेक सरकारी भवनों को नुकसान पहुँचाया गया। 15 अगस्त 1942 को संतालपरगना के उपायुक्त सेना के साथ देवघर पहुँचे और विभिन्न जगहों पर सेना की तैनाती कर दी गई। लेकिन आन्दोलन अबाध गति से चलता रहा। दुमका में उपायुक्त के कचहरी भवन स्थित कार्यालय पर कांग्रेस का झंडा फहरा दिया गया। यहाँ बड़ी संख्या में लोगों को गिरफ्तार कर 'डिफेंस ऑफ इंडिया रूल्स' के अंतर्गत कैद कर लिया गया। जिले के पाँचों अनुमंडलों में इसी प्रकार की घटनाएँ हुईं। दुमका में छात्रों, महिलाओं तथा अन्य लोगों के विशाल जुलूस को पुलिस ने तितर-बितर कर दिया और दो महिलाओं समेत 17 लोगों को गिरफ्तार कर लिया। अनेक स्थानों पर डाकघर, पुलिस चौकी जैसे सरकारी भवनों पर हमला कर कांग्रेस का झंडा फहराया गया। अब आन्दोलन संतालों और पहाड़ियाओं में भी फैल गया। 25 अगस्त 1942 को कुछ संताल और पहाड़ियाओं ने संगठित होकर आलूबेड़ा में डाक बंगला और फारेस्ट गार्ड क्वार्टर जला दिया तथा चौकी के सामान को नष्ट कर दिया।

प्रशासन द्वारा आन्दोलन को कुचलने के अनेक उपाय किए गए। विशेष 'क्रिमिनल कोर्ट' की स्थापना की गई। मधुपुर, गोड्डा, राजमहल तथा जामताड़ा में ब्रिटिश सेना तैनात की गई। दुमका में 'एंटी-टैंक कंपनी' तथा तोपचियों की टुकड़ी भेजी गई। श्री त्रिगुणानंद खाबड़े की गोलियों से हुई मृत्यु की खबर से भयंकर दहशत फैल गई और समूचा जिला अशांत हो उठा।

सेना की एक टुकड़ी एक अधिकारी के साथ दुमका भेजी गई जिस पर देवघर, जसीडीह और मधुपुर के पास रेलवे लाइनों की सुरक्षा का भार था। मधुपुर और झाझा (मुंगेर जिला में) मुख्य रेलवे स्टेशन थे। इनकी सुरक्षा जरूरी थी ताकि उत्तरी भाग में रेल यातायात खुला रहे और सेनाओं का आवागमन हो सके।

1942 के आन्दोलन की शुरुआत के कुछ ही दिनों के भीतर पं. बिनोदानंद झा, गौरीशंकर डालमिया और छबिलाल झा जैसे आन्दोलन के नेताओं को गिरफ्तार कर लिया गया। एक अनुमान के अनुसार जिले में कुल 890 गिरफ्तारियाँ हुई थीं। जिनमें से 588 लोगों को कैद कर लिया गया तथा चार को कोड़े मारने की सजा दी गई।[36]

1943 के अंत तक कांग्रेस ने रचनात्मक नीति बनाई और तब सरकार का दमन-चक्र थोड़ा ढीला पड़ा। सितंबर 1945 के अंत में द्वितीय विश्व युद्ध के समाप्त होने पर कांग्रेस पर लगा प्रतिबंध हटा लिया गया और अधिकतर राजनीतिक कैदी छोड़ दिए गए। नेताओं ने रचनात्मक कार्यक्रम आरंभ किया और अनेक जगहों पर खादी उद्योग आरंभ हुआ। पूरे राज्य में इसी प्रकार की प्रवृत्ति फैल गई।

केंद्रीय और प्रांतीय विधान सभाओं के चुनाव हुए जिसमें प्रांतीय परिषद् के लिए बड़ी संख्या में कांग्रेस के उम्मीदवार जीते। फलस्वरूप 1946 के डॉ. श्रीकृष्ण सिन्हा के मुख्यमंत्रित्व में पुनः कांग्रेस की सरकार बनी। 15 अगस्त 1947 को भारत स्वतंत्र हो गया। 1950 में 26 जनवरी को नया संविधान लागू होते ही भारत एक गणराज्य बन गया।

संदर्भ सूची

1. 1855 के संताल हुल का इतिहास—श्री दिगंबर चक्रवर्ती की पांडुलिपि।
2. भारतीय राष्ट्रीय अभिलेखागार (नेशनल आर्काइव्ज ऑफ इंडिया) में स्थित मि. क्लीवलैंड के संबंध में 1780, 1781 के गृहविभाग के विभिन्न अभिलेख।
3. राष्ट्रीय अभिलेखागार स्थित भागलपुर के कलक्टर तथा राजस्व आयुक्त के बीच 1850, 1851 और 1852 में हुए पत्राचार।
4. राष्ट्रीय अभिलेखागार स्थित पत्र सं. 1766, दि. 17 सितंबर 1852, 12 भागलपुर डिवीजन के कमिश्नर द्वारा बोर्ड ऑफ रेवेन्यू के सचिव को लिखित पत्र।
5. राष्ट्रीय अभिलेखागार (स्थित गृह विधि) विभाग की कार्यवाही ए, 1871, 1872, 1873, 1874 और 1875 से संबंधित अभिलेख।
6. 'द संताल आउटब्रेक इन भागलपुर'—प्रो. के.के. बासु, एम.ए. (जनरल ऑफ बिहार एंड उड़ीसा रिसर्च सोसाइटी, भाग ङ्ङ, 1934, पटना)
7. संतालपरगना इंक्वायरी कमेटी की रिपोर्ट (1938)

8. सिपोय म्यूटिनी इन छोटानागपुर—पी.सी. राय चौधरी (बंगाल पास्ट एंड प्रेजेंट, जु.-दि. 1955)
9. म्यूटिनी इन बिहार—प्रो. हाराप्रसाद चट्टोपाध्याय (बंगाल पास्ट एंड प्रेजेंट, जु.-दि. 1955, जु.-दि. 1956)
10. 1857 इन बिहार (छोटानागपुर एंड संतालपरगनाज़)—पी.सी. राय चौधरी (पटना 1959)
11. 'मोर लाइट ऑन संताल इन्सरक्सन'—प्रो. एन.बी. राय (इंडियन हिस्टोरिकल रिकॉर्ड कमीशन का प्रकाशन)
12. मेफरसन और गंतजेर द्वारा 'सर्वे तथा सेटलमेंट' की अंतिम रिपोर्ट
13. इनसाइड बिहार—पी.सी. राय चौधरी (1962)
14. द संताल्स—चारुलाल मुखर्जी
15. डिस्ट्रिक्ट गजेटियर ऑफ संतालपरगनाज़—एल.एस.एस. ओ मल्ले आई.सी.एस. द्वारा संशोधित—श्री एस.सी. मुखर्जी द्वारा द्वितीय संस्करण (1938)
16. डिस्ट्रिक्ट सेन्सस हैंडबुक ऑफ संतालपरगनाज़—आर. प्रसाद (1956)
17. जियोग्राफिकल एंड स्टेटिस्टिकल रिपोर्ट ऑफ दि डिस्ट्रिक्ट ऑफ भागलपुर—कैप्टन शेरविल (रेवेन्यू सर्वेयर) कलकत्ता, 1869
18. ईस्टर्न इंडिया, भाग-ढ्ढ्ढ, मांटगोमरी मारटिन (1857)
19. एबओरिजिनल रेसेज ऑफ दि संतालपरगनाज़—एच. मेफर्सन आई.सी.एस. (1908)
20. सम हिस्टोरिकल एंड इथनिकल आस्पेक्ट्स ऑफ दि बर्दवान डिस्ट्रिक्ट डब्ल्यू.बी. ओल्डहैम (1894)
21. स्टोरी ऑफ इंडियन अपलैंड—ब्राडले बर्ट (1905)
22. एनल्स ऑफ रूरल बंगाल—सर विलियम हंटर
23. द टेम्पल्स ऑफ देवघर—राजेन्द्र लाल मित्र, एशियाटिक सोसायटी ऑफ बंगाल की पत्रिका, भाग-ढ्ढ, 1883
24. हिस्ट्री ऑफ फ्रीडम मूवमेंट इन बिहार—डॉ. के.के. दत्त, भाग-ढ्ढ, ढ्ढ्ढ एवं ढ्ढ्ढ्ढ
25. धनबाद डिस्ट्रिक्ट गजेटियर—पी.सी. राय चौधरी (1964)

संदर्भ (पाद टिप्पणियाँ)

* एशियाटिक सोसायटी ऑफ बंगाल, भाग-ढ्ढ्ढ्ढ (1901 और 1904) में प्रकाशित रेवरेंड पी.ओ. बांडिंग के लेख 'स्टोन इंप्लीमेंट्स इन संतालपरगनाज़' में विस्तृत जानकारी उपलब्ध है।

1. ए. कनिंघम—एन्शेंट ज्योग्राफी ऑफ इंडिया (1871), पृ. 508, 509
2. ए. कनिंघम—एन्शेंट ज्योग्राफी ऑफ इंडिया (1871), पृ. 478-9, आर्किलोजिकल सर्वे ऑफ इंडिया ङ्गङ्क 37-39, एस. बील—बुद्धिस्ट रिकार्ड्स ऑफ दि वेस्टर्न वर्ल्ड, भाग-ढ्ढ्ढ
3. जे. बर्गीज—ज्योग्राफी ऑफ इंडिया (1891), भाग ङ्गङ्ग, पृ. 420
4. भारतीय इतिहास कांग्रेस की कार्यवाही, 1939, पृ. 790
5. ए.एल. श्रीवास्तव के अनुसार यह घटना 21 सितंबर को हुई थी (अकबर दि ग्रेट, पृ. 169)
6. हिस्ट्री ऑफ बंगाल (ढाका वि.वि. प्रकाशन, भाग-ढ्ढ्ढ) 'हिस्ट्री ऑफ बंगाल' (1847), पृ.77-

78 में सी. स्टीवार्ट ने लिखा है कि काला पहाड़ की मृत्यु के बाद दाउद को पकड़कर उसकी हत्या कर दी गई।

7. हिस्ट्री ऑफ बंगाल, भाग-ढ्ढ, पृ. 202
8. पंडुआ को पूर्व में फिरूजाबाद पंडुआ कहा जाता था (हिस्ट्री ऑफ बंगाल, भाग-ढ्ढ, पृ. 82)
9. हिस्ट्री ऑफ बंगाल, भाग-ढ्ढ, पृ. 211
10. स्टीवर्ट—हिस्ट्री ऑफ बंगाल (1847), पृ. 131
11. हिस्ट्री ऑफ बंगाल, भाग-ढ्ढ, पृ. 308
12. वही।
13. सी.आर. विल्सन—अर्ली एनल्स ऑफ दि इंगलिश इन बंगाल, भाग-ढ्ढ, पृ. 26-27
14. इंडियन मेडिकल गजट, जन. 1909 में प्रकाशित ले. कर्नल क्राफोर्ड के लेख 'दि लीजेंड ऑफ ग्रेब्रियल बाउटन' में बाउटन द्वारा कंपनी को बंगाल में व्यापार की अनुमति दिलाने के लिए किए गए प्रयासों के बारे में विस्तृत जानकारी है।
15. स्टीवर्ट्स हिस्ट्री ऑफ बंगाल, पृ. 180-81, अर्ली एनल्स ऑफ दी इंगलिश इन बंगाल-ढ्ढ, 34, 53, 376, ढ्ढ, ङ्गङ्गङ्गढ्ढङ्ग
16. सैर-उल-मुतखरीन, ढ्ढ, 40, 41
17. अर्ली एनल्स ऑफ दी इंगलिश इन बंगाल, भाग-ढ्ढ, पृ. 148-50, 161, 170, 180, 181, 198, 303
18. उपरोक्त, भाग-ढ्ढ, पृ. 186, 329, 342, भाग-ढ्ढ, पृ. 33, 34, 38
19. डॉ. के.के. दत्ता—अलीवर्दी एंड हिज टाइम्स, पृ. 9
20. वही।
21. सी.आर. हिल—बंगाल इन 1956-57, भाग-ढ्ढ, ष्/ङ्गङ्गङ्कढ्ढढ्ढ, ष्टष्ङ्कढ्ढ, ष्टष्ङ्कढ्ढ, ढ्ढढ्ढ, 210, 212, 213
22. फिफ्थ रिपोर्ट (मद्रास रिप्रिंट : 1833), पृ. 767
23. पहाड़ की तलहटी में जमींदारों को जागीर दी जाती थी ताकि वे घाटियों की सुरक्षा के लिए स्थापित इन चौकियों की देखरेख करें। कहा जाता था कि ये चौकियाँ इतने समीप बनी होती थीं कि बंदूक की आवाज से दूसरी चौकी को सतर्क कर दिया जाता था।
24. मि. सदरलैंड की रिपोर्ट, 8 जून 1819, अनु. 41
25. समझा जाता है कि वारेन हेस्टिंग्स ने इस समाधि-लेख को लिखा था। वारेन हेस्टिंग्स एक बार क्लीवलैंड का अतिथि रहा था। क्लीवलैंड का मकान भागलपुर में तिल्हा कोठी के रूप में जाना जाता था। यह स्मारक तिल्हा कोठी के परिसर में बना हुआ है।
26. बिशप हेबर—नरेटिव ऑफ ए जर्नी थ्रू द अपर प्रोविंस ऑफ इंडिया, 1828
27. राजस्व विभाग, बिहार द्वारा प्रकाशित पी.सी. राय चौधरी का 1857 में छोटानागपुर और संतालपरगना देखें।
28. जे.ए.एस.बी., 1851
29. 1863 ई. में नियमित पुलिस व्यवस्था सिर्फ देवघर अनुमंडल में थी। 1863 में 1861 का अधि.

ङ्क यहाँ लागू हुआ और 1872 में हटा लिया गया क्योंकि उस वर्ष यह रेगुलेशन ढ्व में नहीं जुड़ा था; इसे पुनः फरवरी 1880 में लागू किया गया।

30. मिलिट्री कंसल्टेशन, 7 अगस्त 1857, सं. 390
31. गृहविभाग (विधि) की कार्यवाही, अप्रैल 1872, सं. 21, 20 जनवरी 1872 सं. 38, 39, मई 1872 सं. 61, 63, 64, 66, 67 ए–2 सितंबर 1871 सं. 46–47, अगस्त 1873, सं. 42, मार्च 1875, सं. 109 (भगीरथ माँझी संबंध में) सितंबर 1875 सं. 141–144
32. गृहविभाग (विधि) की कार्यवाही, 11 नवंबर 1871, सं. 20
33. एस.सी. मुखर्जी—संतालपरगनाज़ डिस्ट्रिक्ट गजेटियर (1938)
34. पी.सी. राय चौधरी—इनसाइड बिहार (1962) डॉ. के.के. दत्ता—फ्रीडम मूवमेंट इन बिहार भाग–ढ्व
35. बिहार के पूर्व मुख्यमंत्री पं. बिनोदानंद झा तथा बंगाल के पूर्व मुख्यमंत्री श्री प्रफुल्ल चंद्र सेन देवघर के इसी स्कूल के छात्र रहे थे और स्वतंत्रता का पाठ उन्होंने यहीं पढ़ा।
36. डॉ. के.के. दत्ता—फ्रीडम मूवमेंट इन बिहार।

झारखंड में 1857 का विद्रोह

डॉ. पुरुषोत्तम कुमार

1857 के विद्रोह को यह श्रेय जाता है जिसके चलते बिहार, उड़ीसा तथा छोटानागपुर का व्यक्तित्व बंगाल से अलग निखरा और 1912 में तीनों के संयुक्त व्यक्तित्व को मिलाकर एक अलग प्रांत की स्थापना अंग्रेजों ने की। शाहाबाद के कुँवर सिंह की 21 अप्रैल 1858 में मृत्यु हो जाने पर हरेकृष्ण सिंह के नेतृत्व में डेढ़ वर्षों तक जो विद्रोह चला उसने बिहार के व्यक्तित्व को ओजस्वी स्वरूप प्रदान किया। जहाँ बिहार के मात्र शाहाबाद में ही विद्रोह हुआ वहीं दूसरी ओर छोटानागपुर और संबलपुर में 1857 का विद्रोह 1862 तक चलता रहा और प्रत्येक जिले में जैसा संघर्ष हुआ वह भारत के इतिहास में और कहीं नहीं दिखता। मानभूम में राजा नीलमणि सिंह देव, राँची में विश्वनाथ शाहदेव, सिंहभूम में अर्जुन सिंह, हजारीबाग जेल में सुरेन्द्र शाही, संबलपुर में सुरेन्द्र और पुरेन्द्र शाही, पलामू में नीलांबर और पीतांबर शाही के नेतृत्व में भयंकर विद्रोह हुआ, जिसने छोटानागपुर के व्यक्तित्व को फिर से 1831-32 की तरह विश्व मानचित्र पर ला दिया। पलामू जिले का निर्माण 1857 के लंबे अर्से तक चलने वाले विद्रोह का परिणाम है।

माधव सिंह ने 31 जुलाई को बगावत का पहला बिगुल, हजारीबाग मार्च करते समय चुटुपालू-रामगढ़ घाटी में बजाकर, क्रांति देवी को स्थापित करने में ऐतिहासिक सफलता प्राप्त की। विश्वनाथ शाही के स्वप्न को छोटानागपुर में साकार करने का श्रेय इस तूफानी-हस्ती माधव सिंह को है। 25 जुलाई को दानापुर की 3000 फौज ने बिहार में क्रांति का उद्घोष कर दिया। हजारीबाग में दानापुर की विद्रोही फौज की टुकुड़ी के हथियार छीनने के लिए 30 जुलाई को माधव सिंह और नादिर अली खाँ के नेतृत्व में डोरण्डा फौज की 300 की टुकड़ी को दो तोपों के साथ कप्तान ग्राहम की देखरेख में, कमिश्नर डाल्टन ने राँची से विदा किया। चुटुपालू घाटी में माधव सिंह ने हजारीबाग की ओर बढ़ने से इनकार कर दिया। तोप का मुँह राँची की ओर घुमा दिया और ग्राहम तथा अन्य अंग्रेजों की तरफ बन्दूकें तान दीं। घुड़सवार फौज के नेता अहमदयार खाँ ने अंग्रेजों का साथ दिया। माधव सिंह ने तोपों और पैदल फौज के साथ राँची की ओर कूच कर दिया। 1 अगस्त को माधव सिंह की विद्रोही फौज ने ओरमाँझी में पहली आजादी का पड़ाव उमराव सिंह के घर पर डाला। माधव सिंह ने विद्रोह के पश्चात् पहला ऐतिहासिक पैगाम विश्वनाथ शाही को भेजा। सुलभ सिंह सिपाही को घोड़े पर बिठाकर यह पैगाम भेजा—'ठाकुर मैंने विद्रोह कर दिया, अब आप क्या करना चाहते हो'।

विश्वनाथ शाही को जब माधव सिंह का यह पैगाम 1अगस्त को बड़कागढ़ में प्राप्त हुआ तो निराश और खिन्नमना शाही उछल पड़े—'मैं भी तुम्हारे साथ हूँ'। यह पैगाम लेकर सुलभ सिंह 2 अगस्त को ओरमाँझी की तरफ चल पड़े।

2 अगस्त को ओरमाँझी और राँची के बीच आजादी का जो फौजी प्रदर्शन हुआ उसकी कोई मिसाल छोटानागपुर के इतिहास में नहीं मिलती है। उमराव सिंह और शेख भिखारी के 12 गाँव की जनता माधव सिंह की तोपों और बन्दूकों के पीछे-पीछे राँची को अंग्रेजी राज्य से मुक्त करने के लिए चल रही थी। क्रांतिकारी आवेग और स्पंदन के क्षणों में माधव सिंह दो बजे दिन में ही अपनी दो तोपों को आगे-आगे प्रदर्शन करते हुए राँची शहर में वरिपातु की तरफ से प्रवेश कर गया।

एक तरफ माधव सिंह की तोपें वरिपातु की सड़क पर गोले उगल रही थीं तो दूसरी तरफ राँची के यूरोपियन अफसर जुडिशियल कमिश्नर ओक, जिलाधीश डेविस, पलामू का एस.डी.ओ. बर्च आमने-सामने कांके रोड होकर घोड़ों को कोड़े मारते हाँफते राँची से भाग रहे थे। ये अफसर इतने कायर निकले कि उन्होंने कमिश्नर डाल्टन को भी साथ नहीं लिया। डाल्टन बड़ी कठिनाई से डोरण्डा की मौत की घाटी से निकलकर घोड़े पर भागता पिठौरिया जगतपाल सिंह के घर पहुँचा। जमादार माधव सिंह के नेतृत्व में क्रांतिकारी कुमूक ने 4 बजे राँची शहर के भीतर तोप का गोला छोड़ते प्रवेश किया। राँची की जनता ने 27 वर्षों के बाद आजादी की साँस ली। सबसे पहले माधव सिंह कमिश्नर डाल्टन के आवास (बिनोरा आश्रम) पहुँचा। वहाँ विश्वनाथ शाही और माधव सिंह ने एक-दूसरे को गले लगाया। घृणा और क्रोध के अनुरूप यूरोपियनों के बंगले जलाए जाते रहे, डाल्टन की कोठी शाही के मना करने पर माधव सिंह ने नहीं जलाई। जुल्मी ओक की कोठी को आग लगाकर धराशायी कर दिया गया। अपर बाजार जेल तोड़कर 300 कैदियों को रिहा कर दिया गया। राँची कचहरी (वर्तमान राँची विश्वविद्यालय भवन) को उन्होंने जलाया। डेविस के घर और हाते के सामान को लूटा गया।

अंत में वे डोरण्डा छावनी की तरफ बढ़ने लगे। घृणा के केन्द्र गोस्नर चर्च के गुम्बज को तोप के गोले से उड़ा दिया गया। संध्या समय डोरण्डा छावनी ने हर्षध्वनि के बीच क्रांतिकारी माधव सिंह और विश्वनाथ शाही का स्वागत किया। माधव सिंह ने विश्वनाथ शाही को स्वतंत्र छोटानागपुर का गवर्नर बनाया। मेजर नेशन की कोठी में हर दिन विश्वनाथ शाही हटिया से जुलूस में आकर गवर्नर की तरह बैठकर छोटानागपुर का शासन करने लगे।

हिन्दुस्तान के सबसे कठिन भूगोल वाले जिला सिंहभूम की राजधानी चाईबासा के जिलाधीश मेजर शिशमोर ने हजारीबाग विद्रोह की खबर सुनते ही अपनी पत्नी और दो बच्चों को सराइकेला के राजा चक्रधर सिंह की मदद से कलकत्ता भेज दिया। मगर 2 अगस्त को राँची विद्रोह आग और यूरोपियन लोगों के पलायन की खबर सुनते ही सिक्खों के खिलाफ चिलियानवाला युद्ध का प्रसिद्ध विजेता जिलाधीश शिशमोर, सराइकेला के राजा चक्रधर सिंह के हाथ में जिले का प्रशासन सौंपकर 5 अगस्त 1857 को कलकत्ता भाग गया। चाईबासा में उस समय डोरण्डा फौज के 100 जवान थे जिनकी कमान राजभक्त सूबेदार हरनाथ सिंह और जमादार हर्षनारायण सिंह

के हाथों में थी। एक महीना तक चाईबासा की यह घिरी फौज क्या करे न करे, किस प्रकार घाटियों और उफनती संजय नदी को पार कर राँची जाए, जैसी समस्याओं से घिरी रही। अन्त में डोरण्डा से निर्देश आ जाने पर 3 सितम्बर 1857 में भगवान सिंह और रामनाथ सिंह के नेतृत्व में चाईबासा फौज ने विद्रोह कर 20 हजार का खजाना लूटा और जेल के 250 कैदियों को रिहा कर राँची की ओर प्रस्थान किया। सभी सैनिकों ने एक-एक धोती, टोपी, गोली और बन्दूक के साथ राँची की ओर यात्रा आरम्भ की। रास्ते में उन्होंने संजय नदी को डुमरा चट्टी में पार करना चाहा, मगर ठीक सामने एक बीघा की दूरी पर सरायकेला का अंग्रेजभक्त राजा चक्रधर सिंह अपने फौजियों के साथ विद्रोहियों को रोकने के लिए खड़ा था। सिंहभूम के राजा अर्जुन सिंह ने चक्रधरपुर से जग्गु दीवान को भेजकर दो हाथियों की सहायता से विद्रोहियों को चैनपुर घाट में 7 सितम्बर को संजय नदी पार करवा दिया। चैनपुर के आम बगीचे में विद्रोही फौजियों का खेमा लगा दिया गया। डुमरा चट्टी से चैनपुर तक फौजियों के खाने-पीने की व्यवस्था राजा अर्जुन सिंह के द्वारा की गई।

चैनपुर में अर्जुन सिंह के सलाहकार जग्गु दीवान ने फौजियों से कहा कि अर्जुन सिंह उनके रक्षक हैं उनकी मदद करने को तैयार हैं। इन सभी फौजियों को वे अपनी नौकरी में रखने को तैयार हैं। फौजी लोग खजाना आपस में बाँट लें। फौजियों का कहना था वे दिल्ली के बादशाह को छोड़कर किसी की नौकरी नहीं करेंगे। राजा अर्जुन सिंह इन फौजियों को अपने दुश्मन सरायकेला के राजा चक्रधर सिंह के खिलाफ युद्ध में उपयोग करना चाहता था। दूसरी ओर फौजी लोगों के सामने उत्तर दिशा में खड़ी पहाड़ी थी जिसे बिना अर्जुन सिंह की मदद के पार करना कठिन था। 8 सितम्बर को यह 100 विद्रोही फौज अर्जुन सिंह की राजधानी चक्रधरपुर पहुँच गई। वहाँ अर्जुन सिंह ने फौजियों के सामने पौरी देवी के नाम पर शपथ ली कि वह एक राजा की हैसियत से उनकी सेवा का उपयोग करेगा। अगर अंग्रेज आएँगे तो भी वह उनकी रक्षा करेगा। हिन्दुस्तानी सिपाही सिंहभूम के जीवन के टेढ़े-मेढ़ेपन को नहीं समझ सके और 8 सितम्बर को अपने हथियार राजा अर्जुन सिंह के सुपुर्द करके उसकी नौकरी में रहने की स्वीकृति दे दी। 9 सितम्बर को उन्होंने 20 हजार रुपए का खजाना भी अर्जुन सिंह के हवाले कर दिया।

सिंहभूम का जिलाधीश मेजर शिशमोर 10 अगस्त को कलकत्ता पहुँचा, तब तक चाईबासा में कोई विद्रोह नहीं हुआ, इस बात से नाराज होकर बंगाल के गवर्नर हेलीडे ने अंग्रेजी जाति के लिए इसे कलंक कहा। सिंहभूम का नया जिलाधीश एस.डी.ओ. आर.टी. बर्च को बनाया गया और उसे बिना किसी फौज के साथ सिंहभूम भेजा। 12 सितम्बर को सरायकेला के राजा अर्जुन सिंह को कप्तान बर्च ने हुक्म भेजा कि एक सप्ताह के भीतर विद्रोही फौजियों को बन्दूक और खजाने के साथ वह चाईबासा के सुपुर्द कर दे। यह धमकी भी दी कि ऐसा न करने पर उसे फाँसी पर लटका दिया जाएगा। 16 सितम्बर तक जब परवाना लेकर जाने वाला चपरासी चक्रधरपुर से नहीं लौटा तो बर्च ने खरसावां राजा के चाचा और क्योंझर के दीवान रघुवीर सिंह को चक्रधरपुर अर्जुन सिंह के पास भेजा। राजा अर्जुन सिंह बर्च से भयभीत और नाराज था। और उसे राजा चक्रधरपुर का एजेण्ट मात्र मानता रहा।

चाईबासा बाजार में श्यामकर्ण ने ढोलाहा पिटवा दिया कि सभी चीज भगवान की है और सिंहभूम देश राजा अर्जुन सिंह का है।

इस बीच राँची शहर पर डाल्टन ने मद्रास फौज की सहायता से कब्जा जमा लिया—यह समाचार प्राप्त होते ही बर्च ने अर्जुन सिंह को विद्रोही घोषित कर दिया और उसकी गिरफ्तारी पर 1000 के इनाम की घोषणा के साथ उसके राज्य की सभी सम्पत्ति जब्त कर लेने का आदेश जारी कर दिया। इस घोषणा से अर्जुन सिंह के होश ठिकाने आ गए। उसने कमिश्नर डाल्टन के सामने चाईबासा के 100 कैदियों को सौंपकर अपनी राजभक्ति का उदाहरण पेश करना चाहा। उसने जिस प्रकार धोखा देकर फौजियों को गिरफ्तार करवाया, वह छोटानागपुर के राजा पर कलंक का टीका है। फौजियों के हाथ-पैर बाँध दिए गए और अर्जुन सिंह, जग्गु दीवान के साथ डाल्टन के समक्ष पेश होने के लिए राँची रवाना हुआ। 1 अक्तूबर 1857 को अर्जुन सिंह का काफिला राँची पहुँचा। कमिश्नर डाल्टन ने राँची केजिलाधीश डेविस को आदेश दिया कि अर्जुन सिंह द्वारा सौंपे गए फौजियों के हथियार और खजाना डोरण्डा हस्तगत कर दिया जाए। मद्रास फौज ने 100 बिहारी सैनिकों को अपने कब्जे में लेकर लोहे के सीकड़ों में बाँधकर अपर बाजार जेल में बन्द कर दिया।

इधर राँची के विप्लव से भयभीत कमिश्नर डाल्टन और अन्य यूरोपियन अफसर ने पिठौरिया के राजा जगतपाल सिंह के यहाँ शरण ली। जगतपाल सिंह 'डाल्टन की आँख' बना रहा और राँची में होने वाली प्रत्येक घटना की खबर डाल्टन तक पहुँचाता रहा। इसी देशद्रोही राजा ने डाल्टन को सूचित किया कि महाराजा जगन्नाथ शाही के भतीजे बड़े लाल उपेन्द्रनाथ शाही, जो छोटानागपुर की गद्दी के हकदार हैं, उन्हें सूबेदार जयमंगल पाण्डेय ने छोटानागपुर की आजाद सरकार का गवर्नर बनने का प्रस्ताव रखा जिसे उसने ठुकरा दिया और पालकोट अपने घर रवाना हो गए। गोविन्दपुर के राजा इन्द्रनाथ शाही के सामने प्रस्ताव रखा गया लेकिन उन्होंने भी गवर्नर बनना अस्वीकार कर दिया। विश्वनाथ शाही और उपेन्द्र शाही ही दो ऐसे ओजस्वी थे जो इस आजाद सरकार के गवर्नर बन सकते थे। विश्वनाथ शाही ने कुछ शर्तों के साथ गवर्नर पद स्वीकार कर लिया। विश्वनाथ शाही डोरण्डा छावनी के ऊँचे बंगले में प्रतिदिन कचहरी लगाते थे। 4 अगस्त को बादशाही राज्य की स्थापना का ढोलहा पूरे राँची में जमादार कुर्बान अली ने पिटवा दिया। बाल गोबिन्द शाही और नत्थी खाँ आजाद सरकार के प्रचार अफसर के रूप में कार्य करने लगे। विश्वनाथ शाही 150 फौजियों को लेकर ओरमाँझी गए, जहाँ रामगढ़ घाटी के मालिक उमराव सिंह ने उनका साथ दिया। उमराव सिंह की मदद से रामगढ़ घाटी की सड़क को पूरी तरह ध्वस्त कर दिया गया।

विश्वनाथ शाही देशद्रोही जगतपाल सिंह से इतना नाराज हुआ कि रामगढ़-चुटुपालू रास्ते को बर्बाद करता हुआ पिठौरिया पहुँचा और जगतपाल सिंह के घर-दरबार को ध्वस्त कर दिया। पिठौरिया घाटी में जगतपाल सिंह की क्रांति विरोधी हरकतों को रोकने के लिए तोप बैठा दिया। इधर छोटानागपुर के भूतपूर्व दीवान गणपत राय अपने गाँव पिठौरिया से राँची आ गए। गणपत राय और माधव सिंह के बीच समझौता हो गया तथा गणपत राय को

कमांडर-इन-चीफ बना दिया गया। गणपत राय का प्रभाव फौजियों पर विश्वनाथ शाही से भी ज्यादा था। इधर फौजियों और विश्वनाथ शाही में रोहतासगढ़ के कुँवर सिंह के साथ दिल्ली जाने के प्रश्न पर मतभेद हो गया, जिसके परिणामस्वरूप विश्वनाथ शाही को नजरबंद कर लिया गया।

11 सितम्बर 1857 को डोरण्डा की आजाद फौज ने दिल्ली के लिए कूच किया। वरिपातु, ठाकुरगाँव, चौरिया बोरिओ, चंदवा होकर उन्होंने घाटी को पार किया। डोरण्डा और राँची के खाली हो जाने की खबर जगतपाल सिंह से पाकर कमिश्नर डाल्टन यूरोपियन और मद्रास फौज के साथ राँची आ धमका। रामगढ़ घाटी बरबाद हो चुकी थी। महाराजा छोटानागपुर और पिठौरिया के जगतपाल सिंह ने धन-बल और पूरी सामरिक शक्ति से डाल्टन की मदद की।

2 अक्तूबर को चतरा में घमासान युद्ध हुआ जिसमें डोरण्डा की फौज हार गई। अब आजादी की लड़ाई को जनसंग्राम के आधार पर चलाने के लिए अक्तूबर के अंत में 'जननेताओं का संघ' बना। पलामू के आदिवासी नेता नीलांबर-पीतांबर शाही, राँची के विश्वनाथ शाही तथा गणपत राय, संबलपुर के सुरेन्द्र शाही, सिंहभूम के अर्जुन सिंह, जग्गु दीवान, श्याम कर्ण और रघुदेव तथा मानभूम के नीलमणि सिंह ने आजादी का संघर्ष आरम्भ कर दिया।

कमिश्नर डाल्टन, जगतपाल सिंह के साथ खुद पलामू गया और रात-दिन दोनों ने मिलकर इस जनविद्रोह को कुचलने का प्रयास किया। जंगल के राजा को जंगल के राजा द्वारा पकड़ने में कमिश्नर डाल्टन ने सफलता प्राप्त की। 30 मार्च 1858 को विश्वनाथ शाही को लकराज नामक जंगल में, जगतपाल सिंह की मदद से गिरफ्तार करने में डाल्टन को सफलता मिली।

आदिवासी नेता नीलांबर-पीतांबर का विद्रोह 1859 में भी चलता रहा। जगतपाल सिंह ने पलामू के सपूतों का शिकार खुद किया। दोनों नेताओं को क्षमादान का वादा कर उसने अपने कब्जे में किया।

उपसंहार

1857 में हिन्दुस्तान में कानपुर के बाद पहला सामूहिक फाँसी का क्रूर नाटक अंग्रेजों ने राँची के वर्तमान शहीद चौक पर खेला। यहाँ चाईबासा अवस्थित डोरण्डा के 43 विद्रोही फौजियों को 20 तथा 25 अक्तूबर को सुबह 6 बजे से 8 बजे तक फाँसी के फंदे पर लटकाया गया।

विद्रोही डोरण्डा फौज के प्रमुख सेनानी जयमंगल पाण्डेय और नादिर अली खाँ के साथ 77 विद्रोही सिपाहियों को चतरा में 4 अक्तूबर 1857 को फाँसी पर लटकाए जाने का काम आरम्भ हुआ। 8 जनवरी 1858 को ओरमाँझी के राजा उमराव सिंह और उनके दीवान शेख मिक्खन (भिखारी) को चुटुपालू घाटी में अपनी जमींदारी में आम लोगों को सबक सिखाने के लिए फाँसी दी गई। 16 अप्रैल 1858 में विश्वनाथ शाही तथा 21 अप्रैल 1858 में गणपत राय को शहीद स्थल से दक्षिण (वर्तमान जिला स्कूल गेट पर) कदंब वृक्ष पर लटकाकर फाँसी दी गई।

क्षमादान का वचन देकर जगतपाल सिंह की सहायता से कप्तान ग्राहम ने लेस्लीगंज में

अप्रैल 1859 में खैरवाड़ आदिवासी नेता नीलांबर शाही, पीतांबर शाही, शिवचरण माँझी, रूदन माँझी, भानुप्रताप सिंह के साथ डेढ़ सौ आदिवासियों को लेस्लीगंज में जेल नहीं होने के कारण, फाँसी पर चढ़ा देना ही उचित समझा।

अर्जुन सिंह ने राँची में फाँसी के दृश्य को अपनी आँखों से देखा था। वह ग्लानि से भर गया। ब्राह्मणों को फाँसी, पारिवारिक पौरी देवी की शपथ की अवमानना आदि बातों ने उसे विद्रोही बना दिया। सिंहभूम में अर्जुन सिंह का विद्रोह 1857 से फरवरी 1859 तक चलता रहा। अपने श्वसुर मयूरभंज राजा के हस्तक्षेप से कमिश्नर डाल्टन के सामने चक्रधरपुर में 15 फरवरी 1859 को अर्जुन सिंह ने समर्पण किया। उसे बन्दी बनाकर बनारस निर्वासित कर दिया गया। 1880 में जब उसे राज्य वापस किया गया तो अर्जुन सिंह ने ग्लानि और प्रताड़ना के देश राँची और सिंहभूम में मरने की बजाय गंगा की गोद में ही प्राण त्यागना उचित समझा।

1857 के प्रथम स्वतंत्रता संग्राम का झारखंड पर प्रभाव

डॉ. पुरुषोत्तम कुमार

1857–59

पलामू में नीलाम्बर और पीताम्बर का नेतृत्व

पलामू जिले में सन् 1857 का आन्दोलन यद्यपि थोड़ा पीछे शुरू हुआ किन्तु कम्पनी के लिए बहुत ही भयावह साबित हुआ। पलामू क्षेत्र की आबादी में चेरो, खरवार, भोगता, उराँव, बिरिजिया, परहैया आदि आदिवासियों का ही बाहुल्य है। भोगता समुदाय के सरदार दो भाई नीलाम्बर–पीताम्बर के नेतृत्व में खरवार एवं भोगताओं का एक बड़ा शक्तिशाली संगठन खड़ा हुआ था। 1857 की क्रान्ति से यह संगठन उत्साहित हुआ और पलामू के विभिन्न ब्रिटिशपरस्त ठकुराइयों को हटाकर पुनः चेरो जागीरदार देवीबक्स राय को स्थापित करने का निर्णय लिया गया। 21 अक्टूबर 1857 को नीलाम्बर–पीताम्बर के नेतृत्व में खरवार, चेरो योद्धाओं की एक टुकड़ी तथा लगभग 500 भोगताओं ने चैनपुर, शाहपुर और लेस्लीगंज पर आक्रमण कर दिया। यह सेना चैनपुर में असफल किन्तु लेस्लीगंज एवं शाहपुर में सफल रही। लेफ्टिनेण्ट ग्राहम ने लेस्लीगंज में असफल हो कर सासाराम से और सेना मँगवा ली थी। इधर विद्रोहियों ने 29 नवम्बर 1857 को रजहरा की कोल कम्पनी पर आक्रमण कर बंगला आदि में आग लगा दी। मनिका आदि कई थाने विद्रोहियों द्वारा जला दिए गए। विद्रोहियों का एक दल लूट के माल और लड़ाई के सामान के साथ पलामू के किले पर जमा था। 22 जनवरी 1858 को कर्नल डाल्टन, मेजर मैकडोनल के नेतृत्व में ब्रिटिश सेना ने किले पर आक्रमण कर उसे कब्जे में ले लिया।

13 फरवरी 1858 को उत्तरी कोयल की उद्गम घाटी चेमू–सेनेया में विद्रोहियों और डाल्टन के नेतृत्व में अंग्रेज सेना का मुकाबला हुआ। विद्रोही पराजित हुए। चेमू तथा सेनेया का भोगताओं का गढ़ अंग्रेजों ने ढहा कर लूट लिया। नीलाम्बर–पीताम्बर तब तक मुक्त थे। आदिवासी रैयतों पर डाल्टन ने आतंक बढ़ा दिया। अन्ततः फरवरी 1858 में वे गिरफ्तार हुए उन्हें फाँसी दे दी गई।

1857

हजारीबाग के भुइयाँ टिकैतों का आन्दोलन

प्रथम स्वतंत्रता संग्राम की अवधि में ही हजारीबाग जिले के उत्तरी क्षेत्र में अपनी जमीनों से बेदखल भुइयाँ टिकैतों ने भी विद्रोह का बिगुल फूँक दिया। उनके विद्रोह का सीमित उद्देश्य

अपने हाथ से निकली भूमि पर कब्जा करना था। कम्पनी सेना ने इस विद्रोह का भी दमन कर दिया।

1858

सरकार द्वारा रेकार्ड ऑफ राइट्स बनाने का प्रयास

1857 के प्रथम स्वतंत्रता आन्दोलन के दमन के पश्चात ब्रिटिश सरकार ने लोगों के मूल असन्तोष को दूर करने का निर्णय लिया। लाला लोकनाथ शाही को 1858 ई. में सभी भुँइहारी जमीन का एक रजिस्टर बनाने का आदेश दिया गया। उनका यह कार्य उतना सफल नहीं रहा क्योंकि उनका कार्यक्षेत्र सिर्फ लोधमा, खुखरा, उदयपुर, सोनपुर, डोंयसा, कोराम्बे और बसिया परगना तक ही सीमित था। 1862 ई. में उनकी मृत्यु के पश्चात् इस कार्य को भी स्थगित कर दिया गया।

1860-61

संतालपरगना में जमींदारी जुल्म के खिलाफ संताल विद्रोह

संताल हुल के उपरान्त जमींदारी वर्ग की संरचना एवं जमींदारी जागीर-व्यवस्था में कुछ महत्त्वपूर्ण परिवर्तन हुए। इस परिवर्तन ने संतालों और जमींदारों के आपसी सम्बन्ध को विशेष रूप से प्रभावित किया। कई बंगाली और यूरोपीय सट्टेबाज संतालपरगना में जमींदारी हक खरीद रहे थे क्योंकि यह लाभकारी था। नॉन रेगुलेशन व्यवस्था के परित्याग करने से जमींदारों को अपनी इच्छानुसार कर वृद्धि का अधिकार मिल गया था। विशेषकर दो यूरोपीय जमींदार, ग्रैण्ट एवं बर्नस् ने लगातार मालगुजारी में वृद्धि कर अपने संताल रैयतों को विद्रोह के लिए मजबूर कर दिया। संतालपरगना पुनः एक साल तक संताल विद्रोह की आग में जलता रहा। ब्रिटिश सेना ने मुश्किल से इस पर काबू पाया।

1869

छोटानागपुर टेन्युर्स एक्ट (एक्ट II -1869) और भुँइहारी सर्वे और सेटलमेंट

इस अधिनियम के तहत एक विशेष कमिश्नर (राखालदास हलधर) की नियुक्ति हुई ताकि वह भुँइहारी (आदिवासी रैयत की ऐसी जमीन जिसे जंगल काट कर बनाया गया।) और मझियास (राजा की) जमीन का सर्वेक्षण करें और उसकी सीमा निर्धारित करें। यह सर्वेक्षण कार्य 1869 में शुरू हुआ और 1880 तक चला और 2482 गाँवों में यह कार्य पूरा हुआ। पर इस सर्वेक्षण कार्य से भी लोगों की शिकायतें दूर नहीं हुईं। इसके कारण दो थे, प्रथम यह सर्वेक्षण बहुत देर से सम्पन्न हुआ और राजहस ऐन्यूर्स (साधारण रैयती भूमि) अन्तर्गत पड़ने वाली भुँइहारी जमीन का अधिकांश भूभाग इस ऐक्ट के क्षेत्र के बाहर था। कुल 7052 वर्गमील क्षेत्र में से 90 वर्गमील क्षेत्र छोड़ दिया गया। इसीलिए आपसी झगड़े प्रारम्भ हुए। फौजदारी, दीवानी अदालतों में मुकदमे काफी महँगे थे। यह सर्वेक्षण मुंडा इलाकों में खुदकट्टी भूमि में भी नहीं किया गया। इस तरह भविष्य के अतिक्रमण और झगड़ों के लिए दरवाजा खुला रह गया।

1869–70

टुंडी में संताल विद्रोह

सन् 1868–70 में टुंडी के जमींदार एवं उसके संताल रैयतों के बीच भूमि सम्बन्धी कई समस्याएँ उत्पन्न हुईं। मुख्यत: ये समस्याएँ वन के स्वामित्व एवं कर-वृद्धि से जुड़ी थीं। इन संताल माँझियों के इजारदारी में पड़ने वाले 52 गाँवों के रैयतों ने जमींदार के खिलाफ हथियार उठा लिया। जमींदार टुंडी से भाग खड़ा हुआ और उसने कतरास में शरण ली। कर्नल डाल्टन के हस्तक्षेप के बाद संताल माँझियों और जमींदार के बीच समझौता हुआ। समझौता के अनुसार आगामी 8 वर्षों तक जमींदार मालगुजारी नहीं बढ़ा सकते थे और वनों के भोगाधिकार पर संतालों का हक मान लिया गया।

1871

भगीरथी माँझी और खरवार आन्दोलन

1855 के संताल हुल के बाद की अवधि शान्तिपूर्ण नहीं थी। महाजनों का शोषण जारी रहा। ब्रिटिश सरकार भी बर्बरतापूर्वक मालगुजारी वसूल करवा रही थी। किन्तु सचेतन संताल विद्रोह के परिणामों को भी महसूस कर रहे थे। अब वे कोई कदम उठाने के पूर्व अपने समाज में भी परिवर्तन के आकांक्षी थे। इस आकांक्षा ने ही खरवार आन्दोलन जैसे सामाजिक आन्दोलन की नींव डाली। इसमें आदिवासी स्वतंत्रता और गरिमा की ओर लौटने का आह्वान था। सन् 1871 में यह आन्दोलन अपने चरम पर था जब एक करिश्माई नेता भगीरथी माँझी ने यह घोषणा की कि वह संतालों का राजा और ईश्वर का प्रतिनिधि है। वह गोड्डा जिले के तरडीहा गाँव का निवासी था। उसने मालगुजारी वसूलना और रसीद काटना शुरू किया। जमींदारों के यहाँ मालगुजारी जमा करवानी बन्द कर दी। उसकी परिकल्पना थी कि अगर संताल पवित्र-सात्विक, नशा-मांसाहार से मुक्त जीवनयापन करें, एक ईश्वर की पूजा करें और अपने पापों से अपने को स्वच्छ कर लें तो संतालों के स्वर्णयुग की वापसी हो सकती है। भगीरथी की बढ़ती लोकप्रियता से घबराकर उसकी गिरफ्तारी हो गई। किन्तु यह आन्दोलन फैलता हुआ हजारीबाग के संताल-समाज तक पहुँच गया। यहाँ भगीरथी की जगह दुबिया गोसाईं ने बागडोर सँभाली थी। गोसाईं की गिरफ्तारी के बाद आन्दोलन को दबा दिया गया।

1881–82

पलामू में कोरवा विद्रोह

पलामू, तत्कालीन राँची (वर्तमान में गुमला जिला) एवं सरगुजा के कोरवा घने वन प्रदेशों में स्वतंत्र जीवन बिता रहे थे। सरगुजा के राजा ने उनके इस स्वतंत्र जीवन पर कई तरह के प्रतिबन्ध लगाए। कोरवा लोगों ने इसका प्रबल प्रतिवाद किया। कुथरा कोरवा और पूरन कोरवा के नेतृत्व में उन्होंने राजा के खिलाफ विद्रोह कर दिया। इनके दलों ने सरगुजा एवं पलामू के सीमावर्ती गाँवों में अपनी स्वतंत्रता की घोषणा कर दी। धीरे-धीरे इस विद्रोह ने भयानक रूप धारण कर

लिया। अंतत: छोटानागपुर के कमिश्नर ने एक बड़ी सेना इस क्षेत्र में छह महीने तक तैनात रखी। कई कोरवा गाँव जला कर नष्ट कर दिए गए। कई कोरवा वीरों ने शहादत पाई तब जाकर इस विद्रोह पर नियंत्रण पाया जा सका।

1859–95

सरदारी आन्दोलन

सरदारी लड़ाई 1859 के लगभग शुरू हुई। 1869 के भुँइहारी सेटलमेण्ट से लोगों का असन्तोष दूर नहीं हुआ। साथ ही जमींदारों और रैयतों के बीच आपसी विरोध बढ़ता गया। 'बैठ बेगारी'(जबरन मजूरी) की प्रथा, रूकुमत (विभिन्न प्रकार के बकायों का जिन्स में भुगतान) की वसूली, राजस भूमि (राजा की नियत लगानवाली बन्दोबस्ती के लिए उपलब्ध भूमि) पर कर की गैर कानूनी बढ़ोतरी, खूँटकट्टी गाँवों में मुंडा भू मालिकों के पद, आदि से संबंधित शिकायतों को लेकर ही सरदारी आन्दोलन शुरू हुआ। जंगल का आरक्षित किया जाना भी इस आन्दोलन का तात्कालिक कारण बना।

1857 की क्रान्ति के बाद अपनी समस्याओं से घबड़ाकर मुंडा किसान लुथरन मिशन में आकर ईसाई बन रहे थे। उन्हें लग रहा था गोरे पादरी उनकी समस्या के समाधान में सहयोगी होंगे। पादरियों ने प्रारम्भ में हस्तक्षेप की कोशिश की। जमींदारों ने इस पर कड़ा एतराज जताया। सरकार जमींदारों के साथ थी क्योंकि उसकी प्राथमिक और अन्तिम रुचि राजस्व वसूली में थी।

1890 ई. तक मुंडा–मानकियों ने समझ लिया कि मिशन उनकी समस्या का समाधान नहीं कर सकता। अत: उनके बीच मिशन का आकर्षण घट गया। इन आन्दोलनकारी मुंडा–मानकियों ने अपने को 'सरदार को' (नेता) की संज्ञा दी। इन सरदारों का कार्यक्षेत्र सम्पूर्ण छोटानागपुर सिंहभूम का एक भाग था। जमींदारों- जागीरदारों–ठेकेदारों–साहूकारों द्वारा छीने गए भूमि की वापसी के लिए उन्होंने कानूनी रास्ता अपनाया। सरकार के नाम आवेदन, ज्ञापन एवं विरोध–पत्रों की बौछार कर दी लेकिन कोई नतीजा नहीं निकला। तत्पश्चात् सरदारों ने कलकत्ता के बाबुओं (वकीलों) की शरण ली। बाबुओं ने खूब आश्वासन दिया और पैसा लूटा। उस काल में भी कलकत्ता के वकीलों ने थोड़ा–थोड़ा कर 1 लाख रुपए लूट लिए। सरदार क्षेत्र में चन्दा वसूल–वसूल कर मुकदमा लड़ा किन्तु कोई परिणाम नहीं निकला। इस प्रकार सरदारों के विश्वास को मिशनों, सरकारी अफसरों और वकीलों ने जबरदस्त ठेस पहुँचाई। अब वे अपने बीच चमत्कारी नेता की प्रतीक्षा कर रहे थे जो बिरसा के रूप में उन्हें मिलने वाला था।

1880

तेलंगा खड़िया का आन्दोलन

तेलंगा खड़िया का जन्म गुमला जिले के सिसई थाना अन्तर्गत मुर्गू ग्राम में गाँव के पाहन तथा नागवंशी राजा के भण्डारी ढुईया खड़िया के पुत्र के रूप में 9 फरवरी 1806 को हुआ था। उन्होंने अंग्रेजों, स्थानीय जमींदारों और ठेकेदारों के शोषण और अत्याचार जैसे मनमाना कर वसूली, बैठ बेगारी के विरुद्ध संघर्ष किया। उनके आन्दोलन की एक विशिष्टता 'जूरी पंचायत' है। 'जूरी

पंचायत' ग्रामीण युवकों का संगठन था जिसे युद्ध कला हेतु शारीरिक प्रशिक्षण एवं समाज की दुरवस्था के प्रति चैतन्य होने के लिए बौद्धिक प्रशिक्षण भी दिया जाता था। धीरे-धीरे तेलंगा खड़िया ने प्रशिक्षण और संगठन 'जूरी पंचायत' का विस्तार करना प्रारम्भ किया। मुर्गू, जूरा, डोइसा, सोसो, नीमटोली, दुन्दरिया, ढेढौली, बघिमा, नाथपुर, बेन्दोर, कोलेबिरा, महाबुआंग तथा कुम्हारी ग्रामों, जो गुमला जिले के अन्तर्गत आते हैं, में 'जूरी पंचायतों' की स्थापना हुई।

तेलंगा खड़िया ने नियम बना रखा था कि युद्ध कला सीखने के पहले सभी को अपने निर्धारित झण्डे के सामने पूर्व की ओर मुँह कर घुटना टेककर धरती माता, सरना माता, सिंगबोंगा, महादान देव के साथ-साथ अपने पूर्वजों का स्मरण आवश्यक था। सिसई इस शिक्षा का मुख्य केन्द्र था।

तेलंगा के संगठन तथा कार्यकलापों से जमींदार, ठेकेदार और अंग्रेज अफसर सशंकित हो गए। उनकी गिरफ्तारी का आदेश हुआ। वे भूमिगत हो गए किन्तु शीघ्र ही बसिया थाने के कुम्हारी ग्राम के 'जूरी पंचायत' को सम्बोधित करते गिरफ्तार किए गए। उन्हें कलकत्ता जेल भेज दिया गया। कुछ वर्षों के बाद जब लौटकर वापस आए परिस्थिति ज्यादा प्रतिकूल थी। अत्याचार अधिक बढ़ गए थे। उन्होंने 'जूरी पंचायत' की गतिविधियाँ पुनः प्रारम्भ कीं। शोषक वर्ग के लोगों ने एक कुख्यात अपराधी बोधन सिंह की सेवाएँ लीं। 23 अप्रैल 1880 को उसने, अपने शिष्यों के साथ प्रार्थना में सर तेलंगा को गोली मार दी। 76 वर्षीय यह संगठनकर्ता, आन्दोलनकारी धरतीमाता की गोद में सो गया किन्तु अपने समाज में एक रोशनी जला गया।

1896-97

फुतेह संताल के नेतृत्व में आन्दोलन

सन् 1896-97 में पाकुड़ क्षेत्र के संतालों के बीच काफी असंतोष फैला हुआ था। इसके दो प्रमुख कारण थे—पहला कारण था सड़कों के निर्माण और मरम्मत के काम में गाँव वालों से बिना मजदूरी दिए कार्य कराने की सरकार की अकल्पनाशील नीति। सभी गाँवों के लिए यह अनिवार्य था कि वे बिना मजूरी के सड़क-निर्माण में काम करें। यह बैठ-बेगारी का चरम रूप था अतः विक्षोभ होना स्वाभाविक था। दूसरा कारण था पाकुड़ में मिस्टर क्रेवन द्वारा नई मालगुजारी व्यवस्था जबरन लागू करवाना जिसे संताल रैयत मानने के लिए तैयार नहीं थे। रैयत मिस्टर बुड द्वारा पूर्व निर्धारित भू-राजस्व व्यवस्था को बदलने के लिए तैयार नहीं थे। नतीजन एक पूर्व-परगनैत फुतेह संताल के नेतृत्व में संताल-विद्रोह फूट पड़ा। पुनः आन्दोलन हिंसात्मक स्वरूप का ही था। ब्रिटिश सरकार की सेना के सक्रिय होने के बावजूद यह विद्रोह लगभग एक वर्ष जारी रहा। फुतेह संताल की गिरफ्तारी और सजा के बाद ही इसे दबाया जा सका।

1895-1900

बिरसा हुलगुलान

बिहार डिस्ट्रिक्ट गजेटियर्स, सिंहभूम, 1958, पृष्ठ 100-101 में दिए विवरण के अनुसार, 'बिरसा विद्रोह दरअसल मुंडा विद्रोह था। इस विद्रोह का आर्थिक उद्देश्य उन जमींदारों को,

जिन्होंने मुंडों की जमीन हथिया ली थी, भगाना और जमीन को मुंडों के हाथों में लाना था। इसका राजनीतिक उद्देश्य अंग्रेजों के राज्य को खत्म कर मुंडा अंचल में मुंडा राज्य कायम करना था। इसका धार्मिक उद्देश्य ईसाई धर्म का विरोध करना और ईसाई बने असंतुष्टों मुंडों का नया धर्म स्थापित करना था।'

इस हुलगुलान की पृष्ठभूमि को डॉ. कुमार सुरेश सिंह ने अपनी पुस्तक 'बिरसा मुंडा और उनका आन्दोलन' के पृष्ठ 29 से 32 में, व्याख्यायित किया है कि ''नई शक्तियों के प्रभाव-स्वरूप परम्परागत मुंडा-समाज विघटन के कगार पर पहुँच गया। पाहनों और मुंडाओं की अपनी-अपनी पूर्व भूमिकाएँ बिलकुल ही बदल गईं, जिससे मुंडाओं की भूमिका एक-ब-एक महत्त्वपूर्ण बन गई। पुराने मुंडा समाज में मुंडा लोग पाहनों के प्रमुख सहायक और दाहिने हाथ के रूप में थे। पर अब स्थिति ऐसी आई कि एक ही मूलवंश की दो शाखाएँ—मुंडा और पाहन एक-दूसरे से भिड़ने के लिए परिकरबद्ध हो गईं।.... मुंडारी भूमि-व्यवस्था का विघटन मात्र आर्थिक घटना न थी। उससे पुरानी समाज-व्यवस्था की जड़ें तक हिल गई थीं। मुंडा जाति के इतिहास में पहली बार उनके सामाजिक ढाँचे में लुटेरे तत्त्व मजबूती के साथ जम गए थे। वे फल-फूल भी रहे थे और उनकी तादाद बढ़ रही थी। गाँवों से शान्ति और एकता की भावना लुप्त हो चुकी थी।... मुंडाओं की संस्थाओं पड़हा और पंचायत को क्षय रोग ग्रस गया था। गाँवों के पुराने प्रधानों और अन्य सभाओं का स्थान छीन लिया था टिकुओं ने, जिनके अन्तर्गत आते थे महाजन, और लगान-वसूली के छुटभैये अधिकारी। अब सामाजिक विवाद अंग्रेज शासन और उसकी अदालतों को सुपुर्द किए जाने लगे थे। इसका मतलब हुआ कि विवादों को सुलझाने के लिए मुंडा संस्था पड़हा का अन्त। मानकी पहले इस संस्था की अध्यक्षता करते थे। इस प्रकार ऊपर से थोपी गई इस नई न्याय-व्यवस्था ने मुंडाओं के सामाजिक ताने-बाने को तोड़-मरोड़ डाला।

...इस क्रम में उन्नीसवीं सदी के उत्तरार्द्ध में सामने आई अराकती की प्रथा, जिसके अन्तर्गत कुछ लोग असम प्रान्त या आसपास के स्थानों में चाय बगानों में कुलियों की भरती के लिए एजेंट का काम करते थे।... 1864 से 1867 तक चार वर्षों के भीतर बाहर जाने वाले ऐसे मुंडाओं तथा अन्य जनजातियों की संख्या 12,369 थी। ...कुलियों की भरती करने वालों—अराकनियों ने स्थानीय अधिकारियों के साथ मिलकर जनजातियों की नैतिकता को गिराने में मानों तूफान बरपा कर दिया। ये लोग अधिकतर साप्ताहिक बाजारों में सक्रिय रहते। ये परित्यक्त और निराश प्रेमियों, पतियों के व्यवहार से असंतुष्ट पत्नियों, गृह-वधुओं और अविवाहित लड़कियों को तरह-तरह के प्रलोभनों से फँसाने की कोशिश करते थे। इस मानव-चौर्य-कार्य में मुंडा खुद भी किसी से पीछे नहीं थे। उनमें से अनेक घूस लेकर अपने भाइयों और बंधु-बांधवों की चोरी करवा देते थे और एजेंट के सुपुर्द कर देते। मुंडा समाज के विघटन का दूसरा बड़ा लक्षण था बड़े पैमाने पर शराबखोरी।

...बिरसा के आन्दोलन में भूमि-सम्बन्धी एवं धार्मिक प्रश्न एक-दूसरे के साथ संश्लिष्ट थे। भूमि-सम्बन्धी संघर्ष सामाजिक प्रश्नों को ले कर होता है। बिरसा आन्दोलन ने ऐसे संघर्ष के भी रूप में न केवल राजनीतिक समस्याओं का हल ढूँढ़ने की कोशिश की, बल्कि मुंडा जाति में

फैली सामाजिक बुराइयों के भी हल का प्रयास किया।''

बिरसा मुंडा के जन्म आदि के विवादों की चर्चा करते हुए डॉ. कुमार सुरेश सिंह ने अपनी पुस्तक, बिरसा मुंडा और... की भूमिका में लिखा है कि ''बिरसा के जन्म दिन, जन्म वर्ष और जन्म स्थान अभी भी विवाद का विषय बने हुए हैं। देव, मैथ्यु द्वारा बर्लिन में प्राप्त एक दस्तावेज से पता लगता है कि बिरसा मुंडा का जन्म 22 जुलाई 1872 को हुआ था और उनका बपतिस्मा 11 अगस्त को किया गया। भरमी मुंडा ने भी 1872 का उल्लेख किया है। इस साल के कागजात बुर्जु चर्च में उपलब्ध नहीं हैं। मैंने जब इस चर्च में अभिलेखों का मुआयना किया था उस वक्त जन्मतिथि या जन्म मास के बारे में वहाँ कोई सूचना नहीं मिली थी। चाईबासा मिशन में रखे दस्तावेज के अनुसार बिरसा का क्रिश्चन के रूप में संपुष्टि 10 मार्च 1886 को हुई थी। वस्तुत: 22 जुलाई को सोमवार पड़ता था जबकि बिरसा का जन्म बृहस्पतिवार को हुआ था। उनका बपतिस्मा जन्म के करीब एक माह के अन्दर सम्पन्न किया गया।...

सरकारी स्तर पर बिरसा का पैतृक गाँव ऊलीहातु उनके जन्मस्थान के रूप में मान्यता प्राप्त कर चुका है। एक ग्राम कुण्डी बिरसा का जन्म स्थान है कि नहीं इसके बारे में सरकारी स्तर पर जाँच-पड़ताल की गई, जो निराधार पाया गया। चाईबासा मिशन के रिकार्ड में बंबा के रहने के स्थान का स्पष्ट उल्लेख है।''

पिछले पन्द्रह वर्षों से चल रहे 'सरदारी आन्दोलन' को जिस सशक्त नेतृत्व की आवश्यकता थी उसकी पूर्ति बिरसा मुंडा ने सहज ही कर दी। चाईबासा के अंग्रेजी स्कूल में पढ़े और ईसाइयत छोड़कर सात्विक जीवन जी रहे बिरसा मुंडा सहज ही आकर्षण के केन्द्र बन गए थे। उन्होंने अपने को भगवान घोषित कर दिया था और रोगियों की आध्यात्मिक चिकित्सा प्रारंभ कर दी थी। उनके समकालीन फादर हॉफमैन ने उनकी झोंपड़ी के आगे रोगियों की लम्बी पंक्तियाँ देखी थीं। जिनकी गहन आस्था 'धरती आवा' के प्रति थी। जो रोगी ठीक नहीं होते वे इसका कारण अपनी आस्था में कमी को मानते न कि 'धरती आवा' में। बिरसा के सरदार अनुयायियों ने इन चमत्कारों का दूर-दूर तक प्रचार किया।

बिहार डिस्ट्रिक्ट गजेटियर्स, राँची के पृष्ठ 70 के अनुसार, 'नौजवान बिरसा ने प्रचार किया कि अब मुंडा राज्य शुरू हो गया है और महारानी विक्टोरिया का राज समाप्त हो गया है। उन्होंने मुंडाओं को आदेश दिया कि किसी को भी राजस्व नहीं दें।' सरकार चिन्तित हुई। 24 अगस्त 1895 को बिरसा अपने घर चलकद में सोते हुए 15 अनुयायियों के साथ गिरफ्तार किए गए। दो साल की सजा दी गई।

नवम्बर 1897 में जेल से छूटने पर बिरसा ने फिर अपने आन्दोलन का संगठन प्रारम्भ किया। एक योजना के अनुसार वे सदल बदल 28 जनवरी 1898 को राँची के पास चुटिया गए। उनका उद्देश्य यहाँ के मन्दिर के साथ मुंडों का सम्बन्ध सिद्ध करना और इस सम्बन्ध में कागजात की खोज करना था। बढ़ती गतिविधियों के कारण पुन: गिरफ्तारी का आदेश जारी हो गया।

बिहार डिस्ट्रिक्ट गजेटियर्स, राँची, पृष्ठ 70-71 के विवरण के अनुसार 'बिरसा दो साल तक गुप्त रूप से काम करते रहे। अपने अनुयायियों को विद्रोह के लिए तैयार करते रहे। 1899 के क्रिसमस के दिन उन्होंने आक्रमण शुरू किया। चर्च और थाने आक्रमण का लक्ष्य बने। 5 जनवरी

1900 को सारे मुंडा अंचल में विद्रोह फैल गया। 6 जनवरी को एतकेडीह में गया मुंडा और उनके आदमियों ने दो कांस्टेबलों को काट डाला। 7 जनवरी को खूँटी थाना जला दिया गया।

कमिश्नर फारबेस और उपायुक्त स्ट्रीटफील्ड डुटल्डा स्थित सेना के साथ खूँटी पहुँचे। 9 जनवरी को शैल रकब में बिरसा पंथियों से उनकी मुठभेड़ हुई। मुंडा योद्धा बन्दूकों के सामने टिक न सके। कइयों ने वीरगति प्राप्त की कई घायल हुए। इस घटना से विद्रोह की रीढ़ टूट गई। बिरसा की दैवी शक्ति से कितने मुंडाओं का विश्वास टूट गया।

3 फरवरी 1900 को खुद बिरसा भी गिरफ्तार किए गए। उनके खास 482 साथियों के साथ मुकदमा चला। किन्तु जेल में ही 9 जून 1900 को संदिग्धावस्था में उस धरती आवा की मौत हो गई।'

इस आन्दोलन के प्रभाव को डॉ. कुमार सुरेश सिंह ने कुछ यूँ व्याख्यायित किया है, 'यह सही है कि बाद में मुंडाओं ने हुलगुलान के जैसा फिर कोई सशस्त्र आन्दोलन नहीं किया, पर एक आदर्श सुसम्बद्ध समन्वित समाज की रचना न हो सकी। बिरसा आन्दोलन ने अपने क्षेत्र की भूमि प्रणाली के द्रुत विश्रृंखलन को रोका, कुछ खूँटकट्टी गाँवों को बचाने में सफलता भी पाई और आन्दोलन के फलस्वरूप प्रशासन के लिए अधिक सुविधाजनक इकाइयों के सृजन में भी योगदान किया। पर मुंडाओं की हालत में तात्कालिक सुधार के ये उपाय केवल यहाँ के जनजातीय समाज की बुराइयों के लिए प्रशमनकारी ही सिद्ध हुआ जिनका स्थायी प्रभाव न हो पाया। बिरसा धर्म का प्रभाव, व्यवहारतः उनके अनुयायियों में एक छोटे समुदाय तक ही सीमित रहा। आदिवासी समाज के विघटन की प्रक्रिया रुकी नहीं। उनके बाद आने वाली श्रद्धायुक्त पीढ़ियों ने बिरसा को अपने जागरण के एक प्रतीक के रूप में माना। हालाँकि उनका आन्दोलन सिर्फ मुंडाओं तक सीमित था लेकिन बिरसा के बढ़ते हुए प्रभाव से छोटानागपुर के आदिवासियों को एक मंच पर ला खड़ा किया, और इस क्षेत्र के प्रतिरोधात्मक एवं स्वातन्त्र्य-आन्दोलन को उनसे बल मिला। इस तरह उनका आन्दोलन क्षेत्रीय और राष्ट्रीय आन्दोलन का प्रथम मद्धिम-सा स्पन्दन था।'

1897

1897 के छोटानागपुर कम्युटेशन एक्ट को स्वीकृति

आदिवासी असंतोष के मुख्य कारणों में एक था 'बैठ बेगारी' प्रथा। इस प्रथा के अनुसार एक रैयत को अपने जमींदार मालिक के लिए बिना मजदूरी पाए खटना था। असंतोष का दूसरा कारण था रूकुमत यानी रैयतों के ऊपर लगाए गए कर। ये कर जिन्स के रूप में देय थे। इस ऐक्ट के द्वारा इस प्रकार के कर को भूमि-सम्बन्धी सेवाओं के लिए नगद भुगतान के रूप में बदल दिया गया।

1902

सरायकेला के संतालों द्वारा विद्रोह

सरायकेला के कुचिंग पीड़ के संताल सरायकेला के राजा द्वारा बनाए गए कर-निर्धारण एवं कर-

वसूली के तरीके से असंतुष्ट थे। चन्दा और अबवाव के राजा की निरन्तर माँगों से भी विक्षुब्ध थे। कर और उपकरों को चुकाने की और वूसली की प्रणाली भी नियमित और अनिश्चित थी। सन् 1902 में देवी संताल और किशुन संताल के नेतृत्व में संताल रैयतों ने विद्रोह कर दिया। पूरे क्षेत्र में अशान्ति छा गई। किशुन को गिरफ्तार करने गया सब-इन्स्पेक्टर मार डाला गया। इस विद्रोह को दबाने के लिए मिस्टर क्रेवन के नेतृत्व में एक सैन्य बल प्रति-नियुक्त किया गया। प्रमुख सरदारों की गिरफ्तारी के बाद विद्रोह दबाया जा सका।

1902-10

सर्वे और सेटलमेण्ट कार्य

बिरसा आन्दोलन के तुरन्त बाद अंग्रेज अधिकारियों ने यह महसूस किया कि असंतुष्ट मुंडाओं के जमीन सम्बन्धी रिकार्ड्स ऑफ राइट्स शीघ्र तैयार करवाए जाएँ। 1897 में प्रारम्भ किया गया सेटलमेण्ट का कार्य मुंडा क्षेत्र यथा तमार, बुन्दु, सोनाहातु आदि थानों में नहीं हो पाया था। बिरसा हूल का प्रभाव भी इन्हीं क्षेत्रों में ज्यादा था। अत: नया सर्वे-सेटलमेंट इसी क्षेत्र से प्रारम्भ किया। भूमि सम्बन्धी सेवाओं और शर्तों को पूरे जिले में परिणत कर दिया गया। ये भूमि सम्बन्धी प्रश्न ही हूल के मूल कारणों में से थे। सर्वे-सेटलमेण्ट द्वारा उनके समाधान की दिशा में प्रयास किए गए।

1905

छोटानागपुर टेनेन्सी ऐक्ट का पारित होना

इस अधिनियम के द्वारा एक सदी से चला आ रहा भूमि-विवाद समाप्त हो गया। यह एक महत्त्वपूर्ण घटना थी। नवम्बर 1908 में यह अधिनियम लागू हो गया। इस अधिनियम के द्वारा खूँटकट्टीदार एवं मुंडारी खूँटकट्टीदार दखलदारी को कानूनी मान्यता दी गई। इस अधिनियम द्वारा ऐसी सारी प्रथाओं को मान्यता दे दी गई जिनके बारे में आदिवासियों का दावा था कि ये हमारे सामाजिक व्यवस्था की मूल चीजें हैं। आदिवासियों की भूमि सामान्य परिस्थितियों में अहस्तान्तरणीय बना दी गई। उपायुक्त अब आदिवासी भूमि का कानूनन संरक्षक था। बहुत विशेष परिस्थितियों में ही वह आदिवासी भूमि के हस्तान्तरण की लिखित अनुमति दे सकता था।

यह अधिनियम बिरसा की शहादत सलामी थी और आदिवासियों के लिए प्राणवायु के रूप में आया था। इसके प्रारूप के निर्माण में फादर जॉन बापटिस्ट हॉफमन ने बड़ी भूमिका निभाई थी। अत: इनका नाम आज तक बहुत आदर से याद किया जाता है।

1912

बिहार राज्य बंगाल से अलग किया गया। झारखंड के कुछ आदिवासी क्षेत्र (पुरुलिया, मिदिनापुर, बांकुड़ा आदि) बंगाल के क्षेत्र में चले गए।

1914
टाना भगत आन्दोलन

झारखंड के गुमला जिला अन्तर्गत विशुनपुर प्रखंड के चिंगरी नवाटोली ग्राम में सितम्बर माह (अश्विनी की अष्टमी) सन् 1888 ई. को जतरा का जन्म एक साधारण उराँव किसान कोडल उराँव के पुत्र के रूप में हुआ था। जतरा बचपन से ही थोड़े भिन्न स्वभाव का था। युवावस्था में वह हेसराग ग्राम के तुरिया भगत से ओझामती के झाड़-फूँक के मंत्र सीखने जाया करता था। इसी तंत्र-मंत्र को सीखने के क्रम में घोंसले से अंडा निकालने के क्रम में अंडा फूट गया। फूटे अंडे में पक्षी के भ्रूण को नष्ट होता देख जतरा के मन को ठेस लगी। हिंसा की व्यर्थता का अहसास हुआ। तालाब में स्नान के क्रम में उसे धर्मेश (सर्वोच्च देवता) के दर्शन की अनुभूति हुई। इस आत्मबोध और धर्मेश के दर्शन ने उसे अपने समाज के मार्गदर्शक को प्रेरित किया। जतरा भगत ने अप्रैल 1914 में अपने टाना भगत आन्दोलन की नींव डाली। उसी समय पलामू जिला अन्तर्गत नेताहार में अंग्रेज साहबों के लिए ग्रीष्मकालीन बंगलों का निर्माण हो रहा था और विशुनपुर से होकर सड़क का भी निर्माण हो रहा था। दरअसल विशुनपुर प्रखंड नेताहार पहाड़ी की घाटी में ही स्थित है। अतएव इन निर्माण कार्यों में बेगारी खटने के लिए विशुनपुर प्रखंड के ही आदिवासी रैयतों को पशुवत जोता जा रहा था। टाना भगत आन्दोलन में इस जबरन बेगारी की भी प्रतिक्रिया की अनुगूँज थी।

आन्दोलन के धार्मिक स्वरूप की व्याख्या इस प्रकार की जा सकती है कि संवेदनशील एवं चैतन्य जतरा भगत हिन्दू और ईसाई धर्म की अपेक्षा अपने सरना कुड़ुख धर्म की निम्नतर स्थिति से खिन्न थे। तत्कालीन सरना धर्म मात्र भूत-प्रेतों की पूजा, चेंगरी-खस्सी की बलि, शराब-हँड़िया का तपावन तक ही सीमित हो गया था जो जतरा भगत को स्वीकार्य नहीं था। उसकी आस्था थी कि कुड़ुख समाज की दशा तभी सुधर सकती है जब वे ओझा मती का चक्कर छोड़ सीधे धर्मेश से तादात्म्य स्थापित करें। इसके लिए उन्होंने कुछ कर्मकांडों का आविष्कार किया और एक निश्चित आचार संहिता तैयार की। धर्मेश की कृपा प्राप्ति के लिए स्वयं पवित्र होना आवश्यक है। मांस भक्षण का परित्याग इसलिए आवश्यक है क्योंकि जीव स्वयं धर्मेश की ही उत्पत्ति है। पूजन एवं नैवेद्य अर्पण से पहले स्नान आवश्यक है। पूजन में बलि, नैवेद्य और हँड़िया के बदले फूल, मिष्टान्न और घी का दिया जलाया जाने लगा। भगत के लिए धर्म केवल भय के कारण देवताओं को संतुष्ट करने की प्रक्रिया नहीं है बल्कि यह तो हृदय में धर्मेश को बैठा लेने की प्रक्रिया है। यह धर्म तो प्रेम, पूजा और श्रद्धा पर आधारित है। टाना भगत के लिए पूर्वजों की आत्मा को छोड़कर शेष सभी आत्मा दुरात्मा है जिनका परित्याग किया जाना चाहिए। टाना भगतों ने अखरा में नृत्य, जतरा, शिकार, घुमकुरिया सब का परित्याग कर दिया। ये पवित्रता के मार्ग में बाधक थे। इसी आग्रह के कारण न वे रंगीन वस्त्र पहनते थे और न आभूषण।

जतरा भगत का आन्दोलन धीरे-धीरे विशुनपुर, घाघरा, गुमला, रायडीह, चैनपुर, पालकोट, सिसई, लापुंग, कुन्डू, मांडर तक फैल गया। अनुयायियों की संख्या हजारों में पहुँच गई। तब आन्दोलन राजनीतिक स्वरूप भी ग्रहण करने लगा। अब प्रवचन में बैठ बेगारी नहीं करने,

गुरुवार को हल न चलाने एवं अंग्रेजी सरकार को चौकीदारी टैक्स न देने का भी आह्वान किया जाने लगा। अतएव स्वाभाविक रूप से 1916 में जतरा भगत अपने सात अनुयायियों के साथ गिरफ्तार कर लिए गए। उत्तेजनापूर्ण विचारों के प्रसार एवं उराँवों को भड़काने के आरोप में डेढ़ वर्ष की सजा दे दी गई। उन्हें राँची जेल में रखा गया। उनके दंडित होने के बाद भी यह आन्दोलन चलता रहा। इस आन्दोलन के दूसरे गुरु खास कर बदकुरी ग्राम सिसई थाना की देवमनिया भगताइन, मांडर के शिबु भगत, घाघरा, बेलगाड़ा के बलराम भगत, विशुनपुर के ही भीखू भगत के नेतृत्व में लोकप्रियता बढ़ती गई। राँची, गुमला, लोहरदगा, पलामू और हजारीबाग जिलों के कुड़ुख समाज में यह आन्दोलन अत्यन्त लोकप्रिय हुआ। इसका धार्मिक और राजनीतिक स्वरूप बना रहा। जतरा भगत को सजा माफ कर बीच में ही जेल से छोड़ दिया गया शर्त यह रखी गई कि अपने को सिद्धान्त प्रचार-प्रसार से दूर ही रखेंगे। किन्तु अपनी मुक्ति के दो माह के बाद ही 1917 के मध्य में उनकी मृत्यु हो गई। उनके अनुयायियों का मानना था कि जेल में ही उन्हें जहर देकर छोड़ा गया था।

आन्दोलन के राजनीतिक स्वरूप के कारण व्यवस्था से टकराव लाजिमी था। टाना भगत के नेतृत्वकर्ता गिरफ्तार होते रहते थे। आन्दोलन नई दिशा की तलाश में था। तभी सन् 1918 ई. में महात्मा गाँधी का राँची आगमन हुआ। टाना भगतों से उनकी भेंट हुई। दोनों ने एक-दूसरे को प्रभावित किया। टाना भगत गाँधी जी तथा कांग्रेस के भक्त हो गए। दिसम्बर 1919 ई. में कुड़ू के टीका टांड में टाना भगतों की बैठक में अंग्रेजों के विरुद्ध अहिंसात्मक आन्दोलन की घोषणा हुई। शुद्ध खादी वस्त्र धारण करने, स्वयं नियमित सूत कातने, गाँधी टोपी लगाने, तिरंगा झंडा तथा अपने साथ घंटी रखने का निर्णय लिया गया।

12 फरवरी 1921 को पुनः कुड़ू में टाना भगतों की बैठक हुई जिसमें 8000 टाना भगतों ने भाग लिया। आन्दोलन परवान चढ़ता गया। टाना भगत ने 1921 के गया कांग्रेस अधिवेशन तथा 1927 के साइमन कमीशन विरोधी आन्दोलन में बढ़चढ़ कर भाग लिया। 20 मार्च 1940 को रामगढ़ कांग्रेस अधिवेशन में भारी संख्या में टाना भगतों ने शिरकत किया। टाना भगतों द्वारा भू-कर नहीं देने के कारण अंग्रेज सरकार ने उनकी भूमि नीलाम कर दी थी। भारत आजाद हुआ भू-वापसी कानून बना किन्तु इससे इन्हें विशेष लाभ नहीं हुआ। 1989 के संशोधन से कुछ राहत अवश्य मिली।

भारतीय स्वतंत्रता आन्दोलन में छोटानागपुर (1920-1945)

एस.पी. सिन्हा, 'द फर्स्ट बिरसाइट अपराइजिंग' पृ. 402 के अनुसार, 'बिरसा मुंडा की मृत्यु के साथ ही उनका आन्दोलन भी मृतप्राय हो गया। किन्तु बिरसा तथा उनके अनुयायियों, सरदारों, पलामू के भूतपूर्व चेरो शासकों के वंशधरों, कोल्हान के हो, हजारीबाग तथा मानभूम के भूमिजा-संतालों ने 19वीं शताब्दी के उत्तरार्द्ध में ब्रिटिश-विरोध की जो दीप शिखा प्रज्वलित की थी वह महात्मा गाँधी के नेतृत्व में एक वृहद राष्ट्रीय आन्दोलन के रूप में विकसित हुई। वस्तुतः महात्मा गाँधी द्वारा अहिंसा एवं सत्याग्रह के अमोघ अस्त्रों के प्रयोग से पहले ही छोटानागपुर के आदिवासियों ने इनका प्रयोग जमींदारों, पादरियों तथा स्वयं सरकार के विरुद्ध किया था। इसके

बावजूद राष्ट्रीय स्तर पर कांग्रेस के उभरने के बाद छोटानागपुर के स्वतंत्रता आन्दोलन को नई ऊर्जा मिली। कांग्रेस के प्रारम्भिक वर्षों में भी छोटानागपुर वासियों ने इसके प्रति अपना उत्साह दिखलाया और इसके वार्षिक अधिवेशनों में यहाँ के प्रतिनिधि बड़ी संख्या में शिरकत करते रहे।

कांग्रेस के सक्रिय होने के साथ-साथ बंगाल के क्रान्तिकारी संगठनों ने भी छोटानागपुर को अपना आधार बनाने की कोशिश की थी। बंगाली क्रान्तिकारियों ने अक्सर भूमिगत होने के लिए राँची, हजारीबाग, जमशेदपुर, चाईबासा, चक्रधरपुर का उपयोग किया। गिरिडीह में जनवरी 1913 में 'आवर स्वाधीन भारत' शीर्षक वाले परचे खम्भों पर चिपकाए गए। संत कोलम्बा कॉलेज हजारीबाग के कई छात्र क्रान्तिकारियों के सम्पर्क में थे। इनमें से एक छात्र रामविनोद सिंह की गिरफ्तारी भी हुई थी। जमशेदपुर में ढाका, मेमनसिंह तथा कलकत्ता के क्रान्तिकारी आकर छिपते थे और अपने आन्दोलन का प्रचार भी करते। अप्रैल 1916 में अलीपुर जेल से मुक्त सुधांशु भूषण मुखर्जी नामक क्रान्तिकारी पहले सिंहभूम के सोनुआ ग्राम में और बाद में हजारीबाग में रहने लगा। सुरेन्द्र कुमार राय, दुर्गादास बनर्जी, सत्यरंजन जैसे अनेक क्रान्तिकारी बाजाप्ता टाटा कम्पनी में काम करते थे और क्रान्तिकारी गतिविधियों को भी अंजाम देते थे। अन्ततः सरकार को चेतावनी देनी पड़ी कि कम्पनी जाँच-पड़ताल के बाद ही अपने यहाँ बंगालियों को नौकरी दे। (बिहार स्टेट अभिलेखागार, पंचिका न. 930/ 1916, 1779/ 1916)

गिरीन्द्रनाथ मुखर्जी जैसे क्रान्तिकारियों के सम्बन्ध अमेरिका के हिन्दुस्तान एसोसिएशन से जुड़े हुए थे, कुछ का सम्बन्ध रिवोल्युशनरी पार्टी से था। डॉ. यदुगोपाल मुखर्जी एवं बसावन सिंह की गिरफ्तारी 1939 तक क्रान्तिकारी आन्दोलन झारखंड के पढ़े-लिखे शहरी युवाओं में प्रचारित-प्रसारित होती रही। डॉ. यदुगोपाल मुखर्जी अपने प्रारम्भिक जीवन में बंगाल की अनुशीलन पार्टी के सदस्य थे। मतभेद होने पर वे युगान्तर पार्टी में आ गए थे। सुभाष चन्द्र बोस को भी कई तरह से सहायता की थी। गुरुदेव रवीन्द्रनाथ के भी निरन्तर सम्पर्क में रहते थे। सन् 1920-21 में गिरफ्तार किए, चार साल की सजा हुई। जेल से छूटने के बाद उन्हें बंगाल से देश-निकाला मिल गया तो वे राँची आ गए। यहाँ वे चिकित्सिक के रूप में सक्रिय हुए किन्तु गतिविधियाँ चलती रहीं। अतएव द्वितीय विश्वयुद्ध के समय पुनः गिरफ्तार कर लिया गया। तत्पश्चात् 1945 में वे रिहा हुए।

भारतीय स्वतंत्रता आन्दोलन को मध्यवर्गीय परिधि से बाहर लाकर आम जन तक पहुँचाने का श्रेय महात्मा गाँधी को है। इस लहर ने छोटानागपुर की निष्कपट, निश्छल किन्तु परिवर्तनकारी जनता को भी अपने में समो लिया। 4 जून 1917 को 21 दिनों के लिए गाँधी जी राँची पधारे थे। यह इक्कीस दिन का प्रवास छोटानागपुर के स्वतंत्रता प्रेमियों के लिए प्रेरणादायी रहा। चम्पारण आन्दोलन की रूपरेखा भी यहीं बनी। उनकी सादगी, सात्विकता ने लोगों को भक्त बना दिया।

मौलाना अबुल कलाम आजाद की राँची में तीन वर्षों (अप्रैल 1916 से 27 दिसम्बर 1919) की नजरबन्दी भी छोटानागपुर में कांग्रेसी आंदोलन को परिपक्वता प्रदान कर गई। मौलाना ने राँची की अपनी नजरबन्दी का भी भरपूर उपयोग किया। तुर्की की हार पर सरकारी जन्म का विरोध उन्होंने लोगों से काले बिल्ले लगवाकर किया। अगस्त 1917 में अंजुमन इस्लामिया, राँची तथा मदरसा इस्लामिया की नींव डाली। राँची के गजनफर मिर्जा, मोहम्मद

अली, डॉ. पूर्णचन्द्र मित्र, देवकीनंदन प्रसाद, गुलाब तिवारी तथा नागर मल मोदी जैसे लोग उनसे बराबर मिलते-जुलते रहे।

अगले तीन-चार वर्षों में छोटानागपुर क्षेत्र में कांग्रेस की सभी जिलों में समितियाँ गठित हो गई थीं। 1920 में भारतीय राष्ट्रीय कांग्रेस का विशेष अधिवेशन कलकत्ता में हुआ। छोटानागपुर से भी प्रतिनिधियों ने इसमें भाग लिया। उस समय असहयोग आन्दोलन पूरे देश में चल रहा था। छोटानागपुर भी उसमें सम्मिलित हो गया। 1920-21 में गाँधी जी राँची पधारे। वे जिस भीमराज वंशीधर मोदी धर्मशाला में ठहरे उसी धर्मशाला के सामने विदेशी कपड़ों की होली जलाई गई। लोगों ने खादी कातने एवं खादी पहनने का व्रत लिया। टाना भगतों ने गाँधी जी से भेंट की और उनके भक्त हो गए। गाँधी और टाना भगतों में बहुत कुछ सामान्य था अतएव दोनों का एक-दूसरे के प्रति आकर्षित होना स्वाभाविक था।

1921 में यह आन्दोलन छोटानागपुर में और तीव्र हो गया। डॉ. राजेन्द्र प्रसाद ने कई स्थानों पर सभाएँ कीं, भाषण दिए, मजहरूल हक, मोलीलाल नेहरू, तथा स्वामी विश्वानन्द ने राँची, जमशेदपुर, हजारीबाग के आन्दोलन में भागीदारी निभाई। 1922 में चौरी-चौरा कांड के बाद कांग्रेस में विभाजन हो गया और स्वराज्य पार्टी की स्थापना हुई। 1923 में जब प्रान्तीय लेजिस्लेटिव काउंसिल बनी तो कृष्ण वल्लभ सहाय स्वराज्य पार्टी के प्रतिनिधि के रूप में चुने गए। (के. के. दत्त, बिहार के स्वतंत्रता आन्दोलन का इतिहास, खंड 1, पृ. 333, 352, 357 आदि।) 1925 में गाँधी जी ने छोटानागपुर के लगभग सभी जिला मुख्यालयों में आमजनों को सम्बोधित कर आन्दोलन की जोत को जगाये रखा।

2 जनवरी 1930 की बैठक में प्रतिवर्ष 26 जनवरी को स्वाधीनता दिवस मनाने का निर्णय लिया गया। छोटानागपुर के नगरों में भी स्वाधीनता दिवस बहुत उत्साह के साथ मनाया गया। हजारीबाग में कृष्ण वल्लभ सहाय ने भारी लाठी चार्ज के बीच भी कचहरी पर तिरंगा फहरा दिया।

6 अप्रैल 1930 को महात्मा गाँधी ने नमक-सत्याग्रह की शुरुआत की थी। 13 अप्रैल 1930 को छोटानागपुर के 50 स्थानों पर लोगों ने नमक बनाकर ब्रिटिश हुकूमत के जन-विरोधी कानून को तोड़ा और चुनौती दी।

1939 में जब द्वितीय विश्वयुद्ध शुरू हुआ तब भारतवासियों की राय जाने बिना ही सरकार ने भारत को युद्ध में शामिल कर लिया। विरोध स्वरूप कांग्रेसी मंत्रिमंडलों ने इस्तीफा दे दिया। इसी पृष्ठभूमि में 1940 का व्यक्तिगत सत्याग्रह का कार्यक्रम शुरू हुआ। महात्मा गाँधी अन्तिम बार राँची आए। मरणासन्न निवारण बाबू को देखने निवारणपुर गए। मार्च महीने में 19 एवं 20 मार्च को कांग्रेस की 53वीं वार्षिक सभा रामगढ़ में मौलाना अबुल कलाम आजाद के सभापतित्व में हुई। कई नेता उन दिनों युद्धजनित संकट के परिप्रेक्ष्य में कांग्रेस के दृष्टिकोण से सहमत नहीं थे। वे कांग्रेसी नीतियों को समझौतावादी मान रहे थे। अतः रामगढ़ कांग्रेस के दौरान ही अखिल भारतीय समझौता विरोधी सम्मेलन आयोजित किया। इस सम्मेलन के सभापति सुभाषचन्द्र बोस थे। मुख्य प्रस्तावक सहजानन्द सरस्वती बने थे। कांग्रेस की नीतियों की कड़ी आलोचना की गई। पूर्ण स्वराज्य प्राप्ति भारतीय जनता का हक करार दिया गया। इस कांग्रेस की यह विशेषता

रही कि अखिल भारतीय फारवर्ड ब्लाक का जन्म हुआ। यहीं पर एम.एन. राय ने रेडिकल डेमोक्रेटिक पार्टी की स्थापना की।

1942 में महात्मा गाँधी ने 'भारत छोड़ो आन्दोलन' की शुरुआत की। छोटानागपुर में लोग बहुत बड़े पैमाने पर इस आन्दोलन में शामिल हुए। जगह–जगह पर हड़ताल हुई, जुलूस निकाले गए, प्रदर्शन हुए और आवागमन एवं संचार के साधनों को नष्ट किया गया। (पी.एन. ओझा (सं.) छोटानागपुर : पास्ट एंड प्रेजेंट, पृ. 9) टाटी सिल्वे और नामकुम के बीच टेलीफोन और टेलीग्राफ की लाइनें काटी गईं। 18 अगस्त 1942 को टाना भगतों के एक दल ने विशुनपुर थाना (गुमला) को जला दिया। 19 अगस्त को ओरमाँझी थाने के निकट तार काटा गया। इटकी और टांगर वसली के बीच की रेल की पटरी उखाड़ दी गई। हजारीबाग, गिरिडीह, कोडरमा, झरिया, जमशेदपुर, चाईबासा, चक्रधरपुर, पलामू सभी नगरों में आन्दोलन उफान पर था। सरकारी भवनों की तोड़फोड़, टेलीफोन लाइन, रेलवे पटरियाँ क्षतिग्रस्त की गईं। आन्दोलन के नेतृत्व कर्त्ताओं की बड़े पैमाने पर तुरन्त ही गिरफ्तारी शुरू हो गई।

श्री के.के. दत्त ने अपनी पुस्तक, फ्रीडम मूवमेंट इन बिहार, खंड 3 के पृष्ठ 299 पर श्री गोविन्द सहाय के हवाले से 1942 के आन्दोलन से सम्बद्ध छोटानागपुर के आँकड़े निम्नवत् प्रस्तुत किए हैं—

जिला	*नजरबन्द*	*गिरफ्तार*	*दंडित*	*मृत*	*घायल*	*सामूहिक जुर्माना*
राँची	12	394	916			6000/–
हजारीबाग	328	13310	7001	533	669	177,200/–
मानभूम				5	16	34,600/–
सिंहभूम	25	175	272			2,164/–
पलामू	8		300		1286	3,400/–

इतिहासकार डॉ. बी. वीरोत्तम का कथन है कि स्पष्ट है कि उपर्युक्त आँकड़ों में कई भूलें हैं, जैसे, राँची में मृतकों और घायलों की संख्या का शून्य होना, मानभूम में नजरबन्द गिरफ्तार तथा दंडित लोगों की संख्या का शून्य होना, सिंहभूम में मृतकों तथा घायलों की संख्या का शून्य होना तथा पलामू में गिरफ्तार तथा मृत लोगों की संख्या का शून्य दिखलाया जाना। (झारखंड : इतिहास एवं संस्कृति ; छोटानागपुर में भारतीय स्वतंत्रता आन्दोलन, पृ. 371)

छोटानागपुर में 'भारत छोड़ो' आन्दोलन से सम्बद्ध यह विशेष बात थी कि राष्ट्रीय स्तर के कई नेताओं को हजारीबाग जेल में लाकर बन्द किया गया था। उसी जेल में से 9 नवम्बर 1942 की रात को जयप्रकाश नारायण अपने 5 साथियों के साथ भाग निकले। 1943 तक आन्दोलन प्राय: समाप्त हो गया। 22 अगस्त 1943 को वाचस्पति त्रिपाठी की गिरफ्तारी छोटानागपुर में इस आन्दोलन की अन्तिम घटना थी। 1945 तक प्राय: सभी नेतागण जेलों से रिहा हुए। संविधान सभा और प्रान्तीय प्रतिनिधि सभाओं के लिए चुनाव हुए। 15 अगस्त 1947 को देश को आजादी मिली। मुख्यधारा के इतिहासकारों को राजधानियों के बड़े नेताओं की उपलब्धि के समक्ष

छोटानागपुर की उपलब्धि भले ही तुच्छ लगती रही हो किन्तु झारखंडी इतिहास का तटस्थ विश्लेषण यह दिखलाता है कि प्रकृतिपूजक आदिवासी कई मामलों में दिल्ली, कलकत्ता, पटना के नेताओं से दूरदर्शी और तुरन्त निर्णय लेने वाले सिद्ध हुए। उन्होंने कम्पनी और ब्रिटिश सरकार के चरित्र को शीघ्र जान लिया और जान देकर प्रतिवाद के स्वर को बुलन्द रखा। उनकी कुर्बानियाँ भी आजादी की भोर के रक्तिम सूर्य की किरणों में समाहित थीं। इसे रेखांकित करने की आवश्यकता है।

भारत छोड़ो आंदोलन में झारखंड के आदिवासी

डॉ. वी.एन. दिनेश

भारतीय स्वातंत्र्य संघर्ष के इतिहास में राष्ट्रव्यापी भारत छोड़ो आंदोलन 1942-43 एक निर्णायक घटना थी। 1857 के विद्रोह के बाद भारत में ब्रिटिश उपनिवेशवाद के विरुद्ध भारतीयों का यह सबसे बड़ा जनाक्रोश था। पूरा का पूरा उत्तरी और दक्षिणी बिहार (अविभाजित दक्षिण बिहार, अब झारखंड), उत्तर प्रदेश के पूर्वी जिले, मद्रास, बंगाल में मिदनापुर, उड़ीसा के समुद्रतटीय क्षेत्र, सतारा, खानदेश, भड़ौच (मुंबई) आदि की इस आंदोलन में महत्त्वपूर्ण भूमिका थी। अविभाजित बिहार में इस आंदोलन ने इसके एक बड़े क्षेत्र को अपनी गिरफ्त में ले लिया जिसमें दरभंगा, भागलपुर, चम्पारन, गया, मुंगेर, मुजफ्फरपुर, पटना, पूर्णिया, सारन, शाहाबाद-संतालपरगना और छोटानागपुर शामिल थे। इन क्षेत्रों में जनाक्रोश धीरे-धीरे काफी उग्र हो गया और खुले और उग्र प्रदर्शन में हड़ताल, जुलूस, प्रदर्शन और रेलवे, टेलीग्राफ, टेलीफोन एवं सरकारी कार्यालयों को नष्ट करना आदि शामिल थे।

भारतीय परिप्रेक्ष्य में जब हम इस आंदोलन की व्याख्या और इसका मूल्यांकन करते हैं तो इस राष्ट्रव्यापी जनांदोलन के संबंध में मैक्स हारकोर्ट और स्टेफन हनिंघम के विचार गलत प्रतीत होते हैं। मैक्स हारकोर्ट के अनुसार इस आंदोलन का नेतृत्व ग्रामीण जनसंख्या और शहरी क्षेत्रों के 'Modernist elite' द्वारा किया गया जबकि स्टेफन हनिंघम के अनुसार इस आंदोलन का द्वैध चरित्र था- 'Elite nationalist uprising' और 'Subaltern rebellion'। लेकिन फ्रांसिस इचिन्स का विचार उचित जान पड़ता है कि यह आंदोलन स्वतःस्फूर्त आंदोलन था। अविभाजित बिहार के आदिवासियों (दक्षिणी बिहार : संतालपरगना और छोटानागपुर, अब झारखंड) की इसमें बड़े पैमाने पर भागीदारी थी और भारतीय परिप्रेक्ष्य में इसका मूल्यांकन फ्रांसिस इचिन्स के विचार को ऐतिहासिक तथ्यों के साथ प्रमाणित करते हैं।

भारत के आदिवासी और भारत छोड़ो आंदोलन 1942-43

बंगाल, झारखंड, उड़ीसा, अरुणाचल प्रदेश, असम, उत्तर प्रदेश, मणिपुर, मेघालय, मिज़ोरम, त्रिपुरा, नागालैंड, हिमाचल प्रदेश, मध्य प्रदेश, राजस्थान, महाराष्ट्र, गुजरात, कर्नाटक, आन्ध्र प्रदेश, तमिलनाडु, केरल, गोवा, दादर और नगर हवेली आदि भारत में आदिवासियों के प्राचीनतम निवास स्थान हैं। प्रोफेसर निर्मल कुमार बोस द्वारा दिए गए विवरण के अनुसार भारत में तीन सौ प्रकार की जनजातियाँ हैं जिनमें संताल, पहाड़िया, मुंडा, खरवार, भोगता, कोल, अवोर, गारो,

खासी, कूकी, नागा, मिज़ो, लेपचा, कोली, भोटिया, बरली, भील, चेनचू, टोंडा, सावर, इरूला, खोंड, गोंड आदि प्रमुख हैं। ये आदिवासी स्वतंत्रता प्रेमी रहे हैं। इसलिए अपने क्षेत्रों में इन्होंने विदेशी हस्तक्षेप का हमेशा पुरजोर विरोध किया। भारत में अंग्रेजों की घुसपैठ के साथ-साथ यहाँ के आदिवासियों ने उनका सशस्त्र विरोध किया और उन्हें अपने क्षेत्रों में घुसपैठ करने से रोकने की कोशिश की। प्राप्त दस्तावेजों के अनुसार झारखंड प्रांत में संतालपरगना प्रमंडल की पहाड़िया जनजाति (इस प्रमंडल के मूल निवासी) भारत की पहली आदिम जनजाति थी जिसने अंग्रेजों का सबसे पहले सशस्त्र विरोध किया था और उनकी व्यवस्था को मानने से इनकार कर दिया था। भारत के अन्य आदिवासियों ने भी अंग्रेजों का सशस्त्र विरोध किया। अंग्रेजी सल्तनत के खिलाफ उनका प्रतिवाद एक लम्बे समय तक जारी रहा। इस लम्बे प्रतिवाद ने भारत के आदिवासियों के आधुनिक इतिहास को गौरवशाली स्वरूप प्रदान किया। इस क्रम में उनकी सामाजिक और आर्थिक व्यवस्थाएँ ढह गईं, उनका राजनीतिक संगठन छिन्न-भिन्न हो गया, उनके अनेक सरदार (नेता) शहीद हुए पर ब्रिटिश साम्राज्यवाद के खिलाफ उनका प्रतिवाद जारी रहा। इस उत्तरोत्तर तीव्र होते प्रतिवाद के क्रम में अनेक आदिवासी नेता उभरे जिन्होंने विभिन्न आंदोलनों में आदिवासियों का नेतृत्व किया।

आदिवासियों के प्रारंभिक आंदोलन ब्रिटिश साम्राज्य के विकास और विस्तार के विरुद्ध प्रतिक्रियास्वरूप थे। मुंडा, मानकी, परगनैत, पाहन, संताल, खोंड, गोंड और पहाड़िया आदिवासियों के आंदोलन इसी क्रम में थे। फलस्वरूप आदिवासियों को खुश, शांत और नियंत्रित करने के लिए विभिन्न आदिवासी क्षेत्रों में ब्रिटिश अधिकारियों द्वारा अनेक कानून बनाए गए और परिषदें बनाई गईं। आदिवासियों के क्षेत्रों को परिभाषित कर उनके वे क्षेत्र संरक्षित कर दिए गए। इसके बावजूद महाजनों, जमींदारों, पुलिस और अधिकारियों द्वारा आदिवासियों का शोषण जारी रहा। बंगाल, अविभाजित बिहार, उड़ीसा और मुम्बई प्रेसीडेंसी में जमींदारी प्रथा और रैयतबाड़ी प्रथा के अन्तर्गत आदिवासियों का शोषण हुआ। अविभाजित बिहार और उड़ीसा के आदिवासी क्षेत्रों में खूँटकट्टी जमीन का पतन हो गया और आदिवासियों के सम्मुख जीवनयापन की समस्या उत्पन्न हो गई।

अविभाजित बिहार के छोटानागपुर (अब झारखंड) में बिरसा मुंडा के नेतृत्व में आदिवासियों ने ब्रिटिश शासन के खिलाफ जबरदस्त आंदोलन किया और ब्रिटिश अधिकारियों के साथ अपने परंपरागत हथियारों से लड़ाई की। बिरसा मुंडा के आंदोलन के संबंध में प्रसिद्ध इतिहासकार बिपिनचन्द्र ने लिखा है, 'मुंडा आदिवासियों का विद्रोह 1899-1900 के बीच हुआ। इसका नेतृत्व बिरसा मुंडा ने किया। मुंडा जाति में सामूहिक खेती का प्रचलन था लेकिन जागीरदारों, ठेकेदारों (लगान वसूलने वालों), बनियों और सूदखोरों ने सामूहिक खेती की परंपरा पर हमला बोला। मुंडा सरदार 30 वर्ष तक सामूहिक खेती के लिए लड़ते रहे। 1895 में बिरसा ने अपने आपको भगवान का दूत घोषित कर दिया। उसने कहा कि भगवान ने उसे गजब की ताकत दी है। हजारों आदिवासी उसे देखने-सुनने आने लगे। बिरसा नेता बन गया और धार्मिक आंदोलन जल्द ही खेतिहर मजदूरों के राजनीतिक आंदोलन में बदल गया। बिरसा गाँव-गाँव घूमकर धार्मिक और राजनीतिक आधार पर आदिवासियों को हथियारबद्ध करने लगा। 1899 में क्रिसमस

की पूर्व संध्या पर बिरसा ने मुंडा जाति का शासन स्थापित करने के लिए विद्रोह का ऐलान किया। उसने इसके ठेकेदारों, जागीरदारों, राजाओं, हाकिमों और ईसाइयों का कत्ल करने का भी आह्वान किया। उसने कहा कलयुग को खत्म कर सतयुग लाएँगे और घोषणा की कि दिकुओं (गैर-आदिवासियों) से अब हमारी लड़ाई होगी और उनके खून से जमीन इस तरह लाल होगी जैसे लाल झंडा। मगर उसने यह भी हिदायत दी कि गरीब गैर-आदिवासियों पर हाथ न उठाया जाए। लगभग छह हजार मुंडा तीर-तलवार, कुल्हाड़ी व अन्य हथियारों से लैस होकर बिरसा के साथ हो लिए। लेकिन बिरसा फरवरी 1900 के शुरू में गिरफ्तार कर लिया गया और जून में वह जेल में ही मर गया। विद्रोह तो कुचल दिया गया, पर बिरसा अमर हो गया।' (प्रोफेसर बिपिनचन्द्र एवं अन्य, भारत का स्वतंत्रता संघर्ष, दिल्ली, 1990, पृ. 17-18)। यहाँ यह उल्लेखनीय है कि तत्कालीन राष्ट्रीय नेता सुरेन्द्रनाथ बनर्जी ने कलकत्ता से प्रकाशित प्रमुख पत्र 'बंगाली' में बिरसा आंदोलन के समर्थन में लिखा था।

मद्रास प्रेसीडेंसी में गोदावरी जिले के पहाड़ी अंचल में चन्द्रैया, सम्बैया, तम्मानडोरा और अम्बुल रेड्डी आदि नेताओं के नेतृत्व में 1879-80 का रम्पा विद्रोह काफी भयानक था। रम्पा पहाड़ी आदिवासियों ने सरकारी समर्थित मनसबदारों के भ्रष्टाचारों और नए जंगल कानून के खिलाफ विद्रोह किया था। इस विद्रोह को दबाने के लिए सरकार को सेना की मदद लेनी पड़ी। पैदल और घुड़सवार सेना के दस्ते हजारों आदिवासी विद्रोहियों के दमन में जुट गए और 1880 में विद्रोह को दबा दिया गया।

इन विद्रोहों के पूर्व चकमा विद्रोह, पहाड़िया विद्रोह, चोआड़ विद्रोह, चेरो विद्रोह, भील विद्रोह, हो विद्रोह, खसिया विद्रोह, कोल विद्रोह, गोंड विद्रोह, बुन्देला विद्रोह, गारो विद्रोह, अवोरा विद्रोह, संताल विद्रोह (1855-1856) आदि कुछ प्रमुख आदिवासी विद्रोह थे। इस प्रकार भारत में ब्रिटिश सल्तनत के खिलाफ अनेक विद्रोह हुए पर इनमें संताल विद्रोह सबसे अधिक संगठित और सशक्त विद्रोह था। इस विद्रोह में निचले और गरीब वर्ग के लोग बड़े पैमाने पर शामिल हुए। इसलिए इसके नेता सिद्धू, कान्हू, चाँद और भैरव—आदिवासी, पिछड़े और दलित लोगों के नेता थे। उन्होंने स्वराज्य की दुहाई देकर इन वर्गों का सहयोग और समर्थन प्राप्त कर लिया था। अंग्रेज इतिहासकार डब्ल्यू.डब्ल्यू. हण्टर ने भी लिखा है कि सिद्धू-कान्हू का आविर्भाव अपने देशवासियों के उद्धारक के रूप में हुआ। भागलपुर के कमिश्नर ने 28 जुलाई 1855 को बंगाल के सेक्रेटरी को लिखा, 'हर प्रकार से ऐसा लगता है कि ग्वाले, तेली एवं अन्य जातियाँ संतालों का नेतृत्व कर रही हैं। ये लोग उनको बुद्धि देते हैं, उनके ढोल पीटते हैं, उनकी कार्रवाइयों का संचालन करते हैं और उनके लिए जासूस का काम करते हैं।' भारत के इतिहास और संभवतया विश्व इतिहास में भी यह पहला उदाहरण था जब स्वतंत्रता संघर्ष का चार सहोदर भाइयों ने नेतृत्व किया था और गरीब लोगों का राज स्थापित करने के लिए साम्राज्यवाद के खिलाफ अपने परंपरागत हथियारों से लड़ते हुए वे शहीद हुए थे। ब्रिटिश फौज के परिष्कृत हथियारों से लड़ने की हिम्मत कर अपनी स्वतंत्रता के लिए जिस निर्भीकता से उन्होंने स्वयं को उत्सर्ग किया वह शहीदों की परंपरा में अभूतपूर्व था। उनकी अदम्य वीरता, अटूट साहस, अकूत पराक्रम, अद्वितीय नायकत्व और उनके महान देशभक्त होने के कारण ही उन्हें संतालपरगना का

'कुँवर सिंह और अमर सिंह' कहा गया। उनका महत्त्व इसलिए भी है कि उन्होंने अपने दो सहोदर अनुजों के साथ इस अरण्यांचल (संतालपरगना) में आजादी का परचम सफलतापूर्वक फैलाया जहाँ के निवासी राजनीतिक रूप से परिपक्व नहीं थे। (वी.एन. दिनेश, संताल विद्रोह 1855-56 के अमर नायक वीरवर सिद्धू और कान्हू, दुमका 2002) 1857 ई. के विद्रोह में भी आदिवासियों की भागीदारी थी। वे इस विद्रोह में शामिल हुए और विदेशी शासन के खिलाफ बगावत की। अविभाजित बिहार के छोटानागपुर (अब झारखंड) में आदिवासियों ने ब्रिटिश सत्ता का सशस्त्र विरोध किया और अपने पारंपरिक हथियारों से कंपनी सल्तनत के सिपाहियों से लड़ाई की। पलामू के नीलाम्बर साही और पीताम्बर साही, पोरहाट के राजा अर्जुन सिंह आदि छोटानागपुर में इस विद्रोह के प्रमुख नेता थे। मध्य भारत और पश्चिमी भारत के आदिवासियों ने भी विद्रोह किए और विदेशी शासन का विरोध किया। (के.के. दत्त, अनरेस्ट अगेंस्ट ब्रिटिश रूल इन बिहार 1831-1859, पटना, 1957, के.एस. सिंह, दी ट्राइबल्स एंड दी 1857 अपराइजिंग सोशल साइंटिस्ट, भाग 26, न. 1-4, जनवरी-अप्रैल 1998, नई दिल्ली, पृ. 76-85)

1857 के विद्रोह के पश्चात् पूरे भारत के विभिन्न क्षेत्रों में आदिवासियों ने कई विद्रोह किए। इनमें नील विद्रोह (1859-1860), जयन्तिया विद्रोह (1860-1863), कूकी विद्रोह (1860-1890), असम में विभिन्न विद्रोह (1861-1894), कूका विद्रोह (1869-1872), रम्पा विद्रोह (1879-1880) और बिरसा विद्रोह (1899-1900) आदि महत्त्वपूर्ण थे।

1885 में अखिल भारतीय राष्ट्रीय कांग्रेस की स्थापना हुई पर 1920-21 के पूर्व भारत के आदिवासी क्षेत्रों में कांग्रेस का राजनीतिक संगठन स्थापित नहीं हो सका। इन क्षेत्रों में किसी राष्ट्रीय नेता की कोई पहचान नहीं बन सकी। पर इसके बाद भारत के अन्य आदिवासी क्षेत्रों की तुलना में अविभाजित बिहार के आदिवासी क्षेत्रों में (अब झारखंड) कांग्रेस का राजनीतिक संगठन अधिक तेजी से प्रारम्भ हुआ। फलस्वरूप संतालपरगना और छोटानागपुर में कांग्रेस का प्रभाव बहुत जल्दी कायम हो गया। आदिवासी और गैर-आदिवासी नेता इन क्षेत्रों में कांग्रेस के कार्यक्रमों का प्रचार-प्रसार करने लगे। इससे कांग्रेस के आदर्शों, आयोजनों और कार्यक्रमों से संताल, पहाड़िया, मुंडा, खरवार, टाना भगत (उराँव) आदि अनभिज्ञ नहीं रहे। पर इसके विपरीत मेघालय, त्रिपुरा, मिजोरम, नागालैंड, आन्ध्र प्रदेश, मध्य प्रदेश, पश्चिमी बंगाल, असम, गुजरात, राजस्थान आदि के जनजातीय क्षेत्रों में कांग्रेस का संगठनात्मक कार्य नहीं हो सका। इन क्षेत्रों में आदिवासी स्थानीय समस्याओं में उलझे रहे। फलस्वरूप वे राष्ट्रीय मुद्दों से नहीं जुड़ सके। इन क्षेत्रों में राष्ट्रीय आंदोलन की गूँज सुनाई पड़ी। कुछ क्षेत्रों में यदा-कदा राजनीतिक संगठन बने, राष्ट्रीय स्तर के नेताओं का इन क्षेत्रों में दौरा भी हुआ। इसके बावजूद कांग्रेस का इन क्षेत्रों में राजनीतिक संगठन मजबूत नहीं हो सका, अन्य राजनीतिक दलों का भी इन क्षेत्रों पर कोई प्रभाव नहीं पड़ा। इन क्षेत्रों में स्थानीय मुद्दे इतने महत्त्वपूर्ण और सशक्त थे कि इन क्षेत्रों के आदिवासी राष्ट्रीय आंदोलन की धारा से पूरी तरह प्रभावित नहीं हो सके। स्थानीय समस्याओं ने उन्हें इस तरह उलझाए रखा कि वे इनसे बाहर नहीं निकल सके और उनका दृष्टिकोण भी अखिल भारतीय स्वरूप बहुत कम धारण कर सका। यही कारण है कि भारत छोड़ो आंदोलन में इन क्षेत्रों के आदिवासियों का योगदान अविभाजित बिहार (अब झारखंड) के आदिवासियों की

तुलना में महत्त्वपूर्ण नहीं था।

असम, केंद्रीय राज्यों और पश्चिमी भारत में भारत छोड़ो आंदोलन में आदिवासियों का योगदान दक्षिणी बिहार (अब झारखंड) के विभिन्न आदिवासियों की तुलना में महत्त्वपूर्ण नहीं था। मेवाड़ आदि राज्यों में भीलों ने आंदोलन के समय अपनी गिरफ्तारियाँ दीं। गुजरात के दो लाख भील भी पीछे नहीं रहे और उन्होंने स्थानीय नेताओं के नेतृत्व में आंदोलन में योगदान किया। पश्चिमी बंगाल के दिनाजपुर जिले के बलुरघाट अनुमंडल में लगभग पाँच हजार किसानों ने सिविल कोर्ट पर आक्रमण किया और इसे जला दिया। इन किसानों में अधिकतर संताल आदिवासी थे। पर पश्चिमी बंगाल के दार्जिलिंग जिले के पहाड़ी अनुमंडलों में नेपाली, भोटिया, लेपचा और तिब्बती क्षेत्रीय प्रमुखता से जुड़े आंदोलनों में फँसे रहे।

त्रिपुरा प्रदेश के दक्षिणी अनुमंडलों में 1942-43 में रतनमनी के नेतृत्व में रियांग आदिवासियों ने सशस्त्र विद्रोह किया। श्रीमनी ने अपनी स्वतंत्रता घोषित कर दी और स्वयं को राजा के पद पर प्रतिष्ठापित किया। उसने ब्रिटिश अधिकारियों के आदेश को मानने से इनकार कर दिया और विद्रोह को दबाने के लिए भेजी गई ब्रिटिश सेना से सशस्त्र संघर्ष किया। बाध्य होकर ब्रिटिश अधिकारियों ने विद्रोही रियांगों के खिलाफ सेना भेजने के लिए स्थानीय राजा पर दबाव दिया।

1947 के पहले उत्तर-पूर्वी पहाड़ी क्षेत्रों में कांग्रेस का प्रसार-प्रचार नहीं हो सका। केवल शिलांग के नगरपालिका इलाके में कांग्रेस का प्रचार संभव हुआ। यद्यपि जदोनांग-गाइडीनलीयू आंदोलन ने उत्तर-पूर्वी भारत के पहाड़ी क्षेत्रों का राष्ट्रीय आंदोलन से संबंध स्थापित किया था। पर 1942 की अगस्त क्रांति इस क्षेत्र के आदिवासियों को प्रभावित नहीं कर सकी क्योंकि कथित संबंध काफी कमजोर था। इसका एक कारण यह भी था कि अविभाजित बिहार के छोटानागपुर और संतालपरगना की तरह उत्तर-पूर्वी पहाड़ी क्षेत्रों में कांग्रेस का कोई संगठन नहीं था। यह भी महत्त्वपूर्ण है कि जदोनांग को फाँसी देने और रानी गाइडीनलीयू को जेल की सजा होने के बाद काबुई आदिवासियों ने 'काबुई समाज' की स्थापना की। पर यह समाज द्वितीय विश्वयुद्ध के दौरान कुछ नहीं कर सका। इसी तरह मेघालय में 1934 में पहाड़ी लोगों ने एक संघ स्थापित किया था और एक स्वतंत्र राज्य की माँग की थी। इससे उनमें राष्ट्रीय जागरण हुआ और उनमें राष्ट्रीयता की भावना जगी। इसके बावजूद अगस्त क्रांति के आक्रामक दिनों में ब्रिटिश शासन के खिलाफ वे मुस्तैदी से नहीं लड़ सके। भारतीय राष्ट्रीय जीवन की मुख्यधारा से पहाड़ी लोगों को अलग रखना ब्रिटिश शासन की नीति थी। गारो आदिवासियों को शरण देकर उन्हें राष्ट्र की मुख्यधारा से अलग रखने में ब्रिटिश अधिकारी सफल हुए थे। लेकिन दक्षिणी बिहार (संतालपरगना और छोटानागपुर) के आदिवासियों के संबंध में ब्रिटिश अधिकारियों को इस तरह की सफलता नहीं मिली क्योंकि दक्षिणी बिहार में आदिवासियों ने क्रांति में बहुत बड़ी संख्या में योगदान दिया। प्रसिद्ध सामाजिक चिंतक मधु लिमये ने अपने आलेख में भारत छोड़ो आंदोलन के समय इन क्षेत्रों में राजनीतिक गड़बड़ी का उल्लेख किया है। (मधु लिमये, अगस्त क्रांति व 1857 का विद्रोह, हिन्दुस्तान, 14 अगस्त 1993, पटना, पृ. 6)

अपनी सामाजिक, आर्थिक और सांस्कृतिक परिस्थितियों से सचेत असम प्रदेश के मैदानी इलाकों के आदिवासियों ने एक राजनीतिक संगठन कायम किया 'असम ट्राइबल लीग।' 1939

में असम कांग्रेस दल के साथ समझौता कर असम ट्राइबल लीग असम मंत्रिमंडल में शामिल हुआ। आदिवासी क्षेत्रों को परिभाषित और 'लीव प्रथा' को बनाए रखने हेतु नियम बनाए गए। लेकिन जब 1942 की क्रांति के दौरान कांग्रेसी नेता गिरफ्तार हो गए, ये नियम प्रभावहीन हो गए। पर क्रांति में कौशल कोनवर की भूमिका महत्त्वपूर्ण थी। मीरी जनजाति के श्री कमलचन्द्र मीरी भी गिरफ्तार हुए और उन्हें जेल भेज दिया गया जहाँ उनकी मृत्यु हो गई। प्रसिद्ध क्रांतिकारी मन्मथनाथ गुप्त के अनुसार, 'कौशल कोनवर अहोम जाति के थे। उन्होंने रेल लाइन की तोड़फोड़ में हिस्सा लिया था। उन पर मुकदमा चला और 15 जून 1943 को उन्हें फाँसी दे दी गई। उन्होंने फाँसी पर चढ़ने के पहले कहा था कि 'जिस सार्थक लक्ष्य के लिए मुझे फाँसी हो रही है, इसका मुझे गौरव है। ईश्वर मुझ पर अधिक कृपा रखते हैं, इसी कारण उन्होंने मुझे इस काम के लिए चुना।' वह 'पार करो दीनानाथ संसार सागर' गाना गाते हुए फाँसी पर झूल गए। श्री बारदोलोई उन दिनों उसी जेल में थे और उन्हें किसी तरह इस वीर बन्दी से फाँसी के पहले दिन मिलने का अवसर मिला था। इस भेंट का उन पर बहुत अधिक प्रभाव पड़ा। शहीदों की बातों से ईश्वर पर विश्वास टपकता था। फाँसी के संबंध में कौशल कोनवर ने कहा कि यह तो कोई बात नहीं, पैदा होते समय डेढ़ घंटा कष्ट झेला था, इसमें तो कुछ मिनटों का ही काम है। फाँसी घर में कौशल कोनवर का वजन बढ़ गया था। वह बराबर गीता पाठ करते थे। जब सवेरे जल्लाद फाँसी के लिए आए तो पाँच मिनट तक प्रार्थना करने के बाद वह उठ खड़े हुए और ऐसे चल दिए जैसे कहीं टहलने जा रहे हों।'

असम के ढोकाईजुली क्षेत्र में भी आदिवासियों ने आंदोलन किए पर सशस्त्र सेना के बल पर इसका दमन कर दिया गया। यहाँ गोलीकांड में कई लोग शहीद हुए पर दक्षिणी गुजरात के आदिवासी अपने सामाजिक और धार्मिक संगठनों में उलझे रहे। आंध्र प्रदेश में यद्यपि 1941 में आदिलाबाद में कुरमा भीम ने एक स्वतंत्र राज्य की मांग की थी पर भारत छोड़ो आंदोलन के क्रांतिकारी दिनों में गोंड, कौलम और अन्य आदिवासी अपनी सामाजिक और आर्थिक परेशानियों में उलझे रहे। डॉ. सुनील सेन के अनुसार गोंड सरकारी वनों को नष्ट करने में संलग्न थे।

उड़ीसा में आदिवासी बहुल क्षेत्र कोरापत जिले में भारत छोड़ो आंदोलन ने उग्र रूप धारण किया। इसका नेतृत्व लक्ष्मण नायक ने किया था। शराब की दुकानों पर धरना दिया गया। एक वनरक्षक की मृत्यु के मामले में अभियुक्त बना कर बरहमपुर जेल में लक्ष्मण नायक को फाँसी दे दी गई जबकि जन विश्वास यह था कि वे बिलकुल ही निर्दोष थे। पप्पदहान्डी में भी पुलिस ने आदिवासियों पर गोली चलाई। फलस्वरूप बारह व्यक्ति घटनास्थल पर मारे गए। बाद में घायलों में से तीन की मृत्यु अस्पताल में हुई।

झारखंड के आदिवासियों का भारत छोड़ो आंदोलन में योगदान और राष्ट्रीय परिप्रेक्ष्य में इसका मूल्यांकन

डॉ. सुमित सरकार ने भारत छोड़ो आंदोलन में आदिवासियों के योगदान का मूल्यांकन 4.2 प्रतिशत किया है तथा आंदोलन के समय गिरफ्तार आदिवासियों की संख्या 1214 बताई है। राजस्थान में मेवाड़ के भील, उत्तर पश्चिम क्षेत्र में अब्दुल गफ्फार खां के आदिवासी अनुयायी,

असम, केंद्रीय और पश्चिमी राज्यों के आदिवासियों ने भारत छोड़ो आंदोलन में योगदान दिया, पर अविभाजित बिहार में छोटानागपुर और संतालपरगना के आदिवासियों के योगदान की तुलना में इनका योगदान विस्तृत और महत्त्वपूर्ण नहीं था। इस आंदोलन के विस्तार और तीव्रता के दृष्टिकोण से छोटानागपुर और संतालपरगना के आदिवासियों की भूमिका देश के अन्य आदिवासियों की तुलना में ज्यादा महत्त्वपूर्ण थी। भारत छोड़ो आंदोलन में संतालपरगना और छोटानागपुर के आदिवासियों के विस्तृत योगदान का संक्षिप्त विवरण इस प्रकार है—

संताल, पहाड़िया, मुंडा, उरांव, हो, खरवार आदि झारखंड की मुख्य जनजातियाँ हैं। अपनी स्वतंत्रता को कायम रखने के लिए ये जनजातियाँ हमेशा संघर्षरत रहीं। अपने क्षेत्रों में इन्होंने बाहरी शक्तियों के घुसपैठ का जबर्दस्त विरोध किया। इन जनजातियों ने हिन्दू, मुस्लिम और मुगल शासकों की अधीनता स्वीकार नहीं की और अपने क्षेत्रों में ब्रिटिश साम्राज्यवाद के खिलाफ भी ये जनजातियाँ संघर्षरत रहीं।

इन आदिवासी क्षेत्रों में अंग्रेजों की घुसपैठ 1769 में शुरू हुई। 1769 से 1947 तक आदिवासी अंग्रेजी हुकूमत का विरोध करते रहे। पहाड़िया विद्रोह 1764–1778, तामर विद्रोह 1789, 1794–1795, चुआड़ी आंदोलन 1795–1800, तामर विद्रोह 1801, छोटानागपुर आदिवासी विद्रोह 1811, 1817, 1820, मुंडा विद्रोह 1820, 1832, 1867, कोल विद्रोह 1831–1833, संताल विद्रोह 1855, धनबाद-संताल आंदोलन 1869–1870, सरदारी लड़ाई 1869–1889, खरवार आंदोलन 1874–1875, 1880–81, 1910–1911, 1919–1921, 1938,1940–1941, 1942, बिरसा आंदोलन 1889–1899, टाना भगत आंदोलन 1913–1914, 1920–1921, 1930, 1940–1941, 1942, संताल पहाड़िया आंदोलन 1920–1921, 1930, 1940–1941 और 1942–1943 आदि ब्रिटिश साम्राज्यवाद के विरुद्ध आदिवासियों के असंतोष के प्रतिफल थे।

संतालपरगना और छोटानागपुर में कांग्रेस का संगठनात्मक कार्य 1920–1921 से शुरू हुआ। फलस्वरूप इन क्षेत्रों के आदिवासी ब्रिटिश साम्राज्यवाद के विरुद्ध भारतीय राष्ट्रवाद की मुख्यधारा से जुड़ गए। 1922 में अनेक टाना भगत (उराँव) राँची से पैदल चलकर गया कांग्रेस में शामिल हुए। 1923 में महात्मा गाँधी आदिवासियों से मिले। 1925 में संतालपरगना के आदिवासी भी देवघर में महात्मा गाँधी के प्रत्यक्ष सम्पर्क में आए। असहयोग आंदोलन, सविनय अवज्ञा आंदोलन और व्यक्तिगत सत्याग्रह में भी बिहार के आदिवासियों की भूमिका महत्त्वपूर्ण थी। संतालपरगना के मूल निवासी पहाड़िया समुदाय के लोग भी व्यक्तिगत सत्याग्रह आंदोलन में शामिल हुए। इस जनजाति के मेशा पहाड़िया (गोड्डा अनुमंडल) और गान्दोलाल पहाड़िया (पाकुड़ अनुमंडल) को व्यक्तिगत सत्याग्रह में शामिल होने के कारण जेल की सजा हुई और आर्थिक दंड भी दिया गया। धरमा पहाड़िया (गोड्डा), बुद्धराय किस्कू (गोड्डा), चाँदराय टुडू (गोड्डा), दुलुबेसरा (गोड्डा), दसमत किस्कू (गोड्डा), रामजित हांसदा (गोड्डा), मंगल हेम्ब्रम (गोड्डा), रघु मुर्मू (राजमहल), गंगासिंह पहाड़िया (राजमहल) आदि भी संतालपरगना में व्यक्तिगत सत्याग्रह में शामिल हुए। इन्हें भी डिफेन्स ऑफ इंडिया रूल्स के तहत गिरफ्तार कर दंडित किया गया और जेल भेज दिया गया।

संतालपरगना

संतालपरगना में भारत छोड़ो आंदोलन तेजी से प्रसारित-प्रचारित हुआ और आदिवासी कार्यकर्ताओं ने दामिन-ई-कोह में विदेशी शासन को ठप्प कर दिया। पहाड़िया और संतालों के उत्साह को अमेरिकन सिपाही नहीं रोक सके। ऐतिहासिक स्थान राजमहल से यह आंदोलन प्रारम्भ हुआ और संतालपरगना के दामिन-ई-कोह के प्रत्येक क्षेत्र में फैल गया और इसने आदिवासी क्रांति का रूप ले लिया। बोरियो, बरहेट, बरहरवा, तीनपहाड़, राजमहल, साहिबगंज, दुमका, देवघर, जामताड़, मधुपुर, महेशपुर, पाकुड़, सुन्दर पहाड़ी, काठीकुंड, गोपीकान्दर, शिकारीपाड़ा, मसलिया, रानेश्वर, जामा, रामगढ़, मंडरो, रक्शी, लाठी पहाड़, सारवां, पथरगामा, बरमसिया आदि संतालपरगना में भारत छोड़ो आंदोलन के दौरान आदिवासियों और गैर-आदिवासियों के राजनीतिक आंदोलन के प्रमुख केंद्र थे। प्रसिद्ध विद्वान स्टेफन फ्यूक्स का विचार है कि बंगाल और बिहार के क्रांतिकारियों से आदिवासियों को प्रेरणा मिली थी। आंदोलन के समय आदिवासियों ने पुलिस थाने, सरकारी भवन, डाकखाने, पुल, सड़क, रेल लाइन, टेलीग्राफ के तार आदि बहुत बड़ी संख्या में नष्ट कर दिए। दुलारचंद टुडू, किस्टो मुर्मू, जयराम मुर्मू, रघु मुर्मू, दक्षिणा मुर्मू, दुखी हेम्ब्रम, निमू मुर्मू, देबू मुर्मू, बादलमाल पहाड़िया, जामा कुमार पहाड़िया, बबुआ सिंह पहाड़िया, भैंसा सिंह पहाड़िया, सिंघाईमाल पहाड़िया, रत्तु मरांडी, गन्धु पहाड़िया, जैमिनी पहाड़िया, लाल हेम्ब्रम, बरियार हेम्ब्रम, पैका मुर्मू, विक्रम हांसदा, भीखू मुर्मू, बरसा मरंडी, चन्द्रा टुडू, कोंका हांसदा, मंगल मुर्मू, दुखन वनवार, मतला मडैया, किस्टो मुर्मू आदि संतालपरगना में भारत छोड़ो आंदोलन के प्रमुख आदिवासी नेता थे। लाल हेम्ब्रम और बरियार हेम्ब्रम को भारत छोड़ो आंदोलन का क्रमशः कुँवर सिंह और अमर सिंह कहा गया है।

संतालपरगना में पहाड़िया, संतालों आदि जनजातियों में देशभक्ति की भावना पैदा करने और उन्हें उत्साहित करने में अनेक गैर-आदिवासी नेताओं की भूमिका महत्त्वपूर्ण थी। इनमें प्रफुल्ल चन्द्र पट्टनायक (उड़ीसा), के. गोपालन (केरल) और श्रीकृष्ण प्रसाद (झारखंड) का योगदान स्वर्णाक्षरों में अंकित करने योग्य है। यह भी महत्त्वूपर्ण है कि आंदोलन के दौरान संतालपरगना में हुए 76 शहीदों में 25 शहीद संताल साफाहोड़ थे। अविभाजित संतालपरगना जिला कांग्रेस समिति के पत्रांक 1194/96 के अनुसार 18 संताल और पहाड़िया भारत छोड़ो आंदोलन में शहीद हुए। राजमहल जेल में 13 संताल और पहाड़िया स्वतंत्रता सेनानियों की मृत्यु हुई। दुमका जेल में 20 संताल और पहाड़िया स्वतंत्रता सेनानियों की मृत्यु हुई। चार संताल और पहाड़िया स्वतंत्रता सेनानियों की मृत्यु गोड्डा जेल में हुई। बादलमाल पहाड़िया की मृत्यु गोड्डा जेल और पहाड़िया स्वतंत्रता सेनानी कार्तिक गृही की मृत्यु पाकुड़ जेल में हुई। पटना, भागलपुर आदि कैम्प जेलों में 24 संताल और पहाड़िया स्वतंत्रता सेनानियों की मृत्यु हुई। बाबा डुग्गासोरेन पुलिस और परगनैतों के साथ लड़ते हुए रक्शी में शहीद हुए। पुलिस अधीक्षक, दुमका की एक रिपोर्ट के अनुसार पाँच संताल स्वतंत्रता सेनानी पुलिस के साथ संघर्ष में शहीद हुए। द्वारिका प्रसाद मिश्रा, मोतीलाल केजरीवाल, रामलखन मिश्रा, बृजलाल डोकानिया, कृपानाथ पाण्डेय, बिनोदानंद झा, गणपत महतो, लम्बोदर, मुखर्जी आदि संतालपरगना में भारत छोड़ो

आंदोलन के समय आदिवासियों के लोकप्रिय गैर-आदिवासी नेता थे। भारत छोड़ो आंदोलन के समय आदिवासियों की राजनीतिक कार्रवाइयों के फलस्वरूप संतालपरगना भारतीय राष्ट्रवाद से एकीकृत हो गया।

छोटानागपुर

छोटानागपुर भी भारत छोड़ो आंदोलन का प्रमुख केंद्र बन गया क्योंकि यहाँ के मुंडा, उराँव, खरवार, टाना भगत आदि बहुत बड़ी संख्या में भारत छोड़ो आंदोलन में शामिल हुए। स्टेफन फ्यूक्स का विचार है कि क्रांतिकारी हिन्दू कांग्रेसी कार्यकर्ताओं के साथ टाना भगतों ने द्वितीय विश्वयुद्ध के समय ब्रिटिश साम्राज्यवाद के खिलाफ बगावत की। कांग्रेस क्रांतिकारियों के नेतृत्व में टाना भगतों ने कई पुलिस थानों, सरकारी भवनों, शराब की दुकानों, सड़कों, टेलीग्राफ लाइनों, रेल लाइनों आदि पर धावा कर इन्हें क्षतिग्रस्त कर दिया। राँची, धनबाद, हजारीबाग, गिरिडीह, झरिया, पलामू, मानभूम, सिंहभूम, पुरुलिया आदि शहरी क्षेत्रों के साथ-साथ गुमला, डुमरी, भंडारिया, रंका, महुआदौर, चैनपुर, साहपुर, मानबाजार, चक्रधरपुर, शिमला, विशनपुर, बुन्दी, बेरो, बेरमो, खूंटी, राहे, सोनाहातू, सोनचिप्पी, इटकी, टांगरवस्ती, मांडर, कुरू, करकेवा, सोनबाजार, टास्को, टेको, दारागाँव, गदाकुजुम, मनातू, मोदीडीह, पथरा, उंटारी, पंचगढ़ी, डाल्टनगंज, लातेहार, टेपू, गारू, लोहरदग्गा, बरवाडीह, चंदवा आदि ग्रामीण इलाके भी छोटानागपुर में भारत छोड़ो आंदोलन के प्रमुख केंद्र बन गए। प्रसिद्ध लेखक गोविन्द सहाय का मत है कि इस क्षेत्र के लोगों के बलिदान और उत्पीड़न ने भारत के इतिहास में उन्हें गौरवपूर्ण स्थान प्रदान किया है। वस्तुतः छात्रों, शिक्षकों, सामाजिक कार्यकर्ताओं, वकीलों, डाक्टरों और नेताओं के साथ छोटानागपुर के विभिन्न आदिवासियों ने भारत छोड़ो आंदोलन में अहम भूमिका निभाई।

चेतन माँझी, बरका माँझी, चरका भगत, दिकवा कोरवा, बोखारी उराँव, करिमन खरवार, जानकी खरवार, जेठन खरवार, भागीरथ खरवार, गंगा भगत, गोविन्द भगत, चामर भगत, गोवा भगत, मनमोहन खरवार, बिरसा भगत आदि भारत छोड़ो आंदोलन के प्रमुख आदिवासी नेता थे। डॉ. जे.सी. झा के अनुसार चेतन माँझी और बरका माँझी प्रमुख कांग्रेसी कार्यकर्ता थे।

भारत छोड़ो आंदोलन के समय छोटानागपुर में आदिवासियों को संगठित और उत्साहित करने में गैर-आदिवासी नेताओं एवं कार्यकर्ताओं की भूमिका भी महत्त्वपूर्ण थी। इनमें अनन्त लाल, कारू राम, जदुवंस सहाय, गणेश प्रसाद वर्मा, काजी साअद सैयद, अतुल चन्द्र घोष, अमल चन्द्र घोष, चित्तभूषण दास गुप्ता, फणी बंद्योपाध्याय, कृष्ण चौधरी, सागर महतो, प्रतुल चन्द्र मित्र, गंगा महाराज, देवेन्द्र कुमार, गणपत खंडेलवाल, लड्डू महाराज, महादेव सोनार, अनिल कुमार मुखर्जी, गिरिजानंद सिंह, घनश्याम ओझा, चनाराम महतो आदि प्रमुख थे।

इन नेताओं के नेतृत्व में आदिवासियों ने शराब की दुकानों, पुलिस थानों, सरकारी भवनों आदि पर धावा कर इन्हें क्षतिग्रस्त कर दिया। सड़कें क्षतिग्रस्त कर दी गईं, रेलवे लाइन और टेलीग्राफ के तार तोड़ और काट डाले गए। इसी तरह धरना और सत्याग्रह का कार्यक्रम पूरे

छोटानागपुर में चलता रहा। शहरी क्षेत्र हजारीबाग, गिरिडीह, धनबाद, झरिया, मानभूम, सिंहभूम और पलामू के साथ अनेक ग्रामीण क्षेत्रों में आंदोलन ने जन-आंदोलन का रूप ले लिया।

छोटानागपुर में राँची भारत छोड़ो आंदोलन का मुख्य केंद्र बन गया जहाँ से टाना भगतों ने सम्पूर्ण छोटानागपुर में आंदोलन को प्रचारित-प्रसारित कर दिया। सरकारी गुप्त दस्तावेजों से ज्ञात होता है कि टाना भगतों की गतिविधियों और क्रियाकलापों ने छोटानागपुर के अन्य आदिवासियों को पर्याप्त रूप से प्रेरित किया। आंदोलन के समय अधिकारियों द्वारा जब्त कागजातों से स्पष्ट होता है कि टाना भगतों को उत्साहित और उत्तेजित करने में विभिन्न नेताओं और कार्यकर्ताओं का योगदान महत्त्वपूर्ण था।

राँची जिले में चैनपुर और विशनपुर थानों में भारत छोड़ो आंदोलन के समय टाना भगत अत्यधिक क्रियाशील थे। हजारीबाग जिले में डुमरी में अनन्त लाल और कारू राम को संतालों को उत्तेजित करने के आरोप में गिरफ्तार किया गया। पलामू जिले में यदुवंश सहाय, गणेश प्रसाद वर्मा, काजी साअद सैयद और कुछ आदिवासी नेताओं ने खरवार, किसान आदि आदिवासियों को संगठित कर उन्हें आंदोलन में शामिल करने में सफलता पाई। प्रमुख आदिवासी नेता भागीरथ सिंह खरवार से उन्हें काफी मदद मिली। मानभूम में चेतन माँझी और बरका माँझी ने गैर-आदिवासी नेताओं के साथ भारत छोड़ो आंदोलन में महत्त्वपूर्ण भूमिका निभाई। चौदह खरवार स्वतंत्रता भंडारिया में शहीद हुए। डॉ. के.एस. सिंह के अनुसार महुआदौर में पटहिया जाति का एक व्यक्ति शहीद हुआ। सरकारी अधिकारियों द्वारा सावधानीपूर्वक प्रयत्न किए जाने के बावजूद अनेक नेता गिरफ्तार नहीं किए जा सके और क्रांति अबाध रूप से चलती रही। कई स्थानों पर टेलीग्राफ और टेलीफोन के तार काट डाले गए। खूँटी अनुमंडल के बुद्धु गाँव में सशस्त्र पुलिस ने टाना भगतों को तितर-बितर कर दिया। पर सोनचिप्पी आश्रम के दरवाजे खोलने में टाना भगत सफल रहे। आश्रम में ताला पुलिस द्वारा लगाया गया था। मांडर थाने में टाना भगतों के साथ व्यवसायी वर्ग ने भी सहयोग किया। टाना भगतों ने अनेक पुलिस थानों पर अधिकार करने का प्रयास किया। चरखा भगत टाना भगतों के एक प्रमुख नेता थे। टाना भगतों के अन्य प्रमुख नेता गोविन्द भगत को गुमला में गिरफ्तार किया गया। अनेक सरकारी भवनों पर टाना भगतों ने तिरंगा फहराने में सफलता पाई। चामर भगत, गोवा भगत और महादेव सोनार को मांडर में गिरफ्तार किया गया। सोन बाजार में कुछ टाना भगतों ने ब्रिटिश साम्राज्यवाद के खिलाफ जुलूस निकाला और साम्राज्यवाद विरोधी नारे लगाए। सोनचिप्पी में छह और बेरमो में चार टाना भगतों को गिरफ्तार किया गया। कुरू में 34 टाना भगतों को गिरफ्तार किया गया जो पुलिस थाने पर अधिकार करने गए थे। इटकी, चैनपुर, गदाकुजुम आदि गाँवों में भी अनेक टाना भगत गिरफ्तार किए गए। टाना भगतों के साथ खरवारों ने भी भारत छोड़ो आंदोलन में हिस्सा लिया। पथरा, मनातू, डाल्टनगंज, लातेहार, टेपू, रंका आदि स्थानों में टाना भगतों के साथ कई खरवार भी गिरफ्तार हुए। डॉ. के.के. दत्त के अनुसार भारत छोड़ो आंदोलन के दौरान छोटानागपुर में कुल मिलाकर 1972 व्यक्ति गिरफ्तार हुए।

इस प्रकार उपर्युक्त विवरण से यह स्पष्ट है कि भारत छोड़ो आंदोलन 1942-43 में

झारखंड के आदिवासियों का योगदान देश के अन्य आदिवासियों की तुलना में अधिक विस्तृत, तीव्र और महत्त्वपूर्ण था। इसलिए झारखंड में भारत छोड़ो आंदोलन अन्य आदिवासी क्षेत्रों की तुलना में अधिक जन आधारित था, अधिक तीव्र था। वास्तव में भारत छोड़ो आंदोलन झारखंड में स्वत:स्फूर्त आंदोलन था क्योंकि झारखंड के आदिवासी देशभक्त और ब्रिटिश उपनिवेशवाद से स्वतंत्र होने की भावना से प्रेरित होकर इस राष्ट्रव्यापी आंदोलन में शामिल हुए थे। भारत छोड़ो आंदोलन के समय झारखंड और आदिवासी एवं गैर-आदिवासियों का भारतीय राष्ट्रवाद से एकीकृत होना झारखंड के आधुनिक इतिहास की महत्त्वपूर्ण घटना थी। पर विद्यालय और महाविद्यालय स्तर की पुस्तकों में इनका लेखा-जोखा अभी तक वर्णित नहीं किए जाने से इस गौरवशाली इतिहास की जानकारी अधिकांश लोगों को नहीं है।

भूले-बिसरे पहाड़िया स्वतंत्रता सेनानी

डॉ. वी.एन. दिनेश

भारत के अनेक आदिम जनजातियों में प्रमुख और झारखंड प्रांत में संतालपरगना प्रमंडल के मूल निवासी आदिम पहाड़िया जनजाति का आधुनिक इतिहास 1765–1947 अपनी स्वतंत्रता की रक्षा के लिए संघर्ष का गौरवपूर्ण इतिहास है। लेकिन इन आदिम जनजातियों का अभी तक पृथक् और विस्तृत इतिहास नहीं लिखा गया है। अत: इस जनजाति का स्वतंत्रता आंदोलन में योगदान और इसके स्वतंत्रता सेनानियों के संबंध में किसी को कोई जानकारी नहीं है। इसलिए लड़ाकू और स्वतंत्रता प्रेमी इस जनजाति के अधिकांश स्वतंत्रता सेनानी गुमनाम हो गए। स्वतंत्रता आंदोलन पर लिखित और अभी हाल तक प्रकाशित पुस्तकों में भी इस जनजाति के स्वतंत्रता सेनानियों का उल्लेख तक नहीं है। कतिपय आदिवासी इतिहासकारों और आदिवासी इतिहास, सभ्यता-संस्कृति पर शोध करने व कलम चलाने वाले अन्य विद्वानों द्वारा भी इस ओर ध्यान न दिया जाना काफी दुर्भाग्यपूर्ण है।

प्राचीन युग से पहाड़िया समुदाय के लोग स्वतंत्रता प्रेमी रहे हैं। अपने क्षेत्रों में उन्होंने बाहरी सत्ता का हमेशा विरोध किया और अपनी स्वतंत्रता अक्षुण्ण रखी। अपनी स्वतंत्रता की रक्षा के लिए इस जनजाति के लोग राजपूतों, मुस्लिमों, मुगलों और अंग्रेजों से लगातार संघर्ष करते रहे। 18वीं और 19वीं शताब्दी और 20वीं शताब्दी के पूर्वार्द्ध में इस समुदाय के रणबांकुरों ने विदेशी साम्राज्य के कर्णधारों की नींद हराम कर दी थी। अनेक शूरवीर नेताओं के नेतृत्व में अपने परंपरागत हथियारों से लड़ते हुए पहाड़िया बहादुरों ने मुगलों और अंग्रेजों के छक्के छुड़ा दिए थे। कई जागीरों के हाथ से निकल जाने के बावजूद युद्ध प्रेमी पहाड़िया सरदारों ने मुगल नुमाइन्दों के खिलाफ अनवरत युद्ध किया और उन्हें पहाड़ी क्षेत्रों में मुगलों की सत्ता स्थापित नहीं करने दी।

इतना ही नहीं, पहाड़िया समुदाय के लोग अपने जुझारू सरदारों के नेतृत्व में अंग्रेजी साम्राज्यवाद और इसके सैनिक एवं असैनिक अधिकारियों से भी लगातार वर्षों संघर्ष करते रहे। अपनी स्वतंत्रता को अक्षुण्ण रखने के लिए इस समुदाय के अनेक लोगों ने अपनी बलि चढ़ाई। इसके अनेक सरदार शहीद हुए पर उन्होंने कभी न तो अपनी पीठ दिखाई और न कभी अपने हथियार डाले।

वस्तुत: अखिल भारतीय राष्ट्रीय कांग्रेस की स्थापना (1885) के पूर्व से विदेशी उपनिवेशवाद के खिलाफ स्वतंत्रता संघर्ष में इस आदिम जनजाति का योगदान काफी महत्त्वपूर्ण था। पर इस जनजाति का दुर्भाग्य यह है कि इनका पृथक् इतिहास नहीं लिखा गया है। 'सबल्टर्न स्टडीज़' के कर्णधारों और 'स्टडी ऑफ हिस्ट्री फ्रॉम विलो' के समर्थक इतिहासकारों ने स्वतंत्रता आंदोलन

में इस जनजाति के योगदान का विवरण नहीं दिया। नेशनल बायोग्राफीज़ के किसी भी लेखक ने पहाड़िया स्वतंत्रता सेनानी का विवरण नहीं लिखा। इतिहासकारों एवं विद्वानों की इस उपेक्षा के फलस्वरूप इस आदिम जनजाति का राष्ट्रीय आंदोलन में योगदान का वर्णन और इनका राष्ट्रीय परिप्रेक्ष्य में मूल्यांकन अभी तक नहीं हुआ है। अत: 1765 से 1947 तक अंग्रेजों के खिलाफ अनवरत रूप से अपने पारंपरिक हथियारों से संघर्ष करने वाले अनेक पहाड़िया स्वतंत्रता सेनानियों की उपलब्धियों की जानकारी किसी को नहीं है।

इन जनजाति की पौराणिक कथाएँ, लोकगीत, तत्कालीन ब्रिटिश अधिकारियों की गोपनीय रिपोर्ट सदरलैंड, मैकफर्सन आदि के सेटलमेंट रिपोर्ट, संतालपरगना और भागलपुर के स्वतंत्रता सेनानियों की अप्रकाशित डायरियों, बिहार राज्य अभिलेखागार, पटना दस्तावेजों एवं गोपनीय सूचनाएँ (फाइल नं. 51 से 95), जेम्स ब्रांड (1788), हेमिल्टन बुकानन (1810–11), कैप्टन वाल्टर एस शेरविल (1851), मोतीलाल केजरीवाल (1949), बलदेव नारायण (1948), के.के. दत्त (1957), स्वतंत्रता सेनानी और पहाड़िया के शीर्षस्थ नेता प्रफुल्ल चन्द्र पटनायक (बरपाली जिला संबलपुर उड़ीसा), श्री कृष्णप्रसाद (मोहनपुर हाट, देवघर, झारखंड) की रचनाएँ, पहाड़िया नेता और सामाजिक कार्यकर्ता शिवलाल माँझी, कालीचरण देहरी की प्रकाशित और अप्रकाशित रचनाएँ, दुमका दर्पण (दुमका, संतालपरगना, झारखंड) में स्वतंत्रता सेनानियों की आप–बीती, इनकी रचनाएँ और संतालपरगना कांग्रेस समिति की कार्रवाई एवं सूचनाएँ आदि पहाड़िया जनजाति के इतिहास स्वतंत्रता आंदोलन में इनकी भूमिका और पहाड़िया स्वतंत्रता सेनानियों की उपलब्धियों पर पर्याप्त प्रकाश डालते हैं।

गवई गोधरा पहाड़िया

ये ग्राम चेवोतेतरिया, पहाड़ अंचल सुन्दर पहाड़ी, जिला गोड्डा के निवासी थे। सन् 1857 की क्रान्ति के पश्चात् इन्होंने पहाड़ी क्षेत्रों में अपने समुदाय के लोगों को संगठित कर उन्हें नेतृत्व प्रदान किया। अपनी संगठन क्षमता और सबल नेतृत्व के कारण गवई गोधरा काफी लोकप्रिय हो गए। उन्होंने अपने समुदाय के लोगों को राजनीतिक रूप से जाग्रत करने का सफल प्रयास किया। इसलिए पहाड़िया समुदाय में इन्हें 'राजनीतिक जागरण का अग्रदूत' कहा जा सकता है। पर उनके संगठनात्मक कार्यों को देखकर अंग्रेज शासक विचलित हो गए और बारकोप (गोड्डा) में गोली मारकर उनकी हत्या कर दी गई। पहाड़िया समाज उत्थान समिति, अरण्यांचल, संतालपरगना के द्वारा दिए गए विवरण के अनुसार गवई गोधरा पहाड़िया के नेतृत्व में ही पहाड़िया समुदाय के लोग भारतीय राष्ट्रीय कांग्रेस में शामिल हुए थे।

जबरा पहाड़िया

ये ग्राम ठढ़वास बंगला तालझारी जिला साहिबगंज के निवासी थे। इनके पिता का नाम मेशा पहाड़िया था। पुरानी साहिबगंज (साहिबगंज) के स्वतंत्रता सेनानी रामावतार इन्दु की अप्रकाशित दैनंदिनी से पता चलता है कि जबरा पहाड़िया ने असहयोग आंदोलन में हिस्सा लिया था और अंग्रेजी शासन का पुरजोर विरोध किया था। नमक सत्याग्रह के परवर्ती काल में भी राजमहल में

प्रमथनाथ दे की गिरफ्तारी के बाद जबरा पहाड़िया ने गाँधी टोपी पहनकर और हाथ में तिरंगा लेकर 'महात्मा गाँधी की जय' और 'भारत माता की जय' के नारे लगाए थे। इन्हें गिरफ्तार कर एक महीने की सश्रम कारावास की सजा दी गई और इनके घर की कुर्की भी की गई।

सुन्दर सिंह पहाड़िया

ये साहिबगंज अनुमंडल जिला साहिबगंज के निवासी थे। साहिबगंज के स्वतंत्रता सेनानी द्वारिका प्रसाद मिश्र की अप्रकाशित दैनंदिनी से ज्ञात होता है कि सन् 1928–30 के वर्षों में पहाड़िया समुदाय में राष्ट्रीयता का प्रचार-प्रसार करने में श्री सुन्दर सिंह पहाड़िया ने श्री मिश्र की काफी मदद की। वे श्री मिश्र के भाषण के अभिप्राय को अपनी भाषा में अपने समुदाय के लोगों को बताते और उन्हें राष्ट्रीय आंदोलन में शामिल होने की प्रेरणा देते। फलस्वरूप इस समुदाय के निम्नलिखित युवक श्री मिश्र के साथ कार्य करने लगे—कार्तिक सिंह पहाड़िया, विक्कू सिंह पहाड़िया, सूर्या सिंह पहाड़िया, सिपाही सूर्या सिंह पहाड़िया, गुहिया सिंह पहाड़िया, चमरू पहाड़िया, राधा पहाड़िया, सूरजा पहाड़िया, मेशा पहाड़िया, रेशा पहाड़िया, राम पहाड़िया आदि। श्री मिश्र की दैनंदिनी से पता चलता है कि नमक सत्याग्रह आंदोलन के समय ये पहाड़िया युवक उनके नेतृत्व में काफी सक्रिय थे।

पण्डरा पहाड़िया और सुन्दरा पहाड़िया

इन दोनों सेनानियों ने नमक सत्याग्रह आंदोलन में भाग लिया था और विदेशी शासन का पुरजोर विरोध किया था। पण्डरा पहाड़िया राजमहल दामिन क्षेत्र के अन्तर्गत बंगला सकरूगढ़ (जिला साहिबगंज) में पन्गारो पहाड़ के निवासी थे। सुन्दरा पहाड़िया गोड्डा अनुमंडल के अन्तर्गत बंगला राजमीठा (जिला गोड्डा) में चन्दन गाँव के निवासी थे। इन दोनों सेनानियों ने अपने समुदाय में सविनय अवज्ञा का प्रचार-प्रसार किया था। इससे ब्रिटिश सरकार को गंभीर चिन्ता हुई। संतालपरगना के तत्कालीन उपायुक्त ने उसके निराकरण हेतु जो कदम उठाए थे, उसका पूर्ण अनुमोदन किया गया। उपायुक्त ने अनुमंडल पदाधिकारी को इन पहाड़िया स्वतंत्रता सेनानियों के विरुद्ध तत्काल कार्रवाई करने का आदेश दिया।

गान्दोलाल पहाड़िया

ये पाकुड़ अनुमंडल के निवासी थे। व्यक्तिगत सत्याग्रह करते हुए उन्होंने ब्रिटिश उपनिवेशवाद और युद्ध विरोधी नारे लगाए। डी.आई.आर. नियमों के तहत गिरफ्तार करके गान्दोलाल पहाड़िया को चार महीने की कठोर कारावास की सजा दी गई।

मैसा पहाड़िया

ये गोड्डा अनुमंडल के निवासी थे। इन्होंने भी व्यक्तिगत सत्याग्रह में योगदान दिया। इन्होंने उल्फत हुसैन, भीम किस्कू, रूपनाथ महतो, नीलकंठ ठाकुर और देवचांद नूनिया आदि के साथ व्यक्तिगत सत्याग्रह करते हुए ब्रिटिश साम्राज्यवाद का विरोध किया और युद्ध विरोधी नारे लगाए। अन्य सत्याग्रहियों के साथ इन्हें भी गिरफ्तार करके जेल में डाल दिया गया। इन्हें छः

महीने की कठोर कारावास की सजा दी गई और पाँच रुपए का आर्थिक दंड दिया गया जिसे न देने पर और दो महीने की कठोर कारावास की सजा का प्रावधान किया गया।

गंगासिंह पहाड़िया

ये राजमहल अनुमंडल के निवासी थे। ये व्यक्तिगत सत्याग्रह में शामिल हुए। इन्होंने रघु मुर्मू आदि के साथ सत्याग्रह करते हुए ब्रिटिश साम्राज्यवाद का विरोध किया और युद्ध विरोधी नारे लगाए। इन्हें डी.आई.आर. (डिफेन्स ऑफ इंडिया रूल्स) की विभिन्न धाराओं के अन्तर्गत दंडित किया गया और तीन महीने की कठोर सश्रम कारावास की सजा दी गई।

बबुआ सिंह पहाड़िया और भैंसासिंह पहाड़िया

ये दोनों पहाड़िया बरहेट, जिला साहिबगंज के निवासी थे। ये दोनों श्री प्रफुल्ल चन्द्र पटनायक, के. गोपालन और श्रीकृष्ण प्रसाद के दल के वीर सेनानी थे। 6 नवंबर 1942 को रक्सी बंगला (बरहेट) को जलाने के क्रम में इन दोनों सेनानियों ने परगनैतों से जबर्दस्त खूनी संघर्ष किया था। इस संघर्ष में बबुआ सिंह पहाड़िया का जबड़ा कट कर लटक गया और एक हाथ टूट गया। भैंसासिंह पहाड़िया का एक पैर टूट गया। इन सबों को पुलिस ने गिरफ्तार कर लिया और राजमहल जेल भेज दिया। (8 नवंबर 1942)

कार्तिक गृही

ये गोड्डा दामिन में बोकड़ा बाँध के अन्तर्गत सिन्दरी जोला गाँव के निवासी थे। इन्होंने भारत छोड़ो आंदोलन 1942-1943 में सक्रिय भूमिका निभाई। आलूबेड़ा बंगला जलाने के अपराध में इनको साढ़े तीन साल की सजा हुई। 23 मार्च 1943 को पाकुड़ जेल में इनकी असामयिक मृत्यु हो गई।

बादलमाल पहाड़िया

गोड्डा दामिन में बोकड़ा बाँध बंगला के अन्तर्गत पहाड़पुर गाँव (जिला गोड्डा) के इस नवयुवक ने भारत छोड़ो आंदोलन में बहुत काम किया था। श्री प्रफुल्ल चन्द्र पटनायक के बहुत रोकने पर भी अपनी माँ का यह इकलौता पुत्र स्वाधीनता के लिए युद्ध करने वाले सत्याग्रही सैनिकों की टोली में भर्ती हो गया। इनकी माता का नाम मेघी पहाड़िन और पिता का नाम विसन पहाड़िया था। अगस्त क्रांति में इस युवक ने महत्त्वपूर्ण योगदान दिया पर यह युवा सेनानी गोड्डा जेल में क्रूर यातनाओं को नहीं झेल सका। फलस्वरूप बादलमाल पहाड़िया का युवावस्था में असामयिक और दुखद निधन हो गया। श्री मोतीलाल केजरीवाल के अनुसार, 'चित्तौड़ के इतिहास प्रसिद्ध वीर बालक बादल-सा ओज और उत्साह इसमें था।'

डोमनमाल पहाड़िया

गोड्डा दामिन में बोकड़ा बाँध बंगला के अन्तर्गत सिन्दरी जोला (जिला गोड्डा) का यह निवासी अखिल भारतीय राष्ट्रीय कांग्रेस का एक वीर योद्धा था। यह वीर सेनानी आजीवन

संघर्षरत रहा। भारत छोड़ो आंदोलन में इन्होंने सक्रिय भूमिका निभाई। दुमका जेल में भी इन्होंने अधिकारियों के साथ संघर्ष किया और जेल से छूटने के बाद भी इन्होंने परगनैतों के अत्याचार की जबर्दस्त खिलाफत की। इसलिए गोड्डा दामिन में एक सक्रिय राजनीतिक कार्यकर्ता के रूप में डोमनमाल पहाड़िया काफी लोकप्रिय थे। संभवतया अपनी लोकप्रियता की वजह से ही वे किसी साजिश के शिकार हो गए। सन् 1950 में लगभग 50 वर्ष की उम्र में किसी ने उनकी हत्या कर दी। भारत छोड़ो आंदोलन के समय पहाड़िया युवकों को संगठित करने में उन्होंने श्री पटनायक के दल की काफी मदद की थी। स्व. शिवलाल माँझी ने अपनी अप्रकाशित पुस्तक में लिखा है कि डोमनमाल पहाड़िया बड़े ही निर्भीक और लड़ाकू राजनीतिक कार्यकर्ता थे।

जामाकुमार पहाड़िया

स्व. शिवलाल माँझी द्वारा दिए गए विवरण के अनुसार जामाकुमार पहाड़िया गोड्डा दामिन में सुन्दर पहाड़ी बंगला के अन्तर्गत डाँगापाड़ा गाँव (जिला गोड्डा) के निवासी थे। एक राजनीतिक कार्यकर्ता के रूप में जामाकुमार काफी सक्रिय थे। सन् 1942 को क्रांति के समय इन्होंने भी पहाड़िया युवकों को संगठित करने में अप्रतिम योगदान किया था। संतालपरगना के दामिन क्षेत्रों का इन्हें काफी अच्छा भौगोलिक ज्ञान था जिसने श्री पटनायक के दल के कठिन कार्य को सरल बना दिया था। श्री पटनायक के दल के साथ हमेशा रहने वालों में जामाकुमार भी थे। पहाड़िया समाज और राजनीतिक नेताओं पर इनका काफी अच्छा प्रभाव था। जामाकुमार पहाड़िया की सिफारिश पर ही बादलमाल पहाड़िया को श्री पटनायक ने अपने सत्याग्रही सैनिक दल में शामिल किया था।

धरमा पहाड़िया

ये गोड्डा दामिन (जिला गोड्डा) के निवासी थे। इन्होंने गोड्डा अनुमंडल में व्यक्तिगत सत्याग्रह करते हुए ब्रिटिश साम्राज्यवाद का विरोध किया और युद्ध विरोधी नारे लगाए। डी.आई.आर. नियमों के तहत इन्हें तीन महीने की कठोर कारावास की सजा हुई और पाँच रुपए का आर्थिक दंड दिया गया जिसे नहीं देने पर और पंद्रह दिनों के कठोर कारावास की सजा का प्रावधान किया गया था।

बड़ा धरमा पहाड़िया

गोड्डा दामिन में बोकड़ा बाँध बंगला के अन्तर्गत तेलोपाड़ा गाँव के बड़ा धरमा पहाड़िया ने भारत छोड़ो आंदोलन में महत्त्वपूर्ण योगदान दिया। शराब की भट्ठियों को जलाने और पुल तोड़ने के काम में इन्होंने महत्त्वपूर्ण भूमिका निभाई। लगभग 34 वर्ष की अवस्था में ये दुमका जेल में मृत्यु के शिकार हो गए। इन्हें चार वर्ष का दंड दिया गया था।

छोटा धरमा पहाड़िया

ये गोड्डा दामिन के बोकड़ा बाँध बंगला के अन्तर्गत गोराडीह चापरीमिटा गाँव के रहने वाले थे। इन्होंने भारत छोड़ो आंदोलन में भाग लिया था। 12 अप्रैल 1943 को दुमका जेल में इनकी मृत्यु हो गई।

गौरसिंह पहाड़िया (काली पाथर, गान्दो), केन्दुआ देहरी (गदर, रामगढ़), गोपाल पुजहर (नयाडीह, जामा)

ये सभी आजाद हिन्द फौज के कुछ प्रमुख सैनिक थे। अर्जुन गृही (कुला पाथर, रामगढ़) झवना माँझी (आमगाछी, मसलिया) आदि भी पहाड़िया समुदाय के प्रमुख नेता थे। अर्जुन गृही एक महान स्वतंत्रता सेनानी और संगठन कर्ता थे। उन्होंने 'बुनियादी युगवासी किसान सभा' का संगठन किया था। सन् 1957 में महाजनों के एक दल ने उनकी हत्या कर दी। झवना माँझी गुरिल्ला युद्ध और तीरन्दाजी में काफी कुशल थे। सन् 1913 में उनकी हत्या कर दी गई।

हरिया पहाड़िया

ये पाकुड़ जिले में डुमरचिर बंगला के अन्तर्गत सजनीपाड़ा गाँव के निवासी थे। उन्होंने अपने गाँव के कई पहाड़ियों के साथ भारत छोड़ो आंदोलन में भाग लिया था। वे गिरफ्तार कर लिए गए और दंडित किए गए। पाकुड़ जेल में तीन महीने रहने के पश्चात् वहीं उनकी मृत्यु हो गई।

सिंघाईमाल पहाड़िया

ये गोड्डा दामिन में बोकड़ा बाँध बंगला के अन्तर्गत सिन्दरी जोला गाँव के निवासी थे। वे एक साहसी पहाड़िया युवक थे। भारत छोड़ो आंदोलन के समय उन्होंने श्री पटनायक और उनके साथियों के दल के लिए जासूस का काम किया था। पर वे दूसरे जासूस नन्दलाल के साथ पकड़ लिए गए। पुलिस ने उन्हें बेरहमी से पीटा। प्रफुल्ल चन्द्र पटनायक ने उनकी चिकित्सा की गुप्त व्यवस्था की।

बड़ा मेशा पहाड़िया और बड़ा चान्दो पहाड़िया

ये दोनों साहिबगंज जिले में बोरियो अंचल के अन्तर्गत गुटिबेरा पहाड़ के निवासी थे। वे महात्मा गाँधी और कांग्रेस के आदर्शों से प्रभावित हुए थे। इसलिए उन्होंने भारत छोड़ो आंदोलन में सक्रिय रूप से भाग लिया और अपने समुदाय के लोगों को ब्रिटिश साम्राज्यवाद के खिलाफ संगठित किया।

गन्धु पहाड़िया

ये गोड्डा दामिन में गोड्डा अनुमंडल के अन्तर्गत छोटा बसाहो गाँव के निवासी थे। वे पहाड़िया के एक प्रमुख नेता थे। भारत छोड़ो आंदोलन में उन्होंने मुख्यत: कुमार भाग पहाड़िया युवकों का नेतृत्व किया था।

गान्देमाल पहाड़िया

ये पाकुड़ अनुमंडल के अन्तर्गत अमड़ापाड़ा के निकट आलुबेड़ा बंगला के विशनपुर गाँव के निवासी थे। भारत छोड़ो आंदोलन के समय इन्होंने बाबूलाल मड़ैया, कार्तिक गृही और श्याम टुडू आदि के साथ आलुबेड़ा डाक बंगला को जला दिया था। इन्हें तीन साल की सजा हुई और पाँच रुपए का आर्थिक दंड भी दिया गया।

छोटा मँगरू माँझी

ये दुमका जिला में हरिपुर मसलिया के राजू माँझी के पुत्र थे। इन्होंने भारत छोड़ो आंदोलन में हिस्सा लिया और तसरिया में अपने साथियों के साथ शराब की दुकान को जलाने में महत्त्वपूर्ण भूमिका निभाई। ब्रिटिश पुलिस इन्हें कभी गिरफ्तार न कर सकी क्योंकि ये कभी एक स्थान पर नहीं रहे। किनू माँझी, मटरू माँझी, दीनू माँझी, लोघुवा माँझी और बड़ा मँगरू माँझी उनके प्रमुख सहयोगी थे। ये सभी सहयोगी उनके आसपास के गाँवों के निवासी थे। इनकी मृत्यु सन् 1972 ई. में हुई।

समरू गृही

ये टीका पहाड़, दुमका के निवासी थे। ये पहाड़िया समुदाय के एक प्रमुख जननेता थे। इन्होंने गाँधी जी के नेतृत्व में कांग्रेस द्वारा आह्वान किए गए असहयोग आंदोलन में सक्रिय रूप से भाग लिया था। इनकी मृत्यु सन् 1967 में हुई।

अपनी अप्रकाशित पुस्तक में पहाड़िया समुदाय के एक प्रमुख सामाजिक कार्यकर्ता स्व. शिवलाल माँझी ने निम्नलिखित पहाड़िया स्वतंत्रता सेनानियों का उल्लेख किया है जिन्होंने भारत छोड़ो आंदोलन में महत्त्वपूर्ण योगदान दिया था—

1. जामा कुमार पहाड़िया – डांगा सुन्दर पहाड़ी
2. छोटा धरमा पहाड़िया – डांगा सुन्दर पहाड़ी
3. बुधन पहाड़िया – डांगा सुन्दर पहाड़ी
4. सोनिया पहाड़िया – डांगा सुन्दर पहाड़ी
5. हरिया पहाड़िया – डांगा सुन्दर पहाड़ी
6. महादेव पहाड़िया – डांगा सुन्दर पहाड़ी
7. विजय पहाड़िया – डांगा सुन्दर पहाड़ी
8. उल्ला पहाड़िया – डांगा सुन्दर पहाड़ी
9. गान्दे पहाड़िया – डांगा सुन्दर पहाड़ी
10. राम पहाड़िया – डांगा सुन्दर पहाड़ी
11. सीता पहाड़िया – डांगा सुन्दर पहाड़ी
12. वीरू पहाड़िया – डांगा सुन्दर पहाड़ी
13. सीता पहाड़िया – सिंगारसी
14. राम पहाड़िया – सिंगारसी
15. उल्ला पहाड़िया – पकरीकुटा
16. छोटा उल्ला पहाड़िया – पकरीकुटा
17. सामू पहाड़िया – कटहलडीह
18. धरमा पहाड़िया – तेलो पाड़ा
19. छोटा धरमा पहाड़िया – गोराडीह

20. कार्तिक गृही	–	सिंदरी जोला
21. डोमन माल पहाड़िया	–	सिंगारसी
22. बड़ा धरमा कुमार पहाड़िया	–	तेलो पाड़ा
23. धरमा कुमार पहाड़िया	–	सिंगारसी
24. बड़ा मँगरू पहाड़िया	–	नतूडीह, मसलिया
25. छोटा मँगरू पहाड़िया	–	हरिपुर, मसलिया
26. मोहन सिंह पहाड़िया	–	बुधुडीह, रानेश्वर
27. इन्द्रदेव माल पहाड़िया	–	हरिपुर, मसलिया
28. मटरू आहड़ी	–	गुवासोल, मसलिया
29. किनू माँझी	–	हरिपुर
30. नीम चाँद पहाड़िया	–	गाय बथान, जामा
31. दनू माँझी	–	सिंहली बोना पहाड़, मसलिया
32. लोधवा पहाड़िया	–	चापडीर ढाव, मसलिया
33. जिरूवा पहाड़िया	–	चापडीर ढाव, मसलिया
34. सोनुआ माँझी	–	गोलपुर मसलिया
35. दीनू गृही	–	बुधुडीह रानेश्वर
36. लालू गृही	–	बुधुडीह रानेश्वर
37. अकलू माँझी	–	बुधुडीह रानेश्वर
38. सोनुवा सिंह पहाड़िया	–	तेरमा पहाड़ आसनबनी
39. तनु सिंह पहाड़िया	–	तेरमा पहाड़ आसनबनी
40. जग्गु सिंह पहाड़िया	–	तेरमा पहाड़ आसनबनी
41. केन्दुआ देहरी	–	गन्दारो, रामगढ़
42. जन्गुलिया पहाड़िया	–	युवदाहा, मसलिया

संतालपरगना प्रमंडल में भारत छोड़ो आंदोलन 1942–1943 का विवरण लिखने वाले स्वतंत्रता सेनानी मोतीलाल केजरीवाल ने देव पहाड़ में सुन्दर सिंह पहाड़िया, राजमहल के बैदा पहाड़िया और पथरगामा के जैमिनी पहाड़िया का उल्लेख किया है जो भारत छोड़ो आंदोलन के समय काफी सक्रिय थे। वस्तुतः सभी पहाड़िया स्वतंत्रता सेनानियों को खोज निकालने और उनकी उपलब्धियों को रेखांकित करने के लिए धैर्यपूर्वक विस्तृत शोध की आवश्यकता है।

संताlपरगना की महिला स्वतंत्रता सेनानी

डॉ. वी.एन. दिनेश

संतालपरगना का जन्म सशस्त्र क्रांति के गर्भ से हुआ था (31 दिसम्बर 1855)। यद्यपि क्रांतिकारी वीरवर सिद्धू-कान्हू के नेतृत्व में हुए इस सशस्त्र क्रांति को (हुल : 1855-56) विदेशी हुकमरानों ने सत्ता, शक्ति और शस्त्र के बल पर कुचल दिया, पर इन हुतात्माओं और उनकी क्रांति द्वारा प्रचारित आजादी की लड़ाई और विदेशी शासन का प्रतिवाद करने की भावना को वे नहीं कुचल सके। इससे जुड़ा आंदोलन शनैः-शनैः पूरे संतालपरगना में प्रचारित-प्रसारित हो गया। अन्ततः संतालपरगना अखिल भारतीय राष्ट्रवाद का गढ़ बन गया और पूरा का पूरा संतालपरगना राष्ट्र की तत्कालीन मुख्यधारा से एकीकृत हो गया। इसलिए संतालपरगना का आधुनिक इतिहास, स्वतंत्रता के लिए लड़े गए संघर्ष का गौरवशाली इतिहास है।

इस जंगे-आजादी की लड़ाई में संतालपरगना की महिलाएँ पीछे नहीं रहीं बल्कि अनेक महिलाओं ने पुरुषों के साथ सक्रिय सहयोग कर स्वतंत्रता आंदोलन में महत्त्वपूर्ण भूमिका निभाई। वस्तुतः स्वतंत्रता आंदोलन में संतालपरगना की आदिवासी और गैर-आदिवासी महिला स्वतंत्रता सेनानियों का योगदान काफी महत्त्वपूर्ण था। पर इन अधिकांश महिला स्वतंत्रता सेनानियों के संबंध में थोड़े से लोग भी नहीं जानते। अतः संतालपरगना की महिला स्वतंत्रता सेनानियों की उपलब्धियों को रेखांकित करना आवश्यक है। इस प्रमंडल की कुछ प्रमुख महिला स्वतंत्रता सेनानियों का संक्षिप्त विवरण निम्नलिखित है—

यमुना देवी

देवघर कांग्रेस के प्रथम सभापति रामेश्वर लाल सर्राफ 'रामबाबू' की धर्मपत्नी यमुना देवी काफी कर्मठ महिला थीं। विवाह के पश्चात् उन्होंने हाथ से कते चरखे सूत की मोटी साड़ियाँ पहननी शुरू कीं। 1930 में विदेशी वस्त्र बहिष्कार में यमुना देवी काफी सक्रिय रहीं। हर मारवाड़ी परिवार में घूम-घूम कर उन्होंने विदेशी वस्त्रों को जलाना और बहिष्कार करना प्रारम्भ किया था। अपनी दुकान से भी उन्होंने लाखों रुपए के विदेशी वस्त्र कांग्रेसी नेताओं को सौंप दिए थे। एक निर्भीक और निडर महिला के गुण उनमें भरे पड़े थे। सन् 1930 से 1942 के स्वतंत्रता सेनानियों को वे निडर होकर अपने घर में पनाह देती रहीं। फलस्वरूप उनके पति, दो पुत्रों और उन पर वारंट निकले। डी.आई.आर. नियमों के तहत गिरफ्तार कर उनके पति रामबाबू को भागलपुर जेल भेज दिया गया। इसके बावजूद वे फरारी स्वतंत्रता सेनानियों को पनाह देती रहीं। इतना ही नहीं, वे स्वतंत्रता सेनानियों को हमेशा

आर्थिक मदद भी देती थीं। स्वतंत्रता सेनानी शुद्धदेव झा उत्पल के अनुसार, गुप्त दान करने में यमुना देवी अकेली थीं। उन्होंने कुछ सार्वजनिक हित के कार्य भी किए थे। 1944 में उनके पति रामबाबू का निधन हो गया। उन्हें स्वतंत्रता आंदोलन में कांग्रेस का 'भामाशाह' कहा जाता था। अपने पति की मृत्यु के दो दशक पश्चात् 1965 में यमुना देवी का भी निधन हो गया। विभिन्न स्वतंत्रता सेनानियों से लिए गए साक्षात्कार से ज्ञात हुआ है कि स्वतंत्रता सेनानी उन्हें काफी सम्मान देते थे और अधिकतर स्वतंत्रता सेनानी उन्हें माँ कहकर संबोधित करते थे।

पन्ना देवी डालमिया

पन्ना देवी का विवाह श्री गौरीशंकर डालमिया के साथ 1930 में हुआ था। श्री गौरीशंकर डालमिया संतालपरगना के एक प्रमुख स्वतंत्रता सेनानी थे (देवघर) जिन्होंने संतालपरगना में स्वतंत्रता आंदोलन में महत्त्वपूर्ण योगदान किया था। अपने पति की तरह, पन्ना देवी भी राजनीति में काफी सक्रिय रहीं। फलस्वरूप उनका सम्पर्क राष्ट्रीय स्तर के नेताओं के साथ हो गया। 1930 ई. से ही पन्ना देवी निर्भीक होकर स्वतंत्रता सेनानियों को पनाह देने और उनके साथ सहयोग करने लगीं। भारत छोड़ो आंदोलन के समय जब उनके पति गौरीशंकर डालमिया जेल जा चुके थे, पन्ना देवी ने फरारी स्वतंत्रता सेनानियों की खुलकर मदद की और उन्हें आर्थिक सहायता भी प्रदान की। उन्होंने विदेशी वस्त्रों के बहिष्कार का खुलकर प्रचार किया। उनके आश्रम में 1934 में महात्मा गाँधी पधारे थे। स्वतंत्रता सेनानी शुद्धदेव झा उत्पल के अनुसार, 1934 में जब कांग्रेस कार्यकर्ता डण्डों की मार से पीड़ित थे, पन्ना देवी के घर पर ही उनकी प्राथमिक चिकित्सा की गई थी और इसी समय महात्मा गाँधी उनके आश्रम (घर) पर गए थे। डॉ. राजेन्द्र प्रसाद से भी पन्ना देवी का सम्पर्क स्थापित हुआ था। वे चरखा काततीं और खादी पहनती थीं। हरिजन उत्थान में भी उनका योगदान महत्त्वपूर्ण था। जब श्री गौरी शंकर डालमिया भारत छोड़ो आन्दोलन के समय गिरफ्तार होकर जेल में थे, दुर्भाग्यवश उसी समय पन्ना देवी का असामयिक निधन हो गया। एक सक्रिय स्वतन्त्रता सेनानी की पत्नी के रूप में पन्ना देवी का स्वतन्त्रता की लड़ाई में योगदान महत्त्वपूर्ण था।

नूनामणि देवी

नूनामणि देवी प्रसिद्ध स्वतंत्रता सेनानी पं. शिवराम झा की पत्नी थीं। शिवराम बाबू सत्याग्रही के रूप में काफी लोकप्रिय थे। 1916 में ही वे बिहार का प्रतिनिधित्व करने कांग्रेस महासमिति में सम्मिलित हुए थे। हिन्दी आंदोलन को आगे बढ़ाने में शिवराम बाबू ने महत्त्वूपर्ण भूमिका निभाई। उन्होंने हिन्दी विद्यापीठ और संस्कृत महाविद्यालय की स्थापना की। उन्होंने कई कार्यकर्ताओं को अहिन्दी भाषी क्षेत्रों में हिन्दी प्रचार के लिए भेजा। उन्हें इन कार्यों के संपादन में अपनी पत्नी नूनामणि देवी से काफी सहयोग मिला। जेल से लौटे सत्याग्रहियों को नूनामणि देवी अपने आश्रम में रखती थीं और शिवराम बाबू द्वारा माँगी हुई धनराशि से उनके भोजन की व्यवस्था करती थीं। विद्यार्थियों की भोजन व्यवस्था के लिए नूनामणि देवी ने अपने स्वर्ण आभूषण बेच दिए थे। 1942 के फरारी स्वतंत्रता सेनानी सियाराम बाबू को उन्होंने कई दिनों तक अपने पास रखा और

उनकी सारी व्यवस्था की। इसी तरह नूनामणि देवी ने स्वतंत्रता सेनानी शुद्धदेव झा उत्पल को अपने आश्रम में दस वर्षों तक रखा था और उनके पढ़ने की भी व्यवस्था की।

भुवनेश्वरी देवी

भुवनेश्वरी देवी गोड्डा जिले के प्रसिद्ध स्वतंत्रता सेनानी पं. सागर मोहन पाठक की धर्मपत्नी थीं। 1937 के चुनाव के समय भुवनेश्वरी देवी ने गोड्डा में देहाती क्षेत्र की लगभग सौ महिलाओं के जुलूस का नेतृत्व किया था। इस जुलूस में स्वतंत्रता सेनानी बुद्धिनाथ झा कैरव की पत्नी गुलाब देवी, स्वतंत्रता सेनानी शुद्धदेव झा उत्पल की पत्नी भवानी देवी और महेशपुर के स्वतंत्रता सेनानी पंडित भागवत झा की पत्नी सगुन मैन देवी के साथ कुछ लड़कियाँ भी तिरंगा झंडा लिए हुए चल रही थीं। ये सभी महिलाएँ खादी परिधान में थीं जिससे जुलूस काफी आकर्षक हो गया था। इस जुलूस का लोगों पर काफी प्रभाव पड़ा। उन्होंने शत–प्रतिशत मतदान देकर कांग्रेस के प्रत्याशी पं. बुद्धिनाथ झा कैरव को विजयी बनाया।

महादेवी केजरीवाल

महादेवी केजरीवाल जसीडीह के प्रसिद्ध स्वतंत्रता सेनानी और संतालपरगना के गाँधी के नाम से विभूषित मोतीलाल केजरीवाल की पत्नी थीं। संतालपरगना प्रमंडल के कोने–कोने में स्वतंत्रता का अलख जगाने में मोती बाबू का योगदान अद्वितीय था। उनकी पत्नी महादेवी उनका खुलकर राजनीति में सहयोग करतीं और विभिन्न राजनीतिक आंदोलनों में शामिल होतीं। 1930 ई. में देवघर में पिकेटिंग के सिलसिले में जो जुलूस निकला उसका नेतृत्व महादेवी ने किया था। जुलूस के पश्चात् उन्हीं के नेतृत्व में विदेशी वस्त्रों की होली जलाई गई। वे व्यक्तिगत सत्याग्रह 1941 में भी शामिल हुईं और उनके द्वारा सत्याग्रह किए जाने की सार्वजनिक घोषणा की गई। उन्होंने उपायुक्त को ज्ञापन देकर ब्रिटिश साम्राज्यवाद का विरोध किया। महादेवी ने गिरफ्तारी के लिए अपने को प्रस्तुत किया किन्तु उपायुक्त ने उन्हें गिरफ्तार नहीं किया। केवल उनकी गतिविधि पर नजर रखने के लिए आदेश दिया। पर अंत में उन्हें पाकुड़ अनुमंडल में गिरफ्तार कर लिया गया। उन्हें पाकुड़ में पाँच महीने की कारावास की सजा सुनाकर हजारीबाग जेल भेज दिया गया। जेल से छूटने के बाद भी महादेवी अपने पति के साथ सहयोग करती रहीं।

शैलबाला राय

शैलबाला राय त्याग और तपस्यामय जीवन के प्रतीक प्रसिद्ध स्वतंत्रता सेनानी शशिभूषण राय की पत्नी थीं। शशि बाबू ने ही सबसे पहले अपने त्याग और तपस्यामय जीवन से पूरे संतालपरगना को आलोकित किया था। अपने पति की तरह शैलबाला भी आजीवन राष्ट्र सेवा में समर्पित रहीं। उन्होंने अपने आश्रम में गरीब राजनीतिक कार्यकर्ताओं के लिए भोजन आदि का काफी अच्छा प्रबन्ध कर रखा था। वे राजनीतिक कार्यकर्ताओं की प्राण बन गई थीं। अपने पति की मृत्यु के बाद भी वे राजनीति में सक्रिय रहीं। विधवा अवस्था में डॉ. श्रीकृष्ण सिंह के नेतृत्व में वे विधायक भी बनीं।

प्रमिला झा

प्रमिला झा भूतपूर्व मुख्यमंत्री बिनोदानंद झा की पत्नी थीं। प्रमिला झा गौपालन, दूध, घी आदि से बिक्री की आय से राजनीतिक कार्यकर्ताओं का स्वागत करतीं और अपना जीवन निर्वाह करती थीं। महिलाओं के बीच उन्होंने राष्ट्रीयता का प्रचार किया था और उन्हें राजनीतिक रूप से जागरूक बनाने की कोशिश की थी। महिलाओं के बीच घूम-घूम कर उन्होंने राष्ट्रीय आंदोलन के लिए धन इकट्ठा किया था।

शारदा देवी

साहिबगंज में स्वतंत्रता आंदोलन के अग्रणी नेता पं. द्वारिका प्रसाद मिश्र की पत्नी शारदा देवी ने स्वतंत्रता आंदोलन में महत्त्वपूर्ण योगदान दिया। विशेषकर भारत छोड़ो आंदोलन 1942-43 के समय शारदा देवी काफी सक्रिय थीं। उन्हें गिरफ्तार कर दुमका जेल में रखा गया था। संतालपरगना में स्वतंत्रता आंदोलन के समय शारदा देवी ही अकेली महिला थीं जो जेल में बन्द थीं। उन्हें सेल में रखा गया था। उनके पति द्वारिका प्रसाद मिश्र को अलग जेल में रखा गया था।

जम्मूवति देवी और प्रेमा देवी

जम्मूवति देवी संतालपरगना में स्वतंत्रता आंदोलन के अग्रणी नेता और प्रसिद्ध स्वतंत्रता सेनानी एवं पहाड़िया-संताल के शीर्षस्थ नेता प्रफुल्ल चन्द्र पटनायक की माँ थीं। जम्मूवति देवी के पति भागीरथ पटनायक भी एक लोकप्रिय राजनीतिज्ञ थे। इस प्रकार स्वयं जम्मूवति देवी, उनके पति और पुत्र सभी राष्ट्रीय आंदोलन से जुड़े थे।

प्रेमा देवी देवघर के प्रसिद्ध स्वतंत्रता सेनानी और प्रफुल्ल चन्द्र पटनायक के क्रांतिकारी साथी श्रीकृष्ण प्रसाद की पत्नी थीं। प्रेमा देवी अपने पति के साथ राष्ट्रीय आंदोलन में शामिल हुईं और काफी सक्रिय रहीं।

17 अगस्त 1942 को दुमका में जम्मूवति देवी और प्रेमा देवी भी उस जत्थे में शामिल हो गई थीं जो उस दिन दुमका में हाट-बाजार बन्द कराने में काफी सक्रिय था। इन दोनों वीर महिलाओं की सक्रियता के कारण क्रांतिकारियों के जत्थे की शक्ति और जनता का उत्साह चौगुना बढ़ गया था। इंकलाब जिन्दाबाद, महात्मा गाँधी की जय, अंग्रेजो भारत छोड़ दो, आदि नारों से दुमका का वायुमंडल काफी सनसना गया था। इन दोनों वीरांगनाओं को अन्य पन्द्रह क्रांतिकारियों के साथ गिरफ्तार कर लिया गया। पर बाद में इन्हें मुक्त कर दिया गया। इस प्रकार भारत छोड़ो आंदोलन के समय जम्मूवति देवी और प्रेमा देवी ने दुमका में ब्रिटिश साम्राज्यवाद का प्रतिकार किया था।

पहाड़िया महिलाओं की राजनीतिक सक्रियता

भारत छोड़ो आंदोलन के समय प्रफुल्ल चन्द्र पटनायक (बरपाली, सम्बलपुर उड़ीसा), श्रीकृष्ण प्रसाद (मोहनपुरहाट, देवघर, झारखंड) और के. गोपालन (केरल) ने पहाड़िया युवकों का एक दल बनाया था। श्री पटनायक द्वारा दिए गए विवरण के अनुसार अनेक पहाड़िया महिलाओं ने

पहाड़िया युवकों को उनके दल में शामिल होने के लिए उत्साहित किया। प्रत्येक पहाड़िया परिवार से एक-एक पहाड़िया युवक इन महिलाओं की प्रेरणा से श्री पटनायक और उनके साथियों के दल में शामिल हुआ। इन पहाड़िया महिलाओं ने श्री पटनायक और उनके साथियों को आर्थिक सहायता भी दी। भारत छोड़ो आंदोलन के समय इन कतिपय पहाड़िया महिलाओं की सक्रियता ने श्री पटनायक और उनके साथियों का कार्य सरल कर दिया और वे सफलतापूर्वक पहाड़िया युवकों का दल संगठित कर सके। इन पहाड़िया युवकों ने भारत छोड़ो आंदोलन के समय संतालपरगना प्रमंडल के ग्रामीण क्षेत्रों में ब्रिटिश साम्राज्यवाद को समाप्त कर दिया था। यद्यपि इन पहाड़िया युवकों को प्रेरित करने वाली पहाड़िया महिलाओं के नाम आदि की जानकारी किसी को नहीं है, पर इससे उनका महत्त्व कम नहीं होता। श्री पटनायक और उनके साथियों द्वारा दिए गए विभिन्न विवरणों में भी ऐसी किसी भी पहाड़िया महिला का उल्लेख नहीं है। स्वयं श्री पटनायक भी ऐसी किसी पहाड़िया महिला का नाम आदि लेखक को नहीं बता सके। (लेखक द्वारा श्री पटनायक से व्यक्तिगत साक्षात्कार बरपाली, सम्बलपुर, उड़ीसा में 19 सितंबर 1987 को लिया गया, जिसे कैसेट में रिकार्ड किया गया है। 14 जनवरी 2003 को बरपाली में श्री पटनायक का निधन हो गया।)

पर इस संबंध में गोड्डा दामिन में बोकड़ा बाँध बंगला के अन्तर्गत पहाड़पुर गाँव के विसन पहाड़िया की पत्नी मेघी पहाड़िन का उल्लेख किया जा सकता है। इनका इकलौता पुत्र बादलमाल पहाड़िया, श्री पटनायक के दल में शामिल हुआ और अगस्त क्रांति में महत्त्वपूर्ण योगदान दिया। पर बादलमाल पहाड़िया गोड्डा जेल में क्रूर यातनाओं का शिकार हो गया। यह निश्चित था कि बादल अपने माता-पिता से प्रेरित होकर ही स्वाधीनता के लिए युद्ध करने वाले सत्याग्रही सैनिकों की टोली में भर्ती हो गया था। यहाँ उल्लेखनीय यह है कि शिवाजी की सफलता और उन्हें लोकप्रिय शासक बनाने में उनकी माता जीजाबाई का योगदान महत्त्वपूर्ण था। उसी प्रकार पहाड़िया युवकों को स्वाधीनता समर में भाग लेने के लिए उत्साहित करने में विभिन्न पहाड़िया महिलाओं का योगदान भी काफी महत्त्वपूर्ण था। इसलिए भले ही इन पहाड़िया महिलाओं के नाम आदि की जानकारी प्राप्त न हो, फिर भी बिना नाम के ही सही, उनका इतिहास में उल्लेख करना आवश्यक है।

उषारानी मुखर्जी

उषारानी मुखर्जी संतालपरगना प्रमंडल के एक वरिष्ठ स्वतंत्रता सेनानी श्री लम्बोदर मुखर्जी की पत्नी थीं। श्री मुखर्जी संतालपरगना जिला कांग्रेस के प्रधानमंत्री थे पर वे अग्रगामी दल के प्रति सहानुभूति रखते थे और इस दल की सक्रिय सहायता भी करते थे। इस प्रकार वे राजनीतिक रूप से काफी सक्रिय और लोकप्रिय थे। उन्हीं की प्रेरणा से दिसंबर 1940 में धनवासा सर्किल के अन्तर्गत कदमा गाँव में भारतमाता की एक मूर्ति बनी और उसकी पूजा हुई। उनकी ही प्रेरणा से श्री हरिविष्णु कामथ और श्री शीलभद्रयाजी दुमका आए और राजनीतिक कार्यक्रमों में शामिल हुए। संतालों के बीच सुधार कार्य और अग्रगामी दल की कार्रवाई चलाने के लिए श्री मुखर्जी ने पाकुड़ का दौरा किया था। उनकी राजनीतिक सक्रियता से अंग्रेज अधिकारी काफी विचलित हो

गए। इसलिए उन्हें श्री सर्वानन्द मिश्र के साथ 31 जनवरी 1942 को बिहार सरकार ने संतालपरगना से निष्कासित कर दिया। अपने पति की तरह उषारानी मुखर्जी भी संतालपरगना में विशेषकर 1935 से राजनीतिक रूप से काफी सक्रिय रहीं। वे संतालपरगना जिला अग्रगामी दल की अध्यक्षा थीं। उन्होंने लालकुर्ता आंदोलन का नेतृत्व किया था। उन्होंने साफाहोड़ आंदोलन का भी नेतृत्व किया था। उन्हें युद्ध विरोधी कार्रवाइयाँ करने के आरोप में 30 नवंबर 1940 को गिरफ्तार कर लिया गया और छः महीने की सजा दी गई। इस प्रकार संतालपरगना में राजनीतिक जागरण और स्वतंत्रता आंदोलन में उषारानी मुखर्जी का योगदान महत्त्वपूर्ण था। वस्तुतः उन्होंने अपने पति के साथ कार्य कर संतालपरगना को राजनीतिक रूप से काफी जाग्रत कर दिया था। फलस्वरूप भारत छोड़ो आंदोलन संतालपरगना में तेजी से फैला और संतालपरगना भारतीय राष्ट्रीयता की मुख्यधारा से एकीकृत हो गया।

कुछ अन्य महिलाओं की राजनीतिक सक्रियता और स्वतंत्रता आंदोलन में उनका योगदान

इस प्रकार यह स्पष्ट है कि स्वतंत्रता आंदोलन में संतालपरगना की महिलाओं की बहुत बड़ी भागीदारी थी। 1918–1920 से संतालपरगना में राजनीतिक आंदोलन में यहाँ की महिलाएँ भी शामिल होने लगीं। लगभग एक दशक पश्चात् संतालपरगना की महिलाएँ स्पष्ट रूप से स्वतंत्रता आंदोलन में शामिल होने और जेल जाने लगीं। अतः स्वतंत्रता संघर्ष में महिलाओं के शरीक होने से संतालपरगना में विदेशी साम्राज्यवाद का प्रतिवाद उग्र होने लगा। सविनय अवज्ञा आंदोलन में ही हिरनडांगा पाकुड़ की श्रीमती सरबाला देवी और रोहिणी, देवघर की श्रीमती महारानी देवी शामिल हुईं। 9 अगस्त 1930 को सरबाला देवी गिरफ्तार हुईं और उन्हें छः महीने की कैद की सजा हुई। उन्हें गया सेण्ट्रल जेल भेज दिया गया। 2 फरवरी 1932 को श्रीमती महारानी देवी को गिरफ्तार किया गया और उन्हें डेढ़ महीने की कैद की सजा दी गई। उन्हें भी गया सेण्ट्रल जेल (बिहार) भेज दिया गया।

इन दो महिला स्वतंत्रता सेनानियों से पूर्व 1918–1920 के दौरान श्रीमती बासंती देवी ने संतालपरगना की महिलाओं को स्वतंत्रता संघर्ष में शामिल होने के लिए उत्साहित किया था। बासंती देवी ने देवघर स्थित वैद्यनाथ मंदिर के अहाते में एक सभा को भी संबोधित किया था। इसी समय से संतालपरगना की महिलाओं ने अंग्रेजी शिक्षा का बहिष्कार करना प्रारम्भ किया। इस बहिष्कार कार्यक्रम में साधना देवी और शैलबाला राय ने महत्त्वपूर्ण योगदान किया था। 1921 से शैलबाला राय ने महिलाओं को संगठित करना प्रारम्भ किया था और सामाजिक कार्यों में उन्हें भाग लेने के लिए प्रेरित किया था।

1925 में महात्मा गाँधी देवघर आए थे और महिला स्वयं सेविकाओं ने भी उनका भव्य स्वागत किया था। इसी समय से लड़कियों में खादी का प्रचार शुरू किया गया। लगातार प्रचार के फलस्वरूप महिलाएँ चरखा कातने लगीं। महिलाओं की एक सभा को महात्मा गाँधी ने संबोधित किया। 1929 में अधिक से अधिक महिलाएँ स्वतंत्रता आंदोलन में शामिल होने लगीं। बालक और महिला स्वयं सेविकाओं से ब्रिटिश सरकार काफी परेशान हुई। संतालपरगना के

तत्कालीन उपायुक्त ने इस परेशानी का उल्लेख करते हुए 18 जून 1930 को आयुक्त (भागलपुर, बिहार) को लिखा कि इन बच्चों और महिलाओं के खिलाफ हम कोई कार्रवाई करते हैं तो हमारा उपहास होता है और यदि कोई कार्रवाई नहीं करते हैं तो कांग्रेस अपने उद्देश्य को प्राप्त करने में सफल हो जाती है। उपायुक्त ने अपने कथित पत्र में साधना देवी का उल्लेख किया जो संतालपरगना में कार्यरत भौतिकशास्त्र के एक प्रोफेसर की पुत्री थीं। 1930 में शैलबाला राय ने सबैजोर में आयोजित एक सभा में भाषण दिया और महिलाओं को संगठित होने के लिए कहा। इसके बाद देवघर में तकली प्रतियोगिता का आयोजन किया गया जिसमें पुरुषों के साथ महिलाएँ भी शामिल हुईं। महिला सभा संगठित हुई जिसकी एक सौ महिलाएँ सदस्य बनीं। 18 जून 1930 को आयोजित सत्याग्रह में महिलाएँ भी शामिल हुईं। 27 जून 1930 को देवघर स्थित कन्या पाठशाला में सभा हुई और महिलाओं को भी सामाजिक कार्यों में शामिल होने के लिए कहा गया।

उपर्युक्त वर्णन से स्पष्ट है कि संतालपरगना की महिलाओं का विदेशी साम्राज्यवाद के खिलाफ संघर्ष में महत्त्वपूर्ण योगदान था। संतालपरगना में उनकी राजनीतिक सक्रियता के फलस्वरूप इस क्षेत्र में स्वतंत्रता आंदोलन ने शीघ्र ही जन आंदोलन का रूप ले लिया। पहाड़िया, संताल, पिछड़े और दलित वर्ग के लोग भी स्वतंत्रता की लड़ाई में शामिल हुए और सेनानी की भूमिका निभाई। पूरा का पूरा संतालपरगना भारतीय राष्ट्रवाद का गढ़ बन गया। इस प्रकार संतालपरगना की महिलाओं ने अपनी राजनीतिक सक्रियता से स्वतंत्रता प्राप्ति के लिए जो प्रयास किए वह अभूतपूर्व थे। अशिक्षित और राजनीतिक दृष्टि से अपरिपक्व तथा बिना किसी राजनीतिक पृष्ठभूमि के इन महिलाओं ने स्वतंत्रता के लिए जो लड़ाई लड़ी या इस हेतु उन्होंने जिस प्रकार यहाँ के युवकों को उत्साहित किया, वह झारखंड में स्वतंत्रता आंदोलन के इतिहास की एक महत्त्वपूर्ण घटना है। पर दुर्भाग्यवश इन महिला स्वतंत्रता सेनानियों का उल्लेख इतिहास की किसी पुस्तक में नहीं है। अतः विद्यालय और महाविद्यालय स्तर की पुस्तकों में इन महिला स्वतंत्रता सेनानियों और उनकी उपलब्धियों का लेखा-जोखा जोड़ा जाना चाहिए।

झारखंड के सदानों का इतिहास

डॉ. विसेश्वर प्रसाद केसरी

प्राचीनतम गोंडवाना लैंड का उत्तर पूर्वी भाग झारखंड के नाम से विख्यात रहा है। प्रागैतिहासिक उपकरणों की लब्धि से प्रमाणित होता है कि यह क्षेत्र प्राचीन प्रस्तर युग से ताम्र युग तक आदिमानव का निवास स्थल था।[1] इस क्षेत्र में अनौपचारिक रूप से जो प्रागैतिहासिक उपकरण (और हाल में भित्तिचित्र भी) उपलब्ध हुए हैं, उसकी संक्षिप्त सूची राँची गजेटियर 1917 और सिंहभूम जिला गजेटियर 1958 में दर्ज है। इस संबंध में विधिवत् सर्वेक्षण किया जाए तो असंभव नहीं कि चौंकाने वाले तथ्य सामने आएँगे।

झारखंड की नाम-यात्रा

वैदिक काल से लेकर हाल तक झारखंड के नाम, क्षेत्र और विस्तार में परिवर्तन होते रहे हैं। ऋग्वेद में इसे कीकट प्रदेश कहा गया है[2] और अथर्ववेद में ब्रात्य प्रदेश।[3] ऐतरेय ब्राह्मण से इसका नाम पुण्ड्र विदित होता है।[4] कीथ और मैकडोनल के मत से आधुनिक बिहार-बंगाल ही पुण्ड्रों का प्रदेश था।[5] महाभारत में इस क्षेत्र को अर्कखंड, कर्कखंड कहा गया है, मौर्यकाल में मगध नागवंशियों ने इसे नागखंड, नागपुर, हीरा नागपुर आदि नामों से प्रसिद्धि दी। चौथी शताब्दी में नागवंशियों की राजधानी चुटिया में थी, तब इसे चुटियानागपुर कहा जाने लगा। 10वीं शताब्दी में नागवंशियों ने अपनी राजधानी खुखरा में स्थापित की। अतः मुगलों ने इसे खोखरा, कोकराह और झारखंड के नाम से जाना। अंग्रेजों के जमाने में चुटियानागपुर को छोटानागपुर कहा जाने लगा।

बुकानन के मत में काशी से लेकर वीरभूम तक सारे पहाड़ी प्रदेश को झारखंड कहते थे। दक्षिण में वैतरणी इसकी सीमा थी।[6] अकबरनामा के अनुसार छोटानागपुर और उड़ीसा के ट्रिब्यूटरी स्टेट झारखंड कहलाते थे।[7] इधर कुछ दिनों तक इसे वनांचल और वनप्रदेश के नाम पर छोटानागपुर-संतालपरगना तक सीमित करने की माँग उठी। आज का झारखंड इसी क्षेत्र में सीमित कर दिया गया है, हालाँकि यहाँ के अधिकांश निवासी इस सीमा से संतुष्ट नहीं हैं और वे पूर्ववत् वृहद् झारखंड की माँग कर रहे हैं।

झारखंड की जन-रच ा (डेमोग्राफी)

झारखंड का पूरा इलाका वन-पहाड़ों का आगार रहा है। 1946 तक इसकी सघनता देखने लायक थी। जाहिर है कि अति प्राचीन काल में यह क्षेत्र और भी दुर्गम तथा भयावह रहा

होगा। इसलिए उस समय इसकी आबादी अधिक नहीं हो सकती थी। यत्र-तत्र कुछ घुमंतू जातियों का अस्थिर वास होता होगा। ऋग्वेद में इसे कीकट प्रदेश और अनार्यों का वास-स्थल कहा गया है जहाँ के लोग खेती नहीं करते थे, केवल पशु-पालन करते थे।[8] सिफटन महोदय इस क्षेत्र में बस्तियों की शुरुआत चरवाहों के बथानों से मानते हैं। हाल तक यह प्रक्रिया चलती रही है।[9] अथर्ववेद के अनुसार इस क्षेत्र के निवासियों को ब्रात्य कहा जाता था जो घुमंतू और शिकारी थे— 'ब्रतति अटति इति ब्रात्यः'। इन्हें दीक्षित करने के लिए आर्य यति 'ब्रात्य देव' बनकर यहाँ आया करते थे। कहा जाता है कि इसी क्रम में ब्रात्यकांड के सूक्तों की रचना हुई थी।[10]

झारखंड के आदिवासी और सदानों के पूर्वजों की परंपरा अपने प्राचीनतम रूप में उपर्युक्त घुमंतू कबीलों और ब्रात्य देवों से जोड़ी जा सकती है। काल क्रम से ऐतिहासिक उथल-पुथल के बीच इन दोनों की आबादी बढ़ती गई होगी और यातायात की सुविधा बढ़ने के साथ जनसंख्या वृद्धि का वेग बढ़ता गया होगा। 1872 में छोटानागपुर की आबादी मात्र 26,00,000 थी जो 1961 में 89,00,000 हो गई।[11] 1971 में प्रस्तावित झारखंड की आबादी 3,05,98,991 तक पहुँच गई। इन आँकड़ों से आबादी के इजाफे का अंदाजा लगाया जा सकता है।

पिछले पचास वर्षों के आव्रजन की रफ्तार ने झारखंड की जन-संरचना पर गहरा प्रभाव डाला है। एक जमाना था जब यहाँ आदिवासी और सदानों का वर्चस्व था। 1931 की जनगणना के अनुसार यहाँ इनका अनुपात लगभग बराबर था। इनकी संख्या 50-50 प्रतिशत के करीब थी। बाहरी लोगों की संख्या बहुत कम थी। लेकिन अंग्रेज और कांग्रेस शासन की उपनिवेशवादी नीति के कारण आदिवासियों का प्रवर्जन, विघटन और विस्थापन प्रखर होता गया और आव्रजकों की संख्या बढ़ती गई। यही नीति एन.डी.ए. के शासन में भी जारी है। नतीजा यह है कि फिलहाल झारखंड में आदिवासी 28 प्रतिशत, सदान 57 प्रतिशत और नवागंतुक 15 प्रतिशत के करीब हैं। हालाँकि आदिवासी और सदान कुल मिलाकर अभी भी 85 प्रतिशत हैं, नवागंतुक मात्र 15 प्रतिशत; लेकिन झारखंड का सर्वस्व आज इन्हीं 15 प्रतिशत नवागंतुकों के हाथ में है क्योंकि शासन-सत्ता और सारे महत्त्वपूर्ण कार्य-व्यापार इन्हीं के कब्जे में हैं। इस उपनिवेशवादी नीति के कारण झारखंड के मूल निवासी—आदिवासी और सदान—झारखंड राज्य के निर्माण के बावजूद, अपने घर में परदेसी हैं। उनका शोषण-दमन आज भी बरकरार है। ग्लोबलाइजेशन की मार रही-सही कसर भी पूरी कर रही है। इसका सर्वाधिक घातक प्रभाव सदानों पर पड़ रहा है क्योंकि आदिवासियों को तो किसी हद तक प्राथमिकता और संरक्षण प्राप्त है।

उपर्युक्त तथ्यों से झारखंड की जन-संरचना और सदानों का अभिधेयार्थ स्पष्ट हो जाना चाहिए। वास्तव में वे सारे लोग जिनके पूर्वज प्राचीन काल से यहाँ बस गए हैं, जो आदिवासियों से समरस हो गए हैं, जिनकी भाषा सदानी अर्थात् नागपुरी, कुरमाली, खोरठा, पंचपरगनिया है, जो किसी मायने में आदिवासियों से कम शोषित, पीड़ित और उपेक्षित नहीं हैं, उन्हें सदान कहा जाता है। हटुआ, मूलवासी आदि इसी के पर्याय हैं।[12]

वस्तुतः झारखंड की संस्कृति एक साझी विरासत है जिसके निर्माण में आदिवासी एवं

सदानों का समान योगदान है। इन दोनों की एकजुटता और संघर्ष से ही झारखंड का पुनर्निर्माण हो सकता है। इसलिए इनकी एकता को तोड़ने की साजिश होती रही है, अब भी हो रही है। इसका प्रतिरोध होना चाहिए।

ऐसा नहीं है कि झारखंडियों ने प्रतिरोध नहीं किया। वस्तुतः झारखंड का इतिहास प्रतिवाद, प्रतिरोध और बगावत का इतिहास रहा है। एक ओर तिलका माँझी, बिसुन मानकी, कोंता मुंडा, सिंहराय-बिंदराय मानकी, सिद्धू-कान्हू, नीलांबर-पीतांबर, बिरसा मुंडा, गया मुंडा, बुद्धू भगत, तेलंगा खड़िया, जतरा भगत, गंगाराम कलुंडिया, बीदर नाग जैसे बलिदानियों की पाँत है तो दूसरी ओर गंगनारायण, विश्वनाथ शाहदेव, गणपत राय, शेख भिखारी, नादिर अली, बहोहरन सिंह, शक्ति महतो आदि के बलिदानों की मिसाल भी। आदिवासी एवं सदानों की कुर्बानियों का यह सिलसिला आज भी जारी है। सच्चाई यह है कि पूरा झारखंड सदियों से सुलगता आ रहा है। पर जरूरत इस बात की है कि असली दुश्मन (उपनिवेशवादी ताकत) को पहचान कर व्यापक संघर्ष की तैयारी की जाए। आदिवासी और सदानों की परंपरागत एकता के बिना यह संघर्ष और मुक्ति संभव नहीं है।

सदानों की प्राचीनता के प्रमाण

सदानों की प्राचीनता के अनेक प्रमाण 1912 तक उजागर हो चुके थे। 'लिस्ट ऑफ मोन्यूमेंट्स इन दि छोटानागपुर डिवीजन'[13] और 'ग्रामर ऑफ दि नागपुरिया सदानी लैंग्वेज'[14] इस दृष्टि से बहुत महत्त्वपूर्ण ग्रंथ हैं। पहली पुस्तक में चौथी शताब्दी ई. पूर्व से 1872 तक ज्ञात सैकड़ों पुरातात्विक अवशेषों का विवरण है जिससे साबित होता है कि यहाँ आदिवासी भिन्न समुदायों का व्यापक अस्तित्व था। फादर बुकाउट के व्याकरण की एक मान्यता यह भी है कि नागपुरी (सदानी) इस बात का अच्छा गवाह है कि इस क्षेत्र में आर्यों का आगमन अति प्राचीन काल में हो गया था।[15] यहाँ के संगीत, नृत्य, लय-ताल, रहन-सहन, खान-पान, पर्व-त्योहार, रीति-रिवाज आदि में आदिवासी और सदानों की प्राचीनता और समरसता बखूबी प्रतिबिंबित है।[16]

पर इन सारे तथ्यों को नजरअंदाज कर रायबहादुर शरतचन्द्र राय ने 1912 में सदानों को नवागंतुक (दिकू) साबित करने की कोशिश की।[17] 'झारखंड के सदान' में उनकी इस मान्यता का तथ्यपरक खंडन किया गया है।

सदानों का प्रारंभिक इतिहास

सदानों का प्रारंभिक इतिहास नाग जाति, नाग समुदाय से संपृक्त है। नाग जाति से जुड़े छोटानागपुर के नागवंशी लाल-ठाकुर, पंचेत के गोवंशी शिखर और सरगुजा के रक्सेल राजाओं ने लगभग 2000 वर्षों तक झारखंड में अविच्छिन्न राज्य किया। जमींदारी उन्मूलन तक इनकी शासन-सत्ता झारखंड में कायम थी। इनके पूर्व बौद्ध तथा जैन परंपराओं से संबद्ध बहुत सारे लोग इस क्षेत्र में निवास करते थे। जगह-जगह इनके निवासों के प्रतीक-प्रमाण झारखंड में मौजूद हैं। जैन परंपराओं के प्रतीक रूप में पारसनाथ आज भी जैनियों का प्रसिद्ध तीर्थ है। इस क्षेत्र की सराक जाति अभी तक अनेक जैन प्रथाओं का परिपालन करती है। इन

तथ्यों को इस बात का प्रमाण माना जा सकता है कि झारखंड में सदानों का इतिहास ढाई हजार साल से कम पुराना नहीं है।

हकीकत तो यह है कि असुर, किन्नर, यक्ष, गंधर्व आदि की तरह नाग जाति और उनसे संयुक्त अनेक समुदाय प्राचीन भारत में विश्रुत रहे हैं। वेंकटेश्वर का मत है कि नाग सभ्यता न केवल भारत के अर्द्धवृत्त में, अपितु भारत के बाहर भी फैली हुई थी।[18] शिवजी के गले में सुशोभित नाग, पृथ्वी को धारण करने वाले शेषनाग, विष्णु की शैया के रूप में क्षीर सागर में प्रतिष्ठित अनंत नाग आदि की मिथक कथाएँ महाभारत काल में पुंडरिक नाग के इतिवृत्त में अवतरित होती हैं। इसी पुंडरिक नाग के वंशधर ये झारखंड के प्रथम नागवंशी राजा फणिमुकुट राय जिसे झारखंड के प्रसिद्ध परहा राजा मदरा मुंडा ने, किंवदन्ती के अनुसार, गोद लिया था और परहा-पंचों, मानकी मुंडाओं की सहमति से अपना उत्तराधिकारी नियुक्त किया था।

'जनमेजय का नाग यज्ञ'[19], 'मध्यदेश'[20], 'बिहार : एक ऐतिहासिक दिग्दर्शन'[21], 'नागवंशावली'[22], 'नागवंशावली झूमर'[23], 'नागवंश'[24] आदि के आलोक में जब हम फणिमुकुट राय संबंधी उक्त किंवदन्ती के ऐतिहासिक परिप्रेक्ष्य पर विचार करते हैं तो यह बात स्पष्ट होती है कि प्रथम शताब्दी के पूर्व उत्तर भारत से पलायित नाग विंध्य के दक्षिण नर्मदा-ताप्ती घाटी में अपना साम्राज्य स्थापित कर चुके थे। नागपुर, नागरकोली, नागपट्टन आदि स्थानों के नाम नागों के प्रभुत्व के साक्षी माने जाते हैं। पूरा मध्यदेश नागों की प्रभुता में था। विदिशा, वाकाट, कांतिपुरी (मिर्जापुर) इनकी राजधानियाँ थीं। नाग नृपतियों ने कई अश्वमेध यज्ञ किए थे। इन्हीं नागों ने उत्तर भारत के कुषाणों को पराभूत कर अफगानिस्तान तक खदेड़ दिया था। फलतः कुषाणों के मुलुन (मुरुंड, मुंडा) शासकों पर भी नागों का आधिपत्य हो गया। झारखंड में लब्ध कुषाण मुद्राएँ प्रमाणित करती हैं कि झारखंड के 'मुरुंड' (मुंडा) कुषाणों की प्रभुसत्ता स्वीकार करते थे। स्वाभाविक ही है कि कुषाणों के पराभव के बाद झारखंड के मुंडा-मानकी नागों की प्रभुसत्ता स्वीकार करते। उनकी स्वायत्तता पर नागवंशियों ने कभी भी हस्तक्षेप नहीं किया। नागवंशी मुंडाओं को आज भी अपने बड़े भाई की तरह आदर देते हैं। इसी मान्यता के कारण नागवंशी रानियाँ मुंडाओं को 'भैंसुर' मानती आ रही हैं। इसका एक कारण यह भी है कि मदरा मुंडा का अपना पुत्र मुकुट मुंडा फणिमुकुट राय का अग्रज था। इन तथ्यों से फणिमुकुट राय से संबंधित उक्त किंवदन्ती को ठोस आधार प्राप्त होता है।

यह परिघटना प्रथम शताब्दी की है। फणिमुकुट राय का शासन 83 ई. से शुरू माना जाता है। उनका विवाह पंचेत के गोवंशी शिखर राजा की पुत्री से हुआ था। फणिमुकुट राय ने पंचेत राज के सहयोग से क्योंझर के आक्रमणकारी राजा और कोराम्बे (गुमला) तक चढ़ आए सरगुजा के रक्सेलों को पराजित कर, एकछत्र झारखंड राज्य की स्थापना की थी।[25]

'नागवंशावली' आदि में यह भी दर्ज है कि मदरा मुंडा के गढ़ में युधिष्ठिर दूबे और सूर्योपासक जनार्दन पंडित मंत्री और पुरोहित के रूप में समादृत थे और फणिमुकुट राय ने पुरी से आए एक पंडे को आश्रय दिया था, सूर्य मठ की स्थापना की थी (जिसका अवशेष अब भी सुतिआम्बे में वर्तमान है) और बेलकपी गाँव से भाव राय को बुला कर दीवानी का

काम सौंपा था। इसका अर्थ यह हुआ कि मुंडाओं और नाग जाति से संपृक्त जनों का संबंध मदरा मुंडा के जमाने से कायम था जिसे फणिमुकुट राय ने आगे बढ़ाया। हालाँकि उनकी संख्या अधिक नहीं थी।[26]

'नागवंशावली' के अनुसार चौथे नागवंशी नृपति प्रताप राय (326-353 ई.) अपनी राजधानी सुतिआम्बे (पिठोरिया) से हटाकर चुटिया ले गए थे और काशी आदि अनेक स्थानों से श्रेष्ठ जनों को आमंत्रित कर स्वर्णरेखा नदी के किनारे सुंदर नगर बसाया था।[27] संभवतः यह समुद्रगुप्त के दक्षिण-अभियान का परिणाम था।

उपर्युक्त तथ्यों से यह विदित होता है कि झारखंड में फणिमुकुट राय के पहले, उनके साथ और उनके बाद चौथे नागवंशी राजा प्रताप राय के निमंत्रण पर अनेक स्थानों से जो आदिवासी भिन्न लोग आकर बसे, वे सदानों के ही पूर्व-पुरुष थे। कालक्रम से इनकी संख्या बढ़ती गई और ये यहाँ के उराँव, मुंडा, हो, संथाल, खड़िया आदि जनजातियों से समरस होते गए। मेरी प्रतीति यह है कि नाग-समुदाय और जनजातियों का यह अंतःसंबंध, अंतरावलंबन, सामंजस्य मध्यदेश में ही शुरू हो गया होगा क्योंकि मध्यदेशीय नाग राज्य की सीमा दक्षिण में कर्नाटक और पूर्व में कर्कखंड तक विस्तृत थी।

पुरातात्विक अवशेषों से भी इस बात की पुष्टि होती है कि झारखंड में सदानों की परंपरा बहुत पुरानी है। सर्व ज्ञात है कि आदिवासियों में मूर्तिपूजा का प्रचलन नहीं है। गढ़ और महल बनाने में भी उनका विश्वास नहीं है। तब सोचने की बात है कि झारखंड के विस्तृत इलाके में चौथी शताब्दी ई.पू. से पुरातात्विक अवशेषों की लंबी श्रृंखला कहाँ से आई ? जाहिर है कि इनके निर्माता वे लोग थे जो आदिवासियों से भिन्न थे, जिन्हें सदानों का पूर्वज कहा जा सकता है। 'लिस्ट ऑफ मोन्यूमेंट्स इन दि छोटानागपुर डिवीजन' में ऐसे सैकड़ों अवशेषों के विवरण मौजूद हैं। ये सारे अवशेष बौद्ध, जैन, शैव, शाक्त, वैष्णव आदि परंपराओं के साक्षी हैं जो इस क्षेत्र में प्रतिष्ठित थे।

भाषा की संरचना और साहित्य की प्रवृत्तियों से भी सदानों की प्राचीनता, विशिष्टता और आदिवासियों से उनकी समरसता तथा अंतरावलंबन के साक्ष्य विपुलता में उपलब्ध हैं। सदानी (नागपुरी) भाषा का गहन विवेचन करते हुए फादर सी. बुकाउट ने 1906 ई. में घोषणा की थी—

1. 'यह व्याकरण संभवतः प्रमाणित करेगा कि नागपुरी को बिहार की तीन बोलियों के अन्तर्गत नहीं रखा जा सकता, इसीलिए इसे बिहारी बोली का चौथा रूप मानना चाहिए।'[28]
2. 'यदि नागपुरी के प्राचीन रूप को स्वीकार करें तो यह छोटानागपुर में आर्यों, सदानों के आगमन को इतिहास के अति प्राचीन काल में ले जाएगी।'[29]

खेद है कि फादर सी. बुकाउट का यह व्याकरण अब तक प्रकाशित नहीं हो सका है, क्योंकि 1907 में कलकत्ता प्रवास के समय उनका देहांत हो गया था और यह ग्रंथ विस्मृत रह गया। फादर पीटर शांति नवरंगी ने अपने देहांत के पूर्व टोंगो मिशन से इसका उद्धार किया। यदि यह ग्रंथ 1906 में प्रकाशित हो गया होता तो संभवतः ग्रियर्सन महोदय को यह भ्रांति नहीं होती

कि नागपुरी भाषा भोजपुरी की एक उपबोली मात्र है।

सदानी गीतों के लय-ताल शेष भारत से सर्वथा भिन्न और विशिष्ट हैं। ढोल, नगाड़ा और मांदर के बिना इनका स्वारस्य प्रभावी नहीं होता। इस वैशिष्ट्य का एकमात्र कारण यह है कि इसमें आर्यों, द्रविड़ों एवं आग्नेय लय-तालों का अद्‍भुत सामंजस्य है। सिल्ली के राजा उपेन्द्रनाथ सिंहदेव ने 15 वर्षों के अथक अध्यवसाय से इस वैशिष्ट्य को रेखांकित किया है। अपनी पुस्तक 'छोटानागपुर ताल-मंजरी' में उन्होंने इस तथ्य का विधिवत् दिग्दर्शन किया है।[30]

परवर्ती सदानों के आगमन का ऐतिहासिक क्रम

अपनी दुर्गमता के बावजूद झारखंड ऐसा क्षेत्र नहीं था जो कभी भी शेष भारत से पूर्णतः विलग रहा हो। भारत में जो भी ऐतिहासिक उथल-पुथल हुए उसका कमोबेश प्रभाव यहाँ जरूर पड़ा है। पहली शताब्दी में नागों के आधिपत्य की कथा इसका पहला गवाह है। चौथी शताब्दी में यहाँ गुप्त राजाओं का प्रभाव पड़ा। संभवतः समुद्रगुप्त के दक्षिण-अभियान के कारण ही प्रताप राय ने अपनी राजधानी सुतिआम्बे से चुटिया स्थानांतरित की। छठी शताब्दी में शशांक के आक्रमण और प्रभाव का साक्ष्य सतगाँवा (गिरिडीह) और किचिंग-कोचांग (राँची-सिंहभूम सीमांत) में स्थित 'वेणु सागर' के अवशेषों में है। नौवीं-दसवीं शताब्दी में जब भारत में गुर्जर प्रतिहार, राष्ट्रकूट, कन्नौज और पाल राजाओं के बीच वर्चस्व की लड़ाई चल रही थी, तब भी इस क्षेत्र के राजाओं को उनका सामना करना पड़ा। इस काल के अनेक सांस्कृतिक अवशेष यहाँ मौजूद हैं। नगर (चंदवा) का देवी मंदिर, रजरप्पा की छिन्नमस्तिका, हापामुनि (गुमला) का महामाया मंदिर आदि बंगाल की शाक्त उपासना और महाराष्ट्री द्विजों की सांस्कृतिक-संधि का आभास देते हैं।

देवघर के पंडा, कोराम्बे (गुमला) के देवघरिया, इस क्षेत्र में बसे उड़ीसा और बंगाल के बहुत-सारे ब्राह्मण इतिहास के अनेक काल-खंडों में यहाँ आकर बसे या बसाए गए। इतिहास के पन्नों में कुछ ऐसे भी साक्ष्य दर्ज हैं जिनसे पता चलता है कि इस क्षेत्र में कश्मीर के राजा जयापीड़ और कन्नौज के राजाओं का कुछ दिनों तक हस्तक्षेप हुआ था। इस क्षेत्र में कश्मीरी ब्राह्मणों, खत्रियों और अनेक जातियों में कनौजिया, मगहिया, तिरहुतिया शाखाओं की उपस्थिति इस बात की गवाही देती है।

इसी तरह तुर्क-अफगान काल में सैन्य अभियान के साथ बहुत सारे पठान और दूसरी जाति के लोग यहाँ आए और आक्रमणकारी अथवा शरणार्थी के रूप में बस गए।

मुगल काल में जब यहाँ के राजा नियत मालगुजारी देने में लगातार विफल होने लगे तब मुगल शासकों ने यहाँ बहुत सारे लोगों को मालगुजारी वसूली के लिए नियुक्त किया और जागीर देकर बसाया। इसके प्रतिवाद में यहाँ के राजाओं ने भी बाहर से बुद्धिमानों-बलवानों को आमंत्रित कर बसाना शुरू किया। रामगढ़ राजा के पूर्वज बाघदेव-सिंहदेव को इसी क्रम में नागवंशियों ने खैरागढ़ से आमंत्रित किया था। बाद में उन्हें कर्णपुरा परगना की जागीर दी गई थी।

वैवाहिक संबंधों, विशेषतः राजपरिवारों के वैवाहिक संबंधों के मार्फत भी यहाँ बहुत सारे

लोग विविध स्थानों से आए और बसते गए। राजपरिवारों में तो दहेज स्वरूप सेवकों के आदान-प्रदान की भी प्रथा प्रचलित थी।

अंग्रेजों के आगमन के साथ इस क्षेत्र में आवागमन की सुविधा बढ़ती गई और इसी अनुपात में प्रशासन, व्यापार आदि से जुड़े लोग यहाँ आते-बसते गए। परमानेंट सेट्लमेंट, रेण्ट एक्ट, सेल लॉ को लागू करने के लिए कचहरी, थाना, पुलिस, अफसर, कर्मचारी, ठेकेदार, वकील, डाक्टर, इंजीनियर के रूप में बहुत सारे लोग यहाँ आकर बसने लगे। औद्योगीकरण की वृद्धि के साथ इनकी रफ्तार बढ़ती गई। यह क्रम आज भी जारी है।[31]

सदानों का सामाजिक-सांस्कृतिक योगदान

झारखंड की संस्कृति में आदिवासियों का जीवन-रस और आर्यों की जीवनशैली का दुर्लभ सामंजस्य है। इसी से झारखंडी संस्कृति की विशिष्टता और पहचान बनती है। उन्मुक्तता आदिवासियों की खासियत है जबकि संयम और मर्यादा आर्यों की। झारखंडी संस्कृति में इन दोनों का संतुलन है। आदिवासियों की तरह सदानों के भी संपूर्ण जीवनमानों और क्रियाकलापों में इनका प्रतिबिंब देखा जा सकता है।[32]

झारखंड का राज-काज प्रत्यक्षतः सदान राजा-महाराजा, मंत्री-पुरोहित द्वारा संचालित-नियंत्रित होता था। व्यापार का अधिकांश सदानों के ही जिम्मे था। लेकिन इस प्रक्रिया में जो पद्धति या परिपाटी अपनाई जाती थी, वह आदिवासियों की थी। परहा-पंचों की सहमति के बिना कोई काम संभव नहीं था। परंपरागत रूप में ग्राम सभा, मुंडा-पहान, परहा राजा, मानकी, दीवान, महतो, दिग्वार, माँझी, परगनाइत आदि की ऐसी अहमियत थी कि उन्हें नकारना मुश्किल था। सारे कार्य सामूहिक निर्णय, सहयोग और सद्भाव से संपन्न किए जाते थे।

लेकिन जैसे-जैसे अंग्रेजों का वर्चस्व प्रखर होता गया, बाहरी हस्तक्षेप बढ़ते गए, वैसे-वैसे सहमति, सहयोग और सद्भाव की कड़ियाँ कमजोर होती गईं, टूटती गईं। 1831 के कोल-विद्रोह को छोड़ कर ऐसा कोई अवसर नहीं है जबकि यहाँ के आदिवासी और सदानों ने मिलकर उपनिवेशवादी हमलों का मुकाबला नहीं किया हो।

1831 में अंग्रेजों की घातक कूटनीति से पैदा हुई दरार को यहाँ के आदिवासी और सदानों ने अनवरत पाटने की कोशिश की है। 1856 के संथाल हूल और 1857 की जनक्रांति इसकी बड़ी मिसालें हैं जिसमें सिद्धू-कान्हू, चाँद-भैरव, विश्वनाथ शाहदेव, गणपत राय, शेख भिखारी, नादिर अली, नीलांबर-पीतांबर, बुद्धू वीर, तेलंगा खड़िया के साथ हजारों शहीदों ने अपने प्राणों की आहुति दी। बिरसा मुंडा और जतरा भगत ने आजादी की इस लड़ाई को आगे बढ़ाया।

इसी तरह छोटे-बड़े अनेक आंदोलनों से गुजरते हुए झारखंड के वीर सपूतों ने अपनी अस्मिता के लिए संघर्ष किया। देश की आजादी की लड़ाई में भी इनका योगदान नगण्य नहीं है। लेकिन देश की आजादी के बाद भी झारखंड औपनिवेशिक दबावों से मुक्त नहीं हो सका। फलतः जयपाल सिंह आदि के नेतृत्व में झारखंड अलग राज्य की माँग शुरू हुई।

इस दौर में अनेक चढ़ाव-उतारों के बाद 1987 में झारखंड समन्वय समिति के परचम तले एक व्यापक आंदोलन की जमीन तैयार हुई। इसमें झारखंड के 52 राजनीतिक, सामाजिक,

सांस्कृतिक संगठनों ने शोषण-विहीन, धर्मनिरपेक्ष झारखंड की पुनर्रचना का संकल्प लिया। संघर्ष तेज होता गया और इसे सर्वदलीय समर्थन प्राप्त होता गया जिसके परिणामस्वरूप वीर बिरसा के पावन जन्मदिन 15 नवंबर 2000 को झारखंड राज्य की स्थापना हुई।

लेकिन वास्तविक झारखंड राज्य के गठन और उसकी पुनर्रचना का काम अभी भी शेष है। झारखंड के आदिवासी और सदानों की परंपरागत एकता को मजबूत किए बिना यह कार्य पूरा नहीं हो सकता। हम आशा करते हैं कि निकट भविष्य में यह कार्य पूरा होगा जिसमें आदिवासी और सदानों के साथ जुझारू जनवादी ताकतें भी अपने दायित्व का भरपूर निर्वाह करेंगी।

संदर्भ

1. डॉ. एनायत अहमद, बिहार, राँची विश्वविद्यालय, 1965, पृ. 209
2. ऋग्वेद, 3.53.14
3. अथर्ववेद, 5.22.14
4. ऐतरेय ब्राह्मण, 2.1.1
5. वैदिक इन्डेक्स, भाग-1, पृ. 536
6. डॉ. त्रिवेद, प्राङ्मौर्य बिहार, बिहार राष्ट्रभाषा परिषद्, पटना, 1954, पृ. 27
7. इम्पेरियल गजेटियर ऑफ इंडिया, प्रोविंशियल सीरीज, भाग-1, पृ. 25
8. यास्क, निरुक्त
9. हजारीबाग सेट्लमेंट रिपोर्ट
10. डॉ. त्रिवेद, उपरिवत्, पृ. 20
11. डॉ. एनायत अहमद, उपरिवत्, पृ. 213
12. 'झारखंड के सदान', वि.प्र. केसरी, छोटानागपुर सांस्कृतिक संघ, धुर्वा, राँची-4, 1992
13. बंगाल सेक्रेटेरियट प्रेस, कलकत्ता, द्वितीय संस्करण, 1896
14. फादर सी. बुकाउट, पांडुलिपि, 1906
15. वही, प्रस्तावना, पृ. 4
16. झारखंड के सदान, वि.प्र. केसरी, छोटानागपुर सांस्कृतिक संघ, धुर्वा, राँची-4, 1992
17. दि मुंडाज एंड देयर कंट्री, राँची, 1912
18. इंडियन कल्चर थ्रू एजेज, लौंगमैन एंड कंपनी, 1928
19. जयशंकर प्रसाद, भारती भंडार, 1960
20. डॉ. धीरेन्द्र वर्मा, बिहार राष्ट्रभाषा परिषद्, पटना, 1955
21. जयचंद्र विद्यालंकार, पृथ्वीराज मेहता, पुस्तक भंडार लहेरिया सराय, पटना, 1940
22. वेणीराम महथा, कलिकत्ता वाल्मीकि यंत्रे श्री कालिकिंकर चक्रवर्तीणा मुद्रिता प्रकाशिता च, संवत् 1933
23. निजी संकलन, वि.प्र. केसरी
24. विमलेश्वरी सिंह, वाणी प्रकाशन, नई दिल्ली, 2003
25. वि.प्र. केसरी, छोटानागपुर का इतिहास : कुछ सूत्र, कुछ संदर्भ, राँची, 1979, पृ. 8-13

26. उपरिवत्

27. चौठे नृपति प्रतापराय सुतिआम्बे गढ़ तजि
    चुटिया में गढ़ विरचि बसे सम्प्रदा सकल सजि
    काशी आदि अनेक देश ते मनुज महाजन
    तितहि मंगाय बसाय शहर निवसे प्रमोद मन। — नागवंशावली, अध्याय 5

28. ग्रामर ऑफ द नागपुरिया सदानी लैंग्वेज, पांडुलिपि, 1906, इंट्रोडक्शन, पृ. 2

29. वही, पृ. 4

30. वेणी माधव प्रेस, राँची, संवत् 2016

31. वि.दे., छोटानागपुर का इतिहास : कुछ सूत्र, कुछ संदर्भ

32. झारखंड के सदान, वि.प्र. केसरी, छोटानागपुर सांस्कृतिक संघ, धुर्वा, राँची-4, 1992

सरायकेला एवं खारसवां का इतिहास

डॉ. चित्तरंजन कुमार पति

भारत की किसी भी जागीर के संबंध में कुछ भी कहने से पूर्व यह बतला देना अनुचित न होगा कि भारत में जागीरदारी जैसी प्रथा का जन्म मुगल शासन काल के उन क्षणों में हुआ जब राजा अपने निकटस्थ संबंधी को उसके भरण पोषण हेतु अथवा अपने मातहत कर्मचारी से खुश होकर इनाम स्वरूप भूखंड का बड़ा हिस्सा प्रदान कर दिया करता था जिसकी विधि व्यवस्था की निगरानी के साथ-साथ मालगुजारी आदि करों की वसूली का अधिकारी भी भूखंड प्राप्तकर्ता (जागीरदार) था। ये जागीरदार धीरे-धीरे चलकर अपनी स्वतंत्र सेना भी रखने लगे और मुगल साम्राज्य के पतन के साथ अपनी शक्तियों को बढ़ाकर कालान्तर में सम्प्रभुता सम्पन्न राजा बन बैठे।

अत: स्वतंत्रता के पूर्व भारत राजनीतिक और प्रशासकीय दृष्टि से दो भागों में बँटा हुआ था। एक ब्रिटिश भारत जिसका शासन अंग्रेज हाकिमों के माध्यम से इंग्लैंड की महारानी चलाती थी और दूसरा भारतीय रियासतें जिनका शासन अवसर का फायदा उठाकर बने तथाकथित सम्प्रभुतासम्पन्न देशी राजागणों के हाथों में केंद्रित था। ये रियासतें भारत के लगभग 40 प्रतिशत भू-भाग में फैली हुई थीं और इनकी संख्या 563 थी।[1] 1857 की क्रांति के पश्चात् इन देशी रियासतों के शासकों और ब्रिटिश सरकार के मध्य आश्रित-आश्रयी का संबंध स्थापित हो गया। दूसरे शब्दों में देशी रियासतों की सामन्तशाही का महल ब्रिटिश सरकार की कृपा पर ही आश्रित था।

यदि हम कहें कि भारतीय स्वतंत्रता संग्राम उस महान राजसत्ता के विरुद्ध छेड़ा गया आजादी का वह महासंग्राम था जिसमें कभी भी सूर्यास्त नहीं होता था तो कोई अतिशयोक्ति नहीं होगी। ऐसे महासंग्राम में सरायकेला और खारसवां जैसी छोटी देशी रियासतों का भी कुछ योगदान था अथवा नहीं, और यदि था तो किस सीमा तक?

उपर्युक्त प्रश्न का संतोषजनक उत्तर पाने हेतु सरायकेला एवं खारसवां दोनों ही रियासतों के ऐतिहासिक ताने-बाने को टटोलना आवश्यक प्रतीत होता है जिसके आधार पर इन दोनों रियासतों की राजसत्ता एवं जनमानस में हो रही तत्कालीन हलचल एवं गतिविधियों को समझने में कुछ सरलता हो सके।

प्राचीन मगध के दक्षिण में स्थित घने जंगलों, पहाड़ों एवं नदियों से घिरा विभिन्न सभ्यताओं एवं संस्कृतियों के केंद्र सिंहभूम जिले के मध्य स्थित सरायकेला और खारसवां नामक देशी

रियासतें अत्यंत प्राचीन काल से ही सभ्यता और संस्कृति की संगमस्थली रही हैं। 1917 में सरायकेला से होकर गुजरने वाली संजय नदी तट पर प्राप्त पाषाणकालीन हथियारों की खोज से भी यह प्रमाणित होता है कि इस क्षेत्र में मानवीय गतिविधियाँ पाषाण युग से ही आरंभ हो चुकी थीं।[2] कुषाण, गुप्त और प्राचीन रोमन सिक्कों की इस क्षेत्र में उपलब्धता से भी यह स्पष्ट होता है कि रियासतों का प्राचीन क्षेत्र समुन्नत था[3] तथा उत्तर भारत से पूरब की ओर ताम्रलिपि, बन्दरगाह जाने वाला व्यापारिक मार्ग इन्हीं रियासतों के क्षेत्र से होकर ही गुजरता था।[4]

ऐतिहासिक साक्ष्यों से ज्ञात होता है कि लगभग छठी शताब्दी के आसपास इस क्षेत्र में सिंहवंशी क्षत्रियों का प्रवेश हो चुका था और भुइयां एवं जैन धर्मावलम्बी सरकों ने भी अपने पाँव जमा लिए थे।[5] इन्हीं सिंहवंशियों के बढ़ते प्रभाव का परिणाम था कि जब पोड़ाहाट के संस्थापक दर्पनारायण सिंह जोधपुर (राजस्थान) से पुरी की यात्रा करने के क्रम में इस क्षेत्र से होकर गुजरे तब उन्हें यहाँ का (सिंहभूम) राजा मान लिया गया और सन् 1205 के लगभग पोड़ाहाट राज्य की स्थापना हुई जिसके शासकों ने अपने बाहुबल से सम्पूर्ण सिंहभूम पर अपना आधिपत्य स्थापित किया।[6]

पोड़ाहाट का राजवंश इस क्षेत्र के इतिहास में सिंहवंश के नाम से जाना जाता है। इसी सिंहवंश के चौवालिसवें शासक जगन्नाथ सिंह हुए। इनके मरणोपरान्त इनके बड़े पुत्र टिकायत पुरुषोत्तम सिंह ज्येष्ठता के सिद्धांत के आधार पर पोड़ाहाट नरेश बने और छोटे पुत्र कुँवर विक्रम सिंह को 50 वर्गमील का भूखंड जागीर स्वरूप भरण-पोषण के लिए प्रदान किया गया। सिंहभूम पीड़ के नाम की यही जागीर कालान्तर में सरायकेला के नाम से विख्यात हुई। बाहुबली विक्रम सिंह ने जागीर मात्र से ही संतोष न कर अपने अद्वितीय पौरुष के सहारे दुगुनी, कान्ड्रा, गम्हरिया और खारसवां आदि क्षेत्रों पर अधिकार कर[7] सन् 1620 में अलग स्वतंत्र सरायकेला राज्य की स्थापना करके ही दम लिया।[8]

कहना न होगा कि अपने आरंभिक काल में खारसवां रियासत का स्वतंत्र अस्तित्व नहीं था पर जब कुँवर विक्रम सिंह के पश्चात् उनके ज्येष्ठ पुत्र नरसिंह सिंह सरायकेला की गद्दी पर बैठे तब विक्रम सिंह के अन्य पुत्रों को भी जागीरें प्राप्त हुईं जिनमें विक्रम सिंह के द्वितीय पुत्र पद्मनाव सिंह को खारसवां का क्षेत्र जागीर स्वरूप प्राप्त हुआ। इन्हीं के वारिसों ने आगे चलकर सरायकेला रियासत से भिन्न अपनी स्वतंत्र पहचान बनाने में सफलता प्राप्त की।[9]

यदि सरायकेला और खारसवां को नाना धर्मों, संस्कृतियों, जातियों और भाषा की संगमस्थली कहें तो कोई अतिशयोक्ति न होगी। कारण, इस क्षेत्र में अनादिकाल से विभिन्न संस्कृतियों, धर्मों, जातियों और भाषा-भाषियों का समूह परस्पर सह- अस्तित्व की रक्षा करते हुए रहता आ रहा है। विश्व इतिहास में ऐसा उदाहरण शायद ही कहीं मिले कि किसी अन्य क्षेत्र के लोगों ने अपनी उदारता का प्रदर्शन करते हुए किसी बाहरी को राजा चयनित किया हो। यह वसुधैव कुटुम्बकम् के आदर्श का अनुकर्ता वह क्षेत्र है जहाँ होली की धूम, मुहर्रम का शोक, सोहराई की जगमग, टुसू और मागे का उल्लास तथा छऊ नृत्य की विश्वप्रसिद्ध थिरकन अनायास ही लोगों के हृदय में विश्वबन्धुत्व का संचार करती है।[10] संभवत: इसीलिए सरायकेला को षोडश कला का अपभ्रंश रूप माना गया है।[11]

न केवल सामाजिक दृष्टि से अपितु आर्थिक दृष्टि से भी सरायकेला और खारसवां रियासतों के लोग पारस्परिक सौहार्दपूर्ण आदान-प्रदान का अनुसरण करते हुए पूर्ण स्वावलम्बी थे। किसानों का मुख्य पेशा कृषि था जिसकी भूमि के लिए उन्हें मात्र भूमि-कर चुकाना पड़ता था। इसके अतिरिक्त तसर एवं लाह उत्पादन भी यहाँ के ग्रामीणों का मुख्य पेशा था। इतना ही नहीं, अपनी दैनिक आवश्यकताओं की पूर्ति हेतु इस क्षेत्र ने तांती, ग्वाला, कुम्हार, ठेठरा आदि जातियों को भी अपने ग्रामों में आश्रय दिया जिनकी कुशल कला ने यहाँ के वस्त्र उद्योग, बर्तन उद्योग एवं अन्य कलाओं का विकास किया जिसके फलस्वरूप कान्ड्रा स्थित सरायकेला ग्लास वर्क्स नामक कारखाने की स्थापना हुई और खारसवां के काइनाइट खनिज उद्योग को भी प्रसिद्धि मिली। इस क्षेत्र के आर्थिक विकास का एक अन्य कारण स्थल मार्ग की सुलभता भी मानी जा सकती है क्योंकि स्थल मार्ग से यह क्षेत्र चाईबासा, जमशेदपुर, संभलपुर (उड़ीसा), मिदनापुर और पुरुलिया आदि क्षेत्रों से जुड़ा हुआ था। और बंगाल नागपुर (वर्तमान एस.ई. रेलवे) रेल लाइन इसी क्षेत्र से होकर गुजरती है जिसके सहारे यहाँ के निवासी सीनी, राजखारसवां जैसे स्टेशनों से भारत के विभिन्न क्षेत्रों की यात्रा सुगमतापूर्वक करते रहते थे।[12]

कहना न होगा कि स्वभावत: शांत एवं कलाप्रिय इन रियासतों के लोगों का जब बाहरी दुनिया से सम्पर्क बढ़ने लगा और सम्पूर्ण भारतवर्ष में सामंतशाही के खिलाफ हो रहे जनविद्रोह की सूचनाएँ इस क्षेत्र में भी पहुँचने लगीं तब इनके हृदय में भी सामंती शोषण और उत्पीड़न के प्रति विद्रोह की ज्वाला सुलगना स्वाभाविक था।

सामंतशाही और ब्रितानी अत्याचारों के प्रति विद्रोह में अग्रणी भूमिका निभाने वालों में यहाँ की हो जनजाति की महत्त्वपूर्ण भूमिका थी। संभवत: इसी कारण अंग्रेज हाकिमों ने हो जनजाति को लड़ाका कोल की संज्ञा प्रदान की।[13] 1820-21 के सिंहभूम के हो विद्रोह में सरायकेला और खारसवां के हो लड़ाकों ने अपने क्षेत्र के राजाओं के साथ-साथ अंग्रेजों के भी छक्के छुड़ा दिए। उदाहरणार्थ जब मेजर रफसेज ने 1820 में पोड़ाहाट, सरायकेला और खारसवां के राजाओं के साथ हुई संधि के अनुसार उपर्युक्त रियासतों के क्षेत्र में बसने वाले हो जनजाति के लोगों को अपने अधीन करने की चेष्टा की[14] और इसी क्रम में रामगढ़ छावनी की सेना लेकर फरवरी 1920 में सरायकेला पहुँचकर विभिन्न हो बहुल क्षेत्रों पर आक्रमण किए, पोड़ाहाट के गुमड़ा, अजुधिया, पुखुरिया और सरायकेला रियासत के राजाबासा पीड़ (कुछ गाँवों का समूह) के जुझारू हो जनों ने मात्र कुल्हाड़ियों और तलवारों के सहारे ही अंग्रेजों के छक्के छुड़ा दिए। सरायकेला से मात्र 12 किमी दूर दक्षिण चीरू नामक ग्राम में हुए भयंकर संग्राम में अंग्रेजों के 15 सैनिक मौत के घाट उतार दिए गए जिनमें एक सूबेदार, राजा के दो मुख्तियार एवं 20 घोड़े भी शामिल थे। इस युद्ध में अंग्रेजी सेना के समस्त हथियार हो लड़ाकों ने जब्त कर लिए। खारसवां के आसनतलिया पीड़ को जुझारू हो विद्रोहियों ने मात्र इस संदेह के आधार पर नष्ट कर डाला था कि खारसवां के राजा ने ही पोड़ाहाट के राजा घनश्याम सिंह को यह सलाह दी थी कि वह मेजर रफसेज को कोल्हान में आमंत्रित करे। इतना ही नहीं, चैनपुर की लड़ाई में भी ब्रिटिश फौजों को मुँह की खानी पड़ी और वहाँ से पलायन कर खारसवां में बुड़ीतोपा ग्राम में शरण लेते हुए सरायकेला भागना पड़ा। हो जनसमूह के इस लड़ाके तेवर से घबराकर ब्रिटिश हुकूमत को

कटक, बांकुरा और संभलपुर से कुमुक मँगाकर मेजर रफसेज के नेतृत्व में हो जनजाति का दमन करना पड़ा जिसके फलस्वरूप मार्च 1821 में सिंहभूम क्षेत्र के अन्य हो पीड़ो के साथ-साथ सरायकेला के राजाबासा पीड़ो के हो जनसमूह को भी बाध्य होकर अंग्रेजों के समक्ष आत्मसमर्पण करना पड़ा। इसी समर्पण में हुई संधि के अनुसार हो जनजाति को अपने-अपने क्षेत्रीय शासकों की न केवल अधीनता स्वीकार करनी पड़ी अपितु प्रति हल आठ आने कर देने का वादा और अपने बच्चों को उड़िया तथा हिन्दी सिखाने का वचन भी देना पड़ा।[15]

विद्रोह की यह चिनगारी 1831-32 के विख्यात कोल विद्रोह में राँची के मुंडा जनजाति का सहयोग प्राप्त कर पुनः भड़क उठी और जब जमींदारों ने मनमानी कर-वृद्धि एवं बेगारी प्रथा आरंभ करने के साथ-साथ सदियों से खेती करने वाले आदिवासियों की भूमि पर सिखों और मुस्लिमों को बसाना आरंभ ही नहीं किया अपितु इस क्षेत्र की स्त्रियों के साथ दुर्व्यवहार करना भी आरंभ किया तब सम्पूर्ण छोटानागपुर के आदिवासियों के साथ-साथ इन रियासतों के लोगों ने भी विद्रोह का झंडा उठाया[16] और कड़ायकेला के खांदू पातर के नेतृत्व में जुझारू हो लड़ाकों ने खारसवां के गैर-आदिवासी बहुल दस गाँवों को जला डाला। इस भयंकर जनक्रांति के भय से खारसवां और केड़ा के राजमहलों में भी यह सोचकर खलबली मच गई कि कहीं उन्हें भी खांदू पातर के आक्रमण की भेंट न चढ़ना पड़े। कहना न होगा कि जमींदारी शोषण की प्रतिक्रिया स्वरूप हुआ यह जनविद्रोह भी शक्ति के बल पर दबा दिया गया। कैप्टन विल्किन्सन ने रामगढ़ से सेना की विशाल फौज और गोरखपुर से 50वीं बंगाल इन्फेंट्री बुलाकर तीर धनुष से लड़ने वाले जीवट आदिवासियों को बन्दूकों और तोपों के बल पर शांत कर दिया तथा अप्रैल 1832 में खांदू पातर एवं अन्य मुख्य विद्रोही नेता गिरफ्तार कर लिए गए।[17]

स्वतंत्रता के दीवाने सरायकेला और खारसवां के आंदोलनकारियों को बन्दूकों के बल पर अधिक दिनों तक दबा कर रख पाना संभव न था। अतः कुछ ही वर्षों बाद एक बार पुनः सन् 1834-36 में बामनघाटी के थाई (ञ्जद्धड्डद्ब), भरभरिया, आवला और लालगढ़ तथा पोड़ाहाट, सरायकेला एवं खारसवां के हो जनजाति बहुल पीड़ों ने अपने-अपने शासकों के खिलाफ विद्रोह की उद्घोषणा कर डाली। सरकारी डाकें लूट ली गईं। सरायकेला एवं समीपवर्ती देशी रियासतों के गैर- आदिवासी बहुल गाँवों को उजाड़ डाला गया।[18] गैर-आदिवासी बहुल गाँवों को बार-बार होने वाले हो समुदाय के आक्रमणों से बचाने एवं स्वतंत्रताप्रिय हो जनसमूह पर अपना शिकंजा और अधिक दृढ़ बनाने के दोहरे उद्देश्य से कैप्टन विल्किन्सन ने ब्रिटिश सरकार से आग्रह किया कि वह उन तमाम हो पीड़ों को जिन्हें तत्कालीन रियासतों के शासक अपनी प्रभुता के दायरे में ला पाने में असमर्थ थे, मिलाकर एक अलग प्रशासकीय इकाई का गठन करे।[19]

ब्रिटिश सरकार से स्वीकृति प्राप्त होने के पश्चात् विल्किन्सन नवंबर 1836 में रामगढ़ बटालियन, बाँकुड़ा की कुमुक एवं 31वीं नेटिव इन्फेंट्री का विशाल जत्था लेकर सिंहभूम में आ धमका। परिणामतः अंग्रेजों और हो जुझारों के मध्य भयंकर संग्राम छिड़ गया तथा बामनघाटी सहित देशी रियासतों के अन्य प्रमुख हो पीड़ों ने मिलकर अंग्रेजों से लोहा लिया। कहा जाता है कि उपर्युक्त युद्ध में थाई, भरभरिया, आवला, लालगढ़, कोकचो, जैंतगढ़, गुमड़ा, बरकेला, चीरू आदि पीड़ों के स्वतंत्रता सेनानियों ने अपनी जमीन की एक-एक इंच के लिए जान की

बाजी लगा दी थी पर अंग्रेजों की तोपों के सामने तीर धनुष की एक न चली और एक-एक कर समस्त पीड़ पराजित होते चले गए।[20] इसी पराजय एवं अंग्रेजी सत्ता की विजय का परिणाम था अलग 'कोल्हान' नामक स्वतंत्र अंचल का जन्म जिसका विधिवत् गठन विल्किन्सन ने फरवरी 1837 में किया। तत्कालीन कोल्हान अंचल में लगभग 620 गाँव थे जिनकी जनसंख्या लगभग 90,000 के आसपास थी। यह नवगठित कोल्हान अंचल साउथ वेस्ट फ्रंटियर एजेंसी के अधीनस्थ था जिसका मुख्यालय चाईबासा और प्रथम शासक लेफ्टिनेंट टिकेल नियुक्त किए गए।[21]

नवोदित कोल्हान ने सरायकेला एवं खारसवां के हो बहुल पीड़ों को भी अपने उदर में समा लिया था जो स्वतंत्रताप्रिय हो लड़ाकों को रास न आया। राजाबासा पीड़ के पोटो (क्श्हृश) सरदार के नेतृत्व में एक नया विद्रोह पुनः फूट पड़ा। पोटो सरदार ने बोरा, नारा, डिबे, पंडुआ जैसे जांबाज योद्धाओं और किसनपुर (राँची) जेल से छूटे हो जनों के सहयोग से सेरेंगसिया, राजाबासा, बालंडिया आदि क्षेत्रों में अंग्रेजी सेना का विरोध किया। सेरेंगसिया घाटी इन आंदोलनकारियों का मुख्य केंद्र था जहाँ अंग्रेजी सेना को भारी मात खानी पड़ी थी। अन्ततोगत्वा कैप्टन विल्किन्सन ने दमन का सहारा लिया और गोरी फौज बुलाकर इस क्षेत्र के अनेक गाँव जला डाले। पोटो सरदार एवं उसके अन्य साथियों को गिरफ्तार कर जनवरी 1837 में जगन्नाथपुर ले जाकर फाँसी पर चढ़ा दिया गया। कहना न होगा कि ये वर्तमान झारखंड के प्रथम स्वतंत्रता संग्रामी थे जिन्हें अंग्रेजी सरकार ने फाँसी पर चढ़ाया था।[22]

यहाँ यह ध्यातव्य है कि 1838-40 से लेकर भारतीय राजनीति और स्वतंत्रता संग्राम में महात्मा गाँधी के उदय तक सरायकेला और खारसवां की रियासतों में प्रायः शांति ही बनी रही। इसका मुख्य कारण उन रियासतों के शासकों का अपने राजनीतिक स्वार्थवश अंग्रेजी सरकार का पिछलगू होना माना जा सकता है क्योंकि ये राजागण अंग्रेजी सैन्यबल पर स्वयं को अधिक शक्तिसम्पन्न एवं श्रेष्ठ सिद्ध करना चाहते थे।[23] पर इसका यह आशय नहीं कि यहाँ की आम जनता ने भारतीय स्वतंत्रता संग्राम में हो रही उथल-पुथल से स्वयं को पृथक कर लिया था। समय-समय पर यहाँ की स्वतंत्रताप्रिय जनता क्रांतिकारी स्वतंत्रता सेनानियों का साथ दे रही थी। उदाहरणस्वरूप सन् 1857 के सिपाही विद्रोह की प्रतिक्रियास्वरूप चाईबासा में भी हुए सिपाही विद्रोह एवं सेरेंगसिया और मोगरा नदी तट पर हुए संग्रामों को प्रस्तुत किया जा सकता है।[24] लेकिन जैसा कि निवेदित किया जा चुका है कि इन आंदोलनों में सरायकेला एवं खारसवां रियासत की कोई प्रत्यक्ष भूमिका का उल्लेख नहीं मिलता पर आम जन का सहयोग अवश्य परिलक्षित होता है।

तोपों और बन्दूकों के सामने बार-बार अपने तीरों को नाकाम पाकर यहाँ की स्वतंत्रताप्रिय जनता को गाँधी के अहिंसावाद और शांतिपूर्ण सत्याग्रह में अपनी मुक्ति की किरण दिखाई पड़ी। यही कारण था कि जब उड़ीसा के स्वतंत्रता सेनानी गोपबन्धु दास सरायकेला एवं खारसवां रियासतों में स्वतंत्रता की मशाल लेकर आए तब लोगों ने उनका भरपूर सहयोग किया। गाँधी जी के सहयोगी पंडित गोपबन्धु दास ने 1917 में सरायकेला एवं खारसवां का भ्रमण कर यहाँ के जनमानस में जागृति की नई ज्योति जगाई। श्री दास स्वतंत्रता प्रेमी के साथ-साथ शिक्षा प्रेमी भी

थे। अतः इन्होंने 'उत्कल सम्मेलिनी' नामक संस्था के झंडे तले अनेक उड़िया विद्यालयों की स्थापना की। इन विद्यालयों में इस क्षेत्र की प्रमुख जनभाषा उड़िया के माध्यम से नवनिहालों को शिक्षा के साथ-साथ स्वतंत्रता का पाठ भी पढ़ाया जाता था और चरखा चलाना सिखाकर स्वदेशी की भावना का प्रचार-प्रसार भी किया जाता था। गोपबंधु दास की इस क्षेत्र में सक्रियता को देखकर ही 1920 के नागपुर अधिवेशन में महात्मा गाँधी ने इन्हें सिंहभूम सहित सरायकेला और खारसवां में भी असहयोग आंदोलन के प्रचार-प्रसार का दायित्व सौंपा। फलतः उन्होंने घूम-घूमकर चाईबासा, चक्रधरपुर, जगन्नाथपुर, सरायकेला, खारसवां आदि क्षेत्रों में असहयोग आंदोलन का बिगुल फूँका जिसके परिणामस्वरूप अंग्रेजी सरकार ने झूठे मुकदमे में फँसाकर पंडित गोपबंधु दास को हजारीबाग जेल भेज दिया। कारावास से मुक्ति पाकर पंडित गोपबंधु दास कटक चले गए जहाँ कुछ कालोपरांत सन् 1928 में उनका स्वर्गवास हो गया। आज भी यहाँ के लोग उन्हें सिंहभूमिर गोपबंधु के नाम से आदर सहित याद करते हैं।[25]

गोपबंधु दास ने सरायकेला एवं खारसवां रियासतों के नागरिकों में अहिंसा और असहयोग की जो मशाल जलाई, वह आगे भी प्रज्वलित होती रही और सन् 1930-31 में दुका हो का नेतृत्व पाकर हरिबाबा आंदोलन के रूप में फूट पड़ी। हरिबाबा के नाम से विख्यात दुका हो मूलतः सरायकेला रियासत के सिरियापोस ग्राम के रहने वाले थे पर उनका आश्रम चक्रधरपुर के निकट चितपिल के समीप जामरोगारा ग्राम में स्थित था। उनके सहयोगी सिबू संताल थे जो ताराचन्द के नाम से जाने जाते थे। ये दोनों ही गाँधी जी के अनुयायी थे। जब गाँधी जी चाईबासा आए तब इन्होंने उनसे साक्षात्कार भी किया था। गाँधी जी से प्रेरित होकर इन्होंने यहाँ के नागरिकों को ब्रिटिश सरकार को कर देने से रोका तथा अंग्रेजी सत्ता के विरुद्ध सत्याग्रह करने को उकसाया। इनका मुख्य ध्येय ब्रिटिश सत्ता को हटाकर सम्पूर्ण छोटानागपुर (वर्तमान झारखंड) में जनजातियों की प्राचीन शासन पद्धति की स्थापना के साथ-साथ जल, जमीन और जंगल पर आदिवासियों को उनका मौलिक हक दिलाना था। हरिबाबा एवं उनके अनुयायी भूतप्रेत एवं डायन प्रथा के विरोधी थे तथा जमींदारी शोषण की पूर्ण समाप्ति चाहते थे। इस क्षेत्र की मूल समस्याओं से जुड़े होने के कारण हरिबाबा आंदोलन न केवल सरायकेला एवं खारसवां अपितु सम्पूर्ण छोटानागपुर में जंगल में लगी आग की लपटों की भाँति शीघ्र फैल गया।[26]

हरिबाबा आंदोलन मनोहरपुर से राँची तक ही नहीं अपितु उड़ीसा के गंगापुर तक फैल चुका था। अतः सरायकेला एवं खारसवां के शासक आशंकित हो उठे क्योंकि हरिबाबा आंदोलन का मुख्य लक्ष्य आदिवासियों की जमीन से विदेशियों को समूल उखाड़ फेंकना था। इसकी पुष्टि 1930 में हुई खारसवां की उस जनसभा से होती है जिसमें विदेशी सत्ता को उखाड़ फेंकने का स्पष्ट आह्वान किया गया था। ताराचंद ने तो 15 मई 1931 में राजाबासा ग्राम के संतालों को एकत्र कर वहाँ के टेलीफोन तारों को काटकर ब्रिटिश सत्ता के खिलाफ आंदोलन का स्पष्ट ऐलान कर दिया। ताराचंद आदि के इस कृत्य को सरायकेला के राजा ने अपने लिए चुनौती समझा और ब्रिटिश सरकार से इसे कुचलने की प्रार्थना की जिसके परिणामस्वरूप एक ब्रिटिश कुमुक चाईबासा आ पहुँची। 27 जुलाई 1931 को हरिबाबा एवं ताराचंद को गिरफ्तार कर लिया गया। हरिबाबा एवं ताराचंद की गिरफ्तारी से उनका यह आंदोलन कुछ समय के लिए मन्द अवश्य पड़

गया था पर इस आंदोलन ने यहाँ के लोगों को गाँधी जी का कट्टर अनुयायी बनाने में महत्त्वपूर्ण भूमिका अदा की।[27]

जैसा कि पहले निवेदित किया जा चुका है कि सरायकेला एवं खारसवां दोनों का संबंध स्थल मार्ग से जुड़ा हुआ था और यहाँ के लोग सरलतापूर्वक भारत के किसी भी क्षेत्र की यात्रा कर सकते थे। अत: जमशेदपुर जो आरंभ से ही स्वाधीनता आंदोलन से जुड़ा हुआ था और पंजाब की गदर पार्टी के नेताओं का यहाँ प्राय: आना-जाना लगा रहता था। इतना ही नहीं गाँधी जी, पं. जवाहर लाल नेहरू, डॉ. राजेन्द्र प्रसाद, सुभाषचन्द्र बोस जैसे नेता भी यहाँ आकर लोगों को स्वाधीनता के महत्त्व का पाठ पढ़ाते रहते थे।[28] जमशेदपुर सरायकेला एवं खारसवां के लोगों का भी कार्यक्षेत्र था। अत: वे यहाँ की घटनाओं से अछूते कैसे रह पाते? शायद इसीलिए जब गदर पार्टी के क्रांतिकारी नेता हरवंश सिंह करनाना जमशेदपुर आए, तब वहाँ की बढ़ती राजनीतिक हलचल को देखकर ब्रिटिश हुकूमत ने करनाना के जमशेदपुर के साथ-साथ सरायकेला प्रवेश पर भी पाबन्दी लगा दी।[29] इसी तरह जब पारसी नौजवान एस.डी.एम. मदान ने जमशेदपुर में आंदोलन किया तब ब्रिटिश हुकूमत ने उसके सरायकेला प्रवेश पर रोक लगाने हेतु 10 नवंबर 1944 को आदेश पारित किया।[30]

इस प्रकार अपने ऊपर शोषण के बढ़ते अंग्रेजी एवं सामंती शिकंजे को देखकर तथा अपने पक्षधरों को अंग्रेजी जेलों में बन्द पाकर इन रियासतों की जनता ने प्रजामंडल आंदोलन का रास्ता अपनाया। यह उस 'अखिल भारतीय रियासती जनता आंदोलन' (All India States' People's Conference) का आंदोलन था जिसकी स्थापना देशी रियासतों की जनता को स्वाधीनता आंदोलन से जोड़ने हेतु गाँधी जी से प्रेरणा प्राप्त कर दिसंबर 1927 में देशी रियासतों के जननायकों ने मुम्बई में की थी।[31] आगे चलकर 1939 में पं. जवाहर लाल नेहरू जिसके अध्यक्ष और डॉ. पट्टाभि उपाध्यक्ष बने।[32]

इस प्रजामंडल आंदोलन के झंडे तले सरायकेला एवं खारसवां रियासतों की जनता ने जो विद्रोह-प्रदर्शन किया वह अत्यंत सशक्त एवं चुनौतीपूर्ण था। सरायकेला के मधुसूदन आचार्य, धानू माँझी, कन्दन माँझी, मार्कण्ड नन्द, एन. ज्योतिषी, रजनीकांत शत्पथी; खारसवां के हीरालाल पटनायक और जगदीश साहू जैसे लोगों के नेतृत्व में यहाँ की जनता ने तीर-धनुष और लाठियों से सुसज्जित होकर प्रदर्शन किया। यह आंदोलन इतना प्रभावशाली था कि इसके प्रभावस्वरूप कान्ड्रा के ब्रिधान माँझी, गम्हरिया के जतिन चौधरी तथा केड़ा के उमापति त्रिपाठी भी आगे चलकर इस आंदोलन से जुड़ गए। इन आंदोलनकारियों का एक ही नारा था—'अँधेरी शासन ध्वंस हो, प्रजा का राज्य कायम हो।'[33]

इन आंदोलनकारियों के अदम्य साहस एवं असीम उत्साह को देखकर सिंहभूम के विजयकुमार पाणि, उड़ीसा प्रजामंडल के नेता पवित्र मोहन प्रधान, विश्वनाथ दास, मालती चौधरी, सारंगधर दास, हरेकृष्ण महताब, सुरेन्द्र द्विवेदी, रविघोष आदि ने इन्हें समय-समय पर मदद करने का आश्वासन दिया। इतना ही नहीं बिहार के प्रथम मुख्यमंत्री श्रीकृष्ण सिन्हा, फारवर्ड ब्लॉक के सुभाषचन्द्र बोस तथा शीलभद्र याजी आदि इनके महत्त्वपूर्ण सहयोगी एवं समर्थक थे। प्रजामंडल से जुड़ जाने के कारण राष्ट्रीय स्तर के नेताओं का भी समर्थन इन आंदोलनकारियों को प्राप्त

हुआ। सरायकेला प्रजामंडल के अध्यक्ष रजनीकांत शत्पथी दिल्ली राष्ट्रीय नेताओं से मिलने जाया करते थे। धानू माँझी जैसे कर्मठ आदिवासी नेता चाईबासा में गाँधी जी, कटक में पंडित नेहरू और दिल्ली में डॉ. राजेन्द्र प्रसाद से मिल चुके थे। सरदार पटेल भी समय-समय पर इन आंदोलनकारियों को मदद पहुँचाते रहते थे।[34]

सरायकेला एवं खारसवां का यह प्रजामंडल आंदोलन भारतीय स्वतंत्रता आंदोलन के साथ-साथ तब तक चला जब तक 15 अगस्त 1947 को भारत के लाल किले पर तिरंगा न लहराया। भारत की आजादी के साथ-साथ ही यहाँ की जनता ने भी विदेशी हुकूमत एवं राजशाही शोषण से मुक्त होकर चैन की साँस ली।[35]

समग्रत: कहा जा सकता है कि भारतीय स्वतंत्रता संग्राम सरायकेला एवं खारसवां के विशाल जनसागर में ज्वार-भाटे की तरह कभी तीव्र तथा कभी मंद गति से तब तक चलता रहा जब तक भारत को विदेशी दासता से मुक्ति न मिली। जब सरायकेला और खारसवां जैसी छोटी देशी रियासतों को भारत महासंघ में मिलाकर एक महाशक्ति का अंग बना लिया गया तब यहाँ की जनता ने स्वयं को अत्यंत गौरवान्वित समझा।

संदर्भ

1. पुखराज जैन, भारत में स्वतंत्रता आंदोलन का इतिहास (आगरा), 1993, पृ. 397
2. जी.पी. अम्बष्ठ, बिहार दर्पण (पटना), 1940, पृ. 920, पी.सी. राय चौधरी, बिहार डिस्ट्रिक्ट गजेटियर, सिहंभूम (पटना), 1958, पृ. 62
3. पी.सी. राय चौधरी, वही, पृ. 64-65
4. जे. हाल्टन, बिहार द हार्ट ऑफ इंडिया (मुम्बई), 1949, पृ. 165-66
5. एन.एन. सिंहदेव, सिहंभूम, सरायकेला एंड खारसवां थ्रू द एजेज (कलकत्ता),1954, पृ. 12
6. वही, पृ. 12, 26
7. एल.एस.एस.ओमैली, बंगाल डिस्ट्रिक्ट गजेटियर, खंड ङ्गङ्ग, सिंहभूम, सरायकेला एंड खारसवां (कलकत्ता), 1910, पृ. 222, 229, सी.डब्ल्यू. कोनोली, सर्वे सेटलमेंट रिपोर्ट ऑफ सरायकेला एंड खारसवां स्टेट्स (कलकत्ता), 1908, पृ. 1
8. महाराजा ऑफ पटना (सम्पादक), पोलिटिकल स्टेट्स ऑफ ओड़ीसा एंड छत्तीसगढ़ स्टेट्स (कलकत्ता), 1947, पृ. 36, द न्यू इन्साइक्लोपीडिया, ब्रिटानिका खंड ङ्कढ्ढढ्ढ (लंदन), 1973-74, पृ. 895 एवं खंड ङ्क, पृ. 786
9. खान साहब अब्दुल हकीम, फाइनल रिपोर्ट ऑन द सर्वे एंड सेटलमेंट आपरेशन इन द सरायकेला स्टेट्स 1925-1928, एपेंडिक्स, छ्ङ्क, इम्पीरियल गजेटियर ऑफ इंडिया, खंड ढ्ढ (लंदन), 1909, पृ. 394, 473
10. चित्तरंजन कुमार पति, हिस्ट्री ऑफ सरायकेला एंड खारसवां स्टेट्स (नयी दिल्ली), 2002, पृ. 131-47
11. एन.एन. सिहंदेव, उपरोक्त, पृ. 112-13
12. चित्तरंजन कुमार पति, उपरोक्त, पृ. 150-165

13. एल.एस.एस. ओमैली, उपरोक्त, पृ. 56
14. सी.यू. एचीसन, ए कलेक्शन ऑफ ट्रिटीज, इन्गेजमेंट एंड सनद, खंड ड्ढ्ढ (कलकत्ता), 1892, पृ. 327, एल.एस.एस. ओमैली, उपरोक्त, पृ. 32
15. सी.पी. सिंह, द हो ट्राइब ऑफ सिंहभूम, नयी दिल्ली, 1978, पृ. 64-86
16. इ.टी. डाल्टन, ट्राइबल हिस्ट्री ऑफ ईस्टर्न इंडिया (मूल नाम—डिस्क्रिप्टिव एथनॉली ऑफ बंगाल), दिल्ली, 1973, पृ. 171-72
17. कैप्टन विल्किन्सन का पत्र, 2 मार्च, 24 एवं 31 दिसंबर, 1832, डे.सी. झा, द कोल इनसरेक्लन ऑफ छोटानागपुर (कलकत्ता), 1964, पृ. 116
18. विल्किन्सन का पत्र, 9 जुलाई एवं 26 मई 1837 (बिहार अभिलेखागार पटना)
19. सी.पी. सिंह, उपरोक्त, पृ. 121
20. पी.सी. रायचौधरी, उपरोक्त, पृ. 87-88
21. विल्किन्सन का पत्र टिकेल के नाम, 12 एवं 13 मई 1837
22. मुरली साहू, द कोल्हान अंडर द ब्रिटिश रूल (कलकत्ता), 1985, पृ. 178-81
23. पी.सी. रायचौधरी, बिहार में 1857 (पटना), 1959, पृ. 67
24. मुरली साहू, उपरोक्त, पृ. 85-93
25. चित्तरजंन कुमार पति, उपरोक्त, पृ. 63-65, एन.एन. सिंहदेव, उपरोक्त, पृ. 81
26. मैथ्यू अरिपरम्पिल का लेख 'सोशियो कल्चरल एंड रेलीजियन्स मूवमेंट एमंग द हो ट्राइबल ऑफ सिंहभूम', मृणाल मिरी (सं.), कन्टीन्यूटी एंड चेन्डा इन ट्राइबल सोसाइटी (शिमला), 1993, पृ. 398-99
27. वही, पृ. 399-402
28. एम. साहू, उपरोक्त, पृ. 114-16
29. जे.डब्ल्यू. हाल्टन का पत्र, 25 जुलाई 1944 होम (पोल) (राष्ट्रीय अभिलेखागार)
30. एस.एस. राव का पत्र, 10 व 28 नवंबर 1944, चित्तरंजन कुमार पति, उपरोक्त, पृ. 66-67
31. बी.डी. माथुर का लेख 'इंडियन नेशनल कांग्रेस एंड द स्टेट्स पीपुल कान्फ्रेंस', राम पाण्डेय (सं.), कांग्रेस 100 ईयर्स, जयपुर, 1985, पृ. 123-24
32. पुखराज जैन, उपरोक्त, पृ. 404-05
33. चित्तरजंन कुमार पति, उपरोक्त, पृ. 67
34. वही, पृ. 68
35. वी.पी. मेनन, द स्टोरी ऑफ द इंटिग्रेशन ऑफ द इंडियन स्टेट्स (कलकत्ता), 1961, पृ.105-16

हो परंपरा : एक पुनर्विचार

डॉ. अशोक कुमार सेन

झारखंड के आदिवासियों में 'हो' एक महत्त्वपूर्ण जनजाति है। वे मुख्यत: अविभाजित सिंहभूम एवं वर्तमान के पश्चिम सिंहभूम में बसे हुए हैं। समृद्ध इतिहास के बावजूद अब तक इनके प्रति गवेषकों का ध्यान पूरी तरह आकृष्ट नहीं हुआ है। सर्वप्रथम अंग्रेजों के द्वारा छिटपुट चर्चा शुरू की गई। संभवत: टिकेल लिखित संस्मरण[1] इस दिशा में प्रथम सामान्य अध्ययन है। डाल्टन एवं रिसले[2] ने यह चर्चा जारी रखी। किन्तु इनमें दो स्पष्ट अभाव थे। प्रथम, चूंकि ये मूलत: मानव जाति से संबंधित अध्ययन थे, इसलिए इनमें इतिहास के उपादानों की स्वल्पता थी। साथ ही बाद के ग्रन्थों में टिकेल के द्वारा दिए गए तथ्यों को अनेक जगहों में हूबहू दुहराये जाने के कारण ऐसी धारणा तैयार हुई कि 'हो' जीवन स्पन्दनहीन एवं अपरिवर्तनीय है। द्वितीय, इन ग्रन्थों की रचना मुख्यत: प्रशासनिक उद्देश्यों से हुई। अत: इनसे ज्ञान शास्त्र के वास्तविक उद्देश्यों की पूर्ति नहीं हो सकी। इनमें (विशेषत: टिकेल में) अतीत के संबंध में अनेक सूत्रात्मक इशारों से ज्ञान की जो क्षुधा जगती है उसका समाधान नहीं हो पाता। प्रसिद्ध नृत्तत्त्वविद डी.एन. मजूमदार[3] ने 1937 में हो संस्कृति पर Tribe in Transition की रचना की। जिस तरह के प्रयोग हम आज B.S. Cohn[४] की रचनाओं में पाते हैं संभवत: उस समय नृत्तत्त्वशास्त्र में ऐतिहासिक पद्धति को समाविष्ट करने की यह परंपरा शुरू नहीं हुई थी। स्वाभाविक रूप से मजूमदार के ग्रन्थ में 'हो' अतीत का उल्लेख नहीं हो पाया।

स्वाधीनता के कुछ वर्ष बाद 1857-58 के महाविद्रोह की शत वर्ष पूर्ति के उपलक्ष्य में महाविद्रोह की मुख्यधारा के साथ-साथ इसकी शाखाओं के संबंध में अध्ययन शुरू हुए। गवेषकों का ध्यान आंशिक रूप से क्षेत्रीय इतिहास की ओर मुड़ा।[5] फलत: कोल विद्रोह (1831-32), हो संग्राम (1836-37, 1857-58) एवं संताल विद्रोह ऐतिहासिक चर्चा के विषय बने। इस क्रम में सुनील कुमार सेन ने 1957 में सिंहभूम में ब्रिटिश विरोधी संग्राम पर एक ग्रन्थ[6] की रचना की। इसके बाद डॉ. सी.पी. सिंह लिखित The Ho Tribe of Singhphum एवं डॉ. एम.साहू रचित The Kolhan under the British Rule[7] प्रकाशित हुए। इन ग्रन्थों ने 'हो' जनजाति के ब्रिटिश विरोधी महान संग्राम को पुनर्जीवित किया। यह तथ्य भी प्रमाणित हुआ कि झारखंड निवासी अन्य जनजातियों की तरह 'हो' समुदाय का अतीत भी समृद्ध है तथा इनकी पुनर्रचना एवं संरक्षण की जरूरत है। पर इनमें कुछ स्पष्ट खामियाँ रह गईं। प्रथम, इनके दृष्टिकोण मूलत: राजनीतिक-प्रशासनिक हैं जिसका केंद्रीय विषय है ब्रिटिश

विरोधी संग्राम।[8] (इनमें संग्राम का अध्ययन कारण कार्य शृंखलामूलक ढाँचे के अन्तर्गत किया गया है। आर. गुहा द्वारा लिखित ग्रन्थ के अनुरूप संग्राम का इतिहास लिखे जाने पर शायद शोध-प्रणाली में अभिनवत्व आता) फलतः इनमें हो समुदाय का आर्थिक-सामाजिक एवं सांस्कृतिक इतिहास उपेक्षित रहा।[9]

केवल यही नहीं, आदिवासी संग्राम के असाधारणत्व को स्वीकार करते हुए भी यह कहना अनुचित नहीं होगा कि निरन्तर इसी विषय पर ध्यान केन्द्रित रखने के कारण ही शायद यह भ्रान्ति व्यापक रूप से फैली है कि हो समुदाय (अन्य जनजाति भी) के इतिहास का एकमात्र विषय युद्ध ही रहा एवं तीर-धनुष उनके जीवन धारण का अनिवार्य साधन। मेरे विचार में इससे हो जनजीवन का वह शान्त प्रवाह अछूता रह गया जब उन्होंने अपने गाँवों को बसाया, उनके रीति-रिवाज विकसित हुए, सामुदायिक-पारिवारिक-व्यक्ति संबंधों के साथ-साथ प्रकृति के साथ अन्योन्याश्रित रूप से जुड़कर उनका एक स्वतंत्र सांस्कृतिक अस्तित्व स्थापित हुआ।

गवेषकों की अपनी मजबूरी होती है। इतिहास-चर्चा वर्तमान पड़ाव में पहुँचने से पहले दस्तावेज की प्रमाण्यता एवं अनिवार्यता की रैंक-निर्देशित परंपरा (Rankean Tradition) के द्वारा प्रभावित थी। इसलिए साधारणतः महाफेजखाना में संगृहीत दलीलों के आधार पर ही इतिहास लिखे गए। इनमें प्राप्त तथ्य ही हो अथवा अन्य आदिवासियों के इतिहास के भी उपादान बने। फलतः आदिवासी इतिहास में अंग्रेज शासन तो केंद्रीय विषय बने ही, साथ ही यह धारणा भी पनपी कि हो इतिहास मानों अंग्रेजी काल से ही शुरू हुआ एवं सारी संरचना तैयार हुई अंग्रेजों के शासनकाल में। प्राक् ब्रिटिश हो इतिहास दीर्घ समय तक अज्ञानता के अंधकार में रह गया।

ब्रिटिश युगीन दस्तावेजों को इस तरह कठघरे में रखकर शायद मैंने खुद को ही विषय के कुछ मित्रों के द्वारा कठघरे में भेजे जाने का जोखिम उठा लिया है। वे कहेंगे कि इन दस्तावेजों के अलावा इतिहास के अन्य स्रोत आखिर बचे क्या हैं? सिंहभूम से जो भी पुरातात्विक अवशेष मिले हैं सभी प्राक्-हो युगीन हैं। मैं यह भी जानता हूँ कि प्राक्-ब्रिटिश युगीन गीत अथवा अन्य लोककथाएँ, यदि इन्होंने कभी लोक परंपरा को समृद्ध किया भी हो[10] आज संभवतः उपलब्ध नहीं हैं। लोक परंपरा की प्रजन्मीय संप्रेषण पद्धति हमें अतीत की ओर सात-आठ पीढ़ियों अर्थात् लगभग दो सौ वर्षों से आगे नहीं ले जाती। इनमें समुदाय के सामग्रिक चित्र अधिक नहीं मिलते। काल की अवधारणा के अस्पष्ट होने एवं असत्यता के दोष पाए जाने के कारण इन पर निर्भरता भी अधिक नहीं हो सकती। इसलिए आखिरकार हमें इन दस्तावेजों में ही लौटना पड़ता है। मित्रों के द्वारा दिए जाने वाले इन तर्कों से मैं भी अंशतः सहमत हूँ।

प्रत्यावर्तन की इस अनिवार्यता का अर्थ यह नहीं है कि हम दस्तावेजों का उपयोग ठीक उसी तरह करते रहें जैसा कि पहले से करते आ रहे हैं। आज विद्वान यह समझने लगे हैं कि ज्ञान सृजन एक सरल एवं निश्छल प्रक्रिया कभी नहीं रही।[11] इसके माध्यम से विशिष्ट लोगों के द्वारा अपने हितों की रक्षा एवं इसे आगे बढ़ाने का निरन्तर प्रयास किया गया। इसे ज्ञानतत्वीय राजनीति (Politics of Knowledge & making) की संज्ञा दी जाती है। इसलिए दस्तावेजों के तथ्य पूर्णतः सही एवं अभ्रान्त नहीं हो सकते। वस्तुनिष्ठ एवं वैज्ञानिक इतिहास की रचना के लिए इन तथ्यों की परीक्षा अति आवश्यक मानी जाती है। यह हो इतिहास चर्चा के लिए भी सही है।

इस निबंध के लिए मैं हो विषयक सरकारी दलीलों, दस्तावेजों में सामान्यीकरण (Generalisation) के कुछ नमूने पेश करना चाहूँगा जो शोधकों के लिए अभी तक इतिहास के कुछ प्रामाण्य कोटि (Principal categories) बने रहे।

इतिहास की पद्धति आगमनात्मक (Inductive) होती है जहाँ विशेष के अध्ययन के आधार पर सामान्य निष्कर्ष की स्थापना की जाती है। कार एवं ले जोफ जैसे इतिहासकार मानते हैं कि सामान्यीकरण की यह पद्धति एक मान्य ऐतिहासिक पद्धति है। एल्टन का कहना है कि इसके कारण ही तथ्यों के संग्राहक एवं एक इतिहासकार में भिन्नता होती है।[12] इसलिए मानव जाति संबंधित अध्ययन से जुड़े अंग्रेजी प्रशासकों ने हो इतिहास के संदर्भ में सामान्यीकरण के द्वारा एक सम्मत ऐतिहासिक विधा का ही पालन किया है। किन्तु सामान्यीकरण हम कैसे करें? आगमनात्मक विधि से प्राप्य तथ्यों के सही अध्ययन और जाँच के बाद निष्कर्ष पर पहुँचना ही सामान्यीकरण की यथार्थ पद्धति है। इसलिए विद्वान इतिहास को एक साथ निगमनात्मक-आगमनात्मक मानते हैं।[13] यहाँ सम्पूर्ण तथ्यों के अध्ययन के बाद तर्कसंगत सामान्य निष्कर्ष पर पहुँचना आवश्यक होता है। किन्तु वर्तमान संदर्भ में हम देखते हैं कि अपर्याप्त एवं विपरीत साक्ष्य के बावजूद ब्रिटिश कालीन दलीलों के पूर्वाग्रह से ग्रसित होकर सामान्यीकरण किए गए।[14] इस आलेख में इन्हीं में से कुछ सामान्यीकरणों की अवैधता को दिखाने की कोशिश की गई है।

हो भूमि की अवधारणा : हो दिशुम बनाम कोल्हान

अंग्रेजों ने एक निश्चित एवं एकीकृत समुदाय कहलाने के लिए हो जनजाति के लिए निर्दिष्ट वास भूमि में रहना जरूरी समझा। पर उनकी वास भूमि के संदर्भ में अंग्रेज प्रशासकों में स्पष्ट वैचारिक मतभेद था। यद्यपि 1837 में सिंहभूम के हो बहुल क्षेत्र को मिलाकर[15] कोल्हान गवर्नमेंट एस्टेट का गठन हुआ पर धीरे-धीरे उन्हें यह पता चला कि एक भौगोलिक तथा राजनीतिक इकाई के रूप में कोल्हान कोई निश्चित क्षेत्र नहीं रहा। सिंहभूम में सर्वप्रथम प्रवेश करने के बाद हो समुदाय ने उस खुले क्षेत्र को बसने के लिए चुना जिसे बाद में 'सिंहभूम एवं कोल्हान' कहा गया। पर इस क्षेत्र का अर्थ क्या है? क्या इसका अर्थ राजनीतिक रूप से खुला अर्थात् अनधिकृत अथवा जंगल से मुक्त है? वास्तव में इसका अर्थ दोनों में से कुछ भी नहीं है। यह इसलिए कि यह क्षेत्र पहले से ही भुइंयाओं के नियंत्रण में था जिन्होंने आगंतुक हो समूह को पहले पास के जंगलों में बसने की अनुमति दी एवं बाद में बीच के खुले क्षेत्र में। पर भुइंया एवं हो क्षेत्रों को स्पष्ट रूप से चिन्हित करना आज संभव नहीं है। कुछ समय के बाद सराक एवं हो समूहों के बीच लड़ाई हुई जिसमें सराकों को हो लोगों ने परास्त कर कोल्हान से निकाल बाहर किया। पर इस कोल्हान नामक क्षेत्र की सीमा क्या थी यह कहना कठिन है। अनुमान किया जा सकता है कि इस विजय ने छोटानागपुर के पठारी क्षेत्र से कोल जनगोष्ठी को सिंहभूम में प्रवेश के लिए निरन्तर प्रेरित किया। फलस्वरूप वे सिंहभूम के विशाल क्षेत्र के बहुसंख्यक जनगोष्ठी हो गए एवं उनके राजनीतिक एवं सांस्कृतिक प्रभावाधीन अंचल स्थानीय रूप से कोल क्षेत्र कहलाने लगा। पर हो लोग सिर्फ इस क्षेत्र तक ही सीमित नहीं रहे। मारवाड़ से आए राजपूतों को

उन्होंने भुइंयाओं के विरुद्ध लड़ाई में सहायता दी। एक समझौते के तहत राजपूत पोड़ाहाट एवं उसके उत्तर के खुले क्षेत्र में बस गए, जबकि हो समुदाय शेष खुले क्षेत्र में रहने लगा। इन सारे ऐतिहासिक तथ्यों की जानकारी टिकेल को स्थानीय हो एवं उराँवों से मिली थी। चूंकि समय के साथ इन लोगों में घटनाओं की स्मृति धूमिल हो गई थी, इसलिए हो क्षेत्र के संबंध में सारे विवरण अस्पष्ट एवं सन्देहास्पद हैं। उपर्युक्त समझौते के बाद जनसंख्या में वृद्धि के कारण हो समूह को पुनः स्थान परिवर्तन करना पड़ा। वे धीरे-धीरे दक्षिण सिंहभूम की ओर बढ़े। समय के साथ दक्षिण सिंहभूम पर उनका नियंत्रण कायम हुआ। इस तरह छोटानागपुर से बहिर्गमन के बाद उत्तरी एवं मध्य व अन्त में दक्षिण सिंहभूम हो समुदाय की वास भूमि बनी। इस तरह इन ऐतिहासिक तथ्यों के आधार पर कोल क्षेत्र अथवा कोल्हान को किसी विशेष अपरिवर्तनीय राजनीतिक/सांस्कृतिक क्षेत्र के रूप में पारिभाषित करना कठिन है।[16]

कोल्हान एस्टेट बनने के बाद भी इसके आकार के संबंध में अंग्रेजों में स्पष्ट धारणा नहीं थी। कोल्हान के गाँवों की संख्या में निरन्तर परिवर्तन को मैं एक प्रमाण के रूप में पेश करना चाहूँगा। 1837 में गाँवों की संख्या 622 बताई गई। यह तेजी से बढ़कर 1854 में 786 एवं 1867 में 847 हो गई। जनसंख्या में बढ़ोतरी के साथ मातृ-ग्रामों को विभाजित कर नए गाँवों को बसाना स्वाभाविक घटना है जिसका प्रमाण हमें क्रावेन (1895-97) एवं टाकी (1913-18) सेटलमेंट कालीन कागजातों से मिल सकता है। पर जो घटना मुझे हैरानी में डालती है वह है 1837-1854 के बीच गाँवों की संख्या का 622 से 786 में छलांग मारना। दो दशकों के बीच जनसंख्या में इतनी वृद्धि नहीं हो सकती कि 164 नए गाँव बसाए जाते। सच्चाई तो यह है कि आंकड़ों के अनुसार बढ़ने के बजाय जनसंख्या इस दौरान 70,653 से घटकर 68,301[17] हो गई। जनगणना की तत्कालीन अवैज्ञानिक पद्धति के कारण हो सकता है कि यह कमी दर्ज हो गई हो। पर साथ ही एक अन्य संभाव्य कारण की ओर मैं संकेत करना चाहूँगा। 1837 में कोल्हान गवर्नमेंट एस्टेट में केवल वे गाँव शामिल किए गए जो कि एक समय पोड़ाहाट, सरायकेला, खारसवां एवं मयूरभंज के राजाओं के अधीन थे। 164 नए गाँवों में संभवतः ऐसे अनेक गाँव रहे होंगे जोकि पूर्णतः स्वाधीन एवं अप्रभावित कोल क्षेत्र के थे। मेरा अनुमान है कि 1837 कालीन गाँवों की विस्तृत सूची[18] के साथ यदि 1895 एवं 1913 कालीन गाँवों की सूची की तुलना की जाए तो सच्चाई सामने आ सकती है। इससे कोल्हान की क्षेत्रीयता की समस्या के समाधान के साथ-साथ अन्य ऐसी गुत्थियाँ भी सुलझ सकती हैं जैसे कि राजाओं के प्रभावमुक्त क्षेत्र में बसे हो कौम की मौलिक जीवनशैली आखिर क्या थी? पोड़ाहाट के राजवंश का साम्राज्य वास्तव में कहाँ तक फैला था? आदि। यह आगामी शोध का विषय बन सकता है।

उपलब्ध ऐतिहासिक स्रोतों में केवल काल एवं क्षेत्र संबंधी भ्रांतियाँ ही नहीं पाई जातीं, ब्रिटिश कालीन मानव जाति तत्त्व के लेखकों में यह विवाद भी दीर्घ समय तक चलता रहा कि वे हो भूमि को कोल्हान कहें या हो दिशुम? इसका प्रारम्भ 1840 में टिकेल के संस्मरण के प्रकाशन के साथ हुआ। उन्होंने स्पष्ट कहा कि इसे हो दिशुम ही कहना चाहिए, कोल्हान शब्द का प्रयोग गलत है। साधारणतः ऐसा माना जाता है कि भाषाई दृष्टिकोण से कोल एक बृहत्तर भाषा गोष्ठी है जिससे मुंडा, संताल एवं हो की उत्पत्ति हुई। टिकेल में मानव जातीय ज्ञान

संभवत: सबसे अधिक था इसलिए वे जानते थे कि कोल, मुंडा एवं हो शब्दों के बीच क्या अंतर है।[19] चूंकि उनके पूर्व सूरी में, जैसे कि रफसेज में, यह धारणा अस्पष्ट थी इसलिए उन्होंने हो कौम के लिए मूल 'कोल' शब्द का उल्लेख किया।[20] सिंहभूम एवं हो लोगों के बारे में टिकेल का ज्ञान अधिक था। इसलिए उन्होंने बताया कि कोल जनगोष्ठी छोटानागपुर के पठारी क्षेत्र के वासी हैं। हो लोग मुंडा मूल के हैं पर समय के साथ वे भिन्न जनसमूह में बदल गए हैं। टिकेल का यह उद्धरण अत्यन्त रोचक है—

> 'They (Hos) have separated themselves entirely from the race from which they sprang viz. the Moondas of Eastern Choota Nagpoor... When the separation took place it is impossible to say but it has become market not only in manners, dialect and dress, but in appearance.'[21]

इसलिए भौगोलिक एवं सांस्कृतिक भिन्नता को स्वीकारते हुए टिकेल ने हो दिशुम शब्द को अधिक प्रासंगिक समझा। डॉ. हेज ने भी हो दिशुम शब्द का प्रयोग किया[22] न कि कोल्हान का। किन्तु डाल्टन ने, जिन्हें कोल एवं हो शब्द की भिन्नता की जानकारी थी, फिर भी उन्होंने हो भूमि को कोल्हान कहा।[23] इसके बाद कोल्हान शब्द ही प्रयोग में आता गया।[24] हो दिशुम शब्द के प्रयोग की परंपरा समाप्त हो गई। किन्तु रोचक तथ्य यह है कि इसके बाद भी कोल एवं हो तथा मुंडा एवं हो शब्दों की मानव जातीय भिन्नता के प्रयोग जारी रहे।[25]

लड़ाका कोल अथवा लड़ाका हो

ब्रिटिश युगीन दस्तावेजों में दीर्घ समय तक कोल अथवा हो शब्द के साथ लड़ाका विशेषण का प्रयोग होता रहा। 1820 में उनके लिए लड़ाका कोल अथवा केवल लड़ाका या कोल शब्द का प्रयोग हुआ।[26] टिकेल ने लड़ाका हो शब्द का चलन शुरू किया जिसे डाल्टन एवं क्रावेन ने भी जारी रखा। पर धीरे-धीरे लड़ाका शब्द का प्रयोग दलीलों में कम होता गया।[27]

संभवत: लड़ाका शब्द का प्रयोग इसलिए हुआ कि हो समूह ने निकट अतीत में स्थानीय रजवाड़ों एवं अंग्रेजों के विरुद्ध लड़ाइयाँ लड़ी थीं।[28] इस तरह लड़ाई को हो कौम की पारिभाषिक विशेषता मानते हुए उन्हें लड़ाकू या लड़ाका कहा गया। बाद में जब टिकेल को सुदूर अतीत में कोल लोगों के संग्राम की गाथा की जानकारी मिली तो यह धारणा और सुदृढ़ हो गई।[29] एक कौम को अतीत के आचरण के आधार पर निश्चित विशेषण से भूषित करना अवश्य ही स्वाभाविक है। पर इसके पीछे वास्तविक उद्देश्य भिन्न तथा निन्दनीय था। वास्तव में 'लड़ाका' कह कर साम्राज्यवादी शासक हो समूह को एक युद्धबाज, हिंसक एवं बर्बर कौम के रूप में चिन्हित करना चाहते थे। मूलत: इसी पूर्वाग्रह से ग्रस्त होकर ब्रिटिश सेनापति रफसेज ने लड़ाका कोल की तुलना शेर से की थी।[30]

हो समूह के शत्रु के विरुद्ध संग्राम की अनन्य परंपरा एवं असाधारण वीरता को स्वीकारते हुए भी यह पूछा जा सकता है कि क्या सम्पूर्ण हो कौम बर्बर एवं असभ्य थी? एवं क्या लड़ाकूपन सम्पूर्ण कौम का अनिवार्य लक्षण था? पहले प्रथम प्रश्न को लिया जाए। कोल्हान में

पैर रखते ही रफसेज को यहाँ के जनबहुल एवं कृषि निर्भर गाँवों, विकसित ग्राम प्रशासन, एक विवाह एवं बालिग विवाह पर आधारित समाज के बारे में पता चला।[31] ये सभी सभ्यता के द्योतक हैं न कि असभ्य एवं बर्बर होने के। पर उन्होंने एवं प्रायः पाँच दशकों के बाद डाल्टन[32] ने भी हो समूह के लिए 'बर्बर' शब्द का प्रयोग किया। अर्थात् गोरे चमड़े वालों के पवित्र दायित्व के पूर्वाग्रह से ग्रस्त अंग्रेजों ने असलियत को नजरअंदाज कर हो लोगों के संबंध में अपनी गलत धारणा को नीति निष्पादन का आधार बनाया। ऐसा करना सांस्कृतिक साम्राज्यवाद को तर्कसम्मत बनाने के लिए आवश्यक था।

दूसरे प्रश्न पर विचार करने पर पता चलता है कि हिंसा एवं युद्ध हो लोगों का अनिवार्य सामुदायिक चरित्र नहीं और न ही लड़ाकूपन एकरूप एवं सामग्रिक एकरूप था। सच्चाई तो यह है कि भौतिक प्रगति में अंतर के कारण उनके लड़ाकूपन के विभिन्न स्तरों के प्रमाण अधिक मिलते हैं। उत्तरी कोल्हान की हो बस्तियाँ अधिक पुरानी एवं भौतिक रूप से अधिक सम्पन्न थीं। इसलिए दक्षिण कोल्हान के कम विकसित क्षेत्रों की तुलना में वहाँ के लोग कम लड़ाकू थे।[33] 1820 में रफसेज के आक्रमण के दौरान व्यापक आक्रामकता के बावजूद प्रारम्भिक लड़ाई के बाद राजाबासा एवं अजूडीहा पीड़ के हो लोगों ने हथियार डाल दिए। वे दक्षिण कोल्हान के लड़ाकाओं से डरे हुए थे। अंग्रेजों की शरण में आते ही उन्होंने अपने भाइयों के विरुद्ध अंग्रेजों को सहायता दी।[34] इस तरह एक समय के लड़ाका हो समूह क्रमशः अंग्रेज समर्थक एवं अंग्रेज विरोधी खेमों में बँट गए। 1836-37 में यही घटना दुहराई गई।[35]

मेरे विचार में सम्पूर्ण हो समूह को लड़ाका कोल कहने से कुछ उलझनें पैदा होती हैं। यदि वे वास्तव में युद्धबाज थे तो उनकी आम मानसिकता में यह प्रवृत्ति क्यों अभिव्यक्त नहीं होती? उनका शांत एवं साधारणतः निरीह जीवन प्रवाह, पुरुष-अहं विवर्जित स्वस्थ नारी-पुरुष संबंध[36] एवं उनके धर्म में किसी युद्ध देवता का नहीं होना इस मानसिकता के विरोधी हैं। द्वितीयतः अंग्रेजों के मन में लड़ाका कोल ग्रंथि के कारण ही उन्होंने प्राक्-ब्रिटिशकालीन हो संस्कृति के संबंध में कोई जानकारी हासिल नहीं की। शायद इसी पूर्वाग्रह के कारण परवर्ती हो जनजीवन के अध्येता उनके संबंध में विस्तृत प्रामाण्य अध्ययन के लिए प्रेरित न हो सके (मेरा अभियोग टिकेल से लेकर टाकी तक सभी लेखकों के विरुद्ध है)। इस तथाकथित लड़ाका कोल ग्रन्थि में स्वाधीनोत्तर शोधकर्ताओं को भी इस तरह प्रभावित किया है कि आज तक शांतिकालीन हो जीवन-छंद पर कोई ठोस रचना नहीं हो सकी। यदि इस पर सघन अध्ययन हुआ होता तो हमें पता चलता कि वस्तुतः शत्रुओं की आक्रामकता के विरुद्ध आत्मरक्षा एवं प्रतिरोध का स्वाभाविक प्रयास ही उनके लड़ाकूपन का कारण रहा। इसका प्रमाण हमें टिकेल के इस कथन से मिलता है— 'लड़ाका आक्रमण के दौरान अकारण हिंसा अथवा निष्ठुरता साधारण घटना नहीं थी, न ही खुलेआम प्रतिरोध के बिना किसी की हत्या की जाती थी।'[37] इस सूत्र से हमें प्रेरणा लेनी चाहिए एवं हो जीवन के स्वाभाविक छंद पर प्रकाश डालने की दिशा में अधिक सचेष्ट होना चाहिए न कि उपनिवेशकालीन दस्तावेजों में वर्णित लड़ाकूपन एवं बर्बरता को बिना छानबीन के भविष्य की रचनाओं के आधार के रूप में स्वीकार कर लेना।

कोल्हान की विच्छिन्नता की अवधारणा

भारत के अन्य क्षेत्र से कोल्हान का एवं अन्य जनसमूहों से हो कौम का अनिवार्य अलगाव एक अन्य प्रचलित विचार है। वास्तव में यह भारत की मुख्यधारा से आदिवासियों की विच्छिन्नता के साधारण तथ्य पर ही आश्रित है।[38] अंग्रेजों ने कोल्हान की विच्छिन्नता को तीन रूपों में देखा। पहला, भौगोलिक अर्थात् पहाड़-जंगलों से घिरे सिंहभूम को प्रकृति-परिकल्पित विच्छिन्न क्षेत्र मानना।[39] दूसरा, राजनीतिक अर्थात् कोल्हान को हो समूह का स्वतंत्र राजनीतिक क्षेत्र समझना।[40] तीसरा, कोल्हान के स्वतंत्र एवं विच्छिन्न सांस्कृतिक क्षेत्र होने की धारणा। इनमें से तीसरा रूप ब्रिटिशकालीन दस्तावेजों में अधिक स्थायी एवं व्यापक रूप में पाया जाता है। इस धारणा के जन्मदाता रफसेज एवं टिकेल जैसे प्रारम्भिक अंग्रेज पदाधिकारी थे। इनके विचार में विच्छिन्नता मूलतः हिन्दू एवं हिन्दू धर्म से अलगाव का एक रूप मात्र थी।[41] इसकी सर्वाधिक अभिव्यक्ति डाल्टन के इस कथन से हुई कि हो लोग विशेष रूप से हिन्दुओं से घृणा करते हैं।[42] यह इतिहास की धार्मिक व्याख्या का एक प्रमाण है।

अंशतः विच्छिन्नता की यह धारणा इतिहास-सम्मत है। प्राक्-ब्रिटिशकालीन हो इतिहास के संबंध में हमें जो सीमित जानकारी मिलती है उसके अनुसार हम जानते हैं कि कोलारियन समुदाय का इतिहास विस्थापन एवं बहिर्गमन (Migration) से भरा रहा। अंत में वे छोटानागपुर घाटी में बसे। किन्तु यहाँ से भी उनमें से कुछ को विस्थापित होना एवं बाद में सिहंभूम की ओर जाना पड़ा। अपने को स्थापित करने के लिए सिंहभूम में भी उन्हें भुइंया, सराक एवं स्थानीय रजवाड़ों के खिलाफ लड़ना पड़ा। अंततः वे कोल्हान में बस गए। इस कटु अनुभव के कारण उनमें दूसरों से अलगाव की स्वाभाविक भावना पैदा हुई। किन्तु एस. गुहा एवं एन.के. बोस जैसे विद्वान आदिवासियों के इस तरह के पूर्ण अलगाव के तत्त्व को नकारते हुए पड़ोसियों के साथ उनके संबंध रहने का जिक्र करते हैं।[43] यह कोल्हान के लिए भी सही है।

इसके समर्थन में मैं इन तथ्यों को पेश करना चाहूँगा। अलगाववादी तत्त्व के प्रवर्त्तक रफसेज स्वयं बताते हैं कि पचास साल पहले लड़ाकाओं पर पोड़ाहाट के राजाओं का आंशिक नियंत्रण था।[44] साथ ही बाहरी दुनिया के साथ भौतिक संबंध के अनेक अकाट्य प्रमाण हमें मिलते हैं। अपनी ग्रामीण व्यवस्था को सुचारु रूप से चलाने के लिए हो समुदाय ने अपने गाँवों में तांती, ग्वाला एवं कुम्हारों को बसाया।[45] नमक लाने के लिए कोल्हानवासियों का पुरी की ओर यात्रा करना अथवा तसर गोटियों को प्राप्त करने बाहरी व्यापारियों का हर साल कोल्हान में आना आम घटना थी।[46] केवल यह व्यापारिक रिश्ता ही नहीं, हो लोगों के द्वारा पड़ोसी हिन्दुओं की प्रथा, त्योहारों एवं रीति-रिवाजों को अपनाया गया। हो सृष्टि-मिथक में हिन्दू जातियों की उपस्थिति भी इस संबंध को प्रमाणित करती है।[47] डाल्टन ने युवा पीढ़ियों में गैर हो भाषाओं के प्रति बढ़ते हुए रुझान का उल्लेख किया।[48]

ये तथ्य निश्चय ही हो विच्छिन्नता के क्रमशः शिथिल होने के लक्षण हैं। कोल्हान गवर्नमेंट एस्टेट एक सुरक्षित क्षेत्र बना, पर इससे आदिवासी स्वार्थ की सीमित रूप से ही रक्षा हो सकी। वास्तव में उपनिवेशवादी शोषण को जारी रखते हुए अंग्रेजों ने इस क्षेत्र के वनज एवं खनिज सम्पदा के दोहन के लिए धीरे-धीरे कोल्हान को बाहरी तत्त्वों के लिए खोल दिया। सरकारी

दफ्तरों, स्कूलों, चिकित्सा केंद्रों, हाट बाजारों के लिए बहिरागतों का आगमन एक निरंतर प्रक्रिया बनी। टाकी सेटलमेंट के दौरान कोल्हान के प्राय: सभी गाँवों में गैर-आदिवासी पाए गए।[49] दूसरी घटना यह थी कि जहाँ एक ओर कोल्हान के लोग खेती की जमीन के लिए क्योंझर एवं मयूरभंज की ओर गए वहीं दूसरी ओर रोजगार की तलाश में असम के चाय बगीचों की ओर भी प्रस्थान करने लगे।[50] इस तरह दिकु अंतर्गमन एवं हो बहिर्गमन की निरंतर प्रक्रिया के फलस्वरूप विच्छिन्नता का तथ्य गलत प्रमाणित होता है।

केवल भौतिक ही नहीं सांस्कृतिक दूरी भी निरंतर कम होती गई। स्कूलों में हिंदी एवं अंग्रेजी की शिक्षा दी जाने लगी। हो समाज में ईसाई धर्म को अपनाने की प्रवृत्ति देखी गई। शिव एवं पाउड़ी देवी को पूजने की प्रथा हो गाँवों में पाई गई।[51] यद्यपि अन्य धर्म एवं संस्कृति का बढ़ता प्रभाव एक ऐतिहासिक सच्चाई थी पर इसका अर्थ यह भी नहीं था कि हो समाज इस प्रभाव में बह गया।[52] आज के दिनों में सरना धर्म एवं हो भाषा के माध्यम से अपनी स्वतंत्र पहचान बनाए रखने का प्रयास इस बात का साक्षी है।

दिकु तत्त्व

दिकु तत्त्व अलगाववाद के तर्क पर ही आधारित है। दिकु शब्द का अर्थ है गैर-हो। यह शब्द हो एवं गैर-हो अथवा साधारण रूप में जनजाति एवं गैर-जनजाति के बीच अनिवार्य भिन्नता का द्योतक है। किन्तु हो इतिहास के गवेषक जानते हैं कि ब्रिटिश दस्तावेजों में इस शब्द का अर्थ अस्पष्ट एवं परिवर्तनशील रहा है। धरातलीय ज्ञान का अभाव एवं साम्राज्यवादी पूर्वाग्रह इसके संभाव्य कारण थे। साम्प्रतिक एक निबंध में[53] इस शब्द का प्रयोग क्षेत्रीय-मानव जातीय (स्डुश्वडुह्लद्बश्-द्गह्लद्धठ्ठद्बष्) एवं अत्याचार से जोड़कर किया गया है। यह अर्थ साधारणत: सही है पर इस आलेख में मैं समय के साथ इस शब्द के बदलते प्रयोग पर विशेष जोर देना चाहूँगा।

अंग्रेजों के अनुसार हो एवं अन्य लोगों के बीच दो प्रकार की भिन्नता थी। पहली, हो एवं हिन्दुओं के बीच भिन्नता। कहीं न कहीं इसके पीछे हिन्दुओं को अनिवार्य रूप से दुष्ट समझने की भावना थी। विल्किन्सन ने स्थानीय रजवाड़ों को हो समुदाय के अपने स्वाभाविक शांतिपूर्ण जीवनशैली को छोड़कर लूटपाट एवं युद्ध के रास्ते को अख्तियार करने के लिए दोषी समझा।[54] रफसेज ने तो यहाँ तक कहा कि उच्च वर्ण के हिन्दुओं एवं मुसलमानों के प्रति लड़ाका कोलों की घृणा इतनी तीव्र है कि वे देखते ही उन्हें मार डालते हैं।[55] टिकेल के अनुसार, उड़िया भाषियों ने कोल्हान में हैजा, चेचक एवं अन्य बीमारियों को फैलाया। साथ ही हिन्दुओं के रीति-रिवाजों, पर्वों को हो लोगों द्वारा अपनाया जाना, टिकेल के अनुसार हिन्दुओं के द्वारा जानबूझ कर उन्हें फुसलाए जाने का परिणाम था।[56]

दूसरी भिन्नता क्षेत्रीय थी। इसके अंतर्गत हो दिशुम को शुद्ध हो भूमि मानकर गैर-हो को बहिरागत या दिकु समझा गया। यद्यपि रफसेज इस विचार के उद्भावक थे पर इसकी सबसे अधिक सशक्त अभिव्यक्ति टिकेल के द्वारा हुई। उन्होंने कहा कि तांतियों एवं ग्वालों को छोड़कर किसी भी 'विदेशी' को हो लोग अपने गाँवों में बसने नहीं देते। डाल्टन ने साधारण अर्थ में हिन्दुओं एवं विशेष अर्थ में बिहारवासियों के लिए दिकु शब्द का प्रयोग किया।[57] इस तरह

जनजातीय एवं क्षेत्रीय धारणाओं को एक साथ जोड़ दिया गया।

अब देखा जाए कि दिकु शब्द का यह प्रयोग कितना इतिहाससम्मत है। यह प्रश्न स्वाभाविक है कि यदि रफसेज एवं टिकेल वर्णित हो-हिन्दू-द्वंद्व इतना तीव्र था तो दीर्घ समय तक रजवाड़ों के साथ हो कौम का मित्रतापूर्ण राजनीतिक संबंध कैसे रहा या वे हिन्दू जीवनशैली के प्रभाव में कैसे आ गए? उल्लेखनीय बात तो यह है कि स्वयं टिकेल ने स्वीकार किया कि कोल्हान के सीमान्त क्षेत्र के हो समूह पर हिन्दू प्रभाव अधिक है।[58] केवल कोल्हान ही नहीं, यह अनेकांशों में भारत व्यापी घटना थी। 1891-1931 की जनगणना के संदर्भ में विभिन्न सेन्सस कमिश्नरों ने माना कि हिन्दू धर्म एवं जीववाद (animism) के बीच अंतर करना कठिन है।[59]

यद्यपि दिकु शब्द की यह क्षेत्रीय जनजातीय परिभाषा प्रचलित रही पर कोल्हान के बारे में अंग्रेजों के अनुभव बढ़ने एवं उपनिवेशवादी स्वार्थ के कारण ब्रिटिश सरकार ने हो-दिकु विभेद पर जोर देना कम किया। फलस्वरूप हेज सेटलमेंट (1867) में बहिरागतों के द्वारा कोल्हान में जमीन खरीदे जाने के विरुद्ध कोई विशेष नियम नहीं बनाया गया जबकि अंग्रेज पदाधिकारी जानते थे कि हो लोग अपने गाँवों में बाहरी लोगों को बसने नहीं देते।[60] इसके साथ ही दिकुओं के प्रति कई प्रकार की भेद की नीति को अपनाते हुए क्रावेन सेटलमेंट में दिकुओं को पुराना दिकु (1867 से पहले बसे लोग) एवं नया दिकु (1867 के बाद आए) में बाँट दिया गया। पुराने दिकु वंशजों के लिए एक हो की तरह जमीन खरीदने एवं अपनी जमीनों के लिए हो के समान दर पर भूमि कर देने की व्यवस्था हुई।[61] अर्थात् नियमतः एक समय के दिकु अब से भूमिपुत्र बन गए। दिकुओं को टाकी सेटलमेंट में पुनर्वार बाँटते हुए वांछनीय एवं अवांछनीय नाम से पारिभाषित किया गया।[62] इस तरह जहाँ एक ओर 1867 से पहले के आगंतुकों को एक हो की तरह जमीन मिली तो दूसरी ओर खान मालिक, जंगल के ठेकेदार एवं व्यापारी के रूप में बाहरी तत्त्वों के कोल्हान में आगमन को प्रोत्साहित किया गया। अर्थात् उपनिवेशवाद को सफल बनाने के लिए वे काम्य दिकु बन गए। साथ ही जनहितकारी योजनाओं के लिए कोल्हान की जमीनों के अधिग्रहण को CNT Act १९०८ के द्वारा मान्यता दी गई ताकि इन 'काम्य' दिकुओं के हाथ इन्हें हस्तांतरित किया जा सके। इसके फलस्वरूप गैर-आदिवासियों की संख्या में तेजी से वृद्धि हुई।

प्रश्न यह है कि बहिरागतों के आगमन एवं निवास को हो समाज ने किस रूप में लिया? स्पष्टतः वे सन्तुष्ट नहीं थे। हाट-बाजारों में कुछ व्यापारियों के द्वारा अनपढ़ आदिवासियों को ठगा जाना, गैर-आदिवासियों के द्वारा हो महिलाओं से शादी करना या उन्हें रखैल के रूप में रखना, खानों के लिए बड़े पैमाने पर जमीनों का हस्तांतरण अथवा बहला-फुसलाकर आदिवासी पुरुष-महिलाओं को चाय बगीचों में भेजा जाना[63] आदि घटनाएँ आम बात थीं। पर यह तथ्य भी सही है कि कोल्हान के आदिवासियों ने इन पीड़ाओं के विरुद्ध छोटानागपुर एवं संतालपरगना के लोगों की तरह दिकु भगाओ जैसा आंदोलन नहीं किया। उनका क्रोध और असंतोष दूसरी तरह से व्यक्त हुआ। ओतैली त्योहारों में एक हो पुजारी (दिउरी) ने कहा—'हम डायनों, साँपों एवं दिकुओं की हत्या करते हैं।' यह संताल समाज के द्वारा दिकुओं की तुलना चुभने वाले काँटे के साथ करने के समान था।[64]

कोल्हान के लोगों के द्वारा दिकुओं के विरुद्ध सशस्त्र आंदोलन शुरू नहीं करने के पीछे संभवत: निम्नलिखित कारण थे—झारखंड के अन्य क्षेत्रों की तरह विल्किन्सन रूल्स एवं CNT Act १९०८ के तहत कड़ी सरकारी निगरानी के कारण आदिवासी जमीनों के हस्तांतरण की समस्या कभी भी अधिक तीव्र नहीं हो सकी। साथ ही दिकुओं की उपस्थिति से आदिवासी कहीं-कहीं लाभान्वित भी हुए। बाहरी तत्त्वों से उन्होंने उन्नत कृषि पद्धति सीखी।[65] दिकु व्यवसायी उनकी कृषि एवं वनज सामग्री के क्रेता थे। खान मालिकों के यहाँ वे नौकरी करते थे। गैर-आदिवासी शिक्षकों से विद्यालयों में शिक्षा प्राप्त करते थे। इस तरह संबंध का आधार निरंतर उपयोगितावादी बनता गया। फलस्वरूप पहले के क्रोध एवं आक्रामकता में कमी आती गई। हो-दिकु संबंधों में यह स्वविरोधी भावना एक स्वाभाविक घटना थी। कोल्हान की तरह इसका एक अन्य उदाहरण हमें पश्चिमी भारत में मिल सकता है।[66] मेरे विचार में इस तरह ब्रिटिश-सृष्ट आदिवासी-दिकु के अंतहीन द्वंद्व की अवधारणा को शोध की अनिवार्य शर्त मानने से पहले आदिवासी इतिहास के गवेषकों को इस तृणमूलीय वास्तविकता पर गौर करना उचित होगा।

भौतिक-प्रगति मिथक

ब्रिटिशकालीन दलील कोल्हान की निरंतर भौतिक प्रगति का चित्र प्रस्तुत करते हैं। अंग्रेज इस गलतफहमी के शिकार थे कि उन्होंने ही न केवल कोल्हान में बल्कि सम्पूर्ण भारत में विकास कार्य शुरू किया। यह पूर्वाग्रह तथाकथित पिछड़े हुए लोगों को सभ्य बनाने के नाम पर उन पर अधिकार जमाने के तर्क पर आधारित था।[67] वे लड़ाका कोलों को बर्बर एवं उनके क्षेत्र को मामूली कृषि पर आधारित व्यापार-वाणिज्यविहीन एक जंगली क्षेत्र ही समझते थे।[68] इसलिए गोरी चमड़ी वालों ने सभ्यता की किरणों को फैलाने के लिए इसे एक योग्य क्षेत्र समझा। उनकी विकास नीति के प्रयोग से कोल्हान एवं हो लोगों का कायाकल्प हो जाने की धारणा से वे इस कदर ग्रसित थे कि उपनिवेशकालीन दस्तावेजों में केवल कोल्हान की सरल रैखिक प्रगति का चित्र ही प्रस्तुत होता है।

अंग्रेजों द्वारा अपनी उचित नीतियों एवं उनके परिणाम के रूप में कोल्हान की अनिवार्य प्रगति का निरंतर उल्लेख उन्नीसवीं सदी के छठे दशक से किया जाने लगा। डाल्टन ने कहा इस धारणा के पर्याप्त कारण हैं कि लोग खुश हैं तथा उन्होंने सभ्यता एवं समृद्धि की ओर काफी प्रगति की है।[69] इस प्रगति के लिए अंग्रेजी शासन की भूमिका की प्रशंसा करते हुए टाकी का कहना था—'अंग्रेजों के अधीन आने के बाद इस क्षेत्र का निरंतर एवं तेजी से विकास हो रहा है।'[70]

अंग्रेजों की नजर में विकास के कुछ लक्षण थे। पहला था, यायावर एवं लुटेरे जीवन को छोड़कर हो समूह का खेतिहर बनना। हेज ने कृषि निर्भर सुन्दर गाँवों का उल्लेख किया तो डाल्टन ने कृषि क्षेत्र के निरंतर विस्तार, एकाधिक अनाजों को उपजाने के कारण खेती में हो रहे विकास एवं लोगों के द्वारा समय पर भूमि-कर चुकाए जाने की तारीफ की।[71] दूसरा लक्षण व्यापार में वृद्धि था। 1895-97 के बीच साप्ताहिक हाटों की संख्या 24 थी। 1913-18 के दौरान इनकी संख्या 37 हो गई एवं प्राय: सभी गाँव हाटों के साथ जुड़ गए।[72] इन हाटों में बिक्री के लिए

ग्रामीणों का अनाजों, तसर गुटी, सवई घास एवं लकड़ी के साथ आना एक आम बात हो गई।[73] इनके अलावा खनन कार्य का व्यापक पैमाने पर शुरू होना एवं कोल्हानवासियों की मजदूरों के रूप में नियुक्ति भी व्यापार में वृद्धि का प्रमाण था।

ये अवश्य ही विकास के लक्षण थे पर इनसे वास्तविक प्रगति कितनी हुई, यह विवादास्पद है। इस कथन को मैं दलीलों में पाए जाने वाले तथ्यों से पुष्ट करना चाहूँगा। पहला तथ्य रिकेट्स की यह उक्ति है—'वर्ष 1837 के कोल एवं 1854 के कोल में विशेष फर्क नहीं है।'[74] कोल्हान की अर्थव्यवस्था कृषि निर्भर थी, कृषि मानसून निर्भर था, अप्रतुल वर्षा के कारण प्रायः खेती प्रभावित होती थी एवं लोगों के जीवन में विपन्नता आम बात थी।[75] इस तरह 1907-08 में उत्पादन में कमी के फलस्वरूप लोगों को पत्तियाँ खाकर जीवित रहना पड़ा।[76] चूंकि अधिकतर ग्रामीण अपनी घरेलू जरूरतों के लिए खेती करते थे, इसलिए कृषि उत्पाद का बाजार सीमित था। पूँजी का अभाव था। सड़कों की स्थिति बुरी थी।[77] इसलिए व्यापारिक प्रगति सतही थी। खनिज से भरपूर कोल्हान अन्यत्र स्थापित कल-कारखानों के लिए दोहन का शिकार मात्र था। इसलिए स्थानीय लोगों को अक्सर मयूरभंज एवं क्योंझर जैसे जिलों में जमीनों के लिए स्थानांतरण करना[78] अथवा नौकरी के लिए असम के चाय बगीचों की ओर पलायन करना पड़ता था।[79] सीमित आर्थिक विकास के लिए मूलतः अंग्रेजों की उपनिवेशवादी नीति जिम्मेदार थी। इस तरह ब्रिटिशकालीन ऐतिहासिक उपादानों में किए गए निरंतर एवं सघन प्रगति के दावे खोखले प्रतीत होते हैं।

पुनर्रचना की ओर

इस लेख के माध्यम से मैंने हो जनजाति के इतिहास से जुड़े हुए कुछ प्रमुख सामान्यीकरणों पर आलोकपात करने की चेष्टा की है। मेरे विचार में इन पर जरूरत से अधिक निर्भरता के फलस्वरूप यह धारणा उत्पन्न हुई है कि हो प्रधान क्षेत्र अन्य क्षेत्रों से पूर्णतः कटा रहा। स्वभाव एवं कर्म से हो लोग अलगाववादी, बर्बर एवं आतंकवादी थे। ब्रिटिश शासन ने ही इनमें सर्वप्रथम सभ्यता की रोशनी फैलाई एवं विकास की प्रक्रिया शुरू की। मैंने यह भी दिखाने का प्रयास किया कि इन धारणाओं को चुनौती देने के अनेक साक्ष्य ऐतिहासिक दलीलों में ही छिपे हुए हैं। इसलिए उपनिवेशकालीन दलील-दस्तावेजों में निहित पूर्वाग्रहों, गलत मान्यताओं एवं विकृत निष्कर्षों से बचते हुए निरपेक्ष एवं तथ्यपरक ऐतिहासिक पुनर्रचना आज अत्यधिक जरूरी है। इस कार्य में संलग्न गवेषक इन सुझावों पर ध्यान दे सकते हैं—

हो अथवा आदिवासी इतिहास से जुड़े लोगों को परंपरागत राजनीतिक-प्रशासनिक इतिहास एवं बहुआवृत्त ब्रिटिश-विरोधी हो संग्राम[80] के अध्ययन से ध्यान हटाना होगा। उपलब्ध तथ्यों से यह धारणा होना स्वाभाविक है कि लड़ाई लड़ना हो समूह का सबसे प्रिय कार्य था तथा मानों अंग्रेजों के आगमन के साथ ही हो इतिहास का प्रारम्भ हुआ। मेरा वक्तव्य यह है कि हो जनजाति का एक समृद्ध इतिहास है जिसमें एक स्वतंत्र जीवनशैली के क्रमिक विकास की कथा निहित है। हमें समझना चाहिए कि हो जीवन के शांत प्रवाह में अंग्रेजों एवं अन्य लोगों के द्वारा विघ्न डाले जाने के कारण ही हिंसा एवं युद्ध का सिलसिला शुरू हुआ। आइए, अब इन कारक तत्त्वों

को जानें एवं यह भी चर्चा करें कि इनके आधार पर कैसे एक समानांतर हो इतिहास की रचना हम कर सकते हैं।

इस इतिहास का प्रथम महत्त्वपूर्ण चरण हो समूह का छोटानागपुर घाटी से क्रमिक स्थानांतरण एवं सिहंभूम में विस्तार है। इससे हमें मुंडा मूल से इनके अलग होने की प्रक्रिया एवं क्रमशः हो पहचान (Honesses) के स्थापित होने के संबंध में जानकारी मिलेगी। साथ ही हम जान सकेंगे कि कैसे हो किलियों एवं उप-किलियों का जन्म हुआ तथा उनकी आर्थिक-सामाजिक परंपराओं के विकास के साथ हो-जीवनबोध का सृजन हुआ।

हो इतिहास के अध्ययन का अन्य रोचक क्षेत्र गाँवों के निर्माण की घटना है। इसके अध्ययन से हम जान पाएँगे कि कैसे एक यायावर कौम ने स्थायी जीवनचर्या अपनाई? कैसे उस आदिपुरुष ने, जिन्हें हो भाषा में 'हाम' कहा जाता है, गाँवों की सीमा को चिन्हित किया? गाँवों का नामकरण हुआ एवं उनके तथा उनके वंशजों के द्वारा अपने और अन्य किलियों को गाँवों में बसने के लिए आमंत्रित किया गया। इस तरह पारिवारिक एवं अन्तर्किली संबंध के आधार पर ग्रामीण समुदाय की अवधारणा का सृजन हुआ। कालक्रम में मूल गाँवों से किलियों का विस्तार हुआ एवं हो प्रभावित सामाजिक-राजनीतिक परिमंडल का निर्माण हुआ।

आर्थिक-सामाजिक एवं धार्मिक परंपराओं का विकास अन्य आकर्षक क्षेत्र हैं। आदिवासी समूहों की परंपरागत सामाजिक संरचना के जन्म एवं समय के साथ इसमें हुए बदलाव का ज्ञान आदिवासियत के तत्त्व को समझने के लिए आवश्यक है। ब्रिटिशकालीन हो समाज के परंपरागत कानूनों के बारे में शोध के समय, मुझे हो कौम की मौलिक परंपराओं के संबंध में तथ्य की अप्रतुलता का सामना करना पड़ा। मौलिकता की जानकारी के बिना परंपराओं में हुए बदलाव का ज्ञान असंभव है। उपनिवेशकालीन दस्तावेजों के सही मूल्यांकन से शायद इस पर महत्त्वपूर्ण आलोकपात हो सके।

दिकु की अवधारणा पर विस्तृत अध्ययन से शायद आदिवासी-गैर आदिवासी संबंधों के इतिहास की सही जानकारी हमें मिले। हो कौम के सिंहभूम में आगमन से पहले अन्य आदिवासी तथा गैर-आदिवासियों का इस जिले में निवास, ब्रिटिश काल में बहिरागतों का आगमन, कोल्हान में दिकुओं की उपयोगी या अनुपयोगी भूमिका एवं गैर-जनजातीयकरण (detribalisation) एवं जनजातीयकरण (tribalisation) की प्रक्रिया आदि शोध के कुछ महत्त्वपूर्ण विषय हो सकते हैं।

अंत में, हो जीवन पर अंग्रेजी शासन के प्रभावों पर सघन शोध की आवश्यकता है। महाफेजखाना में संरक्षित तथ्यों से यह धारणा पैदा होती है कि प्रारम्भिक संग्राम के बाद हो कौम सम्पूर्णतः लड़ाका कोल से शांत कोल (हो) में बदल गई। अंग्रेजी शासकों के पितृसुलभ व्यवहार से उन्हें इतना फायदा हुआ कि उन्होंने अंग्रेजी हुकूमत को पूरी तरह से मान लिया एवं पुनः हिंसात्मक या शांत प्रतिवाद नहीं किया। लेकिन उपनिवेशवाद को पूरी तरह से मानवतावादी कहना तथ्य से परे है।[81] प्रतिवादहीनता का भी अपना एक संवाद है जिसे समझने का प्रयास रोचक हो सकता है।

समानांतर इतिहास का यह प्रारूप परंपरागत इतिहास-चर्चा के हिमायतियों को शायद पसंद

नहीं हो। इसमें राजनीति–प्रशासन की केंद्रीयता कम होगी। अंग्रेज–अंग्रेजियत पर चर्चा जरूरत से अधिक नहीं होगी एवं जैसा कि आज तक नहीं हुआ है, आदिवासियत एवं आदिवासी अध्ययन के केंद्र में रहेंगे। अध्ययन का काल और व्यापक होगा तथा इतिहासेतर पद्धतियों (नृतत्त्वशास्त्रीय एवं समाजशास्त्रीय) का प्रयोग आवश्यक होगा। मेरे विचार में विषय एवं पद्धतिगत कायाकल्प के बिना मानव समूहों के इतिहास की पुनर्रचना असंभव है। इस प्रयास को प्रारम्भ किए बिना हाशिये में रहे लोगों पर आलोकपात हम कैसे करें? आखिर ऐसा करना ही तो इतिहास का वास्तविक उद्देश्य है।

मैं जानता हूँ कि अब तक उपयोग किए गए हो इतिहास विषयक ब्रिटिश युगीन दलील–दस्तावेज इस पुनर्रचना में अधिक सहायक नहीं होंगे। पर निराशा का कोई कारण नहीं है। हो इतिहास पर अध्ययन करते समय मैंने चाईबासा स्थित जिला अभिलेखागार में संगृहीत क्रावेन एवं टाकी सेटलमेंट कालीन गाँवों से संबंधित दस्तावेजों के विशाल भंडार को देखा। ये दस्तावेज तथ्यों की अमूल्य खान हैं जिनमें ग्रामीणों एवं सरकारी पदाधिकारियों के अनुभवों का लेखाजोखा है। इनके विस्तृत एवं गहन अध्ययन से मुझे परिवार, किली एवं गाँव केंद्रित हो जीवन के निरंतर प्रवाह का पता लगा। इस अनोखे अनुभव के आधार पर मैं यह कहने में सक्षम हूँ कि यदि हो तथा झारखंड के अन्य आदिवासी समूहों के अपने–अपने क्षेत्रों से संबंधित जिला अभिलेखागारों पर अधिक ध्यान दिया जाए तो हो कौम की तरह अन्य आदिवासियों के नए इतिहास की रचना संभव हो सकती है। पर इसके लिए हमें शायद नए विषयों को चुनना होगा, जैसे कि परिवार, किली एवं गाँव निर्भर जीवनचर्या, ग्रामीण समूहों की धारणा का जन्म एवं विकास, भौतिक एवं नैतिक संस्कृति का उन्मेष एवं विकास, गाँव प्रशासन एवं राजनीतिक संरचना, हो कौम में एकता एवं बिखराव की प्रक्रिया, अन्यों के साथ संबंध आदि। इस इतिहास की रचना के लिए प्रासंगिक तथ्य उपर्युक्त साधनों के अलावा लोककथा एवं कथ्य उपादानों में ढूँढ़ने होंगे।[82] यदि हम यह कर सकें तो ऐसे इतिहास की रचना संभव है जो वास्तव में आदिवासी समूहों का सामग्रिक इतिहास होगा। इतिहास के पन्नों में जो समूह आज तक मूक रहे, उन्हें शब्द देने के लिए यह परिवर्तन अति आवश्यक है।

संदर्भ

1. Lt. Tickell, Memoir on the Hodesum (improperly called Kolhan), Journal of the Asiatic Society of Bengal, Vol. IX, Part II Nos. 103 & 4, 1840
2. E.T. Dalton, Tribal History of Eastern India (Descriptive Ethnology of Bengal) Cosmo Publication, Delhi, 1973, H.H. Risley, The Tribes and Castes of Bengal Vol. I, Firma KLM Calcutta 1981
3. D.N. Majumdar, A Tribe in Transition : Study in Cultural Pattern, Longmans Green & Co. Ltd., Calcutta, 1937
4. B.S. Cohn, An Anthropologist among the Historians and other Essays, Oxford University Press (OUP), Delhi, 1990; Colonialism and its Forms of Knowledge, OUP, Delhi, 1997
5. R. Guha, Elementary Aspects of Peasant Insurgency in Colonial India,

OUP, Delhi, 1983; C.P. Singh, Ho Tribe of Singhbhum, Classical Publications, New Delhi, 1978
6. S.K. Sen, The Struggle for Freedom in the District of Singhbhum, 1820 & 1858
7. Singh, Ho Tribe; M. Sahu, The Kolhan under the British Rule, Calcutta, 1985
8. Ibid.
9. यह धारा अभी भी झारखंड के गवेषकों की प्रिय धारा है। प्रमाण के लिए देखें Journal of Historical Research, Vol. XLI (2) & XLII, No.I, 26 January 2002, Published by Dept. of History, Ranchi University, Ranchi
10. ब्रिटिशकालीन गीतों का एक संकलन प्रकाशित हुआ है। इसके लिए W.G. Archer and B.K. Datta, Ho Durang : A Ho Song Book, Patna, १९४२ देखें। प्रकाशन का उद्देश्य हो भाषा एवं संस्कृति का संरक्षण था। मैं नहीं जानता कि इन गीतों की ऐतिहासिक उपयोगिता का कोई मूल्यांकन हुआ है अथवा नहीं।
11. E. Said, Orientalism, Penguin Books, 1985, p. 8; Cohn, Colonialism, pp. IX & XIV
12. E.H. Carr, What is History, Penguin Books, 1961, p.64; Jacques Le Goff, History and Memory, Columbia University Press, New York, 1992, p.121
13. Carr., p. 63 & 64; Le Goff, p.121
14. Le Goff, p. 121
15. Sahu pp. 1& 2
16. 1838-39 में कोल्हान की कुल अनुमानिक आबादी 70653 के 80त्न हो थे। शेष ग्वाला, तांती, लोहार एवं अन्य जाति के लोग थे। Tickell, pp. 697 & 700; Sahu, pp. 1&2; Dalton, p.179.
17. Sahu, p. 266; J.A.Craven, Final Report on the Settlement of the Kolhan Government Estate 1897, Calcutta, 1898, p.14; Tickell, p. 700
18. Captain T. Wilkinson to Lt. Tickell, 13 May 1837, Para 2 Governor General's Agent, South West Frontier Political Despatch Register (SWFPDR), 13 May to 1 December 1840, Vol. 231, Bihar State Archives (BSA)
19. Tickell, p. 695
20. Operations against the Kols in Singhbhum. Extract Political Letter From Bengal, 9 May 1823, Paras 156 & 7, F/4, 800/21438, Bengal Political Department, India Office Library and Record Department, London.
21. Tickell, p. 803
22. Dr. W.H. Hayes, Deputy Commissioner of Singhbhum to the Commissioner of Chota Nagpur, No.30, 22 February, 1867, p.128, Revenue Department, June 1867, No.122. West Bengal State Archives.
23. Dalton, pp. 177-8
24. Craven, Final Report; Tuckey, Final Report.
25. Risely, pp. 319 & 20

26. E. Roughsedge, Agent to the Governor General to Lt. Col. James Nicol, Adjutant General, 31 March, 1820, paras 1 & 2 No 109, Extract Bengal Political Consultations, 15 April 1820 Roghsedge to Mr. Secretary Metcalfe, 9 May 1820, para 7, No. 38, Extract Bengal Political Consultation 3 June 1820 (London)
27. Tickell, p. 694; Hayes, p. 128; Dalton p.163; Craven, pp. 19 & 23, 29, 32; Tuckey, pp. 5 & 6, 8, 17
28. Roughsedge to Metcalfe, 9 May 1820, para 7
29. Tickell, p.697
30. Roughsedge to Metcalfe, para 13; A.K.Sen & P. Sen, Roughsedge's Equation and the Notion of Savage: Towards the Threshold of British Tribal Policy in Singhbhum (अप्रकाशित)
31. Roughsedge to Metcalfe, Paras 16 & 8
32. Dalton, p.181
33. Roughsedge to Nicol, para 10; Roughsedge to Metcalfe, paras 20 & 7
34. Ibid
35. Sahu, pp. 70 & 81
36. Dalton, p.194
37. Tickell, p. 807
38. D. Hardiman, The Coming of the Devi : The Adivasi Assertion in Western India, OUP, Delhi, 1987, p.11
39. F.B. Bradley Birt, Chhotanagpur—A Little Known Province of the Empire, London 1903, pp. 85 & 6
40. Tickell, pp. 696 & 7; Dalton, pp. 177, 185
41. Roughsedge to Metcalfe, para 13; Tickell, p. 803
42. Dalton, pp. 177, 184 & 5
43. S. Guha, 'Lower Strata, Older Races, and Aboriginal Peoples: Racial Anthropology and Mythical History Past and Present' The Journal of Asian Studies, 57, no. 2, May, 1998, pp. 424 & 28, 436; N.K.Bose, Trible Life in India, National Book Trust, India, New Delhi, 1990, pp. 1 & 4
44. Roughsedge to Metcalfe, para 7
45. Ibid., para 16
46. Tickell, p. 805
47. Ibid., pp. 797 & 8
48. Daltton, p. 185
49. कोल्हान के गाँवों में गैर-आदिवासी उपस्थिति के लिए देखें Tuckey Settlement Village Notes. District Record Room, Chaibasa (DRRC)
50. Land Revenue Administration Report, 1907 & 8, General Department, Revenue Branch, Collection NO. XI Returns, File No. 16. Para 21(DRRC))
51. प्रमाण के लिए चाईबासा अभिलेखागार में संगृहीत क्रावेन सेटलमेंट कालीन गाँवों के

दस्तावेज एवं टाकी सेटलमेंट खुँटकट्टी कागजात देखे जा सकते हैं।

52. M. Areeparampil, Socio & Cultural and Religious movements among the Ho Tribals of Singhbhum District of Bihar, in M. Miri (ed), Continuity and Change in Tribal Society, Indian Institute of Advance Study, Shimla 1993, pp. 396 & 436
53. S.C. Sinha, J. Sen and S. Panchabhai, The Concept of Diku among the Tribes of Chhotanagpur, Man in India, Vol. 49, No. 2 April & June 1969, pp. 121 & 24
54. T. Wilkinson to Lt. Tickell, 13 May 1837, Paras 7, 16, 24
55. 'Not having any of the feelings of veneration for Bramins, cows which pervade Hindoos of every description they make no scruple of putting to death any man of respectable caste who presumed to enter their territory, nor is there I can venture to affirm a single Bramin, Rajpoot or Mussulman in any one of the numerous and well inhabited villages they possess roughsedge to Metcalfe, para 13
56. Tickell, pp. 706, 803 & 7
57. H. Ricketts, Report on the district of Singhbhum, vide Selections from the records of the Bengal Government, No. XVI, Calcutta, 1854, para 109; Dalton pp. 167, 169
58. Tickell, p. 803
59. G.S.Ghurye, The Scheduled Tribes (Original title The Aborigines so called and Their Future), Popular Prakashan, Bombay, 1995, pp. 1 & 4
60. Craven, pp. 30 & 1
61. Ibid., pp. 8 & 22, 29 & 31
62. Tuckey, pp. 22 & 6
63. A.K. Sen. From Singhbhum to Assam : The Incidence of Labour Emigration 1873 & 1918, pp. 78 & 88, in S. Roy (ed), History (Journal of University of Burdwan), Vol. II, No. 1, 1999
64. Sinha, Sen & Panchabhai, p. 127
65. यहाँ कहना प्रासंगिक होगा कि तथाकथित विकास के लिए व्यक्ति एवं कम्पनियों के नाम पर कोल्हान के विस्तृत क्षेत्रों का स्थानांतरण हुआ जिसके लिए CNT Act की 49 एवं 50 धाराओं का उपयोग किया गया। उदाहरण के लिए क्रावेन एवं टाकी सेटलमेंट कालीन कागजातों एवं Sahu, p.207 देखें।
66. पश्चिम भारत के संदर्भ में साम्प्रतिक शोधों से हमें पता चलता है कि शोषण एवं अत्याचार के बावजूद यहाँ के जनजातीय समूहों ने साहूकार एवं व्यापारियों के अस्तित्व को इसलिए स्वीकार किया था क्योंकि जरूरत के समय उन्हें इन बहिरागतों से ऋण मिलता था। Hardiman, pp. 92 & 98; A. Skaria, Hybrid Histories: Frontiers and Wildness in Western India, OUP Delhi, 1999, p.286
67. पूरे भारत के लिए अंग्रेजों का एक आम तर्क था।
68. Tickell, p. 804

69. Dalton, p.183
70. Tuckey, p.10
71. Dalton, pp. 183, 195
72 Tuckey, p.3
73. Craven, p.15; Note on the history of Singhbhum district during the decade 1901 & 11, pp. 17 & 8, Fly Leaf, Collection No. VII, File No. 25 of 1911 & 2 (DRRC)
74. Ricketts, pp. 74, 92
75. Dalton, p. 196; Note on the history, p.14
76. Note on the history, p.6
77. Ibid, p.30
78. LRAR for 1907 & 8, Dy. Commissioner's office, Revenue Department, Collection NO. XI Returns, File No. 16, para 21; LRAR for 1910 & 11 (DRRC)
79. A.K. Sen, From Singhbhum to Assam, pp. 78 & 88
80. पूर्व उल्लिखित डॉ. सिंह एवं डॉ. साहू की पुस्तकों में हमें तत्कालीन राजनीति का अपेक्षित विवरण नहीं मिलता है। इनमें गतानुगतिक रूप में घटनाओं का उल्लेख किया गया है। लेकिन संग्रामों का चरित्र, संगठन पद्धति एवं लड़ाकूपन के विविध स्तरों की जानकारी नहीं मिलती। पहले बताए गए आर.गुहा के ग्रंथ के अलावे शोधकर्ता कुछ अन्य सूत्रों का सहारा ले सकते हैं जैसे कि R. Samaddar, Memory, Identity, Power : Politics in the Jungle Mahals (West Bengal), 1890 & 1950, Sangam Books, London, 1998, pp. 72 & 3. S.Dasgupta 'Adivasi Politics in Midnapore, c 1760 & 1924', Subaltern Studies IV, OUP, Delhi 1990, pp. 101 & 135
81. ... 'Singhbhum 1927 & 30 and the Tour Diary of Ratneshvar Roy' में की है। जिला अभिलेखागार चाईबासा में जंगल संबंधी दस्तावेजों में इस संबंध में महत्त्वपूर्ण सूचनाएँ उपलब्ध हैं।
82. जनजातीय अतीत की जानकारी के लिए सांप्रतिक रचनाओं में लोक परम्परा की केंद्रीयता पर बल दिया गया है। पर साथ ही लोक एवं लिखित स्रोतों के सही उपयोगों का सुझाव भी दिया गया है। (K. Sivaramakrishnan, Modern Forests : Statemaking and Environmental Changes in Colonial Eastern India, OUP Delhi, 1999, pp. 18 & 19; Skaria, pp. 7, 19; R.C. Heredia, 'Tribal History : Living Word or Dead Letter', Economic and Political Weekly, Vol. XXXV, No. 18, April 29, 2000, p. 1522. 131

आदिवासी प्रतिवाद के बदलते रूप

डॉ. अशोक कुमार सेन

इस आलेख का उद्देश्य आदिवासी समाज द्वारा किए गए प्रतिवाद के मूल रूप एवं समय के साथ उसमें हुए परिवर्तन को रेखांकित करना है। मुख्यतः सिंहभूम की हो जनजाति के प्रतिवाद के बदलते रूप के साथ प्रसंगानुसार कहीं-कहीं मैंने झारखंड के अन्य आदिवासी गोष्ठियों के साथ तुलना करने की चेष्टा भी की है।

'प्रतिवाद' का शाब्दिक अर्थ है आपत्ति जताना, खंडन के लिए प्रत्युक्ति अथवा विरोधिता। अर्थात् व्यक्ति या समष्टि की इच्छा के विरुद्ध कोई आचरण या विरोध अथवा प्रतिरोध की चेष्टा करना। इस रूप में देखने पर 'प्रतिवाद' एक नकारात्मक क्रिया प्रतीत होती है। पर दूसरे संदर्भ में प्रतिवाद अपनी पहचान को व्यक्त करने की एक सकारात्मक पद्धति भी है। मेरे इस आलेख का कालखंड सिंहभूम में हो जनजाति के प्रवेश से लेकर आज तक है।

विभिन्न विद्वत्-सभाओं में आदिवासी इतिहास के इस गवेषक को अक्सर एक प्रश्न का सामना करना पड़ा है कि हो जन-गोष्ठी जिसने 1819 से 1859 के बीच ब्रिटिश साम्राज्यवाद का तीव्र विरोध किया था उन्होंने ही विदेशी शासन की अधीनता मान ली तो क्या उन्होंने प्रतिवाद के रास्ते को हमेशा के लिए छोड़ दिया था? इस प्रश्न में हो समूह के प्रतिवाद की पद्धति के संबंध में गलत धारणा छिपी है। साधारणतः यह समझा जाता है कि हिंसा ही उनकी एकमात्र प्रतिवाद पद्धति है। अर्थात् 'हो' का अर्थ अनिवार्यतः 'लड़ाका कोल' है या 'हो' एवं 'लड़ाई' समानार्थक शब्द हैं। केवल 'हो' ही नहीं, आदिवासी एवं हिंसा की समानार्थकता एक प्रचलित धारणा है। हिंसा या तीर धनुष के प्रयोग को आदिवासियों के स्वभाव का अनिवार्य पहलू माना जाता है। इससे गलत धारणा बनती है कि वे आवश्यक रूप से प्राक् सभ्यता (पहाड़ जंगलवासी) अपरिवर्तनशील जन-समुदाय मात्र हैं। इस भ्रांत धारणा को नकारते हुए काल एवं परिवेश के अनुसार हो गोष्ठी के द्वारा विरोध के बदलते स्वरूप को मैं अब स्पष्ट करने की चेष्टा करूँगा।

प्रतिवाद : रूप एवं रूपान्तर

प्राक् ब्रिटिश एवं ब्रिटिशकाल

हम जानते हैं कि हो समूह मूलतः मुंडा जनगोष्ठी भुक्त है। आनुमानिक हजार साल पहले मुंडाओं ने विभिन्न दलों एवं उपदलों में दक्षिण की ओर यात्रा करते हुए सिंहभूम में प्रवेश किया। धीरे-धीरे इस जिले के विस्तृत अंचल पर उनका कब्जा कायम हुआ। यह भू-भाग स्थानीय लोगों

में कोलक्षेत्र या 'कोल्हान' के नाम से जाना जाता था। 1837 में इस क्षेत्र पर अंग्रेजों ने कब्जा किया तथा इसका नाम कोल्हान गवर्नमेंट इस्टेट रखा। उस समय यहाँ हो जनजाति कुल आबादी की 80 प्रतिशत थी। किन्तु बहिरागतों के आगमन के साथ कुल जनसंख्या में हो-अनुपात में निरन्तर कमी आई।

सिंहभूम में हो गोष्ठी के प्रवेश के समय इस क्षेत्र पर जैन धर्मावलंबी सराक तथा भुंइया लोगों का व्यापक अधिकार था। प्रारंभ में इन विभिन्न जन-गोष्ठियों में शान्तिपूर्ण सहावस्थान का संबंध रहा होगा। हो गोष्ठी भी इस समय अमन-चैन की जिन्दगी जीते थे। किन्तु बाद में किसी एक समय सराकों के अत्याचार के विरुद्ध हो कौम ने हथियार का सहारा लिया एवं युद्ध में सराकों को परास्त किया। अर्थात् शान्तिपूर्ण जीवन की आदी हो कौम ने तीर-धनुष को प्रतिवाद की एक अनिवार्य पद्धति माना। उन्होंने भुंइया समूह को भी युद्ध में हराया। फलस्वरूप वे 'लड़ाका कोल' कहलाए। सब उनसे डरने लगे। डर इतना था कि पुरी गामी तीर्थयात्री भी कोल क्षेत्र से होकर जाने में घबराते थे। किन्तु उल्लेखनीय बात यह है कि अपनी अर्थ-सामाजिक व्यवस्था के संचालन के लिए हो कौम के द्वारा स्वेच्छा से तांती, कुम्हार, लोहार एवं ग्वालाओं को हो गाँवों में बसाने की परम्परा इस समय से ही शुरू हुई। साथ ही भ्राम्यमान व्यापारी अपनी रसदों के साथ कोल्हान में आया करते थे। नमक के लिए कोल्हान के लोगों को उड़ीसा जाना पड़ता था। सिंहभूम पर व्यापक नियंत्रण के उपरांत प्रयोजन के अनुसार युद्ध या सहावस्थान हो कौम की आत्माभिव्यक्ति के साधन बनते गए।

ग्राम-निर्भर हो व्यवस्था एक प्राक् राज्यीय व्यवस्था थी। इसमें कोई नियमित सेना नहीं थी। वस्तुतः इसकी कोई जरूरत भी नहीं पड़ती थी। कारण प्रत्येक परिवार तीर-धनुष एवं टांगी से लैस, परम्परागत अस्त्रों से समृद्ध था। प्रत्येक हो एक सैनिक था। 1750-1800 के बीच जब छोटानागपुर सिंहभूम एवं वामन घाटी के शासकों ने हो क्षेत्र को जीतने की चेष्टा की तो इस सामुदायिक सेना ने उन्हें परास्त किया। सशस्त्र प्रतिरोध पुनः उस समय जरूरी हुआ जब 1819-20 में पोड़ाहाट, सरायकेला एवं खारसवां के राजाओं के द्वारा अंग्रेजों की मदद से कोल क्षेत्र को जीतने की कोशिश की गई। इस संदर्भ में अंग्रेज सेनापति रफसेज की उक्ति उल्लेखनीय है। उन्होंने लिखा—'लड़ाका कोलों के गाँव में प्रवेश करते समय एक भ्रमणकारी को केवल शेर की मांद याद आएगी।' इस तरह हो वीरता की तुलना शेरों की हिंस्रता से की गई।

अंग्रेजों की सहायता से स्थानीय रजवाड़ों ने कोल क्षेत्र पर कब्जा किया। जंगलों में एक हद तक स्वतंत्र जीवन का आदी हो समुदाय इसे स्वीकार नहीं कर सका। फलतः राजाओं के गाँवों पर उन्होंने वर्षों तक चढ़ाई की। शांति एवं व्यवस्था कायम करने के बहाने अंग्रेजों ने हो भूमि पर आक्रमण किया। कोल्हान के आदिवासियों ने वीरता के साथ लड़ाई की, पर वे हार गए एवं उनकी भूमि पर अंग्रेजों ने कब्जा जमा लिया। 1837 में इसे एक स्वतंत्र प्रशासनिक इकाई कोल्हान गवर्नमेंट इस्टेट का दर्जा दिया गया। किन्तु अन्दर ही अन्दर पराधीनता के खिलाफ असंतोष सुलगता रहा। कोल्हान में 1857-59 में अंग्रेजों के विरुद्ध सशस्त्र लड़ाई लड़ी गई। अर्थात् तीर-धनुष के द्वारा फिर से प्रतिवाद व्यक्त किया गया।

संपूर्ण झारखंड के आदिवासियों के लिए अस्तित्व एवं सम्मान की रक्षा के लिए प्रतिवाद का यह रूप अत्यंत व्यापक रहा। 1831-32 का कोल विद्रोह, 1855-56 का संताल विद्रोह या हूल एवं 1895-1900 में बिरसा मुंडा के नेतृत्व में उलगुलान—इसके कुछ ज्वलंत उदाहरण थे। सहिंस प्रतिवाद के बार-बार प्रयोग के कारण लोग साधारणत: सोचते हैं कि हिंसा ही आदिवासियों के प्रतिवाद की एकमात्र पद्धति है किन्तु यह विचार सही नहीं है। इसकी चर्चा मैं अब करना चाहूँगा।

बहिर्गमन (Migration) आदिवासियों के शांतिपूर्ण प्रतिवाद का प्राथमिक रूप रहा। आज से लगभग हजार साल पहले छोटानागपुर घाटी पर हिंदू एवं उराँव गोष्ठियों का नियंत्रण होते ही विभिन्न झुंडों में मुंडाओं ने घाटी छोड़कर सिंहभूम की ओर यात्रा की। इस तरह आक्रमणकारियों को बल के सहारे रोकने में अपने को असमर्थ पाकर मुंडाओं ने सामूहिक निष्क्रमण के द्वारा अपने प्रतिवाद को व्यक्त किया। यह क्रिया आत्महननकारी (masochistic) है।

इस पद्धति के उपयोग के कुछ और उदाहरण दिए जा सकते हैं। पहला है, पोड़ाहाट के राजाओं के अत्याचार के फलस्वरूप अनेक ग्रामवासियों का खूँटकट्टी गाँवों से पलायन। दूसरा, कोल्हान में रेल पथ के निर्माण के दौरान ब्रिटिश सरकार के द्वारा जमीनों के अधिग्रहण के कारण काफी संख्या में ग्रामीणों को अपने गाँवों को छोड़ना पड़ा। इनके अलावा छोटे किसानों एवं भूमिहीनों में अनेकों को गरीबी के कारण भी स्थायी अथवा सामयिक रूप से स्थानांतरण का सहारा लेना पड़ा। एक समय वे कोलकाता, बंगाल एवं बिहार के कोयले की खानों में, असम के चाय बागानों अथवा क्योंझर तथा मयूरभंज जाते थे। आज उन्हें महानगरों, ईंट भट्ठों या खानों में काम करने अथवा पंजाब एवं हरियाणा में मजदूरी के लिए जाना पड़ता है। श्रमिकों का यह मौन पलायन गरीब एवं पीड़ितजनों के प्रतिवाद का एक तरीका मात्र है।

हिंसा अथवा आत्महनन के अलावा विरोध के कुछ अन्य तरीके भी थे। ब्रिटिश शासनकाल में सरकारी एवं गैर-सरकारी जरूरतों के लिए व्यापक पैमाने पर जमीनों का अधिग्रहण किया जाता था। छोटानागपुर काश्तकारी अधिनियम के तहत इसके लिए ग्रामीणों को मुआवजा देने का प्रावधान था। इस राशि की उपेक्षा करना गरीब ग्रामीणों के लिए कठिन था। साथ ही जमीन को पाने के लिए सरकार के द्वारा धमकी या बल प्रयोग को हम नकार नहीं सकते। ऐसी स्थिति में बाध्य होकर लोगों को अपनी जमीन का मालिकाना हक छोड़ना पड़ता था। इसके विरुद्ध जनता के प्रतिरोध के प्रमाण सरकारी कागजातों में अधिक नहीं मिलते। इसलिए गण असंतोष की व्यापकता का सोदाहरण उल्लेख करना कठिन है। फिर भी मैं कुछ उदाहरण पेश करना चाहूँगा। पहला है राजांका एवं कोंडोआ गाँवों के लोगों ने टाटा कंपनी के द्वारा जमीन की लीज लिए जाने का विरोध किया। कोंडोआ वासियों ने क्षतिपूर्ति की राशि को लेने से इनकार किया। इतना ही नहीं, दोनों गाँवों के लोगों ने अधिगृहीत भूमियों पर खेती जारी रखी। दूसरा, छोटा महुलडीहा के लोगों ने Kasim Bazar Clay Factory को लीज के तौर पर अतिरिक्त भूमि देने से इनकार किया। व्यक्तिगत स्तर पर भी विरोध किए गए। जैसे कि रांडो हो ने उपर्युक्त कंपनी को अपनी जमीन नहीं दी। पर मेरे विचार में ये विरोध असंतोष के हिमशिला के क्षुद्र दृश्य अंश हैं जिसका विशाल भाग सरकारी दलीलों के

मौन के कारण शायद अदृश्य रह गया है।

ब्रिटिश सरकार के जंगल संबंधी कानूनों ने प्रतिवाद का अन्य क्षेत्र प्रस्तुत किया। जंगलाकीर्ण छोटानागपुर घाटी सदियों से आदिवासी गोष्ठियों की वासभूमि रही। जंगल काटकर गाँव बसाए गए। कृषि एवं वन आदिवासी अर्थ-सामाजिक संस्कृति का मूल आधार बना। वन क्षेत्र के साथ निविड़ संपर्क के कारण लोगों के लिए यह सोचना स्वाभाविक था कि जंगल उनके लिए प्रकृति की उदात्त देन है। इसलिए ब्रिटिश सरकार की वनों को सुरक्षित एवं संरक्षित करने की नीति के चलते उनके जीवन का स्वाभाविक लय छंद नष्ट हुआ। इस सरकारी नीति एवं जमींदारों तथा महाजनों के शोषण के विरुद्ध उलगुलान के इतिहास से हम सभी परिचित हैं। किंतु सिंहभूम के हो आदिवासियों के लिए साधनसंपन्न एवं पराक्रमी शासक कुल के विरुद्ध हथियार पकड़ना संभव नहीं था। इसलिए उन्होंने अहिंस प्रतिवाद के मार्ग को चुना।

कानून तोड़ना पहला तरीका था। अवश्य सरकारी दलीलों में इसके प्रत्यक्ष प्रमाण अधिक संख्या में नहीं मिलते। परोक्ष प्रमाण के लिए हमें चाईबासा रिकार्ड रूम में सरंक्षित Register of Criminal Cases देखने होंगे। पता चलता है कि इस समय वृक्ष काटने के मामलों में उल्लेखनीय बढ़ोतरी हुई। अर्थात् जंगल कानूनों के विरुद्ध लोगों ने व्यापक पैमाने पर लुक-छिपकर सरकारी वनों के वृक्षों को काटकर अपना असंतोष व्यक्त किया। अनुमति लिए बगैर जंगल से सामग्रियों का संग्रह करना या जंगलों में आग लगाने के प्रयोग भी इस समय अक्सर किए जाते थे। एक अन्य अनोखे तरीके का उल्लेख करना आवश्यक है। वन कानून के अनुसार सरकार के द्वारा संरक्षित एवं ग्रामीण वन की सीमाओं को चिन्हित किया जाता था। बिला, सोनुआ एवं रेगरबेड़ा गाँवों के लोगों ने संरक्षित जंगल को भी गाँव के जंगल के रूप में दिखाने की चेष्टा की। इसके द्वारा संरक्षित वन के अस्तित्व को शायद नकारा गया।

न्याय प्राप्ति के लिए सरकार के पास अर्जी भेजना अन्य तरीका था। सिंहभूम के कुछ हिस्से को सुरक्षित वन में बदलने के सरकारी आदेश के विरुद्ध 1907-08 में काफी संख्या में कोल्हान के मानकियों, मुंडाओं एवं ग्रामीणों ने सरकार के पास आवेदन किया। उसी प्रकार एक हजार से अधिक ग्रामीणों ने 1922 के उस सरकारी निर्देश को वापस लेने के लिए प्रशासन के पास लिखित आवेदन किया जिसके द्वारा कोल्हान के जंगलों में पशुचारण का निषेध किया गया था। इस तरह छोटानागपुर की सरदारी लड़ाई के दौरान सरकार के पास अर्जी भेजने की पद्धति सिंहभूम में भी अपनाई गई।

सहिंस से शांतिपूर्ण आंदोलन की ओर आदिवासी गोष्ठियों के इस झुकाव के पीछे निस्संदेह स्थान एवं काल का प्रभाव था। सहिंस पद्धति विपद्पूर्ण है। साथ ही ब्रिटिश शासन के अस्तित्व को स्वीकार कर लिए जाने के लिए आदिवासियों के द्वारा इस पद्धति का प्रयोग अप्रासंगिक हो गया। इसलिए क्षोभ व्यक्त करने के उपर्युक्त कानूनी तरीके अपनाए गए। इस तरह अस्तित्व के स्वरूप के बदलते ही प्रतिवाद के तरीके में भी बदलाव आया।

किंतु स्वीकार करना होगा कि परिवर्तित आत्मोपलब्धि ही इस बदलाव का एकमात्र कारण नहीं था। इसके पीछे बाहरी प्रभाव के कारण जीवनबोध में हुए परिवर्तन की भूमिका भी थी। इनमें

आधुनिक शिक्षा, अंग्रेजी कानूनी व्यवस्था एवं गैर-आदिवासियों के साथ संपर्क के प्रभावों का उल्लेख किया जाना आवश्यक है। यह कहना कठिन है कि ठीक किस वर्ष से यह बदलाव आया। अनुमानतः इसकी शुरुआत 19वीं सदी के उत्तरार्द्ध से हुई होगी। ईसाई धर्म के प्रचारकों के द्वारा सरदारी लड़ाई के दौरान आवेदन-पत्र भेजने की पद्धति को अपनाया जाना उपर्युक्त प्रभाव एवं बदलाव का प्रमाण है। किंतु सिंहभूम से भेजे गए पूर्व वर्णित आवेदन पत्रों के उद्भावक कौन थे—इसकी जानकारी हमें नहीं है।

सिंहभूम में हुए प्रतिवाद में रूपान्तर का स्पष्ट चित्र बीसवीं सदी के दूसरे दशक में हो रहे स्वाधीनता आंदोलन से मिलता है। इस आंदोलन में महात्मा गाँधी, जवाहरलाल नेहरू, सुभाष चंद्र बोस, बोगोदावरीश मिश्र, गोपबंधु दास आदि नेताओं का विशेष प्रभाव रहा। वे राष्ट्रीय कांग्रेस द्वारा परिचालित स्वाधीनता आंदोलन के प्रसार के लिए भिन्न-भिन्न समयों में सिंहभूम में आए। इसलिए 1921-22 के असहयोग आंदोलन का व्यापक प्रभाव सिंहभूम में भी दिखा। जगन्नाथपुर में एक विशाल जनसभा का आयोजन हुआ। सुखलाल सिंह सिंकु एवं रसिका मानकी ने इस आंदोलन में अहम भूमिका निभाई। गाँधी जी के चाईबासा आने के उपलक्ष्य में शहर में विराट् जनसभा हुई। 1928 में रसिका मानकी ने सरकार को कर न चुकाने के लिए आंदोलन शुरू किया जिसके चलते उन्हें जेल जाना पड़ा। 1930-32 का सविनय अवज्ञा आंदोलन सिंहभूम के गाँवों में भी फैला। 1940 के दशक में देवेन्द्र नाथ सामंत के नेतृत्व में कोल्हान थाना कांग्रेस कमेटी गठित हुई। तुराम हेम्ब्रम, साधुचरण अंगारिया, लाकोतिउ, बिहारी पूर्ति, सनातन पाटविंगुआ आदि के नेतृत्व में सिंहभूम में स्वाधीनता आंदोलन और तीव्र हो उठा। अगस्त क्रांति के दौरान कोल्हान फिर से आंदोलित हुआ। चाईबासा में सत्याग्रह आंदोलन हुआ। रेल सेवाओं को विघ्नित किया गया। अन्य नेताओं के साथ तुराम हेम्ब्रम एवं साधुचरण अंगारिया को भी जेल की सजा हुई।

स्वाधीनोत्तर काल एवं प्रतिवाद का बदलता स्वरूप

स्वाधीनोत्तर काल में हो समाज के प्रतिवाद के लक्ष्य एवं पद्धति में उल्लेखनीय बदलाव आया। आर्थिक शोषण के विरुद्ध अहसास के साथ सिंहभूम के आदिवासियों में अपनी भाषाओं को मान्यता दिलाने एवं झारखंड राज्य की स्थापना के प्रति सजगता अत्यंत प्रबल हो उठी। 1 जनवरी 1948 को आदिवासी महासभा (1938) ने खारसवां में एक विशाल जनसभा का आयोजन किया। इस दौरान पुलिस गोलीकांड में अनेक व्यक्तियों की मृत्यु के विरुद्ध स्थानीय लोगों में व्यापक असंतोष दिखाई दिया। यह धारणा प्रबल हो उठी कि अलग राज्य की स्थापना के बिना उनकी दीर्घकालीन वंचना का निराकरण संभव नहीं है। मारांग गोमके जयपाल सिंह के नेतृत्व में 1950 में झारखंड पार्टी का गठन हुआ। 1952 में साधारण निर्वाचन में इस दल को महत्त्वपूर्ण सफलता मिली। झारखंड पार्टी आदिवासी राजनीतिक चेतना एवं एकता का प्रतीक हो उठी। दलीय एवं निर्वाचन राजनीति (Party and electoral politics) में प्रतिवाद पद्धति का महत्त्वपूर्ण एवं संभवतः स्थायी रूपान्तर हुआ।

इन वर्षों में सांस्कृतिक पहचान भी आदिवासी चेतना की केन्द्रबिन्दु में रही। इसका प्रारंभ

1920 में हुआ। जबकि आदिवासियों के सामाजिक-धार्मिक एवं राजनीतिक उत्थान के लिए छोटानागपुर उन्नति समाज की स्थापना हुई। सिंहभूम में 1930-31 में सामाजिक तथा धार्मिक सुधार के लिए हरिबाबा आंदोलन एवं 1937 में कृपासिंधु आंदोलन जैसे सराहनीय प्रयास किए गए। किंतु विशेष रूप से उल्लेखनीय है—भाषाई अस्मिता की चेतना। इस दिशा में पंडित रघुनाथ मुर्मु द्वारा ओल चिकि लिपि के अनुसंधान के साथ ही संताली भाषा एवं साहित्य के विकास के लिए प्रयास शुरू हो चुके थे। हो समाज भी इस क्षेत्र में पीछे नहीं रहा। गुरु लाखो बोदरा के द्वारा बारांग क्षिति लिपि के आविष्कार एवं साहित्य सृजन ने हो समाज को अपनी स्वतंत्र भाषायी पहचान के प्रति सजग किया। इस उद्देश्य के साथ 1985 में आदिवासी हो महासभा का गठन हुआ। हाल के वर्षों में बारांग क्षिति लिपि को लोकप्रिय बनाने, हो साहित्य की रचना, स्कूल कॉलेज के पाठ्यक्रम में हो भाषा को जगह दिलाने, प्राथमिक विद्यालयों में इसकी पढ़ाई को अनिवार्य बनाने एवं हो भाषा को संवैधानिक मान्यता दिलाने के लिए सराहनीय प्रयास किए जा रहे हैं।

स्वाधीनोत्तर वर्षों में राजनीतिक चेतना एवं सक्रियता में इजाफा होने पर एकाधिक झारखंडी दलों की स्थापना के कारण झारखंड एवं सिंहभूम की राजनीति में जटिलता भी आई। 1963 में झारखंड पार्टी का राष्ट्रीय कांग्रेस में विलय हुआ। झारखण्डियों में इसके कारण क्षोभ एवं हताशा दिखाई दी। फलतः अखिल भारतीय झारखंड पार्टी, बिरसा सेवादल, हूल झारखंड पार्टी, झारखंड मुक्ति मोर्चा एवं आजसू जैसे अनेक दलों का गठन हुआ। साधारण तौर पर झारखंड राज्य की स्थापना में आस्था रखने पर भी ये दल झारखण्डियों में राजनीतिक विवाद एवं विभाजन के कारण बने। साथ ही झारखंड क्षेत्र में अखिल भारतीय राजनीतिक दलों के क्रियाकलापों में भी वृद्धि हुई। इससे आंचलिकता बनाम अखिल भारतीयता का द्वंद्व इस क्षेत्र में भी शुरू हुआ।

अन्य एक द्वंद्व में भी उल्लेखनीय वृद्धि हुई। आदिवासी समाज को दीर्घ समय से रह रहे एवं साम्प्रतिक दशकों में आगत गैर-आदिवासियों के साथ संपर्क के निर्धारण की जटिल समस्या का सामना करना पड़ा। दिल से दिकुओं को नापसंद करने के बावजूद पूरे इलाके में गैर-आदिवासियों की विशाल उपस्थिति की उपेक्षा करना झारखंडी राजनीतिक दलों के लिए कठिन था। फलस्वरूप साधारण सदस्य या नेता के रूप में इन दलों में भी गैर-आदिवासियों की संख्या समय के साथ बढ़ती गई। पर साथ ही कानून के प्रयोग के सहारे आदिवासी जमीनों के पुनरुद्धार एवं विकास के नाम पर उनकी जमीनों के अधिग्रहण के विरुद्ध प्रतिवाद, सरकारी पदों तथा शिक्षण संस्थाओं में आदिवासियों के लिए समुचित आरक्षण एवं संप्रति शुरू हुए 'दिकु झारखंड' की जगह 'आदिवासी झारखंड' बनाने के लिए आह्वान भी आदिवासी प्रतिवाद प्रक्रिया के मुख्य एजेंडा बने रहे।

हजार साल पुराने आदिवासी प्रतिवाद के इस संक्षिप्त अध्ययन के द्वारा मैंने इसके बदलते माहौल एवं रूप को दर्शाने की चेष्टा की है। बहिर्गमन के माध्यम से आत्मविनाश से सशस्त्र संग्राम, हिंसा से अहिंसा आंदोलन की पद्धति को अपनाना बदलाव की मान्य प्रक्रिया रही। आदिवासियों के अर्थ-सामाजिक एवं राजनीतिक अवस्था में परिवर्तन के फलस्वरूप ये बदलाव

आए। पर यह विचारणीय है कि क्या यह परिवर्तन आदिवासी चेतना में समग्र परिवर्तन का सूचक है ? यदि ऐसा हो तो अशिक्षित एवं विपन्न आदिवासी परिवार विशेषत: ग्रामीण लोग राजनीतिक आंदोलन में व्यापक रूप से शामिल न होकर रोजी–रोटी की तलाश में आज भी क्यों अपने घर–द्वार छोड़कर चले जाते हैं ? इसलिए क्या अभी भी एक तरह से आत्महनन बहुसंख्यक आदिवासी जनता के लिए प्रतिवाद की एकमात्र पद्धति बनकर नहीं रह गई है ?

जतरा भगत एवं टाना भगत आन्दोलन

डॉ. विजयपाणि पांडेय

भारतवर्ष में देशभक्ति की उज्ज्वल परम्परा रही है। झारखंड की अपनी विशेषता, संस्कृति और महत्त्व है। जंगल से ढँके पहाड़ों तथा पहाड़ियों के ढलानों, घाटियों और पहाड़ के ऊपर समतल भाग में जनजातियों के गाँव बसे हैं। लोकगीतों, लोकनृत्यों की भरपूर सम्पदा इन जनजातियों के पास है। इसके लिए नृत्य, संगीत इनकी आकांक्षाओं, इच्छाओं, उल्लास और उमंग की अभिव्यक्ति का सहज माध्यम है। इनके नृत्य, गीत मनोरंजन से अधिक उनके जीवन का अंग हैं। संस्कृति की अभिव्यक्ति हैं। मांदर की थाप पर थिरक कर थकान मिटाकर असीम आनन्द प्राप्त कर लेना इनकी संस्कृति है।

झारखंड जनजातीय समूह प्रारम्भ से ही स्वछंदता एवं स्वतंत्रता प्रेमी रहे हैं। इतिहास गवाह है कि ये जनजातीय सिर्फ नृत्य एवं संगीत में मस्त नहीं रहते, समय की माँग को ध्यान में रखकर इन्होंने अंग्रेजों के विरुद्ध भी स्वतंत्रता की लड़ाइयाँ लड़ी हैं। सन् 1789, 1797, 1807, 1819-20, 1831-32, 1855-57, 1895-1900 (बिरसा आन्दोलन); 1914 (टाना भगत आन्दोलन) से होते हुए 1947 तक अंग्रेजों के देश छोड़कर चले जाने तक वीर जनजातियों द्वारा अपनी धरती एवं संस्कृति की रक्षा हेतु लड़ाइयाँ लड़ी गई हैं।

9 जून 1900 को भगवान बिरसा मुंडा के शहीद हो जाने के बाद उनके द्वारा छेड़ा गया आन्दोलन समाप्त तो नहीं हुआ लेकिन कमजोर अवश्य पड़ गया। इधर अंग्रेजों द्वारा भूमि हस्तांतरण, आर्थिक-धार्मिक शोषण एवं दमनकारी नीति के कारण सामाजिक जीवन में बढ़ रहे अवांछनीय हस्तक्षेप के फलस्वरूप असंतोष बढ़ता जा रहा था। जगह-जगह उराँव जनजातियों द्वारा प्रतिक्रिया भी की जा रही थी। लेकिन संगठित होकर जोश-खरोश के साथ न करने के कारण सफल नहीं हो पा रहे थे। राँची से दूर नेतरहाट में बन रहे बंगले में अंग्रेजों द्वारा उराँव जन से बेगारी कराकर उत्पीड़ित किया जा रहा था। ऐसी दमनकारी परिस्थितियों के बीच उराँव जनजातियों के बीच से जतरा उराँव नाम का एक नवयुवक धार्मिक सामाजिक पुनर्रचना के संकल्प के साथ अंग्रेजों को नाकों चने चबवाने के लिए टाना भगत आन्दोलन का महामंत्र लेकर सामने आया। यही युवक बाद में जतरा टाना भगत के रूप में प्रसिद्ध हुआ।

झारखंड के गुमला जिलान्तर्गत बिशुनपुर प्रखंड के चिंगरी (नवाटोली) में आश्विन माह की अष्टमी तिथि को सन् 1888 में जतरा का जन्म हुआ। इनके माता तथा पिता का नाम क्रमशः लिबरी तथा कोंडल उराँव था। इनका बचपन तो साधारण ढंग से बीता लेकिन छोटी उम्र में ही

अलग स्वभाव स्पष्ट होने लगा था। जतरा भगत की पत्नी का नाम बंधनी था। इनके चार पुत्र बुधु, बंधु, सुधू और देशा तथा दो पुत्रियाँ बिरसो और बुधनी थीं। देशा का विवाह पंडरी से हुआ। उनको एक पुत्र बिसुवा और दो पुत्रियाँ थीं। बिसुवा की पत्नी का नाम बुधमनिया है। उनके तीन पुत्र और एक पुत्री है। बिसवा भगत सपरिवार चिंगरी नवाटोली में निवास करते हैं।

जतरा जब किशोरावस्था में पहुँचे तो वह मति झाड़फूँक (तंत्र-मंत्र) की विद्या सीखने के लिए नजदीक के हेसराग ग्राम में तुरिया भगत के यहाँ जाने लगे। यह विद्या सीखने वह चिंगरी से हेसराग आया-जाया करते थे। इसी क्रम में एक दिन वह एक वृक्ष पर चिड़िया का अण्डा उतारने के लिए चढ़े तो वह अण्डा नीचे गिरकर फूट गया। उसमें से जो तरल पदार्थ गिरा, उसको देखकर जतरा भगत को लगा कि यह तो जीवहत्या है। उसी दिन से उन्होंने जीवहत्या न करने का संकल्प किया। इस प्रकार सन् 1914 के अप्रैल माह में एक दिन जब जतरा मति सीखने जा रहे थे तो हेसराग के निकट गुरदाकोना पोखरा में स्नान करने के क्रम में उन्हें आत्मज्ञान हुआ और वह पानी से जब बाहर निकले तब उनका चेहरा चमक रहा था और उन्होंने आवाज लगाई कि-

टाना बाबा भुतनी के टाना
टाना टन टाना
कासा पीतर मना, दोना पतरी खाना
मांस मदिरा मना, दारू मना
टाना बाबा टाना

जतरा टाना भगत ने बताया कि पानी के भीतर उनको धर्मेश (उरांव जनजाति के सर्वोच्च देवता) का दर्शन एवं ज्ञान प्राप्त हुआ है। उसे ही लोगों को उन्होंने बताया। जैसे तमसा नदी के तट पर वाल्मीकि का स्वर फूटा और संस्कृत भाषा का जन्म हुआ, उसी तरह जतरा भगत के मुंह से जो उद्घोष हुआ वही आगे चलकर टाना पंथ बना और टाना भगत आन्दोलन चला। टाना शब्द की उत्पत्ति पर ध्यान देने से कई बातें सामने आती हैं। टाना शब्द का प्रयोग जतरा टाना भगत ने अंग्रेजों पर कटाक्ष करने (ताना मारने) या किसी की गलत बातों, कामों के आगे न झुककर अपने को इससे तानकर (अलग) रखने के भावार्थ से हो सकता है।

जतरा भगत ने पहले वैष्णव विचारधारा के तहत समाज सुधार कर समाज का आत्मगौरव बढ़ाकर नवजीवन का संचार कर चरित्र निर्माण करने की बात उठाई। सामाजिक बुराइयों को दूर करने, पवित्र रहने के लिए मानसिक प्रयत्न करने, मांस मदिरा खानपान तथा पशुबलि पर रोक, परोपकारी बनने, भूतप्रेत का अस्तित्व न मानने, आँगन में तुलसी चौरा स्थापित करने, गौसेवा करने, अंग्रेजों की बेगारी न करने, ध्यान-चिंतन में लीन रहने का उपदेश देना शुरू किया। उल्लेखनीय है कि जनजातियों में मांस भोजन का सामान्य भाग है और टोना-टोटकों में अधिक विश्वास करने के कारण ये लोग प्रायः पशुबलि देते हैं। जतरा भगत के उपदेश का महत्त्व इसलिए बढ़ जाता है कि इन्हीं मांसाहारी पशुबलि के विश्वासी उराँव जनजातियों ने उनकी बात सरलता से माननी शुरू कर दी और देखते-देखते उनके समर्थकों की अच्छी संख्या हो गई। जतरा भगत के इस पंथ का नाम टाना पड़ा और इनके अनुयायी टाना भगत कहलाए। जतरा भगत का प्रवचन सुनने के लिए दूरदराज से जनजातीय आने लगे। बृहस्पतिवार को सामूहिक प्रार्थना का

दिन निश्चित था। टाना भगतों ने अंग्रेजों को मालगुजारी चौकीदारी टैक्स भी देना बन्द कर दिया। बहुत कम अवधि में जतरा भगत की शिक्षा का ऐसा जादुई प्रभाव हुआ कि मुंडा, खड़िया जनजातीय तथा गैर-जनजातीय भी टाना पंथ से जुड़ने लगे। टाना आन्दोलन के इस प्रकार के तेजी से प्रसार एवं कठोरतापूर्वक विचारों के पालन का परिणाम हुआ कि अंग्रेज एवं उनके पिट्ठुओं के बीच दहशत फैल गई और उन्हें अपना आधार हिलता-सा लगने लगा। ब्रिटिश सरकार टाना आन्दोलन के बढ़ते प्रभाव से थर्रा उठी। सरकार ने सन् 1916 के आरम्भ में जतरा भगत पर नियोजित ढंग से उत्तेजक विचारों के प्रचार का अभियोग लगाकर उनको सात अनुयायियों के साथ गिरफ्तार कर लिया तथा कोर्ट द्वारा उनको वर्ष भर की कड़ी सजा देते हुए जेल में बन्द कर खूब प्रताड़ित किया। फलस्वरूप जेल से बाहर आने के बाद ही 28 वर्षीय जतरा भगत का देहावसान हो गया।

इसके बाद अनुयायियों ने अंग्रेजों से संघर्ष का बीड़ा उठाया तथा इस आंदोलन को शिक्षित नहीं होने दिया। यह आन्दोलन जो वास्तव में सुधारवादी, शुद्ध सरल, सादगी जीवन, स्वावलम्बन तथा उन्नत चरित्र का द्योतक था, इसके पीछे आध्यात्मिक दृष्टि रही थी। कालान्तर में जनजातीय क्षेत्र का प्रखर स्वदेशी स्वावलम्बन एवं स्वधर्म के प्रतीक के रूप में अहिंसक सम्पूर्ण गाँधीवादी जनान्दोलन साबित हुआ। टाना भगत अंग्रेजी शासन का शांतिपूर्ण एवं अहिंसक तरीके से विरोध करते रहे तथा जमीन की मालगुजारी नहीं देना तथा अंग्रेजों से जनजातीय क्षेत्र को छोड़कर चले जाने को कहना शामिल रहा।

जतरा भगत के बाद टाना आन्दोलन की अगुवाई शिव भगत के हाथ में आई। शिबू और माया ने इस आन्दोलन को नई गति दी। इन लोगों में अधिक क्रांतिकारिता, संगठनक्षमता तथा जुझारूपन था। महात्मा गाँधी 1918 में जब राँची में आए उस समय के उत्साही कार्यकर्ताओं ने टाना भगतों को गाँधी जी से मिलवाया तो गाँधी जी को हर्ष मिश्रित आश्चर्य हुआ कि जिस प्रकार के अहिंसामय-असहयोगात्मक आन्दोलन की रूपरेखा उनके दिमाग में है, उसे इन जनजातीय टानाओं ने स्वरूप पहले से ही दे रखा है। तभी से स्वतन्त्रता आन्दोलन और टाना भगत आन्दोलन अपने चारित्रिक विशेषताओं के बीच आश्चर्यजनक समानता के कारण दोनों ही एक भाव से अंग्रेजों के विरुद्ध लड़ाई में भिड़ गए। सन् 1920 के बाद भारतीय स्वतन्त्रता आन्दोलन में टाना भगतों का योगदान स्वर्णाक्षरों में लिखे जाने योग्य है। यह कहने में अतिशयोक्ति नहीं होगी कि टाना भगत आन्दोलन कहीं गाँधी जी से भी अधिक गाँधीवादी था। यह मूलतः जनजातियों की देशज संस्कृति की उपज थी। यह झारखंड की भूमि पर मौलिक अहिंसात्मक असहयोग आन्दोलन था।

टाना भगत आन्दोलन लोहरदगा, कुड़ू, बेड़ो मांडर, बिशुनपुर, पलामू के अन्य जिलों विशेषकर लातेहार में फैल चुका था। दिसम्बर 1919 में लगभग 400 टाना भगत टीकों टांड (जहाँ वीर बुद्धू भगत 1831-32 में अंग्रेजों के विरुद्ध लड़े थे।) में एकत्रित होकर अंग्रेजों के विरुद्ध अहिंसक तरीके से संघर्ष करते हुए मालगुजारी नहीं देने का संकल्प लिया। टाना भगत अब खादी का ही कपड़ा पहनना, अपने ही सूत कातने, सिर पर गाँधी टोपी लगाने, कन्धे पर छोटे डंडे में तिरंगा झंडा रखना शुरू कर दिए थे। आन्दोलन पूर्णतः गाँधीमय हो गया। अभी भी

प्रत्येक टाना भगत के घर में तुलसी चौरा और उसी चौरा से सटे बांस के डंडे से टँगा हुआ तिरंगा मिलता है। इस तिरंगा को ये पर्व त्यौहार के अवसर पर बदलते रहते हैं।

12 फरवरी 1921 को कुड़ू में लगभग 8000 टाना भगत एकत्रित होकर सभा किए। अब उनका अहिंसक धार्मिक, सामाजिक-सांस्कृतिक एवं स्वतंत्रता आन्दोलन परवान चढ़ने लगा था। उस समय अंग्रेज पुलिस सुपरिंटेंडेंट ने अपनी रिपोर्ट में इनके आन्दोलन पर तत्काल रोक लगाने पर बल दिया था। 19 मार्च 1921 को अंग्रेज उपायुक्त ने छोटानागपुर के आयुक्त को अपनी रिपोर्ट में लिखा कि टाना भगत आंदोलन और गाँधी के आन्दोलन के मिल जाने से समस्याएँ बढ़ती जा रही हैं। जुलाई 1921 में जब कांग्रेस ने विदेशी कपड़ों के बहिष्कार करने का आह्वान किया तब टाना भगत सबसे आगे थे। दिसम्बर 1921 में गया में कांग्रेस की राष्ट्रीय बैठक हुई उसमें गाँधी जी सहित कांग्रेस के सभी उच्चस्तरीय नेता उपस्थित थे। उसमें टाना भगतों ने भाग लिया। कुछ ने तो पैदल ही राँची से गया तक यात्रा की थी। इस बैठक में भाग लेने के बाद टाना भगत पूर्ण रूप से भारत के राष्ट्रीय स्वाधीनता आन्दोलन से जुड़ गए। ये टाना भगत रामगढ़ कांग्रेस, गया कांग्रेस में भाग लिए तथा समय-समय पर कांग्रेस ने जो भी रणनीति अंग्रेजों के विरुद्ध बनाई उसके क्रियान्वयन में टाना भगतों ने पूर्ण सहयोग किया। कांग्रेस के विदेशी कपड़ों के बहिष्कार तथा खादी कपड़ा पहनने के आह्वान स्वरूप इन लोगों ने अपने हाथों चर्खे पर सूत कातकर स्वनिर्मित खादी का उपयोग शुरू कर दिया था। सरदार पटेल के नेतृत्व में बारडोली (गुजरात) में किसानों द्वारा मालगुजारी न देने के सत्याग्रह जैसा इन टाना भगतों ने भी अंग्रेज सरकार को मालगुजारी नहीं देने का अपनी माटी में भी सफल प्रयोग किया हालाँकि उनको इस आन्दोलन की बड़ी कीमत चुकानी पड़ी। इनकी जमीनें मालगुजारी न देने के कारण अंग्रेजों ने नीलाम कर दीं तब भी इनका अहिंसक आन्दोलन जारी रहा। ये कहते थे कि गांधी बाबा का राज होगा तभी हम अपनी जमीन वापस लेंगे।

चाहे वह 1940 का रामगढ़ कांग्रेस हो या 1941 का अवज्ञा आन्दोलन हो या 1942 का भारत छोड़ो आन्दोलन हो सभी टाना भगतों ने उत्साहपूर्वक एवं सक्रिय रूप से भाग लिया। हजारों की संख्या में जेल गए।

टाना भगतों का जेल जीवन बहुत ही बहादुरी पूर्ण रहा। पटना के पास फुलवारी शरीफ शिविर जेल में ये टाना भगत गाँधी शिविर लगाते थे। एक लम्बे संघर्ष के बाद जब अपना देश 1947 में स्वतन्त्र हुआ तब टाना भगतों ने सोचा कि अब 'सुराज' आ गया उनके जीवन में खुशहाली आएगी सरकार ने उनकी भूमि वापसी के लिए 'टाना भगत रैयती कृषि भूमि वापसी अधिनियम 1947' कानून बनाया। कुछ लोगों को भूमि वापस भी हुआ। सरकार द्वारा इनके लिए पेंशन, बच्चों लिए विद्यालय, मुफ्त भोजन, शिक्षा, आदि का प्रावधान किया गया। सन् 1947 में सरकार द्वारा बनाया गया भूमि वापसी अधिनियम बहुत अधिक कारगर नहीं हो पाया तो सरकार द्वारा इसमें 1989 में संशोधन किया गया जिससे कई टाना भगतों को राहत मिली लेकिन अभी भी ये कार्य पूरा होना बाकी है।

भारतवर्ष के स्वतन्त्रता आन्दोलन इतिहास में ऐसा कोई जनजातीय समुदाय नहीं मिलेगा जो इस आन्दोलन में गाँधी जी के साथ कन्धा से कन्धा मिलाकर अपना बहुत कुछ त्यागकर

संघर्ष किया हो ऐसे में जनजातीय उदाहरण में टाना भगत ही सामने आते हैं। वास्तव में टाना भगतों का जो आदर्श और सिद्धान्त था जैसे शुद्ध सात्विक, त्यागपूर्ण जीवन जीना, अहिंसा का प्रयोग आदि सभी गाँधी जी के सामाजिक-राजनीतिक दर्शन में ठीक मिले इसीलिए गाँधी जी टाना भगतों के बीच लोकप्रिय हुए और प्रेरणा स्रोत बन गए। ये टाना भगत जो गाँधी जी के नाम पर सर्वस्व न्यौछावर कर दिए सरकार द्वारा बहुत-सी सुविधाएँ उपलब्ध कराने के बावजूद उनकी दशा खराब है। ऐसा लगता है कि माटी के इन महान स्वाभिमानी पुत्रों को ऐसे ही छोड़ दिया गया है। सरकार द्वारा इनकी तरफ और अधिक ध्यान देने की आवश्यकता है।

हो जनजाति में आदिसमाज आंदोलन

प्रणव कुमार दासगुप्ता

'हो' लोगों ने मुंडाओं के साथ 1932 में अपने क्षेत्र में आए ब्रिटिश तथा अन्य विदेशियों के विरुद्ध सशस्त्र लड़ाई की परंपरा में हिस्सा लिया था। लेकिन मुंडाओं की तरह वे मूलभूत सामाजिक परिवर्तन या कृषि संबंधी अव्यवस्था से नहीं गुजरे। ईसाई धर्म का उन पर ज्यादा प्रभाव न पड़ा। उड़ीसा के हिन्दुओं के संपर्क में रहने के बावजूद उन्होंने अपनी मूल पारंपरिक संस्कृति को बचाए रखा। उनमें और उड़ीसा के समीपवर्ती क्षेत्रों के संतालों में काफी समानता थी। संताल लिपि का आविष्कार करने वाले संताल नेता रघुनाथ मुर्मू के नेतृत्व में सरना धरम सेमलेत (स्द्वद्यद्ध्ल) नामक आंदोलन आंरभ हुआ था। इसी प्रकार का एक आंदोलन सीमा के उस पार उड़ीसा में 'हो' लोगों के बीच विकसित हुआ। 'आदि समाज' नामक इस आंदोलन का नेतृत्व लाखो बोदरा ने किया। लाखो बोदरा का जन्म 1922 या 1923 में सिंहभूम जिले के चक्रधरपुर के समीप पासेया गाँव में एक हो-परिवार में हुआ था। उसके पिता लेखेया बोदरा एक समृद्ध किसान थे। लाखो बोदरा ने चाईबासा जिला स्कूल से मैट्रिक की परीक्षा उत्तीर्ण की और नोआमुंडी के डांगुआपोसी के रेलवे कार्यालय में किरानी के पद पर नियुक्त हुआ। नौकरी के दौरान ही उसने एक लिपि का आविष्कार किया जिसे वह चाहता था कि 'हो' अपनी लिपि के रूप में स्वीकार करें।

बोदरा का विश्वास था कि पूर्व समय में 'हो' जाति की अपनी एक लिपि थी और अपने इस दृष्टिकोण के समर्थन में वह इस क्षेत्र के विभिन्न भागों में पाए गए शिलालेखों का उदाहरण देता था। ये शिलालेख मयूरभंज के पाकेना पहाड़, चरियाडेगा, राबनचाया, क्योंझर जिला के सीताबिंग और सिंहभूम के मंझगाँव के बेनीसागर में पाए गए थे। संभवतः ये ब्राह्मी लिपि में थे। (परिशिष्ट-2 देखें) बोदरा के एक घनिष्ठ सहयोगी के अनुसार इन शिलालेखों में प्रयुक्त अक्षर तो उसकी लिपि के समान ही थे लेकिन शब्द भिन्न थे। लाखो बोदरा के अनुसार 'तुरी' नामक एक देउतरा (हो-ओझा) ने काफी समय पूर्व 'हो' लिपि का आविष्कार किया था। 'तुरी' की तुलना पौराणिक हिन्दू वैद्य धनवन्तरी से की जाती है। मगर कालान्तर में अनेक आक्रमणों एवं इसके परिणामस्वरूप हुए 'हो' के पलायनों के कारण यह लिपि नष्ट हो गई।

कहा जाता है कि 'आदि समाज' के संस्थापक लाखो बोदरा तथा इसकी कार्यकारिणी समिति के अध्यक्ष सुशील सिंकू ने 1957 में उप-शिक्षामंत्री मनमोहन दास से दिल्ली में

मुलाकात कर बोदरा द्वारा आविष्कृत लिपि की चर्चा की थी। बोदरा 1957 के लोकसभा चुनाव में कांग्रेस के टिकट पर खड़ा हुआ था। लेकिन झारखंड पार्टी के प्रत्याशी से हार गया था। फिर 1962 में उसने स्वतंत्र प्रत्याशी के रूप में चुनाव लड़ा और हार गया। उसके राजनीतिक जीवन का यहीं अंत हो गया।

'आदि समाज' की स्थापना 1954 में हुई। झींकपानी फैक्ट्री कालोनी में हुई एक बैठक में सात सदस्यीय समिति का गठन हुआ। इसके अधिकतर सदस्य तत्कालीन एक प्रबल राजनीतिक शक्ति के रूप में उभरे झारखंड पार्टी के कार्यकर्ता थे। चूंकि 'हो' लोगों की अपनी कोई लिपि नहीं थी, अत: बोदरा द्वारा आविष्कृत लिपि के प्रति इनमें रुचि जगी। बोदरा द्वारा गठित समिति के सभी सदस्य 'हो' थे और इसके अध्यक्ष और सचिव झींकपानी स्थित चाईबासा सीमेंट फैक्ट्री के कर्मचारी थे। उस समय बोदरा के कार्यकर्ताओं का पूर्ण रूप से कार्यरत कोई संगठन नहीं था। बैठकों की भी कोई निश्चित जगह नहीं थी। इसकी बैठकें फैक्टरी के टाउनशिप में कर्मचारियों के घरों में हुआ करती थीं। समिति ने लिपि पर विचार-विमर्श किया और इसके प्रचार-प्रसार के लिए रबर-स्टाम्प बनवाया गया। झींकपानी तथा विभिन्न गाँवों के लगभग बीस लोग लिपि सीखने के लिए बोदरा के पास पासेया आए। जब लिपि सीखने के इच्छुक लोगों की संख्या अधिक होने लगी तब गाँवों में प्रशिक्षित शिक्षक भेजे गए। 1956 में चाईबासा सीमेंट वर्क्स के समीप जोड़ापोखर नामक औद्योगिक गाँव में एक सहशिक्षा (ष्टश-द्गस्त्रह्वष्ड्डह्लद्बशठ्ठड्डद्य) आधारित विद्यालय खोला गया। इसमें समूचे सिंहभूम से आए करीब 500 छात्रों का दाखिला हुआ। दूरदराज स्थानों से आने वाले छात्रों के लिए आवासीय प्रबंध था। नई लिपि में लिखी गई पाठ्यपुस्तकें जोड़ापोखर प्रेस से प्रकाशित की गई थीं जिसकी छपाई के लिए लिपि के ब्लॉक कलकत्ता से बनवाए गए थे। सभी विषयों की पढ़ाई पाठ्यपुस्तकों की सहायता से 'हो' भाषा में होती थी। साथ-ही-साथ छात्रों को बढ़ईगिरी, लुहारगिरी, कपड़ा बुनना, बागवानी, कपड़े सिलना, कढ़ाई आदि विभिन्न हस्तशिल्पों का भी प्रशिक्षण दिया जाता था। बोदरा की धार्मिक कक्षाएँ भी लगती थीं। विद्यालय के सभी शिक्षक 'हो' थे और वे स्वयंसेवक के तौर पर कार्य करते थे। वे बोदरा के शिष्य थे और उसी के द्वारा प्रशिक्षित किए गए थे। प्रधानाध्यापक सिद्धेश्वर बरुआ पूर्व विधायक का पुत्र था। इसके बाद इसी प्रकार के विद्यालय जगन्नाथपुर, मंझगाँव और जमशेदपुर में भी खोले गए। 1965 में जोड़ापोखर स्थित विद्यालय किन्हीं समस्याओं के कारण बंद हो गया तथा मंझगाँव और जगन्नाथपुर के विद्यालय भी निष्क्रिय हो गए। एक जानकारी के अनुसार बोदरा के संबंध तत्कालीन स्थानीय विधायक के साथ अच्छे नहीं थे इसलिए उस विधायक के दबाव पर प्रशासन ने बोदरा के संगठन के विरुद्ध सख्त कार्रवाई की। 1968 में राँची में हुए दंगे का असर सिंहभूम पर भी पड़ा था जिसमें 'आदि समाज' के तीन सदस्यों को जोड़ापोखर स्थित आश्रम से गिरफ्तार किया गया था।

वर्तमान में 'आदि समाज' जिसका संस्थापक और निदेशक लाखो बोदरा है, के जोड़ापोखर सहित पूरे सिंहभूम जिले में दस नियंत्रण-केंद्र या 'सासंग मातुल' हैं। इनमें से एक उड़ीसा के क्योंझर जिला में है। इसके केंद्र निम्न स्थानों पर हैं—

झींकपानी के समीप जोड़ापोखर
जमशेदपुर
घाटशिला के समीप दोईगोड़ा
चाईबासा के उत्तर में लोटा
मनोहरपुर के निकट गुंडासाई
जगन्नाथपुर के समीप बड़ानंदा
मंझगाँव के निकट टुंपाकाँटा
भरभरिया के निकट टोंटो
क्योंझर, उड़ीसा के निकट सुकिन्दा
जगन्नाथपुर के समीप डोंगोपुसी

प्रत्येक केंद्र को निर्वाचित सदस्यों की एक स्थानीय समिति चलाती है। इन स्थानीय समितियों के ऊपर एक कार्यकारिणी समिति होती है जिसे 'इतेत उतुंग चोआरा आखरा' कहा जाता है। लाखो बोदरा के 'दुपुप हुदा' या 'आदि समाज' के जोड़ापोखर केंद्र से फैक्टरी टाउनशिप तथा आसपास के लगभग बीस गाँवों के 150 परिवार जुड़े हैं।

'आदि समाज' के सदस्यों से यह आशा की जाती है कि वे समाज के नियमों का अनुपालन करें। लाखो बोदरा ने कई पुस्तकें लिखी हैं जिनमें उसने अपनी सम्पूर्ण धार्मिक मान्यताओं की स्पष्ट व्याख्या की है। समाज के सदस्यों के लिए नियम स्थापित किया है। (इनमें से सहर होड़ा या 'स्वर्ग का पथ' तथा 'बोंगा होड़ा' या 'बोंगा का पथ' हिन्दी में है।) 'सहर होड़ा' मुख्यत: ब्रह्मांड की रचना तथा त्योहारों से संबंधित है तथा 'बोंगा होड़ा' की विषयवस्तु है रीति-रिवाज और परंपराएँ तथा उनका क्यों और किस प्रकार पालन करना चाहिए।

समाज के नियमों और व्यवस्था के अनुसार प्रशिक्षित देउरी (पुजारी) होते हैं जो रीति-परंपराओं को नियमानुसार संपन्न कराते हैं। समाज का 'रूल डुग ओंग' नामक एक पवित्र प्रतीक होता है। यह प्रतीक बहुरंगी छपाई में तथा मढ़ा हुआ होता है और समाज का प्रत्येक सदस्य इसे अपने घर के सबसे पवित्र स्थल पर रखता है। प्रार्थना एवं पूजा की प्रक्रिया इसी प्रतीक के सम्मुख संपन्न होती है। कुश (हिंदुओं द्वारा पूजन में प्रयोग किया जाने वाला एक प्रकार का दूब) इनकी पूजन-सामग्री का एक प्रमुख अंग है। बोदरा के एक प्रमुख अनुयायी के अनुसार बोदरा का धार्मिक मत ऋषि-मुनियों और संतों की परंपरा का है, जो भक्तिमत से उत्पन्न है।

समाज के सदस्य वार्षिक उत्सव आयोजित करते हैं जिसमें धार्मिक व्याख्यान और राजनीति सहित अन्य नवीनतम विषयों पर भाषण होते हैं। सांस्कृतिक कार्यक्रम होते हैं जिसमें पौराणिक नाटकों का भी मंचन होता है। नाटकों की विषयवस्तु और इनके चरित्र मुख्यत: हिन्दू पुराणों से लिए जाते हैं परंतु अकसर हिन्दू देवी-देवताओं का नामकरण वे अपने पारंपरिक देवी-देवताओं के नाम के आधार पर करते हैं।

लाखो बोदरा के धार्मिक व्याख्यान तथा समाज के सदस्यों द्वारा अनुपालन किए जाने वाले नियमों का मूल हिन्दू मान्यताएँ एवं रीति-रिवाज ही हैं परंतु उनमें 'हो' संस्कृति के अनुरूप परिवर्तन कर दिया गया है। समाज के सदस्य सभी देशी और पारंपरिक त्योहार मनाते हैं परंतु

उनकी धार्मिक क्रियाएँ, पूजा-पाठ इत्यादि निश्चित दिन को उनके 'देउरी' के द्वारा ही सम्पन्न किया जाता है। उनकी प्रार्थना और मंत्रों में अनेक हिन्दू देवी-देवताओं के नाम आते हैं। परंतु वे हो-देवताओं के 'बोंगा' के रूप में होते हैं। उदाहरण के लिए, ब्रह्मा को 'देसाउली', विष्णु को 'गोआबोंगा', शिव को 'कोउइ' तथा पार्वती को 'जहीरा बुढ़ी' कहा जाता है।

बोदरा द्वारा वर्णित मानव के निर्माण की कहानी बहुत दिलचस्प है। इससे यह पता चलता है कि हिन्दू देवी-देवताओं को किस प्रकार स्थानीय देवी-देवताओं से जोड़ दिया गया है। बोदरा के अनुसार, ब्रह्मा, विष्णु और महेश ने एक केकड़े के अंडे से 'लुकु बुढ़ा' की रचना की। लुकु के रक्त से मछली की रचना हुई। मछली ने पहले मछली का रूप लिया और फिर 'लुकु बुढ़ी' नामक एक नारी का। लुकु बुढ़ा और लुकु बुढ़ी के मिलन से मानव-जाति की उत्पत्ति हुई। आदि समाज के लोग लुकु बुढ़ा और लुकु बुढ़ी के मिलन की स्मृति में 'सुखन परब' मनाते हैं। इस अवसर पर पूजा कराने वाला 'देउरी' अविवाहित होता है और इस परब में अविवाहित युवक-युवतियाँ चावल की शराब 'दियांग' का सेवन करते हैं। (अन्यथा मद्य-निषेध रहता है।)

समाज 'राजी खुशी' या प्रेम-विवाह तथा वधू-मूल्य या 'गोनोंग' की निन्दा करता है। माता-पिता की सहमति से होने वाले 'एंडी' विवाह को प्रोत्साहन दिया जाता है। देउरी विवाह के सारे रीति-रिवाज तथा धार्मिक क्रियाएँ संपन्न कराता है जिसमें पवित्र अग्नि में 'होम' भी किया जाता है। पुरुष पवित्र सूत (जनेऊ) धारण करता है और स्त्री हिन्दू महिलाओं की तरह माथे पर सिन्दूर लगाती हैं तथा चूड़ियाँ (लोहे की) पहनती हैं। बोदरा के शिष्यों के अनुसार वह (लाखो बोदरा) वेद, रामायण, महाभारत जैसे हिंदू ग्रंथों और पौराणिक आख्यानों से भलीभाँति परिचित है तथा कुरान और बाइबिल की शिक्षाओं का भी ज्ञाता है। 'कोल-नियम' (परिशिष्ट-1 देखें) या आदि समाज का घोषणा पत्र का प्रारंभ गीता के एक श्लोक से ही होता है।

समाज के अधिकतर अनुयायी 'हो' हैं मगर कुछ मुंडा और संताल अनुयायी भी हैं। समाज की सदस्यता किसी एक राजनीतिक दल के सदस्यों या समर्थकों के लिए सीमित नहीं थी बल्कि इस क्षेत्र के सभी प्रभावकारी राजनीतिक दलों से संबंधित लोग बोदरा के अनुयायी थे। इस क्षेत्र के कई प्रमुख राजनीतिक नेता भी लाखो बोदरा के अनुयायी थे।

ऐसा लगता है कि लाखो बोदरा का आंदोलन एक मिश्रित (syncretistic) सांस्कृतिक आंदोलन है और पारंपरिक 'हो' संस्कृति पर अभी तक इसका सीमित प्रभाव पड़ा है। लेकिन इसके संगठित और औपचारिक प्रकृति के कारण जोड़ापोखर तथा आसपास के क्षेत्रों में इसकी उपस्थिति तथा प्रभाव दीख पड़ता है। पारंपरिक 'हो' इस आंदोलन का सम्मान तो करते हैं मगर उन्हें समाज द्वारा उनकी पारंपरिक संस्थाओं पर प्रहार किया जाना पसंद नहीं आता। साथ ही वे सम्पूर्ण 'हो' जाति को एक ही लिपि के अंतर्गत संगठित करने की समाज की चेष्टा की भी प्रशंसा करते हैं।

आदि समाज का घोषणा पत्र या कोल-नियम के विश्लेषण से पता चलता है कि यह आंदोलन संकल्पना में वैश्विक, केंद्रीय रूप से धार्मिक तथा कार्यक्रमों के आधार पर सुधारवादी है। 'दुपुप हुड़ा' या 'आदि समाज' में प्रत्येक पेशे या वर्ग के लोग सम्मिलित हो सकते हैं। 'दुपुप

हुड़ा' में उन सभी लोगों को स्वीकार किया जाता है जो वेद-पुत्र हैं और भारत के नागरिक हैं। आदि समाज के मौलिक सिद्धांतों से पता चलता है कि इसका केंद्रीय तत्त्व 'तप' है। इसका समाज-सुधार कार्यक्रम विवाह, जन्म, मृत्यु, मनोरंजन आदि अनेक सामाजिक संस्थाओं में वर्तमान में प्रचलित कई परंपराओं तथा रीति-रिवाजों पर प्रहार करता है। जैसा कि पूर्व में चर्चा की जा चुकी है, आदि समाज 'राजी खुशी' या प्रेम विवाह, वधू-मूल्य, जीव बलि, शिशु जन्म के बाद अपवित्रता की लंबी अवधि, अत्यधिक मनोरंजन इत्यादि की निन्दा करता है तथा इन्हें सभ्य समाज के अनुपयुक्त मानता है। समाज ने नाटकों का मंचन, शिक्षा समितियों का निर्माण तथा कल्याण प्रभाग जैसे नए कार्यक्रम आरंभ किए हैं। समाज के अनुसार सांस्कृतिक उत्थान के लिए संगीत एवं रंगमंच का उचित प्रकार से उपयोग होना चाहिए। शिक्षा के संबंध में कहा गया है कि 'वह समाज जिसकी अपनी भाषा, लिपि और परंपरा न हो या जिसकी कोई लिखित धार्मिक तथा सामाजिक संहिता न हो वह बिना सींग और पूँछ का पशु है।'

कल्याण खंड में धार्मिक, सांस्कृतिक तथा सामाजिक शोध विभाग, स्वास्थ्य केंद्र, सहकारिता विभाग, गृह निर्माण, मुद्रण विभाग, कृषि तथा हस्तशिल्प प्रशिक्षण विभाग शामिल हैं।

लाखो बोदरा का आदि समाज आंदोलन 'पुनर्जीवन' का आंदोलन है जिसे वालेस (1956) ने इस प्रकार पारिभाषित किया है—यह आंदोलन एक अपेक्षाकृत अधिक संतोषप्रद संस्कृति के निर्माण के लिए समाज के सदस्यों द्वारा विचारपूर्ण, संगठित तथा चैतन्य प्रयास है।

एक प्रभावशाली वर्ग के साथ सांस्कृतिक संपर्क होने के सदंर्भ में दूसरे वर्ग के लोगों द्वारा अपनी सांस्कृतिक परंपरा को विकृति से बचाए रखने के दबाव में इस आंदोलन का मूल देखा जा सकता है। ऐसा आंदोलन किसी चमत्कारिक नेता से जुड़ा होता है जो अपने आदर्शवादी मिथकों के माध्यम से लोगों को अपना अनुयायी बना लेता है। कालान्तर में इस आंदोलन का रूप विस्तृत संगठनात्मक हो गया। पुनर्जीवन आंदोलन और समीक्षात्मक आंदोलनों में बहुत समानता होती है जो सामाजिक या सांस्कृतिक परंपराओं या नियमों में खराब और बुरी रीतियों, विश्वास या प्रथाओं को समाप्त कर उसका उन्नयन या शुद्धिकरण करता है। (महापात्र, 1968)

स्वतंत्रता के बाद सिंहभूम जिले में वृहद् स्तर पर खान तथा कारखानों की स्थापना तथा इसके फलस्वरूप 'हो' जनजाति के नई आर्थिक व्यवस्था से संपर्क के कारण पारंपरिक हो-संस्कृति में समयानुकूल कई परिवर्तन हुए। उनका अबाध रूप से नाचना, गाना, मद्यपान और 'माघे' जैसा लंबी अवधि तक चलने वाला त्योहार मनाना औद्योगिक पेशे के अनुकूल नहीं था। औद्योगीकरण के पूर्व भी हिन्दुओं के प्रभाव, आधुनिकीकरण तथा आर्थिक उपक्रमों के कारण संपर्कों के विस्तार के कारण सामाजिक सुधार की आवश्यकता महसूस की गई थी।

1920 के लगभग एक 'हो' शिक्षक ने कहा था कि विवाह स्त्री और पुरुष के बीच एक समझौता है। उसने अत्यधिक मद्यपान तथा अनैतिक जीवन की बुराइयों के प्रति चेतावनी दी थी (मजूमदार, 1950, पृ. 215)। इस संबंध में उसने एक गीत भी लिखा था जिसका भावार्थ इस

प्रकार है—

ढोल, नाच, गाने की खुशी में ज्यादा मत डूबो
न ही अखरा में ज्यादा झूमो
तुम जो दोना पर दोना पीते जाते हो
अब और मत पीओ, बल्कि
उस राह को ढूंढ़ो जिसमें तुम्हारे देश की भलाई है।

व्यक्तिगत प्रयासों के अलावा सरकारी अधिकारियों ने भी समय-समय पर समुदाय में मौजूद ऊँचे वधू-मूल्य जैसी सामाजिक बुराइयों को दूर करने का प्रयास किया। (मजूमदार, 1950, 141) लेकिन ये सभी प्रयास इसलिए असफल रहे कि उन्हें किसी उचित सांगठनिक आधार पर सहयोग न मिल सका। लाखो बोदरा का 'आदि समाज' हो-समाज पर सीमित प्रभाव ही रखता था मगर उसका एक समुचित सांगठनिक मंच था। यह एक ऐसी जगह उत्पन्न हुआ था जहाँ पारंपरिक नियम तथा नई औद्योगिक व्यवस्था की बाध्यताएँ एक सांस्कृतिक संपर्क की परिस्थिति बनाती थीं।

संभवत: इसी कारण 'अपेक्षाकृत अधिक संतोषप्रद संस्कृति के निर्माण' के लिए 'एक विचारपूर्ण संगठित तथा चैतन्य प्रयास' का और समाज की बुरी तथा दोषपूर्ण प्रथाओं को दूर कर इसके 'उन्नयन' तथा 'शुद्धिकरण' के लिए आंदोलन का जन्म हुआ। लाखो बोदरा ने एक पौराणिक आख्यान की रचना की कि हो-लोगों की एक अपनी लिपि थी जिसका एक पौराणिक हो ओझा, तुरी, ने आविष्कार किया था और अपने कथन के समर्थन में वह इस क्षेत्र के विभिन्न भागों में पाए जाने वाले शिलालेखों के उदाहरण देता था। बोदरा ने इस बात पर जोर दिया कि 'हो' की एक अपनी समृद्ध संस्कृति थी जिनका कालक्रम में पतन हो गया। बोदरा के सामाजिक-धार्मिक आंदोलन में यद्यपि अनेक हिन्दू तत्वों का समावेश है परंतु इन तत्त्वों को हो-संस्कृति और परंपरा के अनुकूल ढाल लिया गया है। आदि समाज का उद्देश्य इस नष्ट संस्कृति की खोज कर इसका पुनर्निर्माण करना और इसे सभ्य समाज के समकक्ष रखना तथा इसे भारतीय राष्ट्र के लिए एक आदर्श के रूप में प्रस्तुत करना है।

आदि समाज आंदोलन समय-समय पर हुए मुंडा, संताल और उराँवों के टाना भगत आंदोलन तथा ऐसे ही अनेक सामाजिक आंदोलनों की तरह है। ईसाई तथा हिन्दू धर्म से प्रेरित इन आंदोलनों का प्रारंभिक उद्देश्य धार्मिक सुधारों द्वारा नीतिपूर्ण एकता रहा था, परंतु बाद में ये राजनीतिक आंदोलन बन गए। (महापात्र, 1972, 409) आदि समाज का कोई प्रत्यक्ष राजनीतिक उद्देश्य नहीं है परंतु स्थापना-काल से ही इसके कई अनुयायियों का संबंध झारखंड पार्टी के साथ होने के कारण इस आंदोलन पर राजनीतिक मुहर लग गई है।

परिशिष्ट-1

आदि समाज के सदस्यों के अनुपालन के लिए 'कोल-नियम' या 'कोल की आचार-संहिता' (जो हिन्दी में छपी एक पुस्तिका है) को 8 नवंबर 1961 को समाज के आठवें वार्षिक सम्मेलन में अंगीकृत किया गया था। पुस्तिका के अनुसार उक्त सम्मेलन में

बिहार, प. बंगाल तथा उड़ीसा के 124 पुरुष तथा 20 महिलाओं सहित उपवन एवं कल्याण मंत्री ने भी भाग लिया था। श्यामाचरण तुबिद मुख्य अतिथि थे। सम्मेलन में धार्मिक, सामाजिक, सांस्कृतिक एवं आर्थिक पक्षों पर विमर्श हुआ था तथा समाज में व्याप्त बुराइयों को दूर करने तथा भारत की एकता को मजबूत करने के उपाय और साधनों की खोज करने की चेष्टा की गई थी।

कोल-संहिता के प्रमुख अंश

1. दुपुप हुड़ा में स्वीकार किए जाने वाले व्यक्ति/वर्ग

    (1) प्रकृति-पूजक
    (2) चरवाहा
    (3) तेली
    (4) बुनकर
    (5) टोकरी बनाने वाला
    (6) लुहार
    (7) कांसा और ताँबा का काम करने वाले
    (8) सोना और चाँदी की खोज करने वाले
    (9) शवों और सड़ी चीजों की सफाई करने वाले
    (10) हस्तशिल्पी
    (11) बरतन बनाने वाले
    (12) हजाम
    (13) धोबी
    (14) शिक्षक
    (15) यज्ञोपवीत कराने वाले
    (16) बनवासी साधु
    (17) सत्यान्वेषी योगी
    (18) शिलापट्टों का व्यापारी या जंगल का राजा
    (19) जंगलों में शिकार तथा भोजन जमा करने वाले
    (20) जल-संबंधी पेशेवर (मछुआरे/नाविक)
    (21) कला, संगीत, नाटक आदि में अभिरुचि रखने वाले
    (22) चमार
    (23) महावत एवं साईस
    (24) बाघ, भालू, साँप पकड़ने वाले
    (25) बढ़ई
    (26) उपासक या वैदिक पूजा (तंत्र, मंत्र, यंत्र तथा योग) करने वाले
    (27) समर्पित कृषक इत्यादि सभी वेद-पुत्र तथा भारत के नागरिक 'दुपुप हुड़ा' में

स्वीकार करने योग्य हैं।

2. मौलिक सिद्धांत

(1) पूजा-पाठ में निष्ठा, ज्ञान तथा सत्य की खोज और पवित्र जीवन

(2) अहिंसा का पाठ

(3) मद्यपान त्याग

(4) धूम्रपान त्याग

(5) भौतिक सुख-सुविधाओं का त्याग

(6) वैराग्य के प्रति रुझान

3. उद्देश्य

गुप्त तथा खोई हुई आदि संस्कृति का अन्वेषण करना, इसका पुनर्निर्माण करना और इसे सभ्य समाज के समकक्ष लाना तथा इसे भारतीय राष्ट्र के लिए एक आदर्श के रूप में स्थापित करना।

4. विवाह

(1) अविवाहित रहना प्राकृतिक नियम के विरुद्ध है।

(2) दहेज (वधू-मूल्य) की प्रथा वैदिक धर्म का शत्रु है।

(3) माता-पिता तथा रिश्तेदारों की सहमति से संपन्न विवाह ही आदर्श विवाह है।

(4) विवाह में वर एवं वधू की सहमति आवश्यक है।

(5) विवाह जनजातीय रीति-रिवाजों के अनुसार हो सकता है।

(6) विशेष परिस्थितियों में दूसरी विधियों से भी विवाह करने की अनुमति है।

(7) विशेष परिस्थितियों में विधवा और विधुर के पुनर्विवाह की अनुमति है।

(8) पुनर्विवाह में, पति का छोटा भाई (देवर), उसके वंश के सदस्य, गाँव के सदस्य और फिर अन्य को क्रमानुसार वरीयता देनी चाहिए। मगर पूर्व पति की सपंत्ति का उत्तराधिकारी समाज की समिति (पंचायत) निर्धारित करेगी।

(9) विधुर के पुनर्विवाह में उसकी ससुराल की सहमति आवश्यक है।

(10) आवश्यकता तथा आय को देखते हुए पत्नी की सहमति से परिवार में सुख-शांति के लिए बहुविवाह किया जा सकता है।

(11) बाल-विवाह प्राकृतिक नियमों के विरुद्ध है।

(12) विवाह की तिथि, समय, दिन आदि ज्योतिषियों की सलाह पर निर्धारित किया जा सकता है।

(13) विवाह से पूर्व वधू द्वारा रिश्तेदारों से सहायता की याचना उचित नहीं है।

(14) विवाह की तिथि के सात दिन पूर्व से वर एवं वधू को अपने घर से बाहर नहीं निकलना चाहिए।

(15) ज्योतिषी की सलाह पर निर्धारित शुभ दिन तथा समय पर सिन्दूर दान, लोहे की चूड़ी पहनने तथा यज्ञोपवीत धारण करने और वर द्वारा वधू का हाथ थामने की रस्म पुजारी के आशीर्वाद से संपन्न होनी चाहिए।

5. अंत:सामुदायिक विवाह

(1) वर्तमान परिस्थितियों के अंतर्गत आदि समाज के भीतर ही विवाह करने को प्राथमिकता देनी चाहिए।

(2) अंत:सामुदायिक विवाह न सिर्फ अनुचित है बल्कि राष्ट्र के लिए भी लज्जाजनक है।

(3) फिर भी धर्म तथा संस्कृति के गौरव की रक्षा करने के लिए विशेष परिस्थितियों में अंत:सामुदायिक विवाह हो सकते हैं।

6. जन्म

(1) बच्चे के जन्म के 3 दिन बाद पिता काम करने हेतु पवित्र हो जाता है।

(2) प्रथम संस्कार के बाद तीर-धनुष रखा जा सकता है।

(3) जन्म के नौ दिन पश्चात् और नाभिनाल सूखने तथा अलग हो जाने के बाद पारंपरिक रस्में की जा सकती हैं तथा माता सिन्दूर धारण कर सकती है।

(4) जन्म के 21 दिन पश्चात् पारंपरिक रस्में पूरी की जानी चाहिए।

(5) उत्सव में आलता तथा सिन्दूर का प्रयोग होना चाहिए।

(6) नामकरण संस्कार 'आदि संस्कृति' के अनुसार होना चाहिए।

(7) जन्मोत्सव अच्छा और पवित्र रूप से होना चाहिए।

(8) समय और परिस्थितियों के अनुसार उपहार दिए जा सकते हैं।

7. मृत्यु संस्कार

(1) मृत्यु के संबंध में सामाजिक स्तर पर भेद (रक्त और रंग का) करना असभ्यता है।

(2) दाह-संस्कार किसी एक स्थान पर किया जाना चाहिए तथा वह स्थान गाँव से बाहर होना चाहिए।

(3) पुरातात्विक सर्वेक्षणों से (कब्रों की खुदाई) प्राप्त वस्तुओं की तरह शव के साथ सांस्कृतिक पहचान वाली वस्तुओं को आदर सूचकचिह्न की तरह रखना चाहिए ताकि बाद में उसकी सांस्कृतिक पहचान हो सके।

(4) शव को स्वच्छ कर देना चाहिए।

(5) अत्यधिक व्यय से बचना चाहिए।

(6) दिवंगत आत्मा की शांति के लिए दाह संस्कार से अच्छा दफनाना है।

(7) शव को उत्तर-दक्षिण दिशा में रखना चाहिए।

(8) 'आदिंग' में आत्माओं का आह्वान करना अच्छा है और इससे आध्यात्मिक ज्ञान उत्पन्न होता है।

(9) कब्र पर ऐतिहासिक तथा प्रशासनिक कारणों से स्मारकपट्टिका लगानी चाहिए।

(10) आत्मा की शांति तथा पुनर्जन्म के लिए कब्रस्थल पर तेल डालना चाहिए।

(11) ऐतिहासिक कारणों से कब्रगाह की सुरक्षा तथा देखरेख करनी चाहिए।

प्रो. ब्रतीचन्द्रनाथ मुखर्जी, प्रोफेसर, प्राचीन भारतीय इतिहास एवं संस्कृति, कलकत्ता वि.वि.।

8. अन्य नियम

(1) सहयोग तथा परस्पर मिलना-जुलना एकता के लिए परमावश्यक है।

(2) दरिद्र तथा बीमार व्यक्तियों की देखभाल करनी चाहिए।

(3) साथी के चुनाव के दौरान सात मुट्ठी सूखा चावल देना चाहिए और इसमें तीन व्यक्तियों की उपस्थिति आवश्यक है।

9. मनोरंजन

(1) मनोरंजन के लिए नाटक और संगीत अवसर तथा उद्देश्य जैसे त्योहार आदि के अनुकूल होना चाहिए।

(2) सिर्फ उचित दृष्टि तथा अर्थ सहित गीतों को ही मनोरंजन का साधन माना जाएगा।

(3) उद्देश्यहीन नाटक तथा कला सभ्यता के नियमों के विरुद्ध है।

(4) संगीत तथा नाटक पारंपरिक पुस्तकों के संदर्भों से संबंधित होना चाहिए।

(5) उत्तरदायित्वहीन मनोरंजन जैसे समिति की अनुमति के बिना नृत्यादि बंद कर देना चाहिए।

(6) नाटक तथा संगीत में प्रतिबिम्बित भाव एवं रुझान से समाज की शुद्धता मापी जा सकती है।

(7) एक सभ्य नृत्य में पुरुष किसी अन्य पुरुष का तथा स्त्री अन्य स्त्री का हाथ थामेगी।

(8) नृत्य के दौरान पुरुष-स्त्री का आलिंगन तथा ओछी हरकतें सभ्यता के विरुद्ध है।

(9) मनोरंजन (नृत्य) का समय मंगल ग्रह के उदय तथा शुक्र ग्रह के उदय के बीच ही सीमित होना चाहिए।

10. नाटक

(1) सांस्कृतिक प्रगति के लिए नाटक तथा संगीत के माध्यम का उचित प्रकार से उपयोग करना चाहिए तथा इसका आयोजन विभिन्न स्थलों पर करना चाहिए।

(2) नाट्य आंदोलन को स्थायी बनाने के लिए वित्तीय सहायता तथा अनुदान अत्यावश्यक है।

11. शैक्षिक समिति

जो मनुष्य अपनी संस्कृति और परंपरा को भूल जाता है वह मृतक समान होता है। कहा गया है कि जिस समाज की अपनी भाषा, अपनी लिपि, अपनी परंपरा न हो या वह समाज जिसके पास धर्म तथा समाज की लिखित संहिता न हो वह—

— बिना सींग और पूँछ का पशु होता है।

— एक सुदर्शन भिखारी होता है जो घर-घर भीख माँगता है।

— एक निकट दृष्टि दोष वाला मेढक होता है जो समूचे विश्व को अपने परिवेश के सीमित दृष्टिकोण से देखता है।

इसलिए, अब इस भारतीय प्रजातांत्रिक ढांचे के अंतर्गत प्रत्येक व्यक्ति को अपने ज्ञान में वृद्धि करनी चाहिए, अपनी भाषा, लिपि, संस्कृति और परंपरा, क्षेत्र, समाज तथा संपत्ति की खोज करनी चाहिए। इसे प्राप्त करने के लिए शैक्षिक

समितियों 'इतेत तुतुंग अखरा' की स्थापना करनी चाहिए।

12. कल्याण खंड

दबे तथा नष्टप्राय आदि समाज के उत्थान के लिए निम्नलिखित विभागों की स्थापना की गई है—

(1) धार्मिक, सांस्कृतिक तथा सामाजिक शोध विभाग

(2) स्वास्थ्य केंद्र

(3) सहकारिता विभाग

(4) गृह निर्माण तथा मुद्रण विभाग

(5) कृषि विभाग

(6) महिला कल्याण केंद्र—सूत कातना, कढ़ाई, बुनाई, स्वेटर बुनना, सिलाई, नर्सिंग, ओसाई, व्यापार एवं वाणिज्य।

परिशिष्ट-2

लाखो बोदरा की लिपि पर टिप्पणी *

लाखो बोदरा द्वारा आविष्कृत लिपि में 31 अक्षर हैं। प्रत्येक अक्षर का एक 'बड़ा' तथा एक 'छोटा' रूप है। अधिकतर छोटे अक्षर संबंधित अक्षरों के वास्तव में छोटे रूप हैं। बड़े तथा छोटे अक्षरों का प्रयोग इस लिपि पर पश्चिमी लिपि का प्रभाव दर्शाता है। यह मनोरंजक तथ्य है कि इसके कुछ अक्षरों के रूप ब्राह्मी लिपि में विभिन्न कालखंडों में प्रयुक्त कई अक्षरों के रूप से मिलते हैं। बोदरा की लिपि में प्रयुक्त 'रु' और "' जो अंग्रेजी के स्वर क्रमश: 'ह्' तथा ' ' के लिए प्रयुक्त हैं, ब्राह्मी लिपि में भी ईसाई युग के आरंभ के तुरंत पूर्व तथा पश्चात् इसी अर्थ में प्रयुक्त होते थे। अक्षर 'द्र' (ङ्क) की तुलना अशोक के उस समय के ब्राह्मी अभिलेखों में आए उसी अक्षर के रूप में की जा सकती है जब पूर्वी भारत में प्राक्-बंगला लिपि लोकप्रिय हो रही थी। बोदरा के अनुसार 'र' उच्चरित होने वाले अक्षर का रूप चौथी शताब्दी से 6वीं-7वीं शताब्दी के ब्राह्मी अभिलेखों में मिलता है। पुन: 'स' व्यंजन का रूप तीसरी शताब्दी ईसा पूर्व से दूसरी शताब्दी के ब्राह्मी अभिलेखों में पाया जा सकता है। बोदरा की लिपि के 'प' का रूप पहली शताब्दी से 9वीं-10वीं शताब्दी के ब्राह्मी शिलालेखों के 'प' से अत्यधिक समानता रखता है। दूसरी तरफ 'न' तथा 'त' उच्चरित होने वाले अक्षर (बोदरा के अनुसार) कई प्रारंभिक अभिलेखों के 'छ' तथा 'ह' के रूप के समान हैं।

ऐसा प्रतीत होता है कि बोदरा की लिपि के कुछ अक्षर पहली सहस्राब्दिक के ब्राह्मी लिपि में प्रयुक्त अक्षरों में से लिए गए हैं। लेकिन ब्राह्मी लिपि से लिए गए कुछ अक्षरों के अर्थ उसी रूप में नहीं लिए जाते हैं। अन्य अक्षरों में से अनेक के रूप पूर्वी भारत के प्रारंभिक अभिलेखों से मेल नहीं खाते।

हम निष्कर्ष निकाल सकते हैं कि या तो बोदरा या उसे जानकारी देने वाले को ब्राह्मी लिपि का कुछ ज्ञान रहा होगा। कुछ अक्षरों को ब्राह्मी लिपि के समान ही तथा कुछ को परिवर्तित रूप

में बोदरा की लिपि में प्रयुक्त किया गया है। मूल हो या विकृत, संभवतः अक्षरों के विभिन्न पुराने रूपों का प्रयोग लिपि को एक प्राचीन रूप देने के लिए किया गया है। लेकिन 'बड़े' तथा 'छोटे' अक्षरों का प्रयोग पूर्वी भारत के (जहाँ बोदरा की लिपि उपयोग में लाई जाती है) किसी भी भाग में रोमन लिपि के आगमन से पूर्व प्रयुक्त होने की जानकारी नहीं है। इससे यह पता चलता है कि बोदरा की लिपि के अक्षर आधुनिक काल में अस्तित्व में आए हैं।

संदर्भ-सूची

— एल.के. महापात्र, सोशल मूवमेंट्स अमंग ट्राइब्स ऑफ ईस्टर्न इंडिया, सोसियोलोगस, भाग-18, बर्लिन (1968)

— सोशल मूवमेंट्स ट्राइब्स ऑफ ईस्टर्न इंडिया, ट्राइबल सिचुएशन इन इंडिया, सं. के.एस. सिंह, पृ. 399-409, इंडियन इंस्टीट्यूट ऑफ एडवांस स्टडी (1972)

— डी.एम. मजूमदार, द अफेयर्स ऑफ ए ट्राइब्स, लखनऊ (1950)

— एम. उराँव, द संथाल : ए ट्राइब इन सर्च ऑफ ए ग्रेट ट्रेडिशन, डेट्रायट (1965)

— एंथोनी वालेस, रिवाइटलाइजेशन मूवमेंट्स, अमेरिकन एंथ्रोपोलोजिस्ट्स, भाग-58, पृ. 264-281, शिकागो (1956)

खड़िया लोकगीतों में तेलेंगा खड़िया

रोज केरकेट्टा

मौखिक इतिहास की परम्परा अब समाप्तप्राय है। इसके पीछे जनपदों की तेजी से बदलती हुई जीवनशैली है। लोकगीत और लोककथाएँ मौखिक इतिहास ही हैं, जिन्हें आज दरकिनार कर दिया जा रहा है। झारखंड की जनजातियों के बीच परंपरा और संस्कृति के नाम पर पर्व-त्योहारों तक इन्हें सीमित कर दिया गया है। जीवन की जटिलता ने कई प्रकार से इन्हें उठालू बना दिया है। फलस्वरूप गाँव से शहरों, महानगरों की ओर चल पड़े लोगों का संबंध अपने गाँवों से छूट चुका है। इनके बच्चे तो अपने माता-पिता की जन्मभूमि तक से परिचित नहीं हो पाते। ठीक इसके विपरीत पश्चिम के लोग अपने पूर्वजों को ढूँढ़ने 'युद्ध स्मारक स्थलों' पर आते हैं।

समय के बीतने के साथ ही बुजुर्गों की संख्या घटती जा रही है। साथ ही नई पीढ़ी के बच्चों में अपने अतीत को जानने की उत्सुकता भी क्षीण हो रही है। ऐसे में जनजातियों को अपने अतीत को जानने के लिए लोकगीतों का ही सहारा लेना पड़ रहा है। उन लोकगीतों की व्याख्या करने वाले बुजुर्ग यदि मिल जाते हैं तो सोने में सुहागा। संयोग ही था कि 1977 ई. में मुझे गुमला जिले के सिसई कॉलेज में काम करने का मौका मिला। सिसई के पहाड़टोली में लोया खड़िया (कुलु) उम्र लगभग 80 वर्ष, उनके पुत्र कोरमो कुलु से भेंट हुई। लोया खड़िया ने अपने बारे में बताया कि उनकी पढ़ाई कक्षा दो तक हुई। परन्तु वे अंग्रेजी के सामान्य वाक्य बोल सकते थे। इसका प्रमाण भी था कि डब्ल्यू.जी. आर्चर द्वारा संग्रह कराए 'खड़िया आलोंग' की पुस्तक उनके पास थी। वे अदालती भाषा में लिख सकते थे। उनके साथ खिजुर टोली के जेरका उर्फ कुलवन्त इन्दवार भी थे। अब लोया और उनके पुत्र नहीं रह गए हैं। परन्तु उन्होंने अपनी स्मृति से उस क्षेत्र में खड़िया लोगों के द्वारा किए गए उलगुलान की जानकारी लोकगीतों के द्वारा पुष्टि करते हुए दी, वह अनमोल है। दुर्भाग्यवश उनकी मृत्यु दो वर्षों के बाद हो गई।

छोटानागपुर में स्थिर होकर लम्बे समय तक खड़िया लोग सिसई के आस-पास जम गए तो उन्होंने अपना भुईंहरी और खूँटकट्टी स्थापित किया। उनके गोत्रों के अनुसार भुईंहरी गाँव हैं—

1. कुलु — गिनीर
2. डुंगडुंग — पंडरिया
3. टो:पो — बरोया
4. बिलुङ — कोइनार
5. टेटेटोंहोएज — अमकुली

6. बाअ — सो: डअ
7. केरकेटा — पोढ़ा
8. सोरेड़ — सेपड़ा
9. किड़ी: — बैधमा

पहाड़टोली में बसने के पीछे का कारण उन्होंने बताया कि पहले उनके पुरखे रोंड़ेज (रेड़वा) गाँव में रहते थे। जमींदार, पुलिस और सरकारी लोगों ने उनका जीना दूभर कर दिया, तब पहाड़ों की ओट में परास नदी के इस पार वे बस गए। यह पूरा क्षेत्र जंगलों से भरा था। आबादी बढ़ने पर वे लोग मुरगू गाँव से बाहर फैल गए। जो लोग डोंबा, जुरा, करंज, बेड़ो आदि जगहों में थे वह उधर ही रह गए।

मुरगू में बिलुंग गोत्र के लोग रह रहे थे। मुरगू नागफेनी के निकट कोयल नदी के किनारे बसा है। यहीं तेलेंगा खड़िया के खेत-खलिहान थे। लोया खड़िया ने बताया कि इस इलाके में तेलेंगा खड़िया ने 1850-60 ई. के आस-पास अंग्रेजों और देशी सिपाहियों तथा दलालों के विरुद्ध उलगुलान किया था। उलगुलान के कारण थे—तेलेंगा सहित अन्य खड़िया लोगों की जमीन दलालों, साहूकारों और सरकार द्वारा छीन लिया जाना। जमीन की नापी हुई, परचा-पट्टा बना, ऋण का कागज़ दिखाकर साहूकारों ने उनकी जमीन हथिया ली। मालगुजारी न देने के कारण जमींदार और सरकार के हाथ उनकी जमीन चली गई। इन अपढ़ लोगों को समझ में ही नहीं आया कि जिस जमीन को उनके बाप-दादों ने बनाया था वह सरकार की कैसे हो गई? परचा-पट्टा क्या होता है? साहूकारों ने कब उन्हें अपने नाम करा लिया? ऋण का सूद इतना अधिक कैसे हो गया। जब तेलेंगा आदि जमीन से बेदखल हो गए तो पिंजड़े में बंद बाघ की तरह छटपटाने लगे। पुलिस और साहूकार मिलकर इन्हें खदेड़ने लगे। दलाल और सिपाहियों ने सपने में भी नहीं सोचा था कि जमीन से बेदखल लोग भी उनका विरोध करेंगे। परंतु तेलेंगा की अगुवाई में लोगों ने घायल बाघ की तरह उन पर आक्रमण कर दिया। इस घटना से संबंधित लोकगीत लोया खड़िया ने नोट कराया—

हाय दइया अपअ सका रे
दुरा ते सिपाही डोकोसिई
हो दुरा ते पइ:जकोम डोकोसिई
अले से रे पइ:जकोम बही-पटा योना तेरे
हो दुरा ते पइ:जकोम डोकोसिई।

(अनुवाद)

हाय दैया पिता का कर्ज
सिपाही दरवाजे पर बैठ गया
हो, सिपाही द्वार पर बैठ गया।
रुको जरा सिपाही जी, बही-पट्टा तो देखने दो
हो द्वार पर सिपाही बैठ गया।

जब तेलेंगा ने विरोध जता ही दिया तो प्रशासन को बड़ी नाराजगी हुई। उन्होंने सोचा भी नहीं था कि ये जंगलवासी उनके रौब में नहीं आएँगे। इस तरह तेलेंगा और दलालों एवं सिपाहियों के बीच उलगुलान आगे बढ़ने लगा। तेलेंगा का आक्रमण गुरिल्ला युद्ध की तरह था। सिर्फ इनके हथियार पारंपरिक थे। विरोध हुआ तो तेलेंगा और उसके साथियों ने घरों को त्याग दिया। वे बारी के घोरना के पीछे या वन-कन्दराओं में रहने लगे। गाँव वालों ने इनके समूह को 'रटा टेटेंगा' नाम दिया। तेलेंगा से मिलता-जुलता टेटेंगा शब्द है। टेटेंगा माने गिरगिट जो बारी के घोरना में, पहाड़ों में चिपकता-घूमता रहता है। तेलेंगा रूपी टेटेंगा को लोगों ने गीतों के माध्यम से सूचनाएँ देने का रास्ता अपनाया—

रटा टेटेंगा रटा-रटा
बीरू टेटेंगा बीरू-बीरू रे॥
राजा बेटा लमलम मु:लए:ज
इना टेटेंगा दबा तारतेम
इना टेटेंगा बोको:ब रो: डबु:तेम॥

(अनुवाद)

रटा टेटेंगा रटा-रटा (घोरना-घोर)
पहाड़ का गिरगिट पहाड़-पहाड़
क्यों टेटेंगा, तुम दुबकते हो
क्यों टेटेंगा, तुम सिर हिला रहे हो।

यानी राजा शिकार के बहाने दुश्मन की खोज में निकला है। वे सावधान हो जाएँ। अपनी रक्षा तो करें ही, मौका देखकर आक्रमण भी करें।

मुरगू में ही प्रथम बार तेलेंगा और उसके साथियों ने सिपाहियों और दलालों पर आक्रमण किया। इस पर कुडुख और नागपुरी में भी गीत मिलते हैं जिनके भावार्थ अलग-अलग हैं। खड़िया लोगों ने गाया—

मुरगुवअ डांड़ ते सोना लेखे रे तरवारी तारकेलेडत्ता॥
रूपा लेखे रे तरवारी तारकेलेडत्ता॥
ई भेरे लड़ेनाम रे तेलेंगा
सोना लेखे रे तरवारी तारकेलेंडत्ता॥

(अनुवाद)

मुरगू के मैदान में सोने की
तरह तलवार चमक रहा,
रूपे की तरह तलवार चमक रहा।
कब लड़ोगे तेलेंगा

नागपुरी में यही गीत मिलता है—

हरे हरे मुरगू को डांड़े
सिपाही भैया लौरी खेलाय
सिपाही भइया लौरी गुंजराय
जनी भेले मुरगू भइया
झंडी तोरा लूटल जाएला।

(अनुवाद)

हरे हरे मुरगू के मैदान में
सिपाही भइया लाठी खेलता
सिपाही भइया लाठी घुमाता
स्त्री हो गए मुरगू भइया
झंडा तुम्हारा लुट रहा।

संभवत: नागपुरी गीत अधिक स्पष्ट है। तेलेंगा और उसके साथियों के अचानक आक्रमण को सिपाही झेल नहीं पाए और पीछे खदेड़ दिए गए। खदेड़ते हुए ये संभवत: डोम्बा की ओर चले गए। डोम्बा में फिर आमना-सामना हुआ—

डोम्बा ते खांड़ा झलकेता,
ओम्पय सिनिङ ते लरेका होयकी॥
योय से रे झोरा बेटा,
ओम्पय सिनिङ ते लरेका होयकी॥

(अनुवाद)

डोम्बा में तलवार चमक रहा,
झरिया किनारे लड़ाई हुई।
देखो झोरा युवक
झरना किनारे लड़ाई हुई।

डोम्बा की लड़ाई के बाद सिपाहियों का पारा गरम हुआ। होना ही था, क्योंकि ये जंगलवासी उनका मुकाबला कर उनकी सत्ता का, वर्दी का अपमान कर रहे थे। तेलेंगा और उसके साथियों के पकड़ में न आने से बौखलाए सिपाहियों ने खड़िया गाँवों पर आक्रमण कर दिया। गाँव के बूढ़े-बच्चे डर के मारे चीखने लगे। पर स्त्रियों ने सामने जो भी औजार मिला उसी से उन्होंने मुकाबला किया।

रोंडेजअ डांड़ ते, सो: डगअ बिरू ते
उ: छुडकि लड़ाईकिमोंय,
तोमोङ तिइ लड़ाई किमोंय॥
डबनी यअ ढाल धो:कोन,
बुची करछुल खांडा रे

उः छुडकि लड़ाई किमोंय,
उः छुडकि लड़ाई किमोंय रे॥

(अनुवाद)

रोंडेज के डांड में,
सोः डअ (सोगड़ा) पहाड़ पर,
चूल्हों ने लड़ाई लड़ी
खाली हाथ लड़ाई लड़ी॥
डबनी (मिट्टी का ढक्कन) का ढाल पकड़ कर,
बुची करछुल तलवार रे,
चूल्हों ने लड़ाई लड़ी,
चूल्हों ने लड़ाई लड़ी रे॥

तेलेंगा के उलगुलान को सरकार ने डकैती और लूटपाट की संज्ञा दी। अनिश्चय की स्थिति में भी तेलेंगा समर्पण को तैयार नहीं था। उसके लोगों ने उसका साहस बढ़ाया—

बीरू उलअ योता हरियर
अपा जोई किनिर किनिर लड़ाइता॥
तेलेंगा भया रे, तेलेंगा कुलम रे,
कुलम सोरी अबनम बोकेर सोरी अबनम॥
पुरनोम ते ओः बड़ो गेम, केलनोम ते ओः बड़ो गेम,
जिमि ते अबु ओः बड़ो गेम॥

(अनुवाद)

पहाड़ के पत्ते दीखते हरे,
पिता जी जंगल जंगल लड़ता॥
तेलेंगा भाई, तेलेंगा भाई मेरे
गाँव को डुबा दो,
पूरे गाँव को डुबा दो
नाम मत डुबाना॥

असल में तेलेंगा लड़ता भी था और गाँवों में 'जोड़ी पंचैत' के नाम से लोगों को संगठित भी करता रहा था। इसलिए बसिया कोलेबिरा तक से लोगों की मदद उन्हें मिल रही थी। पर अन्त में वह पकड़े गए। तब लोहरदगा जिला मुख्यालय था। वहीं उन्हें ले जाया गया। इसका वर्णन मिलता है—

लोहरदगाः जोरी बेरी ओबसुतेमोंय
साहेब हुकुम तेरो, जोरी बेरी ओबसुतेमोंय॥

(अनुवाद)

लोहरदगा का जोड़ा भर बेड़ी पहनाते हैं,
साहब ने हुक्म दिया,
जोड़ा भर बेड़ी पहनाते हैं॥

तेलेंगा जब पकड़े गए उस वक्त वे बसिया के कुम्हारी गाँव में 'जोड़ी पंचैत' का गठन कर रहे थे।

दलालों को जैसे ही पता चला, सिपाहियों को सूचना दी और वह पकड़ लिए गए। यह लोया खड़िया स्पष्ट नहीं बता सके कि तेलेंगा को 14 या 18 वर्षों की जेल की सजा मिली। कलकत्ता जेल से छूटने के बाद तेलेंगा पुनः गाँव आए। सिसई अखड़ा में अपने समर्थकों से मिले। विचार-विमर्श हुआ और तेलेंगा नए सिरे से उलगुलान उठाने में लग गए। वे संगठनों को पूरी मजबूती देना चाह रहे थे। इसकी भनक दुश्मनों को लग गई। उनके बीच खलबली मच गई। उन्होंने तेलेंगा को मार डालने की योजना बनाई। 23 अप्रैल 1880 ई. को जंगल के बीच के मैदान में वह अपने लोगों के साथ भगवान को स्मरण कर रहे थे। उधर बड़े चट्टान की आड़ में, झाड़ियों के पीछे बोधन सिंह और उसके साथी छिपे बैठे थे। तेलेंगा भगवान के सामने जैसे ही हाथ जोड़ कर खड़े हुए, बोधन सिंह ने गोली चला दी। तेलेंगा के प्राण-पखेरू उड़ गए। लेकिन अनुयायियों ने तुरंत मृत देह को उठा लिया और घने जंगल की ओर भाग गए। इस घटना का गीत है—

टुकुवाः ओलथा ते डोकोकिम रे बोधन सिंह,
कोनोन भैयाः सीसा, महा भैयाः गोली
ठोः गोड़की रे टेटेंगा, मुर गोड़की रे तेलेंगा॥
कोनोन भैयाः सीसा, महा भैयाः गोली
गुर गोड़की रे तेलेंगा॥

(अनुवाद)

चट्टान की ओट में बैठा बोधन सिंह
छोटे भाई का सीसा (छर्रा),
बड़े भाई की गोली,
लग गई टेटेंगा को
गिर गया तेलेंगा॥
छोटे भाई का सीसा (छर्रा),
बड़े भाई की गोली,
गिर गया तेलेंगा॥

तेलेंगा की मृत्यु खड़िया समाज के लिए शोक का कारण होता। परन्तु वह शोक का समय नहीं था। उसके अनुयायियों ने तेलेंगा की मृत्यु की सूचना दुश्मनों को नहीं होने देने के लिए सामान्य आचरण किया—

थाम झन कुलमकी,
दुका तमकु ते एसेम तेड़ेमताकी।
मुड़ु एःबलोङ कुलम को
बंदुक ते तुन्डुर गोठोः।
लड़ाए से लड़ाए से
ओलेङ तेःज डेम, उकुबतेःजडेम
लेबु ञेरी,
झिरीहिरी झिरीहिरी हिरी
ओम्पय ते तुबडअ गोठोःब॥

(अनुवाद)

सात भाई
हुक्का–तम्बाकू की तैयारी करने लगे।
सिर्फ एक भाई ने
अपनी बन्दूक दीवार से टिका दी।
हँसो, हँसो
मनुष्य की देह
छिपा रहे हो
उड़ा रहे हो।
कल–कल करते झरने, निर्मल जल में
बहा रहे हो।

लोया खड़िया तेलेंगा की मृत्यु–तिथि नहीं बता पाए। परन्तु प्रो. सुशील केरकेट्टा (मानवशास्त्र) और बुधनाथ बिलुंग आदि का मानना है कि उनका जन्म 1806 के नौ फरवरी को हुआ था और मृत्यु 23 अप्रैल 1880 को हुई। प्रो. सुशील केरकेट्टा का मानना है कि तेलेंगा की मृत देह उसके दुश्मनों के हाथ नहीं लगी। उनके शव को साथियों ने कोयल नदी के पार ग्राम सोसो भोमटोली में दफनाया। परन्तु कुछ लोग 23 अप्रैल 1880 को अंग्रेजों द्वारा फाँसी दिए जाने की बात कहते हैं।

इसी तरह लोया खड़िया ने बताया कि उसके वंशज घाघरा, जोकाड़ी, भीतरबरवै, महुआटांड़ आदि की ओर फैल गए। उनके कुटुम्ब भी इधर–उधर फैल गए।

प्रो. सुशील केरकेट्टा ने शहीद तेलेंगा खड़िया के पिता का नाम ठुइया खड़िया, माँ का नाम पेती खड़िया और पत्नी का नाम रतनी खड़िया बताया है। इसी प्रकार अनेक लोगों ने उस शहीद को 'तेलंगा खड़िया' के नाम से सम्बोधित किया है, जबकि लोया 'तेलेंगा खड़िया' कहते हैं।

गीतों और लोया खड़िया के साक्ष्य से यह बात स्पष्ट होती है कि तेलेंगा खड़िया एक कुशल संगठनकर्ता एवं महान क्रांतिकारी थे जिन्होंने अंग्रेजों–महाजनों के अत्याचार के विरुद्ध एक जनक्रांति का, जनप्रतिरोध का नेतृत्व किया। तिथियों की सच्चाई अलग से शोध का विषय है।

इसी तरह स्थानों (पड़ावों) का पता करना भी एक अलग शोध का विषय है।

हरिओम गुप्ता ने पुरुलिया के खड़िया लोगों का अध्ययन किया है। उनके अध्ययन से यह निष्कर्ष निकला है कि जगह-जगह पर खड़िया लोगों ने अंग्रेजों के खजाने लूटे और अत्याचार का विरोध किया। अंग्रेज सरकार ने अपनी औपनिवेशिक नीति के तहत 'क्रिमिनल ट्राइब एक्ट' 1924 में इन्हें आपराधिक जाति घोषित कर दिया। आपराधिक जाति घोषित करवाने में कमिश्नर कूपलैंड की रिपोर्ट का पूरा-पूरा हाथ था। उसने 1911 ई. में यह रिपोर्ट सरकार को सौंपी थी। कमिश्नर ने बंगाल (तब बिहार और उड़ीसा भी बंगाल में शामिल थे) सूबा को पूरी खड़िया जाति की गतिविधियों का आकलन किया था। खड़िया जाति की क्रांतिकारिता को नियंत्रित करने, नेस्तनाबूद करने में यह अमानवीय कानून सफल रहा। इस कानून के तहत कहाँ-कहाँ और कैसे-कैसे अत्याचार हुए—यह अलग से शोध का विषय है। संभवत: अब झारखंड के क्रांतिकारी इतिहास के शोधार्थियों का ध्यान इस ओर जाए और शहीद तेलेंगा खड़िया जैसे अन्य कई क्रांतिकारियों के जनप्रतिरोध के घटनाक्रम इतिहास के अध्याय में सम्मिलित हो सकें।

झारखंड की कला एवं पुरातत्त्व

डॉ. उमेश चन्द्र द्विवेदी

भारतीय सभ्यता एवं संस्कृति के निर्माण में भारत गणराज्य के 28वें राज्य झारखंड का महत्त्वपूर्ण योगदान रहा है। वस्तुतः भारतीय भूभाग में मानव सभ्यता का प्रादुर्भाव इसी क्षेत्र में हुआ। छोटानागपुर क्षेत्र में जो पूर्व पाषाणकालीन अवशेष प्राप्त हुए हैं, उनमें कुछ साधुओं का निर्माण काल 1,00,000 ई. पूर्व माना जाता है। वस्तुतः मानव उस समय अपना पेट-पालन शिकार एवं जंगल में मिलने वाले कन्द-मूल खाकर करता था। उनके रहने का स्थान पहाड़ी गुफाएँ थीं। उसने अपनी आवश्यकताओं को देखते हुए पत्थर के औजार बनाना प्रारंभ कर दिया था।

कालान्तर में नवोदित आधुनिक मानव (होमोसेपियन) ने अपने औजारों को अभूतपूर्व रूप से परिष्कृत कर कलात्मक ढंग से अधिक प्रभावशाली फलक औजारों का निर्माण किया तथा पाषाण खंड पर आकृति (संभवतः स्त्री जननेन्द्रिय) को उकेर कर प्रथम कला का सृजन किया।

पाषाणकालीन चित्रों का निर्माण कूली या टहनी या कहीं-कहीं सीधे सतह पर खींच कर किया गया है। इनमें मानव आकृतियाँ शिकारी के रूप में तथा पशुओं की आकृतियाँ उनके निकटस्थ पर्यावरण एवं शिकार के रूप में हैं। इन चित्रों में संग्रहण की गतिविधियाँ भी चित्रित की गई हैं। सबसे प्राचीन चित्रों के रंग लाल एवं सफेद हैं एवं उनके आकार भी अपेक्षाकृत बड़े हैं।

झारखण्ड राज्य के अनेक स्थलों पर भी शैलचित्र हमें देखने को मिले हैं। इस राज्य के गढ़वा जिले के शैलचित्रों की खोज डॉ. राकेश तिवारी, हजारीबाग जिले के शैलचित्रों की खोज बुलु इमाम एवं डॉ. प्रकाशचरण प्रसाद, राँची जिले के शैलचित्रों की खोज डॉ. बिदुला जायसवाल एवं कोडरमा तथा गिरिडीह जिले के शैलचित्रों की खोज कर्नल डॉ. ए.के. प्रसाद ने की है।

गढ़वा जिले के शैलाश्रय भवनाथपुर प्रखंड के घने जंगल में कैमूर पर्वत में अवस्थित हैं। कैमूर की ये पहाड़ियाँ चूने पत्थर की हैं जो शैलाश्रयों के प्राकृतिक रूप में निर्माण के सर्वदा अनुकूल हैं। यहाँ चित्रों को गेरू मिश्रित घोल एवं कूची की सहायता से बनाया गया है। अधिकांश चित्रांकन प्राकृतिक शैली है। पशु चित्रों का रेखांकन बड़ा ही स्वाभाविक है। इन पशु आकृतियों में हिरण एवं बारहसिंघे प्रमुख हैं। इन शैलचित्रों में चिह्न एवं संकेत भी देखने को मिलते हैं।

हजारीबाग जिले के बड़का गाँव प्रखंड में अवस्थित इस्को ग्राम के निकट की पहाड़ी में तीन शैलाश्रय हैं। यह गाँव हजारीबाग मुख्यालय से 45 किलोमीटर दक्षिण पूर्व में अवस्थित है। इस पहाड़ी का नाम सती पहाड़ी है। इन शैलाश्रयों का नाम माड़ो एवं कोहबर है। इस पहाड़ी की चट्टान बलुवाही पत्थर की है।

शैलाश्रय संख्या-एक पहाड़ी के अन्दर विद्यमान है। इसका आकार काफी बड़ा है। इस शैलाश्रय के अन्दर दो सौ से अधिक व्यक्ति एक साथ बैठ सकते हैं। गुफा के अन्दर एक नाला भी बहता है जिसमें पूरे साल पानी रहता है। इस नाले से मध्य पाषाणकालीन प्रस्तर के आयुध भी प्राप्त हुए हैं। इनमें स्क्रैपर प्रमुख है। इससे यह प्रमाणित होता है कि मध्य पाषाण काल में मानव इन क्षेत्रों में निवास करता था।

शैलाश्रय संख्या-दो छोटे आकार की प्राकृतिक गुफा है। यह कोहबर के नाम से प्रसिद्ध है।

शैलाश्रय संख्या-तीन पहाड़ी के तलहटी में अवस्थित है। इस शैलाश्रय के पास भी एक नाला है जिससे मध्य पाषाणकालीन प्रस्तर आयुध प्राप्त हुए हैं। यह शैलाश्रय गुफा नहीं है। वस्तुतः यहाँ पहाड़ी केवल एक मीटर ही आगे की ओर निकला है। इस शैलाश्रय के 26.5×3 मीटर क्षेत्र में चित्र अंकित हैं। आस्ट्रियन पुरातत्त्ववेत्ता न्यूमाचयर के अनुसार ये चित्र भारत के अन्य राज्यों में प्राप्त शैलचित्रों से अधिक प्रभावशाली हैं। इनका विषय भी रोचक है। नराकृति एवं पशुओं का अंकन प्रमुखता से किया गया है। मनुष्य के हाथ एवं पैर स्पष्ट रूप से अंकित हैं। अन्य चित्रों में ज्यामितिक नमूनों की प्रमुखता है। वृत्तों एवं त्रिकोणों की संख्या अपेक्षाकृत कम है। एक स्थान पर पशुओं की कतार के साथ मानवाकृतियाँ भी चित्रित हैं। एक स्थान पर एक पुरुष अपने कंधे पर शिकार लिए हुए है। यह आखेट का दृश्य है। यहाँ जंगली भैंसे को दौड़ते हुए भी चित्रित किया गया है। भैंसों के अतिरिक्त हिरण, बारहसिंघे एवं बाघ का चित्रण स्पष्ट है। पशु आकृतियों के अतिरिक्त विभिन्न प्रकार के पक्षियों, पेड़-पौधों, सूर्य, चन्द्रमा, कमल, तथा अन्य किस्म के फूलों एवं वनस्पतियों का भी चित्रांकन है। कुछ चित्रों में वर्गाकार आकृति को तिरछी रेखाओं द्वारा विभक्त किया जाना चित्रित है। इन चित्रों के सदृश्य चित्र मध्यप्रदेश एवं उत्तरप्रदेश के शैलाश्रयों में भी विद्यमान हैं। इन शैलचित्रों में भारत के अन्य राज्यों के शैलाश्रयों की तरह मधुछत्तों एवं जटिल सर्पिल भँवर जाल का चित्रण अत्यन्त सूक्ष्मता से किया गया है। इस्को के प्रागैतिहासिक चित्रकारों ने कूली या टहनी या कहीं सीधे खनिज रंग के छेले को पेंसिल का आकार देकर उससे चित्र बनाए हैं। चित्रों में गेस एवं खड़िया का प्रयोग प्रमुखता से किया गया है। आवश्यकतानुसार बबूल अथवा किसी अन्य पौधे के गोंद का प्रयोग किया गया है। आकृतियों के रेखाचित्र बनाने के पश्चात् उनमें रंगों को भरा गया है।

झारखंड में चतरा जिले के टंडवा प्रखंड के सराया, राहम, ठेढांगी, सतपहाड़ी नामक स्थल में भी चित्रित शैलाश्रय विद्यमान हैं। इन प्रागैतिहासिक एवं ऐतिहासिक चित्रों में अधिकतर पशुओं का चित्रण है। प्रागैतिहासिक चित्रों में ज्यामितिक चिह्नों का चित्रण कम है परन्तु ऐतिहासिक काल के चित्रों में इनका चित्रण प्रचुर है। सतपहाड़ी के शैलचित्रों में हिरणों, बारहसिंघों के बच्चों, पंखयुक्त कीटों, बन्दरों, व्याघ्रों आदि के आखेट के दृश्यों को भी अत्यन्त

सूक्ष्मता से चित्रित किया है। पशुओं का चित्रण बड़ा ही स्वाभाविक है। पशुओं के निकट अधिक रंग का प्रयोग किया गया है। सतपहाड़ी के शैलाश्रय संख्या-4 में पंखयुक्त कीटों की आकृति को दोनों रूप में दिखाया गया है। मानव का शरीर चौकोर है एवं उसके दोनों हाथ उठे हुए हैं। कुछ प्राप्तवेत्ताओं ने इनकी मेढक के रूप में पहचान की है। मछली एवं शिकारियों के चित्र स्पष्ट हैं। आखेटक अपने हाथ में बाण लिए हैं।

हजारीबाग एवं चतरा जिले के शैलाश्रयों के प्रागैतिहासिक चित्रों की तुलना उड़ीसा के शैलचित्रों से की जा सकती है। इन चित्रों में समानता है। प्रागैतिहासिक चित्रों में ज्यामितिक नमूने कम हैं, परन्तु ऐतिहासिक काल में इनका प्रचुर मात्रा में चित्रण किया गया है। ऐतिहासिक चित्रों के साथ एक जगह बारीक अक्षर 'म' का भी अंकन है।

झारखंड में अभी तक लगभग पचास चित्रित शैलाश्रयों का पता चल चुका है। संभावना है कि आगामी वर्षों में इनकी संख्या में और भी वृद्धि होगी।

प्रागैतिहासिक चित्रों का विषय मुख्यत: नृत्य, आखेट, पशु, पक्षी, पेड़-पौधों एवं ज्यामितिक नमूने हैं। पशुओं में जंगली एवं पालतू दोनों प्रकार के जानवरों का चित्रांकन है। उन दिनों सूर्य, चन्द्रमा, पेड़-पौधे, सर्प, पक्षियों एवं घातक जंगली जानवरों की पूजा उनकी अद्‌भुत शक्ति एवं भय से की जाती थी तथा उनका चित्रांकन भी इसीलिए इन शैल-चित्रों में किया गया है।

ऐतिहासिक शैलचित्रों में उज्जैनी प्रतीक, त्रिभुज के भीतर त्रिभुज, आयत से घिरे वृत्त प्रभामण्डित हवनकुण्ड, गृहसज्जा, प्रांगण में खड़ी मनुष्याकृति, मन्दिर आदि हैं। प्रागैतिहासिक काल की तरह पशु आकृति का चित्रण भी इस काल में हुआ है जो देवताओं के वाहन भी बन चुके थे। इनमें मछली, वृषभ, मूषक, अश्व प्रमुख हैं। दैनिक जीवन में उपयोगी जानवरों का भी चित्रण हुआ है। कतिपय ज्यामितिक नमूने, जो इस काल में लोकप्रिय थे, संभवत: तांत्रिक प्रतीकों के रूप में चित्रित हैं।

पटना संग्रहालय में संगृहीत झारखंड राज्य से प्राप्त ताम्र मानवाकृति ताम्र-पाषाणकालीन कला का एक अद्‌भुत उदाहरण है। इसमें मानव के हाथ-पैर के साथ उसका जननांग भी प्रमुखता से दिखाया गया है।

वैदिक, उत्तर-वैदिक काल की कलाकृति अभी भी हमें अप्राप्त है। झारखंड क्षेत्र में अभी भी मौर्य एवं रागकालीन कलाकृतियाँ प्राप्त नहीं हो सकी हैं। कुषाण काल की भी कोई कलाकृति हमें अभी तक प्राप्त नहीं हुई है। वैसे मासुरीनाथ में रखी एक मूर्ति को कुषाणकालीन बताया गया है।

खुन्ही प्रखंड के तोरपा प्रखंड में सारिदरवेल नामक स्थान का पर्यवेक्षण कर पुरात्तत्ववेत्ताओं ने उस स्थल को कुषाणकालीन होने की संभावना जताई है। इस वर्ष उस स्थान का उत्खनन भारतीय प्र. सर्वेक्षण के राँची अंचल एवं राज्य सरकार के कला, संस्कृति, खेलकूद एवं युवा कार्यविभाग के संयुक्त दल द्वारा किया जाएगा। उत्खनन के पश्चात् संभवत: हमें झारखंड राज्य से ऐतिहासिक काल की प्राचीनतम कलाकृति प्राप्त हों।

अभी तक झारखंड राज्य से प्राप्त प्राचीनतम कलाकृति साहेबगंज जिला के सकरी गली घाट से प्राप्त स्त्री मूर्ति है, जो एक तोते के साथ खेलते दिखाई गई है। शूकक्रीड़ारत यह नारी मूर्ति

गुप्त काल की एक अत्यंत सुन्दर कलाकृति है। वर्तमान में यह मूर्ति पटना संग्रहालय में शोभायमान है। इस मूर्ति में उत्तर गुप्त काल की हमें अनेक कलाकृति बेनीसागर (प. सिंहभूम) से प्राप्त हैं। भा.प्र. सर्वेक्षण द्वारा सुरक्षित इस क्षेत्र में झारखंड का प्राचीनतम मन्दिर था जिसका मात्र भूतल अवशेष ही अब उस स्थान पर सुरक्षित है। यह स्थान जिला मुख्यालय चाईबासा से लगभग 85 किलोमीटर एवं प्रखंड मुख्यालय मझगाँव से लगभग 16 किलोमीटर की दूरी पर है। बेनीसागर का यह प्राचीन शिव मन्दिर परम्पराओं के अनुसार गौड़ राज शशांक द्वारा निर्मित था। अब इस स्थान पर अनेक छोटे-छोटे टीले, ईंटें एवं पत्थर के एक छरहरे बदन की उन्नत वक्ष वाली युवती को पारदर्शी वस्त्र पहने दिखाया गया है। एकावली युक्तहार इस युवती के गले में शोभायमान है। महिला का नाक-नक्श तीखा है। डॉ. पी.एल. गुप्ता ने इस मूर्ति को 9वीं शताब्दी का माना था, परन्तु निर्माण काल के आधार पर यह मूर्ति राजगीर के मनिचार मठ से प्राप्त नागिनी की मूर्ति के सृदश्य है एवं इसका किनारा पहाड़ पर से प्राप्त शिव मूर्ति के समान है। इस आधार पर डॉ. चित्तरंजन प्रसाद सिन्हा ने इसे गुप्तकालीन बताया है। यहाँ बने मन्दिर के अवशेष, शिवलिंग एवं प्राचीन मूर्तियाँ देखी जा सकती हैं। ये छोटे-छोटे टीले गाँव के विभिन्न हिस्सों में देखे जा सकते हैं, परन्तु मन्दिर के कुछ भग्नावशेष, शिवलिंग एवं प्राचीन मूर्तियाँ तालाब के पूर्व में उस स्थान पर रखी हैं जिसे देवस्थान के नाम से जाना जाता है। इस स्थान पर अनेक देव मूर्तियाँ (कुछ पूर्ण एवं कुछ खंडित) एवं अष्ट शिवलिंग देखे जा सकते हैं। वस्तुतः यहाँ भी अष्ट शंभु का मन्दिर निर्मित होगा। मन्दिर के अवशेषों को देखने से अनुमान लगता है कि यहाँ के दो मन्दिर ईंट के एवं दो पत्थर के बने थे। डॉ. के.सी. पाणिग्रही ने यहाँ की मूर्तियों को दो हिस्सों में बाँटा—एक जो मन्दिर में बनी लाखों में स्थापित की गई थीं एवं दूसरी वो जो मन्दिर का ही एक हिस्सा थीं। उन्होंने यहाँ की दो गणेश मूर्तियों, एक कार्तिकेय की मूर्ति एवं एक देवी की मूर्ति को प्रथम श्रेणी में रखा था।

गणेश की ये मूर्तियाँ थोड़ा विनष्ट हो गई हैं एवं कुछ आयुध अब इनमें विद्यमान नहीं रह गए हैं, परन्तु अन्य गणेश प्रतिमाओं के आधार पर इन गणेश मूर्तियों की पूर्ण परिकल्पना की जा सकती है। इस प्रकार की मूर्तियों में सदैव चतुर्भुजी एवं बैठे दिखाया जाता रहा है। उनके दाहिने हाथ में एक अक्षमाल एवं गाजर तथा बाएँ उठे हाथ में कुठार एवं नीचे के हाथ में लड्डू अथवा पात्र में लड्डू देखा जा सकता है। इनके जीऊ के रूप में सर्प को देखा जा सकता है, परन्तु इनका वाहन मूषक इन मूर्तियों में नहीं दिखाया गया है। उड़ीसा के मन्दिरों में इस प्रकार के गणेश का चित्रण 10वीं शताब्दी पूर्व के मन्दिरों में देखने को मिलता है, परन्तु 10वीं शताब्दी एवं उसके बाद के मन्दिरों में गणेश की स्थानक प्रतिमा अधिक लोकप्रिय रही है। इन मूर्तियों में गाजर के स्थान पर गणेश के हाथ में टूटा हाथीदाँत दिखाया गया है एवं उनका वाहन मूषक भी लगभग हमेशा रूपांकित किया गया है।

जहाँ तक कार्तिकेय की मूर्ति का प्रश्न है, इस प्रतिमा का मात्र ऊपरी हिस्सा ही विद्यमान है। इस मूर्ति में देखी जा सकने वाली त्रिशिखा एवं उसके गले में लटके लोहमरा के अगल-बगल बघनखा इस प्रतिमा की पहचान कार्तिकेय के रूप में करने को प्रेरित करते हैं। इस प्रतिमा के सभी आयुध एवं उनका वाहन चूंकि अब प्रतिमा में उपलब्ध नहीं है, अतः इस मूर्ति की तिथि सही-सही निर्धारित करने में कठिनाई है।

महिषासुर मर्दिनी दुर्गा की प्रतिमा के दो हिस्से हैं। संभवत: ये टुकड़े देवी प्रतिमाओं के हैं जिन्हें अब जोड़ दिया गया है। यहाँ देवी को मानव शरीर में महिषमुखी असुर के सिर को अपने बाएँ पैर के नीचे दबाते दिखाया गया है। वह अपने दाहिने प्रमुख हाथ से राक्षस के शरीर में त्रिशूल बेधते दिखाई गई है। उनके अन्य हाथों में ढाल, तलवार, धनुष, बाण, वज्र, चक्र एवं सर्प, जो राक्षस को काटते दिखाया गया है, आदि हैं। उनका वाहन सिंह भी युद्ध में शामिल होकर राक्षस के एक हाथ को अपने जबड़े में जकड़े दिखाया गया है।

पड़ोसी राज्य उड़ीसा के वैताल एवं शिशिरेश्वर मन्दिर में पार्श्वदेवता के रूप में एवं परशुरामश्वेर मंदिर अलंकृत के रूप में महिषासुर मर्दिनी को इस ढंग से प्रदर्शित किया है। ये सभी मंदिर 10वीं शताब्दी के पूर्व के हैं। जहाँ तक महिषासुर की मूर्ति के निर्माण का प्रश्न है, उत्तर गुप्तकाल में वह पूर्णरूपेण महिष है, पूर्व मध्यकाल में उसका सिर महिष एवं धड़ मानव का है जबकि मध्यकालीन मूर्तियों में उसे महिष के शरीर से मानव के रूप में बाहर आते दिखाया गया है, जो इस मूर्ति की 8वीं-9वीं शताब्दी में निर्माण को निहित करता है।

वेणीसागर में संकलित मूर्तियों के अतिरिक्त पटना संग्रहालय, पटना में भी इस स्थान से प्राप्त कुछ मूर्तियाँ हैं। इनमें एक विष्णु की प्रतिमा है। इस प्रतिमा के बाएँ एक हाथ में शंख है जबकि दूसरा बायाँ हाथ एक महिला प्रतिमा के सिर पर रखा है, जिसका बायाँ हाथ गदा पर रखा हुआ है। एक पुरुष के सिर पर रखा है, जिसका एक हाथ एक चक्र पर रखा है। इस स्त्री एवं पुरुष प्रतिमा की पहचान गदा देवी एवं चक्र पुरुष के रूप में की जा सकती है। इनका प्रभामंडल सावा है एवं किरीट मुकुट थोड़ा छोटे आकार का है। प्रतिमा में लोच की कमी है। इस प्रतिमा को देखकर मुन्देश्वरी की सूर्य प्रतिमा की याद आती है। ऐसी परिस्थिति में इस प्रतिमा को 7वीं शती ई. का माना जा सकता है।

बेनीसागर से प्राप्त गणेश की दो प्रतिमाएँ, जो पटना संग्रहालय में संगृहीत हैं, भी मुन्देश्वरी की गणेश प्रतिमा के सृदश्य हैं। इन दोनों प्रतिमाओं में इनके छाती और धड़ को अलग करने की चेष्टा की गई है। पेट निकला हुआ है। डॉ. चित्तरंजन प्रसाद सिन्हा ने इन्हें मुन्देश्वरी की प्रतिमाओं का समकालीन अथवा उससे थोड़े बाद का माना है। परन्तु ऐसार के विचार में यह प्रतिमा सातवीं शताब्दी ई. के बाद की हैं एवं उड़ीसा में किंचिंग की मूर्तियों के अधिक निकट हैं। उनके अनुसार बेनीसागर की प्रतिमाएँ मगध अथवा बंगाल के बनिस्पत उड़ीसा की कला के अधिक निकट हैं। परन्तु ऐसार भी यह स्वीकार करते हैं कि बेनीसागर से प्राप्त 7वीं शताब्दी की प्रतिमाएँ बिहार-बंगाल की कला के अधिक निकट हैं जबकि यह स्थान उड़ीसा से सटा हुआ है।

बेनीसागर से प्राप्त एक दूसरी विष्णु प्रतिमा के हाथ में एक अक्षमाला है। इस प्रतिमा का पत्थर अधिक मुलायम है एवं इस प्रतिमा के निर्माण कला के आधार पर ऐसार इसे बंगाल का उत्पादन मानते हैं। परन्तु इस प्रतिमा के हाथ की अक्षमाला इसे विष्णु की उन दो प्रतिमाओं, सुल्तानगंज की अन्नशाई विष्णु प्रतिमा एवं शाहकंड से प्राप्त नरसिंह प्रतिमा जिनके हाथ में भी अक्षमाला है, के निकट लाता है। संयोग से ये दोनों प्रतिमाएँ बिहार के

भागलपुर क्षेत्र की हैं।

जो भी हो, इस प्रतिमा का प्रस्तर ही उसे इस स्थान पर प्राप्त अन्य प्रतिमाओं से अलग करता है। केवल इस स्थान से प्राप्त सूर्य प्रतिमा ही इस तरह के प्रस्तर से निर्मित है। सूर्य की इस प्रतिमा के अगल-बगल दंड-पिंगल विराजमान हैं एवं उनके रथ में सात अश्व हैं।

सरायकेला से हमें नौ प्रतिमाएँ प्राप्त हुई थीं जो पटना संग्रहालय में संगृहीत हैं। इन प्रतिमाओं में उमा-महेश्वर, दक्ष-प्रजापति के अतिरिक्त सप्त मातृकाएँ अथवा वैष्णवी, माहेश्वरी, इन्द्राणी, ब्रह्माणी, कौमारी, वाराही एवं चामुंडा का रूपांतरण किया गया है। ये सभी मातृकाएँ दोभुजी हैं एवं वाराही को छोड़ कर सब की गोद में एक बच्चा दिखाया गया है। वाराही के दोनों पैरों के बीच एक बच्चे को खेलते दिखाया गया है। इन सबके हाथ में इनके आराध्य देव का आयुध है एवं उनका वाहन भी इनके साथ दिखाया गया है। केवल वाराही, जो भद्रासन में बैठी हैं, को वाहन नहीं प्रदान किया गया है। अन्य मातृकाएँ ललितासन में हैं। यू.पी. शाह एवं पी.एल. गुप्ता ने इन्हें 6वीं एवं 7वीं शताब्दी की प्रतिमा माना है। सेसर इन्हें आठवीं शताब्दी का मानते हैं, परन्तु स्वीकार करते हैं कि इन पर गुप्तकालीन कला का प्रभाव विद्यमान है।

सप्तमातृका के साथ गणेश की प्रतिमा न प्राप्त होकर दक्ष एवं उमा-महेश की प्रतिमा का प्राप्त होना हमें दक्ष के यज्ञ की याद दिलाता है, जिससे शाक धर्म का बड़ा गहरा सम्बन्ध रहा है।

उत्तर गुप्तकाल की मूर्तियाँ हमें टांगीनाथ में भी देखने को मिली हैं। इस स्थान पर प्राप्त मूर्तियाँ 6-7वीं शताब्दी व 15-16वीं शताब्दी की हैं। इस स्थान पर प्राप्त प्रारंभिक मूर्तियों में गंगा-यमुना, गणेश, विष्णु, सूर्य एवं शिवलिंग हैं। झारखंड और मध्यप्रदेश की सीमा पर झारखंड राज्य का अन्तिम गाँव मंझगाँव है, जो गुमला जिला के दुलमा प्रखंड के अन्तर्गत आता है। यहीं पर यह प्रसिद्ध टांगीनाथ का मन्दिर अवस्थित था। यह गाँव गुमला से 58 कि.मी. दूर है। टांगीनाथ की पहाड़ी एवं इसके आसपास के क्षेत्रों में विभिन्न प्रकार के छोटे-बड़े सैकड़ों शिवलिंग बिखरे पड़े हैं।

प्राचीन टांगीनाथ मन्दिर का अब कोई अवशेष मूर्तियों को छोड़कर प्राप्त नहीं है। परन्तु अब वहाँ एक छोटा-सा मन्दिर प्राचीन पत्थरों को जोड़कर बना दिया गया है। इसकी दीवार ईंटों की बनी है। प्रवेशद्वार के दो खंभे किसी प्राचीन मंदिर के आठ शिवलिंग रखे हैं, जो झारखंड क्षेत्र के अष्टशंभु मूर्तियों के समूह में इसे ले आते हैं। मुख्य शिवलिंग को ही टांगीनाथ कहा जाता है। यह कथा प्रचलित है कि टांगीनाथ मन्दिर के समीप सतयुग में चन्दन का एक विशाल वृक्ष था। कलियुग को देखकर भगवान टांगीनाथ विक्षुब्ध हो गए एवं इसी चन्दन वृक्ष में समा गए तथा वृक्ष का धड़ बदल गया, जो टांगीनाथ के रूप में विख्यात हुआ।

टांगीनाथ पहाड़ पर शिवलिंग के अतिरिक्त दुर्गा, महिषासुर मर्दिनी, लक्ष्मी, गणेश, अर्द्धनारीश्वर, विष्णु, सूर्य, हनुमान आदि मूर्तियाँ, मनोहारी वृषभ, सिंह, अलंकृत भवन के विभिन्न हिस्से, पत्थर से बनी नालियाँ, पीसने के सिलवट, विभिन्न प्रकार के छोटे-बड़े मृदभांड एवं प्राचीन ईंटें दिखाई देती हैं।

इनके अतिरिक्त टांगीनाथ जिस वस्तु के लिए प्रसिद्ध है, वह है मन्दिर क्षेत्र में रखा

विख्यात त्रिशूल। त्रिशूल का केन्द्र लौह खंड 11 इंच परिधि वाला अष्टकोण का है। त्रिशूल के वर्तमान अवशेष के आधार पर इसे 17 फुट लम्बा होने की कल्पना की जाती है क्योंकि इसका नीचे का भाग जमीन में गड़ा है। त्रिशूल का आकार वर्तमान मन्दिर के हिसाब से काफी बड़ा है, अत: इससे कल्पना की जा सकती है कि प्राचीन मन्दिर निश्चित रूप से काफी बड़ा होगा।

इलागढ़ क्षेत्र से हमें अनेक मूर्तियाँ प्राप्त हुईं जो वर्तमान में राँची संग्रहालय में प्रदर्शित हैं। इन मूर्तियों को दो भागों में विभक्त किया जा सकता है। पहले समूह में उन मूर्तियों को रखा जा सकता है जो प्रारंभिक पालकालीन मूर्तियों की तरह निर्मित हैं अर्थात् जिसमें मन्दिर का पृष्ठ भाग सपाट है। दूसरे समूह में वे मूर्तियाँ आएँगी जिनमें मुख्य प्रतिमा के अगल-बगल के पृष्ठ भाग को काटकर उसे त्रिआयाम देने का प्रयत्न किया गया है जैसा कि हम अन्तिम पालकालीन एवं सेनकालीन मूर्तियों में देखते हैं। कला के आधार पर इन्हें भी पाल एवं सेनकालीन मूर्तियों के काल में रखा जा सकता है। उमा-महेश्वर की तीन मूर्तियाँ, एक सिंहवाहिनी पार्वती, कार्तिकेय, गणेश, विष्णु का कल्कि अवतार आदि पहले समूह की प्रतिमाएँ हैं जबकि सूर्य की चार प्रतिमा, उमा-महेश्वर की एक प्रतिमा, विष्णु के कूर्मावतार, महायज्ञ एवं अंजित बाला सहित अजितनाथ एवं लोकेश्वर विष्णु की प्रतिमा दूसरे समूह की प्रतिमाएँ हैं।

उमा-महेश्वर की प्रतिमाओं में चतुर्भुजी शिव को कमलासन पर बैठा दिखाया गया है, जिनके बाएँ कंधे पर उमा बैठी हैं। शिव का दाहिना प्रमुख हाथ उमा के चिबुक पर एवं बायाँ प्रमुख हाथ उनके बाएँ स्तन पर अवस्थित है। उनके अन्य दाहिने हाथ में कलम दल एवं अन्य बाएँ हाथ में अस्पष्ट वस्तु है। उमा का दाहिना हाथ शिव के कंधे पर एवं बायाँ हाथ आईना धारण किए है। उनका वाहन वृषभ, सिंह एवं भक्त नीचे पाछ पट्ट पर विराजमान हैं। इन मूर्तियों में जो अद्‌भुत चीज देखने को मिलती है वह है शिव के भाग में त्रिशूल एवं उमा के भाग में उनका चित्रण। एक मूर्ति में शिव को मात्र दो हाथ के साथ दिखाया गया है।

एक प्रतिमा में घोड़े पर सवार एक पुरुष को दिखाया गया है। यह घोड़ा कमलासन पर खड़ा है। पुरुष के सिर पर एक अनुचर द्वारा छत्र आरोपित है। पुरुष का चेहरा थोड़ा भयानक है। इनकी पहचान कल्कि अवतार से की जाती है। इस सम्बन्ध में उल्लेखनीय है कि दक्षिण भारत में कल्कि अवतार का चित्रण सामान्यत: भयानक चेहरे के साथ ही किया जाता है। यहाँ यह भी उल्लेखनीय है कि बेगलार चेचगाँवगढ़ से प्राप्त एक प्रतिमा की पहचान कल्कि अवतार के रूप में की गई है।

यहाँ से प्राप्त देवी की चतुर्भुजी प्रतिमा में उनके दाहिने प्रमुख हाथ में अक्षमाल एवं दूसरे दाहिने हाथ को मुद्रा में दिखाया गया है। उनके बाएँ ऊपर के हाथ में पुस्तक या दर्पण एवं नीचे के हाथ में जलपात्र है। इनके अगल-बगल चँवरधारिणी का रूपांकन है। पाछपट्टे पर सिंह को देखा जा सकता है।

गणेश की प्रतिमा छ:मुखी है। उन्हें उनके वाहन मूषक पर नृत्य करते दिखाया गया है। इनका दायाँ हाथ टूटा है एवं एक हाथ जो बना है, उनके बढ़े उदर पर अवस्थित दिखाया गया है।

कार्तिकेय की प्रतिमा को कलासन पर लक्रितासन में दिखाया गया है। इनका वाहन मयूर आसन के नीचे इस ढंग से दिखाया गया है, जैसे वह मयूर पर ही दोनों पैर रखकर बैठे हों।

दूसरे समूह की मूर्तियों में सबसे अधिक सूर्य की चार प्रतिमाएँ हैं। यहाँ सूर्य का अपने रथ पर सवार दोनों हाथों में कमानदल लिए दिखाया गया है। उनके अगल-बगल दंड-पिंगल को क्रमशः विहग एवं कलम-दवात लिए स्थानक मुद्रा में दिखाया गया है। सूर्य की दो पत्नियाँ उषा एवं प्रत्युषा को धनुष-बाण के साथ उनके अगल-बगल दिखाया गया है। उनके वाहन को सात घोड़ों द्वारा खींचते दिखाया है। झारखंड की इन सूर्य मूर्तियों में सब में विशेष बात देखने को मिलती है, वह है सूर्य के अगल-बगल अष्टग्रहों का चित्रण। यहाँ यह उल्लेखनीय है कि सूर्य नवग्रहों की सूची में प्रथम स्थान रखते हैं।

विष्णु की कूर्मावतार प्रतिमा भी इस समूह की एक प्रतिमा है। यहाँ विष्णु को कच्छप के शरीर से निकलते दिखाया गया है। उनका पॉक कच्छप में शरीर का हिस्सा है। विष्णु के दोनों हाथों में बरैये यंत्र, गदा विद्यमान है। इस ढंग की यह देश की अनूठी प्रतिमा है।

बौद्ध देवी तारा की भी एक प्रतिमा इस स्थान से प्राप्त है। यहाँ द्विभुजी तारा को कमलासन पर ललितासन में बैठे दिखाया गया है। उनका बायाँ हाथ उनके दाहिने ठेहने पर अवस्थित है। तारा मूर्ति के ऊपर के पृष्ठ पर पंचध्यानी बुद्ध को देखा जा सकता है। उनके अगल-बगल की कमलासन पर दो छोटी-छोटी आकृतियाँ बैठी दिखाई गई हैं।

एक अन्य प्रतिमा एक जैन यक्ष एवं यक्षी से बाएँ हाथ के सहारे गोद में बच्चा दिखाया गया है। उनके दाहिने हाथ में फूल है। इनके पीछे एक विशालकाय वृक्ष है, जिसके ऊपर एक छोटे आकार के जैन तीर्थंकर को बैठे दिखाया गया है। इनके अगल-बगल एम-एम हाथी रूपांकित है। चूँकि हाथी अजितनाथ का लक्षण है अतः तीर्थंकर की पहचान अजितनाथ एवं यक्ष-यक्षी की पहचान महायक्ष एवं अजितबाला से की जा सकती है।

इस समूह की सबसे प्रमुख मूर्ति है लोकेश्वर विष्णु की। यहाँ बारहभुजी विष्णु प्रतिमा को कमलासन पर स्थानक मुद्रा में दिखाया गया है। उनके सिर के ऊपर सात सर्पों का फन है, जिसमें से दो फन अब टूट गए हैं। यहाँ प्रतिमा के ललाट पर त्रिनेत्र भी देखा जा सकता है। विष्णु के दो प्रमुख नीचे के हाथ पुष्पित कमल के ऊपर रखे दिखाए गए हैं। उनके इस दाहिने हाथ में शंख एवं बाएँ हाथ में फल के समान कोई वस्तु है। उनके दो अन्य प्रमुख हाथों में कमल दल हैं, जिन पर संभवतः सूर्य एवं अर्द्धचन्द्र को दिखाया गया है। उसके अन्य आठ हाथों में भी छोटे-छोटे कमल के फूल हैं, जिन पर अनेक आयुध एवं अस्पष्ट चीजें दिखाई गई हैं। सप्तरथ पाद पकृ के मध्य में शिव की अष्टभुजी प्रतिमा को नृत्यात दिखाया गया है। देव मूर्ति के अगल-बगल दो पुरुष अनुचरों (देवों) को दाहिने हाथ को अभय मुद्रा एवं बाएँ हाथ को कटिविन्यस्त दिखाया गया है। दो बौनाकार मूर्तियाँ इनके एवं विष्णु के मध्य दिखाई गई हैं। मूर्ति के ऊपरी भाग में दाएँ तरफ पुरुष एवं बाएँ तरफ स्त्री प्रतिमा का रूपांकन किया गया है, जिनके बाएँ हाथ में कमल दल एवं दायाँ हाथ वरद मुद्रा में है। मूर्ति के सबसे ऊपरी भाग में कीर्तिप्रत्व को भी देखा जा सकता है। इस प्रतिमा में विष्णु की मूर्ति बुद्ध का अवलोकितेश्वर एवं मैत्रेय के साथ दिखाई गई मूर्तियों के

सदृश्य हैं। इस मूर्ति पर स्पष्टत: बौद्ध एवं शैव मतों का प्रभाव दिखाई देता है। बंगाल के बाहर यह एकलौती इस प्रकार की प्रतिमा है।

चतरा जिला के इटखोरी में भगवती तारा का एक मन्दिर है। वर्तमान मन्दिर तो नवीन है परन्तु यहाँ पालकालीन मन्दिरों एवं मूर्तियों के अवशेष मिले हैं, जो 8वीं से 12वीं शताब्दी के मध्य की हैं। कुछ प्रणव शेष तो उत्तर गुप्तकालीन दिखते हैं। वर्तमान मन्दिर में मुख्य मूर्ति तारा की है जिन्हें लोग भद्रकाली के रूप में पूजते हैं। इस मन्दिर में उमा-महेश्वर, विष्णु, सूर्य, गणेश आदि की अनेक पालकालीन प्रतिमाएँ रखी हैं।

इस मन्दिर के बगल में कोठेश्वरनाथ स्तूप स्थित है। इस बौद्ध स्तूप के चारों ओर भगवान बुद्ध की योग मुद्रा में और अनगिनत प्रतिमा हैं। बौद्ध स्तूप के बगल में एक कुटिया है। मान्यता है कि भगवान बुद्ध ने कभी यहाँ तपस्या की थी। जनश्रुति के अनुसार इटखोरी का प्राचीन नाम इटखोई अर्थात् 'यहाँ खोई' है। कहा जाता है कि भगवान बुद्ध यहाँ के अरण्य में तपस्या में लीन थे। उनकी माता उन्हें खोजने यहाँ आईं, पर वह उन्हें यहाँ नहीं दीखे। उनकी माँ को प्रतीत हुआ कि गौतम यहीं खो गया है। ऐसा कहा जाता है कि तभी से यह स्थान 'इतखोई' कहलाने लगा एवं कालान्तर में दूसरा नाम 'इटखोरी' हो गया।

इस स्थान पर एक प्राचीन सहस्त्र शिवलिंग भी विद्यमान हैं, जहाँ एक मन्दिर का निर्माण हो रहा है। इस शिवलिंग की ऊँचाई लगभग तीन फुट एवं मोटाई छ: फीट 38 इंच है। इस बड़े शिवलिंग में 1008 शिवलिंग उत्कीर्ण हैं।

इस मन्दिर के निकट का गाँव मदुली के नाम से जाना जाता है। श्वेताम्बर जैनों के मतानुसार उनके दसवें तीर्थंकर शीतल स्वामी का जन्मस्थल यही था। इटखोरी से प्राप्त केपादपट्टिम को वह भगवान शीतल स्वामी का ही मानते हैं।

कोडरमा जिले के सतगाँव में प्रतीक मन्दिर के अवशेष एवं अनेकों मूर्तियाँ विद्यमान हैं, जो अधिकतर पालकालीन हैं। बंगाल लिस्ट में इस स्थान का उल्लेख करते हुए बताया गया था कि इस स्थान पर लगभग एक दर्जन मन्दिर थे, जो उत्तर गुप्तकाल के बाद के निर्मित थे।

चतरा जिला की कुलुहा पहाड़ी भी एक प्रमुख प्राकृतिक स्थान है। स्टेन के अनुसार 1899 में उन्हें श्री तीर्थमाला अमोलक स्मृ नामक एक पुस्तक दिखाई गई थी, जिसके अनुसार कुलुहा जैन धर्म के 10वें तीर्थंकर शीतल स्वामी का जन्म स्थल एवं निर्वाण स्थल दोनों था। उस समय यह स्थान भविलपुर नगर के नाम से जाना जाता था। परन्तु सेन के विचार में उस समय यह जैन धर्मांध लम्बिया का कोई प्रमुख तीर्थस्थान नहीं था। इस स्थान पर 10-10 की संख्या में जैन तीर्थंकरों का दो समूह पहाड़ी को काटकर संपादित किया गया है। अपने दस की संख्या के कारण जनसाधारण के लिए विष्णु के दशावतार का अंकन है। सभी तीर्थंकरों के साथ एक चँवरधारिणी देखने को मिलती है। इनके लक्षण इन प्रतिमाओं के नीचे उत्कीर्ण थे, जो कालान्तर में धूमिल पड़ गए हैं। इन मूर्तियों पर अभिलेख भी खुदा है। कला शैली के आधार पर इनका तिथि निर्धारण करना कठिन है। परन्तु इस जगह पर प्राप्त अभिलेखों में सबसे प्राचीन अभिलेख परम भट्टारक महाराजाधिराज

विष्णुगुप्त का है, जो संभवत: उत्तर गुप्तवंश का शासक था, जो 7वीं-8वीं शताब्दी तक इस क्षेत्र में शासन कर रहा था। स्टेन ने इस पहाड़ी के निकट तालाब के पास एक जैन तीर्थंकर की प्रतिमा देखी थी जिस पर एक अभिलेख उत्कीर्ण था, जिसमें विक्रम संवत् 2443 अर्थात् वर्ष 1386 का उल्लेख था।

यहाँ भगवती शैलेश्वरी का भी मन्दिर है। जनश्रुति के अनुसार महाभारत कालीन मत्स्यराज राजा विराट की इष्टदेवी शैलेश्वरी की प्राण प्रतिष्ठा यहाँ की गई थी एवं पाण्डवों ने अपने अज्ञातवास का कुछ समय यहाँ व्यतीत किया था। तत्काल यहाँ महिषासुर मर्दिनी दुर्गा की मूर्ति मन्दिर में स्थापित है जिन्हें देवी कौलेश्वरी के रूप में पूजा जाता है। इनके बाएँ हाथ में त्रिशूल एवं शंख तथा दाहिने हाथ में चक्र और गदा है।

एन.डे. ने यहाँ अनेक बुद्ध की प्रतिमाओं को देखने का उल्लेख किया है। जबकि सेन ने एक बौद्ध मूर्ति मात्र का उल्लेख किया है।

जो भी हो, यह स्थान हिन्दू, बौद्ध एवं जैन सभी धर्मों से जुड़ा है।

जैन धर्म से जुड़ा एक अन्य प्रमुख स्थान है अलुवारा। बोकारो जिला के चन्दरदियारी प्रखंड में अवस्थित इस स्थान से हमें मार्च 1947 में अष्टधातु निर्मित मूर्तियों का एक समूह प्राप्त हुआ था, जो आज पटना संग्रहालय की शोभा बढ़ा रहा है। इस समूह में कुल 29 प्रतिमाएँ थीं, जिनमें 27 खड़े जैन तीर्थंकरों की प्रतिमाएँ हैं। इसके अतिरिक्त एक प्रतिमा देवी अम्बिका की एवं एक किसी जैन तीर्थंकर के मस्तक मात्र को रूपांकित करती है। यहाँ नग्न जैन तीर्थंकरों की पहचान उनके साथ चिन्हित लक्षणों के आधार पर की जा सकती है। इन प्रतिमाओं में सबसे अधिक प्रतिमाएँ वृषभनाथ की हैं जो सात मूर्तियों में रूपांकित हैं। महावीर एवं कुन्थुनाथ की छ:-छ: प्रतिमाएँ इस समूह में देखने को मिलती हैं। चन्द्रणम एवं पार्श्वनाथ की दो-दो प्रतिमाएँ निर्मित हैं। अजितनाथ, विमलनाथ और नेमिनाथ की एक-एक मूर्ति हमें देखने को मिलती हैं। एक प्रतिमा में वृषभनाथ एवं महावीर को साथ-साथ खड़े दिखाया गया है। जैसा कि पहले कहा जा चुका है एक प्रतिमा अम्बिका देवी की है एवं एक जैन तीर्थंकर का मस्तक है।

यह अष्टधातु निर्मित मूर्तियों का समूह एक नवीन अष्टधातु निर्माण कला की तरफ हमारा ध्यान आकृष्ट करता है। ये सभी मूर्तियाँ नालन्दा एवं कुर्रिहार से प्राप्त अष्टधातु की मूर्तियों से अलग ढंग से निर्मित हैं। जहाँ नालन्दा एवं कुर्रिहार की मूर्तियाँ भीतर खोखली हैं, अलुवारा की ये मूर्तियाँ पूर्णरूपेण भरी परन्तु ऊपर से देखने में दुबली-पतली हैं। अधिकांश के सिरों के अग्रभाग पर उग्र देखने को मिलता है। तीर्थंकरों के हाथ की उँगलियाँ उनकी जाँघ को छूती दिखाई गई हैं। इन तीर्थंकरों को सामान्यत: कई तल वाले आसन पर स्थानक मुद्रा में दिखाया गया है। इनमें सात प्रतिमाओं पर अभिलेख खुदे हैं जिनमें उनके दाताओं के नाम का उल्लेख है। महावीर की एक प्रतिमा में नौ सेवक दिखाए गए हैं। रन्ध्रनाथ की भी एक प्रतिमा में उनके सहयोगियों या मृतकों की संख्या नौ दिखाई गई है जबकि अन्य दो प्रतिमाओं में इनकी संख्या आठ है। पार्श्वनाथ की एक प्रतिमा में उनके नौ भक्तों अथवा सेवकों को आसन पर बैठे दिखाया गया है। यह नौ प्रतिमाएँ

नवग्रहों की हैं। उनकी एक अन्य प्रतिमा में दो मृत सर्प दिखाए गए हैं। महावीर की पहचान जहाँ उनके लक्षण सिंह से की जाती है, पार्श्वनाथ की पहचान उनके सर्पफन के आधार पर की जाती है। ऋषभनाथ की प्रतिमाओं में वृषभ देखने को मिलता है जो कुन्थुनाथ, चन्द्रप्रभा, अजितनाथ, नेमिनाथ और विमलनाथ के साथ क्रमशः बकरी, अर्द्धचन्द्र, हाथी, शंख और सूअर दिखाया गया है। अम्बिका की प्रतिमा में उनके साथ सिंह अंकित हैं। ये सभी प्रतिमाएँ 11वीं-12वीं शताब्दी की मानी जाती हैं।

अलुवारा से हमें अनेक प्रस्तर प्रतिमाएँ भी प्राप्त हैं, जो भारतीय इतिहास के मध्यकालीन की हैं। यहाँ से प्राप्त इन प्रस्तर प्रतिमाओं में महावीर, शालिनाथ एवं पार्श्वनाथ की दो-दो प्रतिमाएँ, एक लक्षणविहीन जैन तीर्थंकर की स्थानक प्रतिमा एवं एक तीर्थंकर का मस्तक है। तीन यक्षी प्रतिमाएँ भी इस स्थान से हमें प्राप्त हैं। यहाँ से एक चौमुखी भी प्राप्त हुआ है जिसके चारों ओर तीर्थंकरों की स्थानक प्रतिमा है। ये सभी प्रतिमाएँ पटना संग्रहालय में संगृहीत हैं। यहाँ एक प्राचीन बौद्ध मन्दिर भी देखा गया जिसके भग्नावशेष पर बुद्ध की मूर्ति उकेरी हुई थी।

अलुवारा के निकट ही कुम्हारी एवं कुमारदाग नामक दो गाँव हैं, जहाँ कुछ प्राचीन जैन मूर्तियाँ देखी गई थीं। वहाँ इन गाँवों में कुछ प्राचीन अभिलेख भी प्राप्त हुए थे।

हजारीबाग जिले का दुमदुमा भी एक प्रमुख प्राप्त स्थल है, जहाँ उत्तर गुप्तकालीन मन्दिर के भग्नावशेष हैं। स्थल पर पालकालीन दुर्गा, सूर्य, विष्णु, गणेश की कई प्रतिमाएँ हैं। इन मूर्तियों के अतिरिक्त प्राचीन पुस्तक के अवशेष और शिवलिंग भी हैं।

जैन धर्म का एक महत्त्वपूर्ण तीर्थस्थल पारसनाथ गिरिडीह जिले में अवस्थित है। जैसा कि नाम से ही विदित है, यह स्थल जैन धर्म के 23वें तीर्थंकर पार्श्वनाथ से सम्बन्धित है। इस स्थल का महत्त्व इसलिए भी बढ़ जाता है कि इस धर्म के चौबीस तीर्थंकरों में 20 का निर्वाण स्थल यही स्थान है। ये तीर्थंकर थे—अजितनाथ, संभवनाथ, अभिनन्दनाथ, सुमत्तिनाथ, पद्मप्रभ, सुपार्श्वनाथ, चन्द्रप्रभ, सुविधनाथ, शीतलनाथ, श्रेयांसनाथ, विमलनाथ, अनन्तनाथ, धर्मनाथ, शान्तिनाथ, कुन्थुनाथ, अर्हनाथ, मल्लिनाथ, मुनिसुक्रत, नेमिनाथ एवं पार्श्वनाथ। पारसनाथ निश्चित रूप से अति प्राचीन स्थल है, परन्तु इस स्थान पर कोई भी ऐसा शेष नहीं बचा है जो 18वीं शताब्दी से पहले का है। बेगलर ने इस स्थान की चर्चा करते हुए कहा था कि मधुबन जो पहाड़ी के उत्तरांचल पर अवस्थित है, में अनेक प्राचीन प्रस्तर कलाकृतियाँ थीं परन्तु 1903 में ब्लॉक पर कोई पुरावशेष देखने से नहीं मिला।

इस राज्य का एक प्रमुख पुरातात्विक स्थल दुलमी था जो चाण्डिल से करीब 35 किमी पर अवस्थित था। अब यह क्षेत्र जल प्लावित है। बेगलर के अनुसार सर्वप्रथम यहाँ एक जैन मन्दिर था, जो 9वीं-10वीं शताब्दी में अवस्थित हुआ। उसके पश्चात् हिन्दुओं ने यहाँ 11वीं शताब्दी के आसपास मन्दिर का निर्माण कराया होगा। इस स्थल से हमें मुख्यतः हिन्दू धर्म की प्रतिमाएँ ही प्राप्त हैं।

धनबाद से 23 कि.मी. दूरी पर तेलकुपी नामक पुरातन स्थल है। यहाँ मन्दिरों के भग्नावशेष व हिन्दू देवी-देवताओं की प्रतिमाएँ मौजूद हैं, जिनमें शिव, गणेश, विष्णु, गज-लक्ष्मी, सूर्य

आदि प्रमुख हैं।

सरायकेला जिले का चाण्डिल क्षेत्र भी पुरातात्विक दृष्टि से महत्त्वपूर्ण है। पाषाणकालीन आयुध के अतिरिक्त इस स्थान से जैन तीर्थंकरों एवं दुर्गा, शिव-पार्वती आदि की प्रतिमाएँ प्राप्त हैं। सुवर्णरेखा घाटी नदी योजना से डूबने के संभावित क्षेत्र से संकलित पुरातत्त्व शेष तत्काल इसी स्थान के शीशमहल में रखे हैं।

पूर्वी सिंहभूम के श्यामसुन्दर पूर्व में 17वीं शताब्दी का बना हुआ एक मन्दिर है, जिसमें प्रवेशद्वार पर कृष्णलीला के दृश्य पकी मिट्टी की ईंटों से उत्कीर्ण कर बनाए गए हैं।

इसी जिले के बहरागोड़ा प्रखंड में ग्रहिमापाल नामक पुरातात्विक स्थल है, जो स्वर्णरेखा नदी के तट पर बसा है। इस ग्राम की 10वीं-11वीं शताब्दी की कई मूर्तियाँ हैं। इनमें शिवलिंग, शिव-पार्वती तथा रेवती की मूर्तियाँ प्रमुख हैं। यहाँ प्राचीन काल में लोहा गलाया जाता था।

इस जिले के मुख्यालय जमशेदपुर से करीब 22 किमी की दूरी पर पटामदा प्रखंड मुख्यालय एवं गाँव है। यह एक महत्त्वपूर्ण पुरातात्विक स्थल है। इसके आसपास रणेन्द्र में प्राचीन मन्दिरों के भग्नावशेष विद्यमान हैं जहाँ जैन तीर्थंकरों एवं हिन्दू देवी-देवताओं की पालकालीन मूर्तियाँ हैं। इन मूर्तियों के अतिरिक्त बड़ी संख्या में प्रस्तर के वास्तुखंड भी हैं।

इस जिले के घाटशिला नामक स्थान पर देवी रंभिनी का एक मन्दिर है, जो दालभूम राजपरिवार की अधिष्ठात्री देवी है। यह मन्दिर लगभग 200 वर्ष पुराना है।

राँची-गुमला मार्ग पर टोटो में साढ़े छ: किमी पर औज्रन नामक ग्राम है, जो राँची से 130 किमी एवं गुमला से 21 किमी की दूरी पर है। इस गाँव का नामकरण महावीर हनुमान की माता अंजनी के नाम पर किया गया है एवं इसे जनश्रुतियों के अनुसार महावीर का जन्मस्थल माना जाता है। यहाँ अंजनी माता की प्रस्तर मूर्ति विद्यमान है। एक अन्य कथा के अनुसार यहाँ एक राजा रहता था, जिसकी पत्नी का नाम अंजनी था। राजा की प्रिय पत्नी का स्वर्गवास समय से पूर्व हो गया, जिसकी याद में उसने अपने राज्य की राजधानी का नाम आंजन रखा। इस स्थान पर अनेक शिवलिंग प्राप्त हैं। लोगों का विश्वास है कि माता अंजनी स्वयं तालाब में स्नान कर प्रतिदिन शिवलिंग की पूजा करती थीं। आंजन पहाड़ी पर चक्रधारी मंदिर में आठ शिवलिंग स्थापित हैं, जिन्हें अष्टशंभु कहा जाता है। आर.आर. दिवारा के अनुसार छोटानागपुर में उड़ीसा के प्रभाव से आठ स्थान 'अष्टशंभु' की स्थापना की गई थी, जिनमें एक आंजन है। यहाँ मन्दिर में शिवलिंग के ऊपर चक्र है जो अपने ढंग का अकेला है। इस मन्दिर में दो सरन्ध्र मूर्तियाँ हैं जो भगवान विष्णु एवं माता दुर्गा की हैं। अब यहाँ माता काली का एक बड़ा चित्र लटका दिया गया है एवं इन चारों की पूजा यहाँ होती है।

इस राज्य का एक प्राचीन मन्दिर लोहरदगा-गुमला मार्ग पर लोहरदगा से 14 किमी दूर अवस्थित है। इस स्थल का नाम हपामुनि है जहाँ महामाया का मन्दिर है। इस मन्दिर के एक अभिलेख के अनुसार इस मन्दिर की स्थापना महाराजा मोहनराय के पुत्र गजघंट ने 965 संवत् में की थी। 1458 ई. में नागवंशी महाराजा शिवदास कर्ण ने हपामुनि के महामाया मन्दिर में शेषशय्या पर विराजमान भगवान विष्णु की मूर्ति की स्थापना कराई थी। अब इस मन्दिर में

महामाया एवं विष्णु के अतिरिक्त वंशीधर कृष्ण, महालक्ष्मी एवं शिवलिंग भी स्थापित है। इस मन्दिर का द्वार पश्चिम की तरफ है।

हजारीबाग जिले के राजटका में माँ छिन्नमस्ता का मन्दिर है। जनश्रुतियों के अनुसार यह मन्दिर बहुत प्राचीन है, परन्तु वर्तमान मन्दिर मध्यकाल के बाद का ही है। अब यहाँ नए मन्दिर भी बन गए हैं। मन्दिर में स्थापित प्रतिमा वैसे संभवत: पालकालीन है। देवी के दाहिने हाथ में खड्ग है। बाएँ हाथ में अकाखंडित शीश है। गले से निकलती तीन रुधिर धाराओं में से मध्य धारा का वह स्वयं पान करती है। दक्षिणी धारा वर्णिनी और वाम धारा डाकिनी पीती है। देवी के पैर के नीचे संभवत: रतिकामदेव है। कामदेव का प्रतीक यहाँ बहता दामोदर नद एवं रति का प्रतीक भैरवी नदी है।

राँची जिले के तमाड़ प्रखंड के दामबेड़ा तथा बदला एवं बंड प्रखंड के हेय तथा बुढ़ाडीह में, जो राँची नदी के किनारे अवस्थित है, प्राचीन मन्दिर हैं। बुढ़ाडीह के अवशेष में महामाया, सूर्य आदि की प्रतिमा हैं।

तमाड़ से 3 किमी दूरी पर देवकी नामक स्थान है, जहाँ एक सोलहभुजी दुर्गा की प्रतिमा मन्दिर में स्थापित है। मंदिर में देवी की मूर्ति के ऊपर शिव की मूर्ति है। इनके अगल-बगल लक्ष्मी-सरस्वती एवं कार्तिकेय-गणेश हैं। देवी की मूर्ति पालकालीन मानी जाती है।

राँची के निकट बेडेया ग्राम में भी एक वैष्णव मन्दिर है, जिसका निर्माण 1722 ई. में लक्ष्मीनारायण तिवारी ने किया था। उस समय इस क्षेत्र में राजा रघुनाथ शाह का शासन था। इस मन्दिर में कृष्ण एवं राधा की मूर्ति थी। बाद में मूर्ति चोरी हो जाने पर यहाँ संगमरमर की राधा-कृष्ण की मूर्ति स्थापित की गई है।

राँची नगर के चुटिया में स्थापित राम मन्दिर भी लगभग इसी समय का है। चुटिया का दोतल्ला राम मन्दिर इस राज्य के अन्य मन्दिरों से अलग है। इस मन्दिर का निर्माण नागवंशिया के 50वें राजा रघुनाथ शाही ने कराया था। मुख्य मन्दिर के प्रवेशद्वार के ऊपर पत्थरों को तराश कर बनाया गया है। इस मन्दिर के खंभे एवं छज्जे भी पत्थरों के हैं। मन्दिर में रखी राम-सीता, हनुमान की मूर्तियाँ मूल मूर्तियाँ नहीं हैं, बल्कि 1898 के बाद बनारस से मँगवाकर यहाँ स्थापित की गई हैं। वास्तव में यह मन्दिर प्रारंभ में राधावल्लभ मन्दिर था।

राँची शहर के अन्य प्राचीन मन्दिर हैं जगन्नाथपुर मन्दिर, जो लगभग 259 फीट ऊँची पहाड़ी पर अवस्थित है। प्राचीन मन्दिर अब लगभग ध्वस्त हो गया है एवं इसे पुन: बनवाया गया है। 1691 ई. में ठाकुर ऐनी शाह ने पुरी के जगन्नाथ मन्दिर से प्रभावित होकर इस मन्दिर का निर्माण कराया था। ठाकुर ऐनी शाह को नागवंशी राजपरिवार का खोर पोसदार बताया गया है।

राँची जिले का एक प्रमुख पुरातात्विक अवशेष है दोहसागढ़ का किला और मन्दिर। राँची से 60 किमी दूर स्थित सिसई एवं वहाँ से द.पू. की ओर प्राय: 10 किलोमीटर दूरी पर नगर ग्राम है। इसी के निकट यह दोहसागढ़ अथवा नवरत्नगढ़ अवस्थित है। यहाँ के नागवंशी राजाओं की ऐतिहासिक धरोहर है। इसका निर्माण काल 1687-1711 ई. माना गया है।

इतिहासकारों के अनुसार दोहसागढ़ पाँच तल्ला था और प्रत्येक तल्ले में नौ-नौ कमरे थे। गढ़ के अगल-बगल अनेक मन्दिर थे। इस गढ़ में कपिलनाथ महादेव सहित अनेक मन्दिर रामशाह ने बनवाए थे।

पलामू में अवस्थित दो प्राचीन जिले भी इस राज्य के प्रमुख पुरातात्विक स्थल हैं। ये जिले मेदनीनगर में 45 किमी द.पू. की ओर वनों के बीच कोयल और ओरंगा नदी के संगम के निकट अवस्थित हैं।

पुरातात्विक 750×450 आकार का है जो करीब 5 किमी जमीन को घेरे है। इसकी दीवाल करीब 25 फीट ऊँची एवं 7 फीट मोटी है। इसकी दीवाल पर घोड़े दौड़ा करते थे। किले में दो तल्ले के तीन फाटक हैं। सिंहद्वार मजबूत, सुरक्षित एवं बड़ा है। अन्दर प्रवेश करने के लिए इसमें तीन ड्योढ़ियों को पार करना पड़ता है। इस प्रकार के निर्माण का मुख्य उद्देश्य शत्रुओं को अन्दर जाने से रोकना होगा। पुराने किले से करीब आधा मील दूरी पर एक ऊँचे पहाड़ पर 2 मील (750×300) के घेरे में एक नए किले का निर्माण किया गया है। यह दीवाल करीब 17 फीट मोटा है। यह किला पूर्ण नहीं हो सका और अधूरा ही खड़ा अपना इतिहास कह रहा है। दो मंजिले प्रांगण से घिरे चारों ओर सैकड़ों कमरे हैं। संभवत: इन्हें सैनिकों के लिए बनाया गया था। इस किले का सर्वाधिक आकर्षक नागपुरी दरवाजा है जो 40 फीट ऊँचा एवं 15 फीट चौड़ा है। इन किलों के निर्माता राजा मेदिनीराय थे।

इस राज्य का प्रसिद्ध मन्दिर है बाबा बैद्यनाथ का मन्दिर। यों तो इस मन्दिर के निर्माण की कथा रावण से जोड़ी जाती है परन्तु वर्तमान मन्दिर मध्यकाल से पहले का नहीं है। देवघर के नाम से प्रसिद्ध इस जगह का शाब्दिक अर्थ ही होता है 'देवताओं का घर'। एक कथा के अनुसार दक्ष यज्ञ में सती के आत्मदाह से क्रुद्ध शिव ने सती के शरीर के साथ जब तांडव करना प्रारंभ कर दिया तब भगवान विष्णु ने उन्हें शांत करने के लिए सती का शव 52 टुकड़ों में अपने चक्र से विभक्त कर दिया, उसमें उनका हृदय इसी स्थल पर गिरा था। एक अन्य कथा के अनुसार एक संथाल युवक बैजू यहाँ लावारिस पड़े शिवलिंग को गदा से रोज पीटा करता था। एक दिन भूखा होने पर भी इस कार्य को करना नहीं भूला। कहा जाता है कि भगवान ने उसके इस दृढ़ निश्चय से प्रसन्न होकर उसे आशीर्वाद दिया कि यह लिंग यहाँ स्थापित होकर बैजनाथ के नाम से ही जाना जाएगा। अब इसके यहाँ दीवारी में अनेक छोटे-छोटे मन्दिर बन गए हैं जो इसे पंचायत रूप प्रदान कर रहे हैं।

झारखंड के पुरातत्त्व शेषों में एक महत्त्वपूर्ण स्थल है मलूही। दुमका से 55 किमी दूर द्वारका नदी के तट पर यह गाँव बसा है। नामपुरहाथ यहाँ का निकटतम रेलवे स्टेशन है। यहाँ के 54 मन्दिर अपनी जीर्णावस्था में भी इस स्थल की महत्ता को स्पष्ट करते हैं। यहाँ पर अवस्थित माँ मोलिक्षा का मन्दिर अभी भी एक जीवन्त शक्तिपीठ माना जाता है। इसका सम्बन्ध प्रसिद्ध तारापीठ से भी है। माँ तारा तभी आश्विन चतुर्दशी का उत्सव भोग स्वीकार करती है जब माता मोलिक्षा का उत्सव भोग लग जाता है। इस स्थान के धार्मिक महत्त्व को गौड़ के मुसलमान शासक सुल्तान अलाउद्दीन हुसैनशाह (1493-1519) ने भी स्वीकार किया और इस क्षेत्र को रहमुक्त जागीर घोषित कर एक ब्राह्मण बालक बसन्त राय को यहाँ का राजा घोषित किया। यहाँ

के मन्दिरों के पाँच समूह हैं—

1. माँ मौलिक्षा मन्दिर समूह 2. छद तरफ के मन्दिर समूह 3. राजा बाड़ी मन्दिर समूह 4. मध्यमबाड़ी मन्दिर समूह 5. शिरिबाड़ी मन्दिर समूह।

इन मन्दिरों में लाल रंग के 40 मूर्ति फलक लगे हैं, जिन पर राम कथा, कृष्णलीला, दुर्गा आदि का रूपांतरण है। डॉ. प्रकाशचरण प्रसाद उसे लाल पत्थर का बना मानते हैं। मन्दिर का निर्माण बंगाल के मन्दिरों के सदृश्य है।

यह है झारखंड की कला एवं यहाँ की पुरातत्विक धरोहर के सम्बन्ध में एक छोटी-सी गाथा। वस्तुतः अभी झारखंड की कला एवं इसकी पुरातात्विक धरोहर का समीचीन अध्ययन किया जाना बाकी है, तभी इसका वास्तविक इतिहास जनमानस एवं विद्वानों के बीच आ सकेगा।

झारखंड के स्थापत्य

रणेन्द्र

छोटानागपुर में अनेक छोटे-बड़े प्राचीन मध्यकालीन एवं आधुनिक पुरातात्विक अवशेष हैं। इनमें से अनेक यहाँ की स्थापत्य कला का प्रतिनिधित्व करते हैं।

राँची

आदिवासी देवस्थानों में सबसे पुराने असुरों के टीले हैं। इन असुर टीलों में तमाड़ खास के बुढ़ाडीह का टीला बहुत प्रसिद्ध है। इसकी जानकारी 1867 में मिली थी। बिबना, पांडू, ओसकियां, बामनी तथा दानेड़ नामक गाँवों में जो बोनाई नदी के तट पर स्थित हैं, असुरों के कई पत्थर-निर्मित मन्दिर मिले हैं। इनमें शिवलिंग स्थापित हैं। एतरे गाँव के फुलझर नदी के किनारे असुरों द्वारा पूजित शिवलिंग में तो चिर-परिचित लीक भी बनी हुई है।

राँची के पंचपरगना क्षेत्र (सिल्ली, सोनाहातु, बुन्डु, तमाड़, अड़की) में काँची एवं कड़कड़ी नदी के किनारे अनेक प्राचीन मन्दिर हैं जिनमें स्थापत्य की विशिष्ट शैली भी देखने को मिलती है। कुछ की तुलना कोणार्क के सूर्यमन्दिर से की जा सकती है। इस क्षेत्र में सूर्य एवं देवी की पूजा प्रचलित थी। चैतन्य महाप्रभु का प्रभाव भी इस क्षेत्र पर स्पष्ट देखा जा सकता है।

1872 में छोटानागपुर के तत्कालीन आयुक्त ने यहाँ काँची नदी के किनारे आठ शिवमन्दिर देखे थे। अब वहाँ मात्र कुछ शिवलिंग ही बचे हैं। मन्दिरों के जो अवशेष बचे हैं, उनसे सिद्ध होता है कि इनका निर्माण विशाल पत्थरों को तराश कर किया गया था। ऐसे अवशेष बुढ़ाडीह, हाराडीह, बामला, दीऊरी, पलना तथा तमाड़ में बचे हुए हैं। इनमें अधिकांश अवशेष पाल युग के हैं। धर्मपाल एवं देवपाल का अधिकार क्षेत्र झारखंड के पूर्वी भाग तक फैला हुआ था। अत: बंगाल तथा उड़ीसा की शिल्पकारी का इन मन्दिरों के निर्माण पर प्रभाव पड़ा। मेलकुप्पी, बोड़ाम, ईचा एवं केड़ा के मन्दिर जिन पर बंगाल-उड़ीसा शिल्प का अधिक प्रभाव था, अब नहीं बचे हैं।

बुन्डू-तमाड़ क्षेत्र के दारूबेड़ा, बदला, हेथ तथा बुढ़ाडीह के मन्दिर उड़ीसा मन्दिर निर्माण-शैली से प्रभावित हैं. यहाँ दस शिवलिंग अभी भी अपने मूलस्थान में देखे जा सकते हैं। बुढ़ाडीह के मन्दिर में भगवती की सिंहवाहिनी मूर्ति है। सामने ही महिषासुर मर्दिनी की छोटी मूर्ति है। काँची नदी के दूसरे तट पर सूर्यमन्दिर है जिसमें सात घोड़ों वाले रथ पर हाथों में दो सूर्यमुखी के फूल लिए सूर्य को दर्शाया गया है। एक अन्य मूर्ति चतुर्भुजी भगवती की है।

तमाड़ से तीन किलोमीटर दूर दिऊरी ग्राम में दिऊरी मन्दिर है जिसमें सोलह-भुजी देवी की प्रतिमा है। इस मूर्ति के ठीक ऊपर शिव की मूर्ति है। दोनों के पार्श्व में सरस्वती, लक्ष्मी, कार्तिकेय एवं गणेश की मूर्तियाँ हैं। दंतकथा के अनुसार केड़ा (सिंहभूम) के किसी आदिवासी प्रमुख ने इस मन्दिर की स्थापना की थी।

नागवंशी राजा रघुनाथ शाह ने अपने मराठी ब्राह्मण गुरु हरिनाथ की प्रेरणा से चुटिया में राधावल्लभ मन्दिर का निर्माण संवत् 1742 में कराया था। 1941 में यहाँ संगमरमर की बनी गणेश, राधाकृष्ण एवं सीताराम की मूर्तियाँ स्थापित की गईं।

राँची के हटिया क्षेत्र में जगन्नाथपुर स्थान पर 80 मीटर ऊँची एक पहाड़ी पर नागवंशी राजा के खरपोशदार ठाकुर ऐनी शाही ने 1691 में जगन्नाथ मन्दिर का निर्माण करवाया था। मुख्य मन्दिर मोरनी बाड़ी पर पुरी के जगन्नाथ मन्दिर के स्थापत्य का स्पष्ट प्रभाव देखा जा सकता है। राँची शहर से 8 किलोमीटर उत्तर-पूर्व की ओर बोड़ेया गाँव में एक मन्दिर है। इसका निर्माण भी नागवंशी राजा रघुनाथ शाह ने ही 1665 में करवाया था। स्थापत्य की दृष्टि से मन्दिर चार भागों में विभक्त है। खुला चबूतरा, मुख्य मन्दिर, शिखर, प्रवेशद्वार और चहारदीवारी। मन्दिर में पीतल-लोहे की राम-लक्ष्मण और जानकी की मूर्तियाँ विराजमान हैं।

ब्रिटिशकालीन देवस्थानों में स्थापत्य की दृष्टि से निस्संदेह गिरजाघर ही श्रेष्ठ हैं। गॉस्सनर ने राँची की मुख्य सड़क पर जी.ई.एल. चर्च का निर्माण पैस्टर हिरजांग से करवाया था। गोथिक शैली में निर्मित छोटानागपुर में प्रथम विशाल गिरजाघर का उद्घाटन 25 दिसम्बर 1855 को हुआ था।

राँची में ही एस.पी.जी. मिशन का प्रसिद्ध संत पाल गिरजाघर 1873 में बन कर तैयार हुआ। छोटानागपुर में चर्च-स्थापत्य के क्षेत्र में रोमन कैथोलिकों ने महत्त्वपूर्ण योगदान दिया। खूँटी सखदा का भव्य गिरजाघर अपनी दोषरहित परिकल्पना के लिए विख्यात है।

गुमला

गुमला जिले के घाघरा प्रखंड में गम्हरिया ग्राम में नागवंशी राजा गंगघट राय ने 908 ई. में अपने मराठा ब्राह्मण पुरोहित हरिनान के सहयोग से हापामुनि मन्दिर का निर्माण करवाया था। प्रारम्भ में इस मन्दिर में महाकाली की मूर्ति थी। 1405 में नागवंशी राजा शिवदास कर्ण ने शेषशय्याशयी विष्णु की मूर्ति स्थापित की। इतिहासकार डॉ. बी. वीरोत्तम के अनुसार, 'उथल-पुथल के युग में राष्ट्रकूटों, पालवंशियों तथा नागवंशियों के अधिकार तथा मैत्री के फलस्वरूप जो सांस्कृतिक संलयन सम्पन्न हुआ था, उसी की देन है हापामुनि का माया मन्दिर। राष्ट्रकूटों के मराठा गुरु द्वारा नागवंशी राजा के अधिकार क्षेत्र में महामाया मन्दिर का निर्माण इस क्षेत्र में विभिन्न संस्कृतियों के संलयन का परिचायक है।'

श्री के.एन. सहाय, हिन्दू साइंस ऑफ छोटानागपुर : केस स्टडी ऑफ टांगीनाथ (शिमला, 1975) के अनुसार, '7वीं शती तक छोटानागपुर में शैव मत की प्रधानता बनी रही। इसी युग में टांगीनाथ के धार्मिक-केन्द्र का क्रमिक विकास हुआ।' डॉ. बी. वीरोत्तम (झारखंड : इतिहास और संस्कृति, पृ. 590) के अनुसार, 'छोटानागपुर एवं मध्यप्रदेश की लगभग विभाजक रेखा पर

गुमला जिले के डुमरी प्रखंड में मझगाँव की पहाड़ी पर स्थित टांगीनाथ प्राय: छ: चरणों में विकसित हुआ। मूल रूप से यह असुरों का निवासस्थल रहा होगा। 7वीं शती में यह मठीय जीवन पर आधारित पाशुपत केन्द्र बना। 14वीं शती तक हिन्दुओं के प्राय: सभी देवी-देवताओं की यहाँ पूजा होने लगी। 15वीं शती में चैतन्य महाप्रभु के प्रभाव से यहाँ वैष्णव मत सर्वोपरि हो गया। राधाकृष्ण सम्प्रदाय का भी इस क्षेत्र पर गहरा प्रभाव पड़ा। अन्तत: बाह्य आक्रमणों तथा प्राकृतिक आपदाओं के फलस्वरूप टांगीनाथ नष्ट हो गया।

1960-70 के दशक में टांगीनाथ क्षेत्र में व्यापक खोज हुई। दूर-दूर पत्थर की मूर्तियाँ, लिंग तथा नक्काशीयुक्त प्रस्तर खंड मिले। विभिन्न मूर्तियाँ, विष्णु, सूर्य, महिषासुर मर्दिनी, लक्ष्मी-गणेश, उमा-महेश, हनुमान गज तथा सिंह की हैं। एक मूर्ति राधाकृष्ण की भी मिली है। ये सभी मूर्तियाँ या तो टूटी-फूटी अवस्था में हैं या इनकी आकृति बिगड़ चुकी है। अवशेषों में सबसे अधिक आकर्षक अष्टकोणीय 11 इंच परिधि वाला अनुमानत: 5 मीटर का त्रिशूल है।

1095 ई. में राजा भीमकर्ण ने सिसई क्षेत्र के महिजान गाँव में एक मन्दिर का निर्माण कराया। लगभग उसी समय वीर का सूर्य-वनदुर्गा मन्दिर बना। रायडीह क्षेत्र में नवागढ़ में एक मन्दिर बना जिसमें वासुदेव, लक्ष्मी और शिव की प्रतिमाएँ स्थापित की गईं। सिमडेगा से 26 किलोमीटर पश्चिम रामसेवा पर्वत पर भगवान राम के पदचिह्न हैं। यहाँ की अधिकांश प्रतिमाएँ आधुनिक हैं किन्तु एक शंख तथा शिवलिंग निस्संदेह प्राचीन हैं। कोलबीरा लचड़ामढ़ सड़क पर एक प्राचीन शिव-मन्दिर है। नेतरहाट मार्ग पर घाघरा से 11 किलोमीटर दूर देवकी ग्राम में एक प्राचीन शिवलिंग, पार्वती और ईंट-निर्मित मन्दिर है।

गुमला से 21 किलोमीटर दूर टोटो के निकट आंजन ग्राम है। इतिहासकार आर.आर. दिवाकर के अनुसार, संभवत: उड़ीसा के प्रभाव के कारण छोटानागपुर क्षेत्र में आठ स्थानों पर आठ शिवलिंगों की एक साथ स्थापना की गई थी जिन्हें अष्टशम्भु के नाम से जाना जाता है। इन आठ स्थानों में आंजन भी एक है। यहाँ हनुमान की माँ, माता अंजनी की प्रस्तर मूर्ति प्राचीन है। अष्टशम्भु के निकट नन्दी स्थापित है। चक्रधारी मन्दिर में स्थापित शिवलिंग के ऊपर चक्र है जो भारी पत्थर का बना है जिसके बीच में छेद है। विष्णु एवं दुर्गा की प्रस्तर मूर्ति भी यहाँ स्थापित है जो खंडित अवस्था में है। ऐसा लगता है कि शिवलिंग को छोड़ कर अन्य मूर्तियाँ मराठा तथा वैष्णव सम्पर्क की देन हैं।

आंजन में ही नकही देवी का मन्दिर है जहाँ नागपंचमी के दिन विशेष उत्सव होता है।

लोहरदगा

लोहरदगा जिले के सेन्हा प्रखंड से 15 किलोमीटर दक्षिण कोराम्बे ग्राम है जो ऐतिहासिक दृष्टि से रक्सेलों तथा नागवंशियों से जुड़ा हुआ था। यहाँ मध्यकालीन वासुदेव राय मन्दिर है। मूल रूप में यह मन्दिर देवीमंडप की तरह पत्थर का बना था, बाद में ईंट का बना। वासुदेव राय की मध्यकालीन मूर्ति 1 मीटर ऊँची है, नागवंशावली के अनुसार इसे पराजित रक्सेलों से प्राप्त किया गया था। राजा पन्नाकर्ण राय ने 1463 में इसकी स्थापना की थी।

हजारीबाग

हजारीबाग जिले में तेनुघाट और रामगढ़ के बीच रजरप्पा नामक जगह में दामोदर तथा भैरवी के संगम पर माता छिन्नमस्तिका काली का प्राचीन मन्दिर है। इसकी प्राचीनता दीवारों के पुरातात्विक विश्लेषण पर आधारित है।

इसी जिले के बड़कागाँव थाना में बादम गाँव है। इससे 8 किलोमीटर दक्षिण बादम पहाड़ियों में संन्यासियों की गुफाएँ एवं मन्दिर हैं। छोटानागपुर में गुफा-मन्दिरों के ये महत्त्वपूर्ण नमूने हैं। ये सभी शिवमन्दिर हैं जिनका निर्माण 17वीं शताब्दी के उत्तरार्द्ध में हुआ था।

इसी जिले में चौपारण से 16 किलोमीटर की दूरी पर इटखोरी में मध्यकालीन मन्दिरों के अवशेष हैं। सर्वाधिक प्रसिद्ध भद्रकाली का मन्दिर है। भद्रकाली की मूर्ति भूमि से इतनी ऊँचाई पर है कि इसका अँगूठा उपासक की आँखों के मध्य पड़ता है। लिस्टर ने इसे बौद्ध देवी तारा की प्रतिमा माना है। निकट में ही आदमकद शिवलिंग में 1008 लघु शिवलिंग उत्कीर्ण हैं।

जैन एवं बौद्ध स्थापत्य

चम्पानेर (भागलपुर) से होते हुए मुंगेर, गिरिडीह से मानभूम के बलरामपुर, बोड़ाम, चर्रा, कतरास, पकवीरा तक जैन धर्म से प्रभावित एक भू-पट्टिका ध्यान खींचती है। चम्पानेर भी मूलतः संतालों की ही भूमि रही है। गिरिडीह क्षेत्र में पार्श्वनाथ की पहाड़ियों पर जैन धर्म के 24 तीर्थंकरों में से 20 तीर्थंकरों ने निर्वाण प्राप्त किया। आखिर कुछ तो विशेष रहा होगा तभी बहुसंख्य तीर्थंकरों ने निर्वाण के लिए झारखंड का क्षेत्र ही चुना। जैनियों के प्रभाव की व्यापकता की दृष्टि से एक प्राचीन जाति सराक भी ध्यान खींचती है जो भुंइया लोगों से पूर्व सिंहभूम में बसे हुए थे और ताम्र अयस्क के व्यवसाय में रमे थे।

कलिंग और मगध के मध्य में होने के कारण बौद्ध धर्म का प्रभाव अति स्वाभाविक है। अतएव मुख्य रूप से सिंहभूम, पलामू और मानभूम में बौद्ध मन्दिरों के अवशेष मिलते हैं। खेदजनक यह है कि गौड़ शासक शशांक (602-625 ई.) एवं कलिंग शासक प्रतापरुद्र देव की शासन अवधि में इनमें से अधिकांश मन्दिर ब्राह्मण मन्दिरों में परिवर्तित कर दिए गए। जिलावार अध्ययन से यह स्थिति ज्यादा स्पष्ट होगी—

मानभूम

यहाँ बहुत सारे पुरातात्विक अवशेष हैं जिनमें से अधिकांश का वर्णन एशियाटिक सोसाइटी जर्नल (पुस्तक ङ्गङ्गङ्गङ्क, खंड 1, पृ. 190, वर्ष 1866) में किया गया है। मन्दिरों के रोचक अवशेष निम्नलिखित स्थानों में पाए गए हैं—

(i) बलरामपुर (पुरुलिया से 6 मील दक्षिण पूर्व)
(ii) बोड़ाम (गढ़जयपुर के पास)
(iii) बुद्धपुर (मान बाजार के पास एक गाँव)
(iv) चर्रा (पुरुलिया के पास)
(v) दालमी या दियापुर दालमी (सुवर्ण रेखा के किनारे)

(vi) कतरास (झरिया के नजदीक)

(vii) पकबीरा (बगड़ा परगना में पुंचा से करीब दो मील)

(viii) पंचेत या पंचकोट

(ix) पारा (अनारा रेलवे स्टेशन से करीब चार मील)

(x) तेलकुपी (परगना चलियामा में एक गाँव)

(xi) कोशजुरी (काशीपुर के निकट)

बलरामपुर—कर्नल डाल्टन द्वारा यहाँ के मन्दिरों के अवशेषों का वर्णन हण्टर के स्टेटिस्टिकल एकाउण्ट में पालमा के नाम से किया गया है जो निश्चय ही बलरामपुर की ही ओर इंगित करता है। वर्तमान के मन्दिर निर्माण में भी प्राचीन मन्दिर भवनों की सामग्री प्रयोग में लाई गई। डाल्टन ने जैन-तीर्थंकरों की कई मूर्तियों का उल्लेख किया है।

बोड़ाम—यहाँ तीन ईंटों के बड़े मन्दिरों के साथ अन्य मन्दिरों के अवशेष हैं जो जैनियों के हैं। बेगलर ने, आरकियोलोजिकल सर्वे ऑफ इंडिया रिपोर्ट (खंड 1द्व्व्द्व) में इन मन्दिरों को शैव माना है। कुछ देवियों की मूर्तियाँ भी उनके द्वारा खोजी गई हैं जो नौवीं-दसवीं ईस्वी की मानी गई हैं।

बुद्धपुर—यहाँ के मन्दिर का स्थापत्य हूबहू बोधगया के मन्दिर के अनुरूप ही है। अब भी यहाँ स्थापित शिवलिंग को बुद्धेश्वर ही कहा जाता है।

चर्रा—चर्रा और दलमी में बहुत पुराने पत्थरों एवं ईंटों के मन्दिरों के अवशेष मिले हैं। बेगलर ने इनमें से कुछ मन्दिरों के अवशेषों को बौद्ध एवं जैन मन्दिरों का माना है एवं कुछ को ब्राह्मण मन्दिरों का।

दलमी—(दालमो) से सोलह किलोमीटर पश्चिम में ह्वेनत्सांग वर्णित सूफ-फा-ला-ना (किरण सुवर्ण) नामक स्थान था। यह स्थान बौद्धों का प्रमुख केन्द्र था।

कतरास (झरिया के निकट)—बहुत से मन्दिरों एवं भवनों के अवशेषों से भरा हुआ है। वर्तमान का 'नीलकंठ वासिनी' मन्दिर उन विध्वंस मन्दिरों की सामग्री से ही बना है। अवशेष लगभग दो किलोमीटर क्षेत्र में फैले हैं। पुरातात्विक दृष्टिकोण से ये मन्दिर-भवन बौद्ध एवं जैन परम्परा के ही कहे जाते हैं।

पकबीरा—पुरुलिया से पच्चीस मील दक्षिण-पूर्व बगदा परगना में पकबीरा ग्राम के पास ढेर सारे अवशेष हैं। भारत के पुरातात्विक सर्वेक्षण (खंड 1द्व्व्द्व) में इन मूर्तियों का विवरण है जिनमें से एक मूर्ति 24वें तीर्थंकर महावीर की है।

पारा-तेलकुपी—आर्द्रा गोमो मण्डल में कारगली स्टेशन से करीब चार मील पर पारा एक छोटा-सा गाँव है जहाँ मन्दिरों के अवशेष हैं जिन्हें सारकों (जैन श्रावकों) के पूर्वजों का बताया जाता है।

तेलकुपी दामोदर नदी के किनारे स्थित है। इतिहासकार मानगोविन्द बनर्जी के अनुसार, 'शायद छोटानागपुर में कहीं भी इतने छोटे स्थान पर पाए जाने वाले इतनी अधिक संख्या में इतने सुन्दर मन्दिर नहीं मिलते।' ये मन्दिर 10वीं सदी के हैं।

कोशजुरी—श्री मानगोविन्द बनर्जी ने स्वयं बौद्ध मन्दिरों एवं बुद्धकालीन पत्थर की

मूर्तियों को काशीपुर के निकट कोशजुरी गाँव में देखा था। उनका विश्वास था कि उस जगह पुरातात्विक महत्त्व की अनेक सामग्रियाँ हैं।

पलामू—लातेहार के निकट तप्पा पहाड़ी पर बुद्ध की अनेक खंडित मूर्तियाँ पाई गई थीं। सासंग ग्राम के निकट भी एक पहाड़ी पर बुद्ध की अनेक सुन्दर प्रतिमाएँ मिली हैं। ये प्रतिमाएँ काले या श्वेत पत्थरों एवं संगमरमर को तराश कर बनाई गई थीं। पांकी के निकट पहाड़ियों पर संगमरमर की बुद्ध प्रतिमाएँ मिली हैं। पलामू किले के द्वार पर भी बुद्ध की प्राचीन एवं समाधिस्थ प्रतिमा थी।

पलामू में अनेक बौद्ध विहार थे। भंडारिया थाना के परो ग्राम में ऐसे एक विहार के अवशेष मिले हैं। यह विहार पहाड़ी को काटकर बनाया गया था।

पलामू किले के निकट बेतला की पहाड़ियों में अनेक गुफाएँ हैं जो बौद्ध- विहार थे। छेछारी एवं महुआ टांड़ के पहाड़ों में भी अनेक बौद्ध-विहार थे। पाटन थाना के दुल्ही ग्राम में आज भी एक बौद्ध स्तूप कायम है। पहाखल के निकट भी एक बौद्ध स्तूप है। शाहपुर किले के निकट कई गुफाएँ हैं जो बौद्ध-विहार थे, बाद में वहाँ सैनिक रहने लगे। पाटन बौद्धस्तूप के पास कोठला गोरया गुफा है जिसमें सँकरी गली पार करने पर तीन विशाल आँगन हैं। प्रत्येक आँगन में 300 व्यक्तियों के बैठने की जगह है।

लातेहार—राँची पथ पर ब्राह्मणी ग्राम में बुद्ध की अनेक मूर्तियाँ पाई गई हैं। बुद्ध के ध्यानस्थ एवं सौम्य रूप की झलक इन मूर्तियों में मिलती है।

सिंहभूम—मयूरभंज की सीमा पर स्थित बेणुसागर के जैन-बौद्ध मन्दिरों को शशांक ने शैव मन्दिरों में परिवर्तित किया था। अवशेषों में जैन एवं बुद्ध की मूर्तियाँ प्राप्त हुई थीं। वही स्थिति किचिंग ग्राम स्थित किचिंगेश्वरी देवी की है स्पष्टतया यह मन्दिर बौद्ध शक्ति माँ तारा का मन्दिर था जिसे ब्राह्मण मन्दिर में बदल दिया गया।

सिंहभूम में ही घाटशिला में धाल राजाओं ने महुलिया पहाड़ी पर अपनी अधिष्ठात्री देवी रंकिनी के मन्दिर का निर्माण कराया था।

सिंहभूम में जैनकाल के अन्य कई प्रमाण बिखरे पड़े हैं। सिंहभूम के आदि अधिवासी सरकों (जैन श्रावकों) द्वारा जगन्नाथपुर में, चक्रधरपुर के पास के गाँव में, मझगाँव प्रखंड के बेणीसागर में, घाटशिला के दक्षिण-पश्चिम 30 मील पर बहरा गोड़ा में तालाब बनवाए जाने के प्रमाण मिलते हैं।

विध्वस्त जैन मन्दिरों को चित्रेश्वर, बेणीसागर, घाटशिला, रूवाम तथा कई अन्य स्थानों पर देखा जा सकता है।

किले एवं राजमहल

राँची जिले में खूँटी अनुमंडल से 10 किलोमीटर की दूरी पर विचना गाँव में एक टील्हा है। यहाँ असुरों का गढ़ होना बताया जाता है।

तमाड़ खास के बुढ़ाडीह में असुर टीला बहुत प्रसिद्ध है। इन असुर गढ़ों के पास से पकाई गई ईंटें मिली हैं। ये सत्रह इंच लम्बी, दस इंच चौड़ी तथा तीन इंच मोटी हैं। संभवतः

प्रोटोमेडिटेरेनियन असुर जाति ने अपने समकालीन सिन्धु घाटी सभ्यता की तरह इस दामोदर घाटी में भी नगर सभ्यता का विकास किया था। उस काल के प्राप्त चित्रित मृदभांड, रंगीन पत्थरों की मालाएँ, स्फटिक मणि, नक्काशी वाली मनिकाएँ, मिट्टी की मातृदेवी एवं लिंग, कांसे एवं ताम्र अस्त्र कुछ उसी ओर इशारा कर रहे हैं। सुव्यवस्थित पुरातात्विक शोध एवं विश्लेषण ही कई पहेलियों को सुलझाकर इतिहास के नए अध्यायों की रचना कर सकते हैं।

छोटानागपुर खास में प्रारंभिक नागवंशी राजाओं ने अपना कोई महल भी बनाया था या नहीं—इसका कोई प्रमाण नहीं मिलता। उनकी प्रथम राजधानी कांके प्रखंड पिठौरिया ग्राम के पास सुतियाम्बे में उनके आवास का एकमात्र स्मारक एक टीला है। उस काल के ध्वस्त सूर्यास्त की मूर्तियाँ भी दशकों से खुले में पड़ी नष्ट हो रही हैं। झारखंड की राजधानी से लगभग मात्र 15 किलोमीटर की दूरी पर अवस्थित महत्त्वपूर्ण पुरातात्विक अवशेष की उपेक्षा अत्यन्त कष्टदायी है। सुतियाम्बे में ही पास की पहाड़ी पर मदरा मुंडा की कचहरी में खड़े अनगढ़ पत्थरों के खम्भेनुमा आकृतियाँ बरबस आकर्षित करती हैं। पिठौरिया गाँव में नागवंशियों के परगनैत का खँडहर होता महल भी स्थापत्य का सुन्दर नमूना है जो घोर उपेक्षा के कारण नष्ट हो रहा है।

डोइसा के राजमहल

वैसे इतना स्पष्ट है कि 1615 तक नागवंशियों ने अपना कोई राजमहलनुमा ढाँचा नहीं खड़ा किया। चुटिया एवं खुखरा में भी राजमहल का कोई अवशेष नहीं मिलता। किन्तु राजा दुर्जनसाल की जहांगीर के काल में गिरफ्तारी एवं ग्वालियर किले में बन्दी निवास के बाद के काल में परिवर्तन आया। राजा दुर्जनसाल के जहाँगीर के दरबार से 1627 में लौटने के बाद डोइसा में राजधानी बनी जिसे अनेक महलों और मन्दिरों से सजाया गया। महलों में अब केवल नवरतनगढ़ बचा हुआ है। मूलत: यह महल पाँच-मंजिला था जिसके चतुर्दिक जल से भरी खाई थी। प्रत्येक मंजिल में 9 कमरे थे। अब केवल 3 मंजिलें बची हैं जिसमें 27 कमरे हैं। पूरी इमारत ईंट तथा पत्थरों से निर्मित है एवं गारे से जोड़ी गई एक मीटर मोटी है। द्वार तोरणाकार है। छत गोल तथा चौकोर है। छतों में लकड़ी पर सुन्दर नक्काशी की गई है। पूरा महल कंगूरा शैली में दाँतेदार परकोटों से परिवेष्ठित है। सम्पूर्ण महल पूर्व से पश्चिम 42 मीटर तथा उत्तर से दक्षिण भी 42 ही मीटर है। छत पर चारों तरफ पत्थर के छल्ले बने हैं जिनका उपयोग ध्वज फहराने के लिए किया जाता होगा। (डब्लू.डब्लू. हंटर स्टेटिस्टिकल एकाउण्ट ऑफ बंगाल, भाग-16, पृ. 322)

तिलमी का किला

राँची जिले के कर्रा प्रखंड में गाँव है तिलमी। यहाँ एक छोटे किले का भग्नावशेष है। यहाँ प्राप्य संस्कृत आलेख के अनुसार इसका निर्माण काल 1737 है। इसका निर्माता नागवंशी ठाकुर अकबर था।

नागफेणी

गुमला जिले के सिसई प्रखंड में दक्षिण कोयल नदी के तट पर एक गाँव है नागफेणी। यहाँ एक

अधूरे महल का भग्न अवशेष है। तराशे पत्थर भी दिखते हैं। एक पत्थर पर राजा, उसकी सात रानियाँ एवं कुत्ते का चित्र उत्कीर्ण है।

पालकोट का राजमहल

यदुनाथ शाह (1715-1724) के काल में नागवंशियों की राजधानी डोइसा से पालकोट बनी। कई राजमहल बनाए गए जो खँडहर हो गए। एकमात्र बचा महल स्थापत्य की दृष्टि से उल्लेखनीय नहीं है।

पलामू किला

पलामू में चेरों के पूर्व सरगुजा के रक्सेलों का शासन था। उनकी राजधानी देवगन में तथा दूसरी कुंडलवा में थी। दोनों स्थानों पर उन गढ़ों के अवशेष देखे जा सकते हैं।

स्थापत्य दृष्टि से महत्त्वपूर्ण चेरों द्वारा निर्मित पलामू किला ही है। स्थापत्य कला की दृष्टि से नये किले का 'नागपुर दरवाजा' दर्शनीय है। किले के अन्दर दो मंजिलें महलों के अवशेष हैं। कई मन्दिरों के साथ-साथ मुगल सूबेदार दाऊद खाँ द्वारा निर्मित तीन गुम्बदों वाली मस्जिद भी है। पुराना किला डेढ़ किलोमीटर की परिधि में एक आयताकार संरचना है। दीवारें दो मीटर मोटी, परकोटेदार तथा पहरी-मीनारों वाली हैं।

चतरा

1886 में चेरो राजाओं द्वारा निर्मित किला खँडहर हो चुका है। यह किला चतुर्भुज 92 मीटर लम्बा, 56 मीटर चौड़ा तथा 10 मीटर ऊँचा था।

हजारीबाग

शहर से 32 कि.मी. दक्षिण पश्चिम बाह्य में रामगढ़ राजा हेमन्त सिंह का 1642 ई. में निर्मित किले के अवशेष हैं।

बराकर में 16 किलोमीटर दक्षिण-पश्चिम में पंचेत पहाड़ के दक्षिणी-पूर्वी ढलान पर पंचेत राजाओं का मध्यकालीन किला है। मिट्टी के पाँच दीवारों के इस किले का अधिकांश नष्ट है। पत्थर के बने चार द्वार अभी भी बचे हुए हैं। ये द्वार मुस्लिम शैली में हैं। सब पर तोरण बने हैं। किले की बाहरी दीवारों की परिधि 7 किलोमीटर है।

सिंहभूम

चाईबासा से दक्षिण-पूरब केसनागढ़ है। यहाँ पोड़ाहाट राजाओं का किला टीले में बदल गया है। जगन्नाथपुर में राजा जगन्नाथ सिंह द्वारा बनाए किले के चिह्न मात्र शेष हैं।

सरायकेला-खारसवाँ में भी वहाँ के राजाओं के छोटे महल हैं जो ब्रिटिश काल में निर्मित हुए थे।

झारखंड आंदोलन का इतिहास

हेमंत

झारखंड राज्य : नयी यात्रा

बिहार से अलग होकर झारखंड राज्य इतिहास की नई यात्रा शुरू कर चुका है। 15 नवम्बर, 2000 को झारखंड भारतीय गणतंत्र का 28वाँ राज्य बन गया। आदिवासी समाज की सांस्कृतिक अस्मिता और राजनीतिक स्वायत्तता की माँगों की राह चलते-भटकते झारखंड आंदोलन की करीब 72 साल की यात्रा 2 अगस्त, 2000 को सम्पन्न हुई। उस दिन बिहार के 18 जिलों को मिलाकर अलग झारखंड राज्य बनाने से सम्बन्धित 'बिहार राज्य पुनर्गठन विधेयक, 2000' लोकसभा में ध्वनिमत से पारित हो गया। हालाँकि राष्ट्रीय जनता दल, समाजवादी पार्टी और मार्क्सवादी कम्युनिस्ट पार्टी के सदस्यों ने सदन से वाकआउट कर विधेयक के प्रति अपना विरोध दर्ज किया। माकपा के सदस्यों का विरोध उनकी पार्टी लाइन का हिस्सा था। राजद और समाजवादी पार्टी के सदस्यों के विरोध का आधार यह था कि अलग राज्य के गठन के साथ शेष बिहार के लिए केंद्र सरकार विशेष आर्थिक पैकेज की घोषणा करे।

आदिवासी सांस्कृतिक अस्मिता का ठोस राजनीतिक स्वरूप अलग झारखंड राज्य की माँग के रूप में 1952 में तब आया था, जब आदिवासियों के 'मारांग गोमके'(सर्वोच्च नेता) जयपाल सिंह की झारखंड पार्टी ने बिहार के प्रथम विधानसभा चुनाव में झारखंड क्षेत्र की 32 सीटों पर जीत हासिल की। विधानसभा में उसे मुख्य विपक्षी दल का दर्जा मिला। अब जब झारखंड का संवैधानिक स्वरूप सामने है तो बिहार विधानसभा में मुख्य विपक्षी दल भारतीय जनता पार्टी के झारखंड से चुने गए विधायकों की संख्या भी 32 है। इतिहास का यह संयोग संकेत करता है कि पिछले 72 सालों में झारखंड आंदोलन का नेतृत्व बदला, नेता बदले और अंततः आंदोलन का पूरा चरित्र ही बदल गया।

कारवाँ : वहाँ से चला-यहाँ से गुजरा

पहला चरण : भारत की आजादी के करीब 19 साल पहले 1928 में झारखंड क्षेत्र में 'छोटानागपुर उन्नति समाज' का गठन हुआ। उसका उद्देश्य था—जनजातीय समाज के उत्थान के लिए उसे आर्थिक, सामाजिक और राजनीतिक चेतना से लैस करना। वैसे, उसके गठन की कोशिशें 1920 से ही शुरू हुई थीं। 1912 में बंगाल से अलग कर बिहार प्रांत का गठन किया गया था। वर्ष 1915 में श्री आनंदमसी टोपनो ने राँची के जीईएल चर्च कम्पाउंड में आदिवासी संगठन की

पहल की थी। उस पहलकदमी की बुनियादी सोच यह थी कि आदिवासी समाज को अपनी अस्मिता की रक्षा और उत्थान के लिए किसी अवतार की आशा नहीं करनी चाहिए। नशा का त्याग करना होगा। शिक्षा से लैस होना होगा। ईसाई मिशनरियाँ आदिवासियों का पूरा बोझ नहीं ले सकतीं। आदिवासी होड़ को बड़ी-बड़ी सरकारी नौकरियों में आने के लिए प्रयास करना होगा। 1919 में देश में भारत सरकार अधिनियम लागू हुआ। उसके तहत दिसम्बर, 1920 से बिहार में भी द्वैध शासन व्यवस्था लागू हुई। उस अधिनियम में शासन के प्रतिनिधियों के लिए चुनाव की व्यवस्था थी। चुने हुए लोग कौंसिल के सदस्य होते थे। लेकिन सरकार द्वारा मनोनीत और सरकारी सदस्यों की संख्या चुने गए सदस्यों से अधिक होती थी। चुनाव की प्रक्रिया भी ऐसी थी कि चुने गए लोग जनता के सही प्रतिनिधि होते ही नहीं थे। इस कानून का पूरे देश में विरोध हुआ। कांग्रेस ने भी विरोध किया। वस्तुतः उस अधिनियम से देश की आम जनता में यह समझ बनने लगी थी कि ब्रिटिश हुकूमत भारत में अपनी राज-व्यवस्था को स्थायित्व देने के लिए कानूनों का महाजाल बुनने लगी है। 1927 में प्रशासन संबंधी 1919 के कानून के सुधार के नाम पर साइमन कमीशन की बहाली की गई। उसके सभी सदस्य अंग्रेज थे। 1928 में कमीशन के अध्यक्ष सर जॉन साइमन और उसके अन्य सदस्य इंग्लैंड से भारत आए तो देश भर में नारा गूँजा—'साइमन वापस जाओ', ठीक उसी दौर में 'छोटानागपुर में उन्नति समाज' बनाने का प्रयास सफल हुआ।

छोटानागपुर उन्नति समाज ने आदिवासियों को आर्थिक, सामाजिक और राजनीतिक चेतना से लैस करने का लक्ष्य रखा। इसके पूर्व ही झारखंड के छोटानागपुर और संथालपरगना आजादी के राष्ट्रीय आंदोलन की मुख्य धारा के महत्त्वपूर्ण अंग बन चुके थे। उन क्षेत्रों की आबादी और नेतृत्व स्वतंत्रता संग्राम की अगली कतार के जुझारू और बलिदानी दस्ते का दर्जा हासिल कर चुका था। शिक्षा और ईसाई धर्म का प्रचार-प्रसार भी बढ़ रहा था। 20वीं सदी के पूर्वार्द्ध में बढ़ी राजनीतिक चेतना इस क्षेत्र में आदिवासियों को अपने बीच से नया नेतृत्व पैदा करने की प्रेरणा दे रही थी। सबसे बड़ी बात यह कि उस वक्त आदिवासी शहरी मध्यम वर्ग बनने लगा था।

दूसरा चरण : 1939 में 'छोटानागपुर उन्नति समाज' का नाम बदल कर 'आदिवासी महासभा' किया गया। वस्तुतः यह नाम बदलना भर नहीं था। छोटानागपुर उन्नति समाज और अन्य छोटे-बड़े संगठनों के नेताओं ने मिलकर आदिवासी महासभा की बुनियाद रखी और उसमें अपने-अपने संगठनों का विलय किया। उसके साथ ही झारखंड राजनीति में जयपाल सिंह का उदय आदिवासी समाज की अस्मिता की प्रखर पहचान के रूप में हुआ।

आदिवासी महासभा के गठन की तात्कालिक राजनीतिक प्रेरणा यह भी थी कि ब्रिटिश हुकूमत की तत्कालीन भारत सरकार ने 1935 में केंद्रीय द्वितंत्रीय शासन व्यवस्था को खत्म कर देश में शासन के लिए संघीय ढाँचा तैयार करने का फैसला किया था। इसके तहत राज्यों को वित्तीय, प्रशासनिक और विधान से संबंधित स्वायत्तता के अधिकार देने का प्रस्ताव किया गया। उसके लिए भारत सरकार अधिनियम, 1935 लागू किया गया। उस अधिनियम के तहत देश के 11 में 6 राज्यों में विधान सभा का गठन किया गया। बिहार में भी 152 सदस्यीय विधान सभा

और 30 सदस्यीय विधान परिषद् के गठन के लिए चुनाव हुआ। 152 में से 70 निर्वाचन क्षेत्र सामान्य नागरिकों के लिए थे। बाकी में 15 सीट अनुसूचित जातियों, 7 अनुसूचित जनजातियों, 39 मुसलमानों, 4 महिलाओं, 2 एंग्लो-इंडियन समुदाय, 2 यूरोपीय समुदाय और 13 सीटें व्यवसाय-उद्योग में लगे विशिष्ट लोग, भूस्वामी, विश्वविद्यालय के शिक्षक और भारतीय मूल के अतिविशिष्ट लोगों के लिए आरक्षित की गईं। 1937 में चुनाव हुआ। उस चुनाव में कांग्रेस को बहुमत मिला। वह 98 सीटों पर विजयी हुई। मुस्लिम लीग 20 सीटों पर जीत हासिल कर दूसरी सबसे बड़ी पार्टी बनी। इस राजनीतिक परिघटना ने आदिवासी समाज को राजनीति और शासन के व्यापक संदर्भ में सोचने को मजबूर किया। ईसाई और गैरईसाई आदिवासियों को एकजुट होने को प्रेरित किया। इस परिप्रेक्ष्य में छोटानागपुर उन्नति समाज एवं अन्य छोटे-मोटे संगठनों ने मिलकर जब खुद को 'आदिवासी महासभा' में समाहित किया तो वह महासभा झारखंड क्षेत्र के लिए विशाल राजनीतिक मंच बन गई।

आदिवासी महासभा के अध्यक्ष बने जयपाल सिंह। वे इंग्लैंड में पढ़कर लौटे थे। फिर भी अपने व्यक्तित्व और शिक्षण-प्रशिक्षण की प्रखरता और नयेपन की वजह से आदिवासियों के आदर्श नेता बन गए। उनके विचार और व्यवहार में निहित तेजी और आक्रामकता के समक्ष अन्य आदिवासी नेता अच्छे लेकिन पुरानपंथी और धीमी गति के हिमायती दिखते थे। जयपाल सिंह के व्यक्तित्व से शहरी आदिवासी खिंचे चले आने लगे और महासभा की रणनीति की वजह से ग्रामीण आदिवासियों में उस संस्कृति और परंपरागत स्वशासन प्रणाली के पुनरुद्धार की आशा बँधने लगी, जो लगातार बाहरी दबाव और हमले झेल रही थी।

आदिवासी महासभा ने सिर्फ स्वशासन की नहीं बल्कि बिहार से अलग राज्य की माँग को अपने आंदोलन का लक्ष्य घोषित किया। यहाँ इस तथ्य का उल्लेख करना प्रासंगिक होगा कि 1935 में भारत सरकार अधिनियम के तहत जहाँ प्रांतों में स्वायत्त शासन और केंद्र में द्वैध शासन लागू हुआ, वहीं 1936 में बिहार से उड़ीसा को अलग कर उसे नए राज्य का दर्जा दिया गया।

इतिहास गवाह है कि छोटानागपुर का जनजातीय जीवन अन्य क्षेत्रों की तुलना में ज्यादा एकजुट और आपस में गुँथा हुआ रहा है। यहाँ की जनजातीय शासन-प्रणाली और व्यवस्था भी अंग्रेजी हुकूमत से लगातार टकराती रही। कई समझौते भी हुए। लेकिन आदिवासी नेतृत्व की कोशिश यही रही कि जनजातीय व्यवस्था का शरीर क्षत-विक्षत भले हो जाए, उसके मूल आधारों को आँच नहीं आए। वे मूल आधार आदिवासी जीवन को समानता और सामूहिकता की सांस्कृतिक जमीन पर खड़े होने और उस जमीन की रक्षा के लिए मर-मिटने तक की प्रेरणा देते रहे हैं। इसलिए छोटानागपुर में तमाम अलगाववादी आंदोलन और कोशिशों के बावजूद आदिवासी अस्मिता के प्रति क्षेत्रीय संवेदना अक्षुण्ण रही। 1920 के आसपास उस संवेदना को बाहरी दबाव से बचाने के लिए समाज के अंदर रचनात्मक दिशा ढूँढ़ने की कोशिश शुरू हुई। दूसरी ओर शिक्षा और स्वास्थ्य के क्षेत्र में सेवा भाव के साथ उतरी ईसाई मिशनरियों ने आदिवासी क्षेत्र में अपना प्रभाव जमा लिया था। बड़ी संख्या में आदिवासियों ने ईसाई धर्म कबूल कर लिया था। उधर बंगाली समुदाय के लोग भी भूपतियों के रूप में उभरने लगे थे और मुस्लिम समुदाय का व्यापार और अन्य महत्त्वपूर्ण पेशों में दखल शुरू हो चुका था। ब्रिटिश हुकूमत की 'फूट डालो और राज

करो' की नीति को आदिवासी समाज 'दिक्कू' संस्कृति के रूप में बहुत पहले ही पहचान चुका था। ईसाई धर्म अपनाने वालों की बढ़ती संख्या से उस संस्कृति की धार्मिक पहचान बनने लगी थी। साथ ही झारखंड में गैरआदिवासी समुदाय का जमीन, व्यवसाय और शिक्षा आदि क्षेत्रों में दखल से उस संस्कृति के बनते आर्थिक आधार और सामाजिक प्रभाव स्पष्ट होने लगे थे। 1930 के आसपास नौकरियों को लेकर बिहारी-बंगाली विवाद और राजनीति में मुस्लिम लीग की मजहबी रणनीति से झारखंड क्षेत्र में जारी आर्थिक, सामाजिक और राजनीतिक उथल-पुथल का अलगाववादी चरित्र उजागर होने लगा था। यह जनजातीय समाज को अपनी सांस्कृतिक अस्मिता की रक्षा के लिए नए सिरे से सोचने को विवश कर रहा था। इसके लिए आदिवासी समाज अपनी अलग सामाजिक व राजनीतिक पहचान बनाने के रास्तों की तलाश में लग गया था।

तीसरा चरण : 1950 में आदिवासी महासभा का नाम बदल कर 'झारखंड पार्टी' कर दिया गया। आदिवासी संस्कृति की रक्षा के लिए ठोस राजनीतिक हथियार तैयार करने की यह रणनीति सिर्फ आदिवासी समाज के लिए नहीं बल्कि पूरे झारखंड क्षेत्र के लिए अति महत्त्वपूर्ण राजनीतिक मोड़ साबित हुई। आदिवासी महासभा का लक्ष्य आदिवासियों को गैर-आदिवासियों के शोषण से बचाने के लिए अलग झारखंड राज्य का निर्माण करना था। लेकिन 1950 में जमशेदपुर में हुए अधिवेशन में आदिवासी महासभा का नाम बदलकर झारखंड पार्टी किया गया और इसके साथ फैसला किया गया कि अलग झारखंड राज्य समर्थक गैर-आदिवासियों को भी पार्टी की सदस्यता दी जाएगी। आजादी के बाद के प्रथम विधानसभा चुनाव में उसका परिणाम भी सामने आया। चुनाव जीत कर झारखंड पार्टी के 32 विधायक बिहार विधानसभा में पहुँचे और अलग झारखंड राज्य का मुद्दा ठोस राजनीतिक माँग बन गया। 1953 में जब आजाद भारत की सरकार ने 'राज्य पुनर्गठन आयोग' की स्थापना की तो झारखंड पार्टी ने अलग राज्य का पहला प्रारूप पेश किया। उसमें बिहार के तत्कालीन सात जिलों सहित बंगाल के तीन, उड़ीसा के चार और मध्य प्रदेश के दो जिलों को जोड़कर कुल 16 जिलों के बृहत्तर झारखंड की कल्पना की गई थी। हालाँकि झारखंड पार्टी आयोग के समक्ष अलग राज्य और उसके उस स्वरूप का औचित्य सिद्ध नहीं कर सकी। बाद में प्रदेशों के उन्हीं जिलों में विभाजन हुआ तो बिहार के 18 जिलों सहित अन्य तीन राज्यों के आदिवासी बहुल 9 जिलों को जोड़ कर 27 जिलों के बृहत्तर झारखंड राज्य की माँग की जाने लगी। बहरहाल, 1952 के बाद 1957 के चुनाव में भी झारखंड पार्टी दक्षिण बिहार की मुख्य विपक्षी पार्टी बनी और उसके 28 सदस्य चुनाव में विजयी हुए लेकिन झारखंड आंदोलन कमजोर होने लगा। 1962 के चुनाव में बिहार विधानसभा में झारखंड पार्टी की सीटों की संख्या घटकर 20 हो गई।

चौथा चरण : जून, 1963 में बिहार के तत्कालीन मुख्यमंत्री बिनोदानंद झा ने झारखंड पार्टी को कांग्रेस में मिला लिया और झारखंड आंदोलन की राजनीतिक बुनियाद पर ही चोट कर दी। तब से झारखंड क्षेत्र में 'संस्कृति की राजनीति' की दशा-दिशा बदल गई और वह 'राजनीति की संस्कृति' तेजी से फैलने लगी, जिसके केंद्र पटना और दिल्ली थे। बिनोदानंद झा की सरकार में जयपाल सिंह 'मंत्री' बने लेकिन आदिवासी जनमानस में 'मारांग गोमके' की छवि बरकरार नहीं रख सके। 1970 में उनकी मृत्यु हुई और परम्परा व आधुनिकता के बीच समन्वय स्थापित

करने में गिरता-सँभलता, झारखंड राज्य के गठन की माँग से जुड़ा, आंदोलन बिखर गया।

विलय के बाद का शून्य भरने के लिए झारखंड पार्टी के कई दावेदार हो गए। 1963 से 1968 के बीच झारखंड पार्टी के तीन गुट बने। 1967 के चुनाव के वक्त उन गुटों को जोड़ कर अखिल भारतीय झारखंड पार्टी का गठन किया गया। उसने 1963 में कांग्रेस में विलीन गुट को असंवैधानिक घोषित किया। 1968 में संथाल नेताओं ने उस पार्टी से भी नाता तोड़ लिया। दिसम्बर, 1968 में 'बिहार राज्य हुल झारखंड' का गठन किया गया। उसी बीच 'बिरसा सेवा दल' की स्थापना हुई। उसके साथ झारखंड आंदोलन में वामपंथियों और उग्रवादियों का जोर बढ़ने लगा। तीर-धनुष से लैस युवकों के जुलूस-प्रदर्शन और सभाएँ संघर्षों में हिंसा की रणनीति को मान्यता मिलने के संकेत देने लगीं। वैसे, 1967 में बिरसा सेवा दल संघर्ष के शांतिपूर्ण तरीकों को अपनाने और संवैधानिक भूमिका निभाने की ओर प्रवृत्त हुआ लेकिन आंतरिक संघर्ष के कारण उसका अस्तित्व धीरे-धीरे समाप्त होता गया। 1969 से नक्सली संगठनों ने भी झारखंड में अपना आधार क्षेत्र बनाना शुरू किया।

पाँचवाँ चरण : उसी दौर में झारखंड में एक और महानायक का उदय हो रहा था। शिबू सोरेन। व्यक्तित्व और शिक्षा-दीक्षा में जयपाल सिंह से सर्वथा अलग। जयपाल सिंह तो विदेश में शिक्षा पाकर लौटे थे और उन्होंने झारखंड आंदोलन को नई सोच और आक्रामकता से लैस किया था। शिबू सोरेन नीचे से उठे। माटी के आदमी के रूप में आदिवासी। संस्कृति और परम्परा में निहित सोच और संस्कार के बल पर उन्होंने संघर्षों के जरिए जीवन की शिक्षा पाई। उन्होंने झारखंड क्षेत्र में महाजनी प्रथा के खिलाफ संघर्ष और शराबबंदी, सामूहिक खेती व आदिवासी शिक्षा का अभियान चला कर पूरे आदिवासी समाज में आशा-उम्मीदों के नए सपने जगा दिए। जल्द ही वह झारखंड राजनीति में 'गुरुजी' के नाम से मशहूर हो गए। 1973 में 'झारखंड मुक्ति मोर्चा' का गठन हुआ और झारखंड अलग राज्य के आंदोलन में राजनीतिक अतिवाद की नई धारा के तेजी से पनपने का संकेत कर गया। झामुमो ने अपने चार लक्ष्य तय किए—महाजनी प्रथा के खिलाफ संघर्ष, विस्थापितों का पुनर्वास और कारखानों में आदिवासियों की बहाली का संघर्ष, वन कानून के विरोध में जंगल कटाई का आंदोलन और अलग राज्य के गठन के लिए आंदोलन।

1974 में बिहार आंदोलन शुरू हुआ। उसका नेतृत्व जयप्रकाश नारायण के हाथ में था। आंदोलन के विस्तार के क्रम में झारखंड क्षेत्र के विभिन्न संगठन और दलों ने उसमें शिरकत करने के पहले झारखंड अलग राज्य के गठन की माँग को बिहार आंदोलन की मुख्य माँगों में शामिल करने की शर्त रखी। जे.पी. ने इसे स्वीकार नहीं किया लेकिन देश में छोटे राज्यों के गठन को सिद्धांतत: स्वीकार किया। बिहार आंदोलन में झारखंड क्षेत्र की गैर-आदिवासी और शहरी क्षेत्र की आदिवासी आबादी शामिल हुई। इमरजेंसी की समाप्ति के बाद हुए चुनाव में झारखंड में भी जनता लहर चली। वह चुनाव देश की 'दूसरी आजादी' और लोकशाही की वापसी का पैमाना बना। उसमें कांग्रेस का सूपड़ा साफ हो गया। कमोबेश तमाम झारखंड नामधारी दल जनता पार्टी शासन काल में एक दिशा में बहने लगे। सभी दल और उनके नेता अलग झारखंड की माँग के समर्थन में एकजुट होने लगे। उसी बीच

तत्कालीन गृहमंत्री चरणसिंह ने राज्यों के पुनर्गठन से संबंधित बयान दिए। जयप्रकाश नारायण ने तो छोटे राज्यों की स्थापना को सिद्धांतत: सही माना ही था। जनता पार्टी के चुनावी घोषणा-पत्र में भी सत्ता के विकेंद्रीकरण की बात कही गई थी। चौधरी चरणसिंह के बयानों से जाहिर हुआ कि छोटे राज्यों के गठन का मामला अब केंद्र सरकार के एजेंडा में भी शामिल हो गया है। झारखंड के तमाम नेता एक साथ उठ खड़े हुए।

उसी दौर में अलग झारखंड राज्य की भौगोलिक सीमाओं के संबंध में नया प्रस्ताव आया और देखते ही देखते अलग राज्य समर्थक लगभग सभी दलों में उस पर वैचारिक बहस चलने लगी। प्रस्ताव यह था कि बिहार की सीमाओं में अवस्थित छोटानागपुर और संथालपरगना क्षेत्र को अलग कर झारखंड राज्य का गठन किया जाना चाहिए। झारखंड पार्टी (एन.ई. होरो) ने उस प्रस्ताव का विरोध किया। वह बिहार सहित उड़ीसा, पश्चिम बंगाल और मध्यप्रदेश के सीमांत जिलों को जोड़ कर अलग राज्य बनाने की अपनी पुरानी माँग पर टिकी रही। जनता पार्टी सहित अन्य सभी झारखंडी दलों ने बिहार को बाँटकर अलग झारखंड राज्य बनाने के प्रस्ताव को व्यावहारिक माना।

छठा चरण : केंद्र की जनता पार्टी सरकार ने छोटे राज्य के गठन से जुड़े सिद्धांत को पार्टी नीति के रूप में स्वीकार कर ही लिया था। ऊपर से अलग झारखंड के भूगोल का नया प्रस्ताव। उससे तमाम झारखंडी पार्टियों के नेताओं में यह एहसास जगा कि अब तो हाथ बढ़ाने भर की देर है, अलग राज्य और उसकी सत्ता उनके हाथ में आने वाली है। सो छोटानागपुर संतालपरगना के तमाम सांसद-विधायकों ने एक मंच पर आने और आंदोलन की रफ्तार को और तेज करने का फैसला किया। 21 मार्च 1978 को झामुमो के महासचिव शिबू सोरेन और मार्क्सवादी समन्वय समिति के सांसद ए.के. राय के नेतृत्व में राजधानी पटना में आदिवासियों का विशाल जुलूस निकला। वह जुलूस झारखंड अलग राज्य के समर्थकों का राजधानी में आजादी के बाद का सबसे बड़ा शक्ति-प्रदर्शन था। (जे.पी. के नेतृत्व में चले बिहार आंदोलन के समर्थन में विधानसभा की सदस्यता से इस्तीफा देने वाले विधायकों में श्री ए.के. राय प्रथम थे। इमरजेंसी के दौरान वह जेल गए। इंदिरा गाँधी के शासन को तानाशाही शासन माना। इमरजेंसी खत्म होने के तुरंत बाद 1977 के चुनाव में जनता पार्टी ने धनबाद लोकसभा की सीट उनके लिए छोड़ दी। वहाँ से वह निर्दलीय प्रत्याशी के रूप में विजयी हुए।)

आजादी के बाद 1977 में केंद्र में बनी पहली गैरकांग्रेसी सरकार का 1980 में पतन हुआ। 1980 के चुनाव में जनता पार्टी की हार और जनता सरकार के पतन के बाद झारखंड आंदोलन कुछ ठंडा पड़ गया। राजनीतिक परिदृश्य में छोटा-सा यह परिवर्तन हुआ कि 1980 के चुनाव में शिबू सोरेन लोकसभा सदस्य बने और झामुमो भी संसदीय लोकतंत्र को स्वीकार करने वाले दल के रूप में सामने आया। फिर बिहार विधानसभा का चुनाव हुआ तो नवजात झामुमो के 13 प्रत्याशी विधायक बन गए। झारखंड आंदोलन को फिर से गरमाने में झामुमो की यह जीत 'जाड़े में बोरसी की आग' साबित हुई।

1984 आते-आते झामुमो का नेतृत्व बिखराव का शिकार हुआ। 1984 के लोकसभा

चुनाव में उसका राजनीतिक परिणाम भी सामने आ गया। उस चुनाव में झारखंड के दिग्गज नेता शिबू सोरेन, विनोद बिहारी महतो, ए.के. राय और एन.ई. होरो भी हार गए। श्रीमती इंदिरा गाँधी की हत्या से उपजी सहानुभूति की लहर इस हार का प्रमुख कारण बनी। 1985 में विधानसभा चुनाव हुआ तो झामुमो के 11 और झारखंड पार्टी के 2 प्रत्याशी विजयी हुए। इससे जाहिर हुआ कि झारखंड की जनता अलग राज्य के मुद्दे को क्षेत्रीयता की भावना भड़का कर महज चुनाव जीतने का हथियार बनाए जाने की कायल नहीं है लेकिन वह आंदोलन की समर्थक है। खासकर आदिवासी जनता।

वैसे, 70 के दशक के अंत से 80 के दशक के मध्य तक झारखंड आंदोलन का नकारात्मक रूप भी प्रगट हुआ। झामुमो के नेता शिबू सोरेन व विनोद बिहारी महतो और मार्क्सवादी समन्वय समिति के ए.के. राय के नेतृत्व में बने संयुक्त मोर्चा ने नारा दिया—'लोटा, सोटा, झोंटा और ए.बी.सी.डी. को बाहर करो।' यानी मारवाड़ी, उत्तर बिहारी और पंजाबी समुदाय के साथ आरा, बलिया, छपरा और दरभंगा के लोगों को बाहर निकाल दो। यह नारा आर्थिक शोषण के खिलाफ आदिवासी जनता को उकसाने का तात्कालिक तरीका था।

इससे आदिवासी जनता तो कोई खास उत्तेजित नहीं हुई लेकिन कुछ ही दिनों में मोर्चा की एकता भंग हो गई। 1978 में आदिवासियों में राजनीतिक चेतना जगाने के नाम पर 'जंगल काटो' अभियान भी चला। उस अभियान को गैर-आदिवासी अतिवादी संगठनों ने भी समर्थन दिया। पुलिस और आदिवासी जनता के बीच भिड़ंत हुई। उस दौर में झारखंड क्षेत्र के जंगलों से करोड़ों रुपए मूल्य के बहुमूल्य पेड़ काट दिए गए। उससे आंदोलन को कोई लाभ नहीं हुआ। वह नेताओं के उकसावे पर जनता के गुस्से का ऐसा इजहार साबित हुआ, जिसमें दूसरे की बजाय अपना ही ज्यादा नुकसान होता है। वैसे, उससे झारखंड अलग राज्य की माँग को लेकर झारखंडी नेताओं में बढ़ती बेचैनी और सत्ता से जुड़े स्वार्थों के लिए संगठनों व दलों में जोड़-तोड़ के नए आयाम प्रकट होने लगे। अब झारखंड जैसे शांतक्षेत्र में हिंसा के आधार पर आंदोलन को गति देने का 'ट्रेंड' तेजी से विकसित होने लगा। 1982 में बिहार की कांग्रेसी सरकार ने 'छोटानागपुर विकास प्राधिकरण' और 'संतालपरगना विकास प्राधिकरण' नाम के दो स्वायत्त प्राधिकरणों की स्थापना कर आदिवासी जनता को लुभाने का प्रयास किया। उनका वही हश्र हुआ, जो जनता की समस्याओं और आशा-आकांक्षाओं का सही आकलन न कर सकने वाली सरकार द्वारा किए जाने वाले फैसलों का होता है। उन प्राधिकरणों के गठन के तरीके से ही जाहिर हो गया कि सरकार की मंशा क्या है? अक्सर लोकतंत्र में जनता को मालिक समझने वाली सरकारें सत्ता के मद में ऐसे कदम उठाती हैं, जो उसके द्वारा जनता को या तो मूर्ख समझे जाने या फिर मूर्ख बनाए जाने का बोध कराते हैं। प्राधिकरणों के लिए मुख्यमंत्री को पदेन अध्यक्ष बनाया गया। 95 प्रतिशत सदस्यों को सरकार द्वारा मनोनीत किए जाने का नियम जोड़ा गया। स्थापना के 5 साल बाद तक भी किसी को यह सूचना नहीं मिली कि उन प्राधिकरणों की एक बार भी बैठक हुई अथवा नहीं। उन प्राधिकरणों की वित्तीय हैसियत कुछ थी ही नहीं। इसलिए उनके द्वारा कोई स्वतंत्र काम किए जाने की न गुंजाइश थी और न उम्मीद।

सातवाँ चरण : 80 के दशक में असम आंदोलन और गोरखालैंड की माँग के समर्थन में हुए उग्र आंदोलन का झारखंड आंदोलन पर असर हुआ। तत्कालीन प्रधानमंत्री राजीव गाँधी ने 1986 में जब गोरखालैंड आंदोलन के संबंध में यह कहा कि 'यह आंदोलन राष्ट्रविरोधी नहीं है' तब जैसे झारखंड आंदोलन को पुनः सक्रिय होने और राष्ट्रीय स्तर पर अपना औचित्य सिद्ध करने का रास्ता मिला। 27 अप्रैल 1986 को राँची के टाउन हाल में झामुमो का दूसरा महाधिवेशन हुआ। उसमें अलग झारखंड राज्य के लिए शांतिपूर्ण जनांदोलन चलाने का फैसला किया गया। उसमें कहा गया—'आंदोलन शांतिपूर्ण होगा लेकिन यह इस बात पर निर्भर होगा कि झारखंड विरोधी शक्तियाँ आंदोलन को शांतिपूर्वक चलने देती हैं या नहीं।' उसमें 1 फरवरी 1987 को अलग झारखंड राज्य की माँग के समर्थन में 'दिल्ली चलो' का नारा दिया गया।

22 जून 1986 को जमशेदपुर में सूर्य सिंह बेसरा के नेतृत्व में असम छात्र संगठन 'आसू' की तर्ज पर 'ऑल झारखंड स्टूडेंट्स यूनियन' (आजसू) का गठन हुआ। आजसू के महामंत्री बनने के पूर्व सूर्य सिंह बेसरा झामुमो की केंद्रीय समिति के सदस्य थे। आजसू के गठन से छात्रों और महिलाओं को झारखंड आंदोलन में भागीदारी के लिए बड़ा और व्यापक मंच मिला। उनकी भागीदारी से आंदोलन में तेजी आई और उसमें नया मोड़ भी आया। रैलियों और सभाओं की बाढ़ आ गई। साथ ही आंदोलन कुछ दलों की राजनीति और रणनीति के दायरे से निकलकर आम जनता और बुद्धिजीवियों की चेतना और चिंतन के दरवाजों पर जोर-जोर से दस्तक देने लगा। जमशेदपुर में आजसू की पहली रैली हुई तो उसमें राँची विश्व-विद्यालय के तत्कालीन कुलपति डॉ. रामदयाल मुंडा ने हिस्सा लिया। आजसू ने झारखंड राज्य समर्थक तमाम पार्टियों को एक मंच पर लाने की दिशा में पहल की। इसी क्रम में उसने 19 से 21 अक्तूबर 1986 को जमशेदपुर में सीताराम डेरा स्थित आदिवासी एसोसिएशन हाल में अखिल झारखंड छात्र एवं बुद्धिजीवी सम्मेलन का आयोजन किया। यह झारखंड आंदोलन में बुद्धिजीवियों को जोड़ने का पहला महत्त्वपूर्ण प्रयास था। उसमें झारखंड की सांस्कृतिक पहचान, दलों के बीच के राजनीतिक मतभेद, शांतिपूर्ण आंदोलन बनाम हिंसक आंदोलन आदि कई विषयों पर खुलकर बातें सामने आईं। विभिन्न दलों के नेताओं ने अपनी बेचैनी का इजहार करते हुए यह बता दिया कि उन्हें हिंसा के बिना झारखंड राज्य की माँग पूरी होने की उम्मीद नहीं है। आजसू के संयोजक सूर्य सिंह बेसरा ने आंदोलन के कार्यक्रमों की घोषणा में 'खून के बदले खून' की रणनीति का प्रतिपादन किया। झामुमो के नेता और तत्कालीन विधायक सूरज मंडल ने केंद्र तक अपनी आवाज पहुँचाने की भड़काऊ राजनीतिक शैली का इस्तेमाल करते हुए कहा—'गांधी की नीतियों से हमें झारखंड राज्य मिलने वाला नहीं है।... यह सरकार (कांग्रेसी सरकार) गाँधीवादी भाषा न सुनकर लालडेंगा के हथियारों की भाषा सुनती है।' महाजनी प्रथा के खिलाफ आंदोलन और आदिवासियों पर 1985 में चली गोलियाँ इसके लिए प्रमाण के रूप में प्रस्तुत थीं ही। सम्मेलन में झारखंड राज्य की स्थापना के लिए प्रधानमंत्री राजीव गाँधी से हस्तक्षेप की माँग की गई। 1987 के प्रथम दिन से ही अलग राज्य के लिए कालबद्ध आंदोलन चलाने का फैसला किया गया।

वैसे, उस सम्मेलन की सबसे बड़ी उपलब्धि यह रही कि झारखंड में तमाम राजनीतिक दलों, सामाजिक संगठनों और बुद्धिजीवियों को एक मंच प्रदान करने के लिए 'झारखंड समन्वय समिति' का गठन हुआ।

26 जनवरी 1987 को झामुमो और आजसू ने गणतंत्र दिवस के अवसर पर 'झारखंड बंद' का आह्वान किया। लोगों से गणतंत्र दिवस समारोहों का बहिष्कार करने और उस दिन काला बिल्ला लगाने की अपील की गई। यह आंदोलन को नाटकीय रूप देने की फ्लॉप रणनीति साबित हुई। अपील और आह्वान का जनजीवन पर कोई खास असर नहीं हुआ।

जून 1987 में झारखंड समन्वय समिति का रामगढ़ में सम्मेलन हुआ। उसमें 21 प्रतिनिधि संस्थाओं ने मिलकर 25 सदस्यीय तदर्थ समिति का गठन किया। डॉ. विसेश्वर प्रसाद केसरी उसके संयोजक बनाये गए। झारखंड समन्वय समिति के गठन के बाद झारखंड आंदोलन को नई दिशा मिली। समिति ने दिसम्बर 1987 में तत्कालीन राष्ट्रपति ज्ञानी जैल सिंह को एक ज्ञापन दिया। उसमें बिहार, उड़ीसा, मध्यप्रदेश और पश्चिम बंगाल के 21 जिलों को मिलाकर अलग झारखंड राज्य बनाने की माँग की गई।

1987 में ही भाजपा ने पहली बार वनांचल प्रदेश की माँग उठाई। उसने सिर्फ बिहार के जिलों को अलग कर अलग राज्य बनाने के प्रस्ताव का समर्थन किया। भाजपा के प्रदेश अध्यक्ष कैलाशपति मिश्र ने तो इस सिलसिले में राज्य पुनर्गठन आयोग को पुनर्गठित करने का सुझाव तक केंद्र को दे डाला।

आठवाँ चरण : 1986-87 में बिहार और केंद्र में काबिज कांग्रेस सरकार यूँ तो अलग झारखंड राज्य के खिलाफ थी लेकिन पार्टी के अंदर खलबली मच गई थी। इसका राज तब खुला, जब झारखंड क्षेत्र में आंदोलन के तेवर तीखे होने के साथ व्यापक होने की घटनाओं को मद्देनजर सूचना आई कि केंद्रीय गृहमंत्री बूटा सिंह के साथ झारखंड समर्थक सांसदों और विधायकों की एक बैठक 28 नवम्बर 1986 को होगी। यह तय बैठक बिना कारण बताए अचानक रद्द कर दी गई। कांग्रेस के शीर्ष नेतृत्व के हवाले से सूचना आई कि केंद्रीय गृहमंत्री पहले इंका सांसदों से बातचीत करेंगे। छोटानागपुर-संतालपरगना के करीब 50 सांसदों और विधायकों ने राष्ट्रपति और प्रधानमंत्री को ज्ञापन दिया कि झारखंड में 'केंद्रशासित राज्य' का गठन किया जाए। कहा गया कि इसी के आलोक में कांग्रेसी सांसदों से केंद्रीय मंत्री बातचीत करेंगे। इसके पूर्व 13 नवम्बर को कांग्रेस के एक नेता देवी प्रसाद त्रिपाठी ने इंका आलाकमान के दूत के रूप में अचानक राँची का रहस्यमय दौरा किया। उसके साथ यह सूचना 'लीक' हुई कि त्रिपाठी ने झारखंड अलग राज्य की माँग के सिलसिले में राँची में कई राजनीतिज्ञों से सम्पर्क किया और उन्होंने अपनी रिपोर्ट प्रधानमंत्री को दी। दिसम्बर के प्रथम सप्ताह में ही कांग्रेसी सांसदों की बैठक के सिलसिले में दिल्ली से खबर आई कि उसमें सांसदों ने झारखंड क्षेत्र की बदहाली का उल्ले ख्र करते हुए प्रधानमंत्री से आग्रह किया कि वह इस क्षेत्र का दौरा करें और यहाँ की हालत स्वयं देखें। यह सूचना योजनाबद्ध तरीके से फैलाई गई कि प्रधानमंत्री ने उस आग्रह को मंजूर कर लिया है।

इसके तुरंत बाद प्रधानमंत्री की पहल पर केंद्रीय गृह मंत्रालय के अतिरिक्त सचिव के

नेतृत्व में पाँच सदस्यीय टीम का गठन हुआ। यह भी तय हुआ कि वह टीम 1987 में जनवरी के तीसरे सप्ताह में झारखंड क्षेत्र के साथ-साथ मध्य प्रदेश, पश्चिम बंगाल और उड़ीसा के आदिवासी बहुल जिलों का भी दौरा करेगी।

उस दौरान एक तरफ झारखंड के कांग्रेसी सांसदों द्वारा झारखंड को केंद्र शासित राज्य बनाने की माँग किए जाने की खबरें झारखंड अलग राज्य के आंदोलन को गरमा रही थीं और दूसरी तरफ यह सूचना केंद्र सरकार के बदलते रुख का संकेत कर रही थी कि प्रधानमंत्री स्वयं क्षेत्र का दौरा कर आदिवासियों की मूल समस्याओं को समझना चाहते हैं। वैसे, राजनीति के जानकार केंद्र के उस रुख का विश्लेषण करते हुए यह बता रहे थे कि सरकार जनता की समस्याओं को सुलझाने के बहाने आंदोलन को कुचलना चाहती है। वह आदिवासी जनता को आर्थिक विकास के नए सपने दिखाना चाहती है ताकि उस पर आंदोलनकारी नेताओं का जादू नहीं चल सके।

दिसम्बर 1986 के अंत में बिहार दौरा पर आए केंद्रीय गृहमंत्री बूटा सिंह ने आशंका जाहिर की कि झारखंड आंदोलन में विदेशी शक्तियों का हाथ है। उन्होंने साथ में यह चेतावनी दी कि आदिवासियों की हर जायज माँग सरकार पूरी करेगी लेकिन झारखंड अलग राज्य जैसे किसी आंदोलन को बर्दाश्त नहीं किया जाएगा। तत्कालीन मुख्यमंत्री बिंदेश्वरी दूबे ने उसी दौरान झारखंड राज्य की माँग को राजनीति से प्रेरित करार देते हुए बयान दिया कि इस क्षेत्र के (झारखंड के) विकास के लिए सरकार हर संभव प्रयास कर रही है। कांग्रेस के महासचिव और सांसद भागवत झा आजाद ने, जो बाद में कुछ महीनों के लिए बिहार के मुख्यमंत्री भी बने, राँची में कहा—'बिहार की भूमि का बँटवारा किसी भी हालत में नहीं होने दिया जाएगा। अलग झारखंड राज्य बनाने का तो प्रश्न ही नहीं उठता।'

झारखंड क्षेत्र में कांग्रेस पार्टी के नेता असमंजस और अनिर्णय की स्थितियों में घिरते गए और झारखंड आंदोलन का नेतृत्व जिन दलों के हाथ में था, उनका महत्त्व बढ़ गया। उन नेताओं को यह बात समझ में आ गई कि राजीव गाँधी की सरकार का झारखंड मसले पर रवैया ढुलमुल है। इससे यह स्पष्ट हुआ कि झारखंड अलग राज्य का मुद्दा केंद्र के एजेंडा में पहले से शामिल था ही, केंद्र सरकार अब अन्य राष्ट्रीय मुद्दों की तरह उस पर भी गंभीरता से सोचने को मजबूर है। अन्य आंदोलनकारी पार्टियों के नेताओं ने भी झारखंड को केंद्र शासित राज्य बनाने का समर्थन करने की रणनीति अपनाई ताकि अलग राज्य का मामला बिहार सहित केंद्र सरकार की राजनीति में स्थायी बहस का विषय बना रहे। विधानसभा में पार्टी विधायकों की संख्या के हिसाब से प्रभावशाली बने झामुमो नेता शिबू सोरेन ने इस प्रस्ताव का समर्थन किया। झारखंड पार्टी के अध्यक्ष एन.ई. होरो ने विरोध किया लेकिन उनका प्रभाव घट रहा था। वह यह कहकर अपनी हताशा व्यक्त करने लगे थे कि अलग राज्य की माँग की अब और उपेक्षा की गई तो आंदोलन हिंसक रूप ले लेगा।

1987 से 1989 के बीच बिहार और केंद्र की कांग्रेसी सरकार कई संकटों से घिर गई थी। अस्थिरता का दौर था। कांग्रेस का केंद्रीय नेतृत्व बिहार में मुख्यमंत्रियों को बदल-बदल कर पार्टी के अंदर के असंतोष पर काबू पाने की कोशिश कर रहा था। उधर बोफोर्स तोप सौदे

में रिश्वतखोरी और भ्रष्टाचार के मामले में रहस्योद्घाटन से केंद्र की राजीव सरकार हिलने लगी थी। भागलपुर दंगा हुआ और उसमें कांग्रेस के अंदर नेतृत्व के स्तर पर जारी मारकाट की भूमिका सामने आई तो यह तय दिखने लगा कि बिहार में कांग्रेस पतन के कगार पर पहुँच चुकी है। बस एक धक्का देने भर की जरूरत है। इस एहसास ने बिहार सहित पूरे देश में गैरकांग्रेसवाद की राजनीति को उकसा दिया। विभिन्न गैर–कांग्रेसी दल 1989 का चुनाव आते–आते तमाम मतभेदों के बावजूद कांग्रेस विरोधी मुहिम की एक धारा में शामिल हुए। झारखंड आंदोलन से जुड़ी लगभग तमाम पार्टियों को इस मुहिम में शामिल होना ही था।

नौवाँ चरण : 1989 में झारखंड बंद और आर्थिक नाकेबंदी का आंदोलन चला। उस वक्त तत्कालीन गृहमंत्री बूटा सिंह ने केंद्र सरकार की नई चाल के तहत 23 अगस्त 1989 को एक 24 सदस्यीय विशेषज्ञ समिति के गठन की घोषणा की। केंद्रीय गृह मंत्रालय के तत्कालीन संयुक्त सचिव बी.एस.लाली के नेतृत्व में समिति बनी। समिति में झारखंड आंदोलन से जुड़े 16 प्रतिनिधि, 4 सरकारी पदाधिकारी और 4 विशेषज्ञ शामिल किए गए। समिति ने बिहार सहित मध्य प्रदेश, उड़ीसा और पश्चिम बंगाल के 21 जिलों का दौरा किया। आदिवासी क्षेत्रों की समस्याओं एवं जनता की आकांक्षाओं का अध्ययन किया और झारखंड अलग राज्य समर्थक पार्टियों की हैसियत का भी आकलन किया।

1990 में केंद्र में पहले वी.पी. सिंह और फिर चंद्रशेखर की सरकारें काबिज हुईं। समिति की रिपोर्ट 30 मार्च को संसद में पेश की गई। हालाँकि इसके पूर्व ही झारखंड विषय समिति की रिपोर्ट और उसकी अनुशंसाओं से संबंधित कुछ बातें हवाओं में तैरने लगी थीं। यह कहा जाने लगा था कि उसने झारखंड अलग राज्य बनाने के प्रस्ताव का समर्थन नहीं किया। बिहार में आदिवासी बहुल इलाकों के आर्थिक विकास और सत्ता में जनता की भागीदारी बढ़ाने के लिए उसने स्वशासी परिषद् के गठन की अनुशंसा की है। 1989 के लोकसभा चुनाव में कांग्रेस को बहुमत नहीं मिला। अकेली सबसे बड़ी पार्टी होने के बावजूद उसने विपक्ष में बैठना मंजूर किया। वी.पी. सिंह प्रधानमंत्री बने। जनता दल की सरकार बनी। चुनाव में झामुमो ने 3 संसदीय सीटों पर जीत हासिल की। 1990 के बिहार विधानसभा चुनाव में भी उसने 19 सीटों पर कब्जा जमाया और झारखंड में सबसे शक्तिशाली दल के रूप में आगे आया। 1990 में बिहार की सत्ता जनता दल के हाथ में आई। लालू प्रसाद यादव मुख्यमंत्री बने। लेकिन पूर्ण बहुमत न होने के कारण उनकी अल्पमत की सरकार बनी। उसे भाजपा सहित झामुमो ने बाहर से समर्थन दिया। 1990 में समिति की रिपोर्ट ठंडे बस्ते में पड़ी रही।

1991 में 'मंडल' का दौर आया और पूरे देश में पिछड़ावाद की राजनीति जोर पकड़ने लगी। जनता दल की सरकार गिरी ही, उसके अंदर भी टूट हुई और बाहर के समर्थकों का चेहरा भी बदल गया। कांग्रेस के समर्थन पर चंद्रशेखर की सरकार बनी लेकिन चार महीने भी नहीं चली। लोकसभा का मध्यावधि चुनाव हुआ तो केंद्र में पुनः कांग्रेस की सरकार बनी। पी.वी. नरसिंह राव प्रधानमंत्री बने। चुनाव के दौर में राजीव गाँधी की हत्या ने दृश्य बदल दिया। कांग्रेस पुनः सत्ता में आई लेकिन वह भी अल्पमत की सरकार थी।

दसवाँ चरण : 1992 में राव सरकार के केंद्रीय गृहमंत्री शंकर राव चव्हाण ने ऐसा

बयान दिया कि अलग झारखंड राज्य का मामला फिर एक नए मोड़ पर आकर खड़ा हो गया। केंद्रीय मंत्री ने संसद में जो कुछ कहा, उसका आशय यह था कि अगर बिहार सहित पश्चिम बंगाल, उड़ीसा और मध्य प्रदेश की सरकारें अलग झारखंड राज्य पर अपनी-अपनी राय स्पष्ट करें तो केंद्र उस पर विचार करने को तैयार है। उन्होंने 18 फरवरी 1992 को चारों राज्यों के मुख्यमंत्रियों को दिल्ली बुलाकर बातचीत की और यह साबित करने का प्रयास किया कि संसद में उन्होंने कोई 'टालू' बयान नहीं दिया। यह झारखंड आंदोलन के संदर्भ में केंद्र सरकार का पहला ऐसा बयान था, जिसने संकेत किया कि अलग झारखंड राज्य का मामला अब केंद्र सरकार की सैद्धांतिक मंजूरी या नामंजूरी की बहस से परे जा चुका है। अब मामला अलग राज्य के भूगोल-निर्धारण के विवाद पर टिक गया है। झारखंड समर्थक पार्टियाँ यही मान कर अपनी-अपनी रणनीति बनाने लगीं। स्मरणीय है कि उस दौरान केंद्र सरकार इस सवाल पर मौन रही कि क्या विशेषज्ञ समिति की रिपोर्ट ही राज्य सरकारों से राय माँगने का आधार है? इससे दिलचस्प तथ्य यह है कि उस वक्त केंद्र में कांग्रेस की सरकार थी लेकिन बिहार और उड़ीसा में जनता दल की सरकार थी, पश्चिम बंगाल में वाममोर्चा की सरकार थी और मध्य प्रदेश में भाजपा की सरकार। यानी केंद्र के बयान से झारखंड राज्य का मामला केंद्र की इंका सरकार और चार राज्यों की गैर-कांग्रेसी सरकारों और झारखंड समर्थक पार्टियों के बीच के तात्कालिक राजनीतिक रिश्तों और परस्पर हानि-लाभ के जोड़-घटाव में उलझ गया।

बिहार में दृश्य यह था कि मुख्यमंत्री लालू प्रसाद यादव की अल्पमत सरकार को झामुमो का समर्थन था। लालू प्रसाद यादव अलग झारखंड राज्य के मामले में झामुमो के साथ नजर आ रहे थे। वह बिहार-विभाजन के मामले में उस दौर में सिर्फ यह कहकर बचते रहे कि यह केंद्र का मामला है। वह चाहे तो करे। वह यह साफ-साफ कहने से बचना चाहते थे कि उनकी सरकार बिहार का विभाजन नहीं चाहती।

26 मार्च 1992 को केंद्र के बुलावे पर लालू प्रसाद यादव दिल्ली पहुँचे। दिल्ली वार्ता में झामुमो के नेता शिबू सोरेन को भी आमंत्रित किया गया। उसके लिए दिल्ली जाते हुए शिबू सोरेन ने कह ही दिया कि अब सिर्फ लेन-देन के आधार पर बात करना बाकी रह गया है। याद रहे कि उस वक्त सिर्फ बिहार का विभाजन कर अलग राज्य बनाने का नारा भाजपा का था। लालू समर्थक झामुमो इसका विरोध कर रहा था। झारखंड राज्य की सीमाओं के बारे में झारखंडी पार्टियों के अंदर और आपसी मतभेद मुख्यमंत्री लालू प्रसाद यादव की सरकार के लिए रक्षा कवच बना हुआ था।

उधर केंद्र भी इस स्थिति का फायदा उठाना चाहता था। केंद्र में अपनी अल्पमत सरकार को बचाने के लिए कांग्रेस जहाँ झारखंडी पार्टियों का समर्थन पाना चाहती थी, वहीं उसे जद एवं झामुमो तथा जद एवं वाममोर्चा के रिश्तों में दरार की भी प्रतीक्षा थी। इसका तात्कालिक असर यह हुआ कि झारखंड अलग राज्य के सपने ने सत्ता में अपना वर्चस्व स्थापित करने की झारखंडी पार्टियों की आपसी होड़ को चरम पर पहुँचा दिया। झामुमो भी टूट का शिकार हुआ।

झारखंड अलग राज्य की माँग को केंद्र में रखकर अपनी-अपनी राजनीति चलाने वालों के लिए अल्पमत सरकारें बेहद लाभदायक साबित हुईं। अलग राज्य का मुद्दा ऐसा चालू सिक्का साबित हुआ जिसने झारखंड क्षेत्र के हर सांसद और विधायक की कीमत तय कर दी और सौदेबाजी करने की उनकी हैसियत बढ़ा दी। सरकारों को बचाने के लिए पटना और दिल्ली में उनकी जमकर खरीद-फरोख्त होने लगी। अलग झारखंड का मुद्दा उस खरीद-बिक्री के लिए 'ड्राइविंग फोर्स' था लेकिन आंदोलन 'बैक सीट' पर चला गया। झामुमो में विभाजन हुआ। माना जाता है कि 11 सितम्बर 1992 को तत्कालीन मुख्यमंत्री लालू प्रसाद यादव ने दिल्ली में प्रधानमंत्री से कहा था कि बिहार का विभाजन उनकी लाश पर ही हो सकता है। झामुमो में विभाजन उनकी इसी मंशा से जुड़ी रणनीति का परिणाम बनकर प्रकट हुआ। उसके दो ही साल बाद जनता दल में भी विभाजन हुआ। लालू प्रसाद यादव के मित्र और 1990 में लालू प्रसाद यादव के मुख्यमंत्री पद पर बिठाने व उनकी सरकार को झारखंडी पार्टियों सहित अन्य पार्टियों का समर्थन दिलाने में महत्त्वपूर्ण भूमिका निभाने वाले नीतीश कुमार ने पार्टी से अलग होकर समता पार्टी बनाई। 1995 के बिहार विधानसभा चुनाव के पूर्व ही लालू प्रसाद यादव की सरकार ने झारखंड क्षेत्र स्वशासी परिषद् के गठन की घोषणा की। 1994 में केंद्र सरकार की पहल पर बिहार सरकार और आंदोलनकारी झारखंडी पार्टियों-संगठनों के बीच त्रिपक्षीय वार्ता हुई। उसी के आलोक में बिहार विधानमंडल में झारखंड क्षेत्र स्वशासी परिषद् संबंधी विधेयक पारित हुआ। 20 दिसम्बर 1994 को तत्कालीन योजनामंत्री तुलसी सिंह ने विधानसभा में झारखंड क्षेत्र स्वशासी परिषद् विधेयक पेश किया। वह विधेयक बिना किसी संशोधन के पारित हो गया। 9 जून 1995 को 'जैक' गठित हुआ और शिबू सोरेन उसके अध्यक्ष और सूरज मंडल उसके उपाध्यक्ष मनोनीत कर दिए गए। उस वक्त केंद्र में पी.वी. नरसिंह राव की सरकार थी। लोकसभा में राव सरकार ने अपने बचाव के लिए झामुमो के सांसदों का समर्थन पाने की रणनीति बनाई। उस वक्त चली बहसों में यह तथ्य उभारने की कोशिश हुई कि राव सरकार के विश्वास मत के समर्थन में वोट देने के एवज में झामुमो के नेताओं ने झारखंड अलग राज्य बनाने की माँग रखी थी। इसके लिए केंद्र की इंका सरकार और झामुमो के बीच कोई समझौता हो जाने की बात भी उड़ाई गई। बाद में झामुमो रिश्वत कांड का रहस्योद्घाटन हुआ तो बात खुली कि वह समझौता नहीं बल्कि सौदेबाजी थी। उसमें लाखों रुपयों में झामुमो नेता बिके। अलग राज्य की माँग उसके लिए रक्षा कवच बनी। अक्तूबर 2000 में पूर्व प्रधानमंत्री नरसिंह राव और बूटा सिंह के लिए न्यायालय ने तीन-तीन साल के कठोर कारावास की सजा सुनाई और रिश्वत कांड में शामिल झामुमो नेताओं पर पुनः मुकद्दमा चलाने का फैसला सुना कर देश में नया इतिहास रचा। उस इतिहास में यह दर्ज हो गया कि झारखंड अलग राज्य की माँग किस तरह लाखों रुपए की सौदेबाजी का आधार बनी और झारखंड की आदिवासी संस्कृति की अस्मिता की रक्षा के नाम पर नेताओं ने किस तरह उस संस्कृति में निहित 'ईमानदारी' और 'अभाव के बावजूद' सच्चाई का दामन थामे रहने की ताकत को मिट्टी में मिलाया।

ग्यारहवाँ चरण : 1995 के विधानसभा चुनाव में सरतोड़ बहुमत पाकर लालू प्रसाद

यादव पुनः सत्ता पर काबिज हुए तो झारखंड के मुद्दे पर उनका रुख बदलने लगा। 9 अगस्त 1995 को झारखंड क्षेत्र स्वशासी परिषद् (जैक) एवं उसकी अंतरिम कार्यकारी परिषद् अस्तित्व में आई। जैक लालू की सरकार और फिर राबड़ी सरकार के लिए राजनीतिक इस्तेमाल का मोहरा साबित हुआ। झामुमो और अन्य झारखंडी पार्टियों के नेताओं ने जैक को अलग राज्य की दिशा में पहला बड़ा कदम माना, जबकि वनांचल राज्य की माँग के सहारे झारखंड क्षेत्र की अधिसंख्य लोकसभा व विधानसभा सीटों पर अपना कब्जा जमाने वाली भाजपा ने उसे आदिवासी जनता को बहलाने का झुनझुना करार दिया। 95 में गठित जैक का कभी विधिवत चुनाव नहीं हुआ। वैसे, 1997 में एक तमाशा अवश्य हुआ। राज्य सरकार ने 25 नवम्बर 1997 को जैक के विधिवत चुनाव के सिलसिले में अधिसूचना जारी कर दी। फिर 1 दिसम्बर 1997 को ही जैक चुनाव के लिए नामांकन की तारीख अगले आदेश तक रद्द करने का फैसला सुना दिया गया।

खैर, उसके पहले 1996 के लोकसभा चुनाव में झारखंड क्षेत्र की सीटों पर भाजपा ने जबर्दस्त जीत हासिल की। बिहार में भाजपा-समता गठबंधन की ठोस बुनियाद पड़ी।

लालू प्रसाद यादव की सरकार बिहार विभाजन के विरोध में खुल कर बोलने लगी। लेकिन पशुपालन घोटाले में फँस कर मुख्यमंत्री की कुर्सी छोड़ने को मजबूर लालू प्रसाद यादव ने जुलाई 1997 में राबड़ी सरकार को बचाने के लिए बिहार विधानसभा में अलग झारखंड राज्य के गठन का संकल्प पारित कराया। वह एक पंक्ति का प्रस्ताव था। यह स्पष्ट था कि वह प्रस्ताव सिर्फ सरकार को बचाने के लिए है। यह समझते हुए भी झामुमो के दोनों गुटों ने राबड़ी सरकार को बचाने में मददगार की भूमिका निभाई। वस्तुतः उस एक पंक्ति के संकल्प ने अलग राज्य के मुद्दे को पूरी तरह से केंद्र के खाते में डाल दिया।

उसी वक्त लालू प्रसाद यादव की अध्यक्षता वाले जनता दल में पुनः विभाजन हुआ था। लालू प्रसाद यादव ने राष्ट्रीय जनता दल बनाया और अपनी पार्टी को 'रीयल जनता दल' घोषित किया था। वैसे, विधानसभा में अल्पमत लालू सरकार को झामुमो के समर्थन का रास्ता 14 जुलाई 1997 को ही बन चुका था, जब जैक के अध्यक्ष शिबू सोरेन और उपाध्यक्ष सूरज मंडल को क्रमशः उपमुख्यमंत्री और कैबिनेट मंत्री का दर्जा देने संबंधी अधिसूचना जारी कर दी गई। 22 जुलाई को बिहार विधानसभा में पृथक झारखंड राज्य का संकल्प भी पारित कर दिया गया और केंद्र सरकार को अग्रसारित कर दिया गया।

बहरहाल, उधर केंद्र में भाजपा को अलग रखने के लिए कांग्रेस के सशर्त सहयोग के सहारे जनता दल और अन्य सहयोगी पार्टियों की मिलीजुली सरकारें बनती-बिगड़ती रहीं। 1998 में केंद्र में भाजपा गठबंधन की सरकार बनी। उसने 97 में बिहार विधानसभा में पारित संकल्प के आधार पर 'वनांचल राज्य' से संबंधित बिहार राज्य पुनर्गठन विधेयक तैयार कर बिहार सरकार को भेज दिया। उसका राबड़ी सरकार ने विरोध किया। 21 जुलाई 1998 को जैक के कार्यकाल को 7वीं बार विस्तार देने से संबंधित संशोधन विधेयक विधानसभा में पारित किया गया। ठीक उसी दौर में केंद्र में वाजपेयी सरकार के मंत्रिमंडल ने वनांचल राज्य के गठन से संबंधित विधेयक के प्रारूप को स्वीकृति दी।

लालू प्रसाद यादव ने 15 अगस्त 1998 को साफ तौर से ऐलान किया कि उनकी लाश पर ही बिहार का विभाजन होगा। 21 सितम्बर 1998 को बिहार विधानसभा में उस विधेयक को 107 के मुकाबले 181 वोटों से नामंजूर कर दिया गया। 23 दिसम्बर 1998 को लोकसभा में वनांचल विधेयक, 1998 पेश हुआ लेकिन केंद्र में उथल-पुथल की वजह से उस विधेयक पर विचार का मौका नहीं आया। उसके पहले ही केंद्र की वाजपेयी सरकार भंग हो गई। इधर बिहार सरकार ने भी झटके से जैक को भंग कर दिया और शिबू सोरेन व सूरज मंडल को अध्यक्ष और उपाध्यक्ष पद से बर्खास्त कर दिया। 1999 में लोकसभा चुनाव के साथ ही झामुमो का आंतरिक कलह सतह पर आ गया। शिबू सोरेन और सूरज मंडल के बीच दल पर वर्चस्व को लेकर संघर्ष हुआ। फरवरी 2000 में बिहार विधानसभा चुनाव होने के पहले शिबू सोरेन ने झामुमो से सूरज मंडल को बर्खास्त कर दिया। लोकसभा चुनाव में झामुमो को झारखंड की 14 में से एक भी सीट हाथ नहीं आई। फरवरी 2000 में विधानसभा चुनाव हुआ और झारखंड की 81 सीटों में से सिर्फ 12 सीटों पर झामुमो विजयी हुआ। भाजपा को 32 सीटें मिलीं। उसी वक्त यह साफ हो गया कि अलग झारखंड राज्य में भाजपा नीति राजग गठबंधन के सरकार बनाने के दावे का मुकाबला करना झामुमो के लिए कठिन होगा। उसके लिए जोड़-तोड़ की राजनीति करना भी आसान नहीं होगा।

बारहवाँ चरण : 1999 में पुन: सत्ता में आते ही भाजपा नीति केंद्र सरकार ने विधेयक का नया प्रारूप तैयार कर राज्य सरकार को भेजा। इधर नई सदी की शुरुआत में ही विधानसभा चुनाव के बाद पुन: राबड़ी राज कायम करने के लिए लालू प्रसाद यादव को कांग्रेस का दामन थामना पड़ा। एवज में कांग्रेस ने झारखंड अलग राज्य के गठन के समर्थन और सत्ता में हिस्सेदारी की शर्त रखी। लालू प्रसाद यादव ने राबड़ी सरकार की वापसी के लिए अपना पुराना स्टैंड बदल दिया। उन्होंने बिहार का विभाजन कर 18 जिलों का झारखंड राज्य बनाने के प्रस्ताव को मंजूर कर लिया। केंद्र की ओर से भेजे गए विधेयक का 25 अप्रैल 2000 को बिहार विधानसभा ने अनुमोदन कर दिया। उसमें शेष बिहार के लिए केंद्र द्वारा करीब 1.80 लाख करोड़ रुपए के आर्थिक पैकेज दिए जाने की माँग की पेंच लगाई गई। लेकिन उसी वक्त यह स्पष्ट हो गया कि अब बिहार का विभाजन हो कर रहेगा, अलग झारखंड राज्य का औपचारिक गठन चंद महीनों की बात है।

प्रथम मुख्यमंत्री : बाबूलाल मरांडी

14 नवम्बर की आधी रात के बाद यानी 15 नवम्बर 2000 को झारखंड राज्य का उदय हुआ। प्रभात कुमार झारखंड राज्य के प्रथम राज्यपाल नियुक्त हुए। उन्हें नवगठित झारखंड उच्च न्यायालय के मुख्य न्यायाधीश विनोद कुमार गुप्ता ने पद एवं गोपनीयता की शपथ दिलाई। राज्यपाल ने बाबूलाल मरांडी के नेतृत्व में राजग सरकार के गठन का दावा स्वीकार किया। 15 नवम्बर शुरू होने के करीब एक घंटे बाद उन्होंने बाबूलाल मरांडी को मुख्यमंत्री पद की शपथ दिलाई। 45 वर्षीय बाबूलाल मरांडी झारखंड राज्य के प्रथम मुख्यमंत्री बन गए।

बाबूलाल मरांडी का कार्यकाल 9 मई 2003 से 17 मार्च 2003 तक रहा। 18 मार्च 2003 से 12 मार्च 2005 तक दूसरे मुख्यमंत्री के तौर पर एन.डी.ए. के ही अर्जुन मुंडा ने शपथ ली। राज्य में चली राजनीतिक उठा-पटक में दिशोम्-गुरू नौ दिनों के लिए मुख्यमंत्री बनाये गए। इनका कार्यकाल मार्च 2005 से 11 मार्च 2004 तक रहा। शिबू सोरेन के बाद एक बार फिर अर्जुन मुंडा के हाथ में राज्य की कमान आयी। वे 12 मार्च 2005 से 17 सितंबर 2006 तक मुख्मंत्री रहे। राजनीतिक झंझाकतों के बीच राज्य में यू.पी.ए. की सरकार 18 सितंबर 2006 को गठित हो गई। मधु कोडा ने यू.पी.ए. गठबंधन की बागडोर संभाली और राज्य के मुख्यमंत्री के तौर पर वे कार्यरत हैं।

□□□

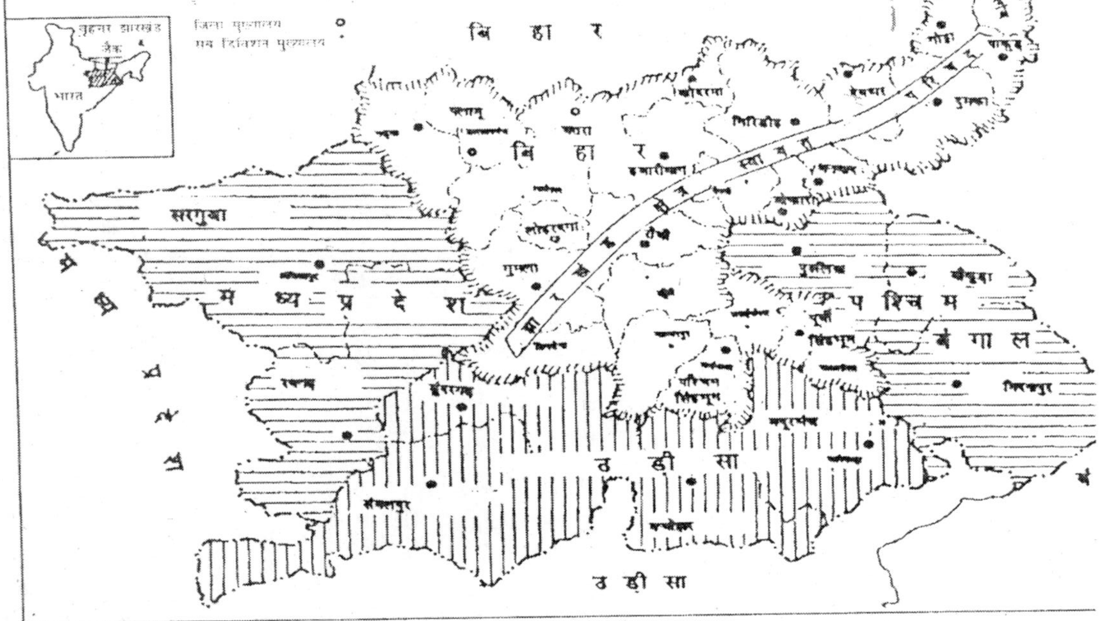

